普通高等教育经济与贸易类专业系列教材

国际贸易协定概论

主　编　姚利民

副主编　孙　林　李方敏　唐　锋

王　莉　沈　瑞　陈毓述

科学出版社

北　京

内 容 简 介

　　全书分贸易协定基础理论、贸易协定框架与争端解决、基本保护规则、公平贸易规则和新型贸易壁垒规则等 5 篇，共 11 章。在总体思路上，体现从贸易协定利益创造到贸易利益分配、从贸易协定框架到规则、从规则应用再回到成员利益的逻辑；在规则上，明确规则的层次性，强化规则的原理、内容与应用的结合性；在内容编写上，融入自贸区规则与中国经济相关数据，力求做到体系完整、理论充实、内容新颖、重点突出、简明扼要。

　　本书既可作为高等院校国际贸易、经济管理和理工科专业的教材，也可作为对外贸易工作者和其他涉外企业工作人员的岗位培训教材和自学参考书。

图书在版编目（CIP）数据

国际贸易协定概论/姚利民主编. —北京：科学出版社，2024.2
（普通高等教育经济与贸易类专业系列教材）
ISBN 978-7-03-077822-2

Ⅰ. ①国…　Ⅱ. ①姚…　Ⅲ. ①国际贸易-贸易协定-高等学校-教材
Ⅳ. ①F744

中国国家版本馆 CIP 数据核字（2023）第 255035 号

责任编辑：纪晓芬　周春梅/责任校对：赵丽杰
责任印制：吕春珉/封面设计：东方人华平面设计部

科 学 出 版 社 出版
北京东黄城根北街 16 号
邮政编码：100717
http://www.sciencep.com

三河市骏杰印刷有限公司 印刷
科学出版社发行　各地新华书店经销
*

2024 年 2 月第 一 版　开本：787×1092 1/16
2024 年 2 月第一次印刷　印张：17 1/2
字数：414 000
定价：62.00 元
（如有印装质量问题，我社负责调换〈骏杰〉）
销售部电话 010-62136230　编辑部电话 010-62135397-2021（HF02）

前　言

中国加入世界贸易组织（World Trade Organization，WTO）已 20 余年，世界与中国的开放经济进入了全球化与地区化融合的新时代。自中国加入 WTO 以来，中国开放经济迈上了新台阶，与世界经济的融合有了新飞跃，中国的进出口和国际投资取得了举世瞩目的成绩。世界经济的大国博弈与中美经贸摩擦决定了全球化发展曲折与地区化自由贸易协定趋势新特点。贸易协定不仅是全球性的世界贸易组织协定，还包含地区性的自由贸易协定与优惠贸易协定。中国在全面开放经济建设新时代需要建设与依赖全球自由贸易区网络，国际贸易协定是中国持续开放发展必须遵守的基本经济贸易规则。

本书是在习近平新时代中国特色社会主义经济思想指导下，我国实施自由贸易区发展战略，构建全球自由贸易区网络，提出构建人类命运共同体，坚持多边主义和合作共赢理念，提出"一带一路"建设和共商、共建、共享发展理念，以及我国国际经济与贸易专业需要国际贸易协定专业知识的新背景下规划设计的教材。为了适应教学上的需要，在有关章节添加了相应的中国故事与专业探究等课程思政和价值导向内容。

本书分五篇 11 章。具体内容如下：

1）第一篇"贸易协定基础理论"共 2 章：第 1 章"国际贸易与贸易利益"主要介绍国际贸易基本概念、国际贸易特点与发展趋势、贸易利益的创造与自由贸易的基本理论；第 2 章"贸易利益分配与贸易协定"介绍价格与贸易利益的分配、贸易保护的基本原理、区域贸易协定基本原理、贸易协定的福利效应，包括区域贸易协定的福利效应以及有关贸易区自由化的福利最优水平的讨论。

2）第二篇"贸易协定框架与争端解决"共 2 章：第 3 章"贸易协定的基本框架"重点介绍 WTO 多边协定框架，以及欧盟、北美自由贸易区、中国-东盟自由贸易区、RCEP 等典型区域贸易协定的规则框架；第 4 章"贸易协定的争端解决机制"重点介绍 WTO 争端解决机制，欧盟、北美自由贸易区和 RCEP 等区域贸易协定的争端解决条款，以及 WTO 争端解决案例数据库、经典争端案例、中国贸易救济措施与案例。

3）第三篇"基本保护规则"共 2 章：第 5 章"贸易协定的保障措施规则"介绍 GATT 1994 保护条款、WTO 保障措施规则、RCEP 保障措施条款、中国保障措施法规、保障措施案例与运用分析；第 6 章"贸易协定主要行政管理规则"主要介绍国际贸易中的政府管理手段、贸易协定与中国关于进口许可、海关估价、装运前检验、原产地规则、政府采购与贸易便利化规则与措施，以及 OECD 贸易便利化指数和中国的贸易便利化水平。

4）第四篇"公平贸易规则"共 2 章：第 7 章"倾销原理与反倾销规则"介绍倾销概念、影响与条件，WTO 反倾销规则，与中国有关的反倾销承诺、相关数据与案例；第 8 章"补贴与反补贴规则"主要介绍补贴的基本原理、WTO 关于补贴与反补贴的规则、中国的承诺与案例。

5）第五篇"新型贸易壁垒规则"共 3 章：第 9 章"技术性措施与贸易壁垒"主要介绍技术壁垒协议、SPS 协议、技术壁垒案例与量化的经济影响分析；第 10 章"知识产权保护与贸易壁垒"主要介绍知识产权保护原理、WTO 的 TRIPS 协议、典型区域贸易协定的知识产权保护条款、中国的知识产权保护、知识产权保护案例与量化研究；第 11 章"数字贸易与跨境电商贸易规则"介绍数字经济与数字贸易基本原理、数字贸易规则、典型贸易协定中的电子商务规则，以及阿里巴巴的 eWTP 建设。

编者在编写本书的过程中，力求将国际贸易协议原理、贸易规则与现实案例及政策相结合，为此参阅了许多前人的成果，特别引用与关注以下重要机构网站的数据、案例与文件资源：世界贸易组织、联合国商品贸易统计数据库、世界银行、国际货币基金组织（IMF）、联合国贸易与发展会议、经济合作与发展组织、世界知识产权组织、中华人民共和国商务部、国家外汇管理局、海关总署、国家知识产权局、中国经济信息网、中国自由贸易区服务网、中国贸易救济信息网等。

本书由姚利民担任主编，孙林、李方敏、唐锋、王莉、沈瑞、陈毓述担任副主编。具体分工如下：姚利民、李方敏编写第 1、6 章，姚利民编写第 2、5、9 章，孙林、姚利民、徐闻缘、吴叙佳编写第 3 章，唐锋、姚利民编写第 4、10 章，陈毓述、姚利民编写第 7 章，沈瑞编写第 8 章，王莉编写第 11 章。姚利民负责本书的体系设计和统稿。

编者在编写本书过程中参阅了许多专家学者的论著，在此表示衷心的感谢。由于编者水平有限，书中不妥之处在所难免，恳请读者批评指正。

目　录

第一篇　贸易协定基础理论

第二篇 贸易协定框架与争端解决

第三篇 基本保护规则

第五篇　新型贸易壁垒规则

第一篇
贸易协定基础理论

第 1 章　国际贸易与贸易利益

第 2 章　贸易利益分配与贸易协定

第1章 国际贸易与贸易利益

本章要点

贸易协定是规范全球或区域各经济体国际贸易关系的基本制度安排。要了解国际贸易协定，首先需要了解国际贸易的基础知识。什么是国际贸易？当前国际贸易的格局和趋势如何？解释国际贸易与国际贸易利益的基本理论有哪些？这些问题是理解国际贸易协定的基础。本章 1.1 节介绍国际贸易的相关概念；1.2 节介绍国际贸易的特点和发展趋势，以及中国的"一带一路"倡议与自由贸易区战略；1.3 节介绍贸易利益和自由贸易的基本理论。

1.1 国际贸易的相关概念

1.1.1 国际贸易基本概念

1. 国际贸易与对外贸易

国际贸易是指世界各国（地区）之间货物和服务的交换活动，是各国（地区）之间分工的表现，反映了世界各国（地区）在经济上的相互依赖关系。目前联合国、世界银行、国际货币基金组织、世界贸易组织等国际机构的统计资料中也常常以经济体（economy）作为统计和研究的主体对象，经济体的范围广泛，可以是包括几个国家的地区、一个国家、一个国家内部的地区，也可以是一个大型跨国公司。

对外贸易指一国（地区）同别国（地区）进行货物和服务交换的活动。从一个国家（地区）来看，这种交换活动称为对外贸易；从国际范围来看，这种活动称为国际贸易或世界贸易。海岛国家也常用海外贸易表示对外贸易。对外贸易研究某一特定国家（地区）的贸易，因此，在对外贸易这一名词前往往加上某一特定国家（地区）的名称，如亚洲的对外贸易、欧盟的对外贸易、中国的对外贸易等。

2. 出口贸易与进口贸易

一国（地区）的对外贸易按照商品流向可分为出口贸易和进口贸易。目前，判定出口和进口有两种标准，一种是国境标准，一种是关境标准。凡是商品进出入一国国境的贸易（国境标准）称为总贸易。凡是进出入一国关境的贸易（关境标准）称为专门贸易。目前，一国的国境与关境常常不相一致。例如，保税区仍然是一国国境的一部分，但它常常被划在该国主体关境区域之外，并被赋予更多的自由权，商品进出入关境不须缴纳关税等。

出口贸易（export trade）是指一国（地区）将本国（地区）生产加工的货物销往他国（地区）市场的贸易活动。凡是商品离开一国国境的贸易（国境标准）称为总出口。

凡是商品离开一国关境的贸易（关境标准）称为专门出口。

进口贸易（import trade）是指将外国生产加工的商品输入本国市场销售的贸易活动。凡是商品进入一国国境的贸易（国境标准）称为总进口。凡是商品进入一国关境的贸易（关境标准）称为专门进口。

3. 国际分工

国际分工（international division of labor）是指世界上各国（地区）之间的劳动分工。国际分工是社会分工发展到一定阶段，国民经济内部分工超越国家界限发展的结果，是国际贸易发展的基础。国际分工的进化促进了国际贸易的发展，考察国际分工的发展可以进一步了解国际贸易发展的内在动因。

国际分工的产生和发展经历了漫长的过程。国际分工主要经历了 4 个发展阶段。①16—18 世纪中叶，是国际分工的萌芽阶段。②18 世纪 60 年代，是国际分工的形成阶段，这个阶段发生了第一次工业革命。工业革命的完成标志着资本主义经济体系的确立，它加快了商品经济和社会分工的发展，促进了以英国为中心的国际分工的形成。③19 世纪中叶到第二次世界大战，是国际分工的发展阶段。这个阶段，分工的中心从英国变为一组国家，它们之间也形成了互为市场的国际分工关系。④第二次世界大战以后，兴起了第三次科技革命和产业革命，出现了电子、信息、服务、软件、航空航天、生物工程和原子能等新兴产业，渗透到经济生活的各个方面，对国际分工产生了重大影响。同时，经济一体化、国际化和全球化使国际分工深入发展。这个时期的国际分工发生了重大变化，主要表现为以下特点：从工业国与农业国之间的分工转向工业国之间的分工；工业部门间分工转向工业品内部分工，产品内生产环节与零部件分工有逐步增强的趋势；区域性经济集团内部分工加强；从分工类型上看，从垂直型国际分工日益向水平型国际分工转变；从商品形式上看，国际分工从有形商品领域向服务业领域扩展，并出现了相互结合、相互渗透的趋势。

国际分工分为垂直型国际分工（vertical international division of labor）和水平型国际分工（horizontal international division of labor）两种基础类型。垂直型国际分工即经济发展水平相差悬殊的国家之间的纵向分工，主要指发达国家与发展中国家之间制造业与农、矿业的分工。19 世纪的国际分工主要是少数发达国家的工业制成品与大多数发展中国家初级产品之间的垂直型国际分工。第二次世界大战之后，随着发展中国家的经济发展，垂直型国际分工有所削弱。

水平型国际分工即经济发展水平基本相同的国家之间的横向分工，主要指发达国家之间在工业部门上的分工。第二次世界大战后，科技进步和产业发展促进了世界产业的国际转移和产业部门内部的分工不断深化，使水平型国际分工成为当代国际分工的主要形式。

进入 21 世纪以来，随着互联网信息技术和跨国公司的发展，以发达国家跨国公司为主导的国际分工不断深化，发展中国家的制造业地位日益提高，基于全球或地区的产业链与价值链的生产环节和工作任务分工不断增强。

4. 世界市场

世界市场（world market）是世界各国（地区）产品、服务、生产要素、科技知识等商品交换的场所和交易制度体系，是由世界范围内通过国际分工联系起来的各个国家（地区）之间的市场结构体系。世界市场可分为商品市场、货币市场、保险市场和航运市场等。

当代世界市场由以下几个部分构成：各种类型的国家、订约人、标的对象、国际商品市场与销售渠道、国际市场运输与信息网络，以及其他市场组织机构和国际规则等。科技进步和经济全球化使当代世界市场成为一个统一的无所不包的全球市场体系。

国际商品市场形式有两种基本类型：一种是传统的有固定组织形态的国际商品市场和没有固定组织形态的国际商品市场，另一种是基于互联网技术的跨境电子商务平台市场。有固定组织形态的国际商品市场主要指在固定场所按照事先规定好的原则和规章进行商品交易的市场，这种市场包括商品交易所、拍卖行、商品博览会和展销会等。没有固定组织形态的国际商品市场主要指买卖双方通过非固定组织形式的商品市场（通过其他渠道、无形市场）取得信息而达成交易，如买卖双方先通过报纸、电台、网络等信息媒体初步取得商务信息，再通过双方或中间商谈判达成交易。基于互联网技术的跨境电子商务平台市场有通用的电子商务平台，也有企业自创的针对自产商品的电子商务交易系统。

5. 贸易方式：跨境电子商务贸易与市场采购贸易

国际上的交换是通过一定的交易方式完成的。微观企业的交易方式包括单纯的商品购销、包销、代理、寄售、拍卖、招标与投标、期货贸易、对销贸易等。这些交易方式可以大致分为两大类：一类是单纯的商品购销；另一类则是与其他因素结合的商品购销，如"三来一补"、投标与招标、易货贸易、租赁贸易等。随着互联网的发展，出现了一些新型贸易方式，如跨境电子商务贸易（简称跨境电商贸易）、市场采购贸易等。

跨境电商贸易是互联网时代处于不同国家（地区）的贸易主体通过跨境电子商务平台完成国际交易、国际支付结算、国际商品送达的贸易活动。跨境电商贸易根据商品流向可以分为跨境电子商务出口与跨境电子商务进口。

市场采购贸易是中国基于专业市场的"小批量、多品种、多批次"特征而创设的允许符合条件的经营者在政府管理部门认定的市场集聚区内采购，报关单货值 15 万美元以下，并在采购地办理出口商品通关手续的贸易方式。市场采购贸易方式具有通关快、便利化、免征增值税等特点，首创于全球小商品市场所在地浙江省义乌市的"国际贸易综合改革试点"，现在已经推广到成都、温州、泉州等地区。

1.1.2　国际贸易基本统计指标

1. 贸易规模

贸易规模是衡量贸易发展水平的主要指标，包括贸易额和贸易量。

贸易额是用货币衡量的贸易规模。贸易额分为国际贸易额和对外贸易额。国际贸易额指以金额表示的国际贸易规模，通常是将各国（地区）的出口额相加而形成。据 WTO（World Trade Organization，世界贸易组织）统计，2020 年世界货物贸易出口额为 175 829 亿美元，是 2001 年 61 964 亿美元的 2.84 倍。对外贸易额指一国（地区）以货币金额表示的对外贸易规模，又称为对外贸易值。一定时期内一国从国外进口货物的全部价值，称为进口贸易总额或进口总额；一定时期内一国向国外出口货物的全部价值，称为出口贸易总额或出口总额。两者相加为进出口货物贸易额，这是反映一国对外贸易规模的重要指标之一。中国 2020 年对外贸易总额约为 46 469 亿美元，其中出口额为 25 911 亿美元，进口额为 20 558 亿美元，分别是 2001 年的 9.74 和 8.44 倍，贸易顺差是 2001 年的 23.79 倍，详见表 1.1。2001—2020 年均出口、进口增长率分别是 12.73% 和 11.88%。

表 1.1　2001—2020 年部分年份世界与中国贸易额变化情况

年份	2001	2002	2008	2009	2010	2016	2019	2020	2020/2001
世界出口额/亿美元	61 964	65 007	161 705	125 651	153 040	160 452	190 147	175 829	2.84
中国出口额/亿美元	2 661	3 256	14 307	12 016	15 778	20 976	24 995	25 911	9.74
中国进口额/亿美元	2 436	2 952	11 326	10 059	13 962	15 879	20 784	20 558	8.44
中国贸易差额/亿美元	225	304	2 981	1 957	1 815	5 097	4 211	5 353	23.75
中国出口增长率/%		22.36	17.23	−16.01	31.30	−7.73	0.51	3.67	
中国进口增长率/%		21.18	18.45	−11.18	38.80	−5.46	−2.69	−1.09	

资料来源：根据 WTO 贸易数据整理。

贸易量是指使用具体商品的计量单位计量的贸易规模。贸易量分为国际贸易量和对外贸易量。以货币表示的贸易额经常受到价格变动的影响，因而不能确切地反映贸易的实际规模。由于贸易商品种类多、质量档次也多，因此不同商品是不能相加的。那么，总体的贸易规模又如何计量呢？通常用贸易额除以物价指数的方法计算出贸易额指数来近似地表示贸易量的变化。例如，用以固定年份为基期计算的进口或出口价格指数去除当期的进口额或出口额，得到相当于按不变价格计算的进口额或出口额。通过这种方法计算出的进口额和出口额已经剔除了价格变动的影响，单纯反映进口量或出口量的变化。对外贸易额指数等于对外贸易额除以对外贸易价格指数，国际贸易额指数等于国际贸易额除以世界平均出口价格指数。对外贸易额指数和国际贸易额指数分别表示对外贸易量和国际贸易量的变化。

在 WTO 贸易数据库中可以直接查到世界与各国的贸易值指数。例如，以 1995 年 100 为基准，则 2020 年世界出口值指数为 106.4，比 2019 年的 115.0 减少了 8.6 个百分点。中国 2020 年出口值指数为 113.0，比 2019 年的 109.9 提高了 3.1 个百分点。美国 2020 年的出口指数值为 95.3，比 2019 年的 109.4 大幅下降了 14.1 个百分点。

2. 国际贸易结构和对外贸易结构

广义的对外贸易结构或国际贸易结构是指货物、服务在一国（地区）进出口或世界贸易中占的比重。狭义的对外贸易结构或国际贸易结构是指某种货物的贸易在一国（地区）进出口贸易或世界贸易中占的比重。对外贸易货物结构指一定时期内一国（地区）货物进出口贸易中各类货物的构成，即各大类或各种货物进出口额与整个进出口贸易额之比的构成，以份额比例结构表示。国际贸易货物结构指一定时期内各大类货物或各种货物在整个国际贸易中的构成，即各大类货物或各种货物贸易额与整个世界出口贸易额相比的比例结构。对外贸易服务结构指一定时期内一国（地区）服务进出口中各类服务的构成。

一国（地区）对外贸易商品结构状况取决于该国（地区）的资源结构、产业结构以及经济发展水平。根据 WTO 贸易数据库资料，在出口商品结构中，2001 年世界制造业产品出口占比为 72.83%，美国制造业占比为 82.62%，中国制造业占比为 88.62%。2019年世界制造业产品出口占比为 67.04%，美国制造业占比为 63.07%，中国制造业占比为92.86%。中国制造业出口比重不断上升，而美国制造业出口比重下降，如表 1.2 所示。

表 1.2　世界、中国与美国 2001 年和 2019 年出口结构（占出口总额的比重）

产品类别/指标	2001 年			2019 年		
	世界出口结构/%	中国出口结构/%	美国出口结构/%	世界出口结构/%	中国出口结构/%	美国出口结构/%
所有货物	100.00	100.00	100.00	100.00	100.00	100.00
农产品	8.90	6.25	9.60	9.38	3.27	10.03
石油矿产品	12.54	4.90	3.64	16.16	3.15	14.80
制造业	72.83	88.62	82.62	67.04	92.86	63.07
钢铁	2.12	1.18	0.82	2.20	2.20	0.80
化学品	9.66	5.02	11.29	11.54	6.40	13.65
机器及运输设备	40.05	35.66	51.44	34.08	47.83	32.55
纺织品	2.39	6.32	1.44	1.61	4.78	0.81
服装	3.14	13.77	0.96	2.59	6.06	0.36

资料来源：根据 WTO 贸易数据整理。

3. 国际贸易地区分布和对外贸易地区分布

国际贸易地区分布又称国际贸易地理方向，用以表明世界各洲、各国（地区）或各个区域经济体在国际贸易中所占的地位。计算各国在国际贸易中的比重，既可以计算各国的出口额在世界出口总额的比重，也可以计算各国的进口总额在世界进口总额中的比重。根据 WTO 的统计，2020 年，出口额排在前列的国家（地区）有中国、美国、德国、荷兰、日本、中国香港，进口名列前茅的国家有美国、中国、德国、英国、日本。相较于 2001 年，中国进口和出口贸易地位都显著提高，如表 1.3 所示。

表 1.3　2001 年与 2020 年国际贸易主要国家（地区）分布情况

国家（地区）	世界进口分布/%			国家（地区）	世界出口分布/%		
	2001 年	2020 年	比例变化		2001 年	2020 年	比例变化
世界总和	100	100	0	世界总和	100	100	0
美国	18.4	13.52	-4.88	中国	4.29	14.74	10.45
中国	3.8	11.54	7.74	美国	11.77	8.14	-3.63
德国	7.59	6.57	-1.02	德国	9.23	7.85	-1.38
英国	5.32	3.56	-1.76	荷兰	3.73	3.84	0.11
日本	5.45	3.56	-1.89	日本	6.51	3.65	-2.86

续表

国家（地区）	世界进口分布/%			国家（地区）	世界出口分布/%		
	2001 年	2020 年	比例变化		2001 年	2020 年	比例变化
荷兰	3.26	3.35	0.09	中国香港	3.08	3.12	0.04
法国	5.13	3.27	-1.86	韩国	2.43	2.91	0.48
中国香港	3.15	3.2	0.05	意大利	3.95	2.82	-1.13
韩国	2.2	2.63	0.43	法国	5.22	2.78	-2.44
意大利	3.69	2.37	-1.32	比利时	3.07	2.38	-0.69

资料来源：根据 WTO 贸易数据整理。

对外贸易地区分布又称对外贸易地理方向或国别构成，指一定时期内各个国家或经济体在一国对外贸易中所占有的地位，通常以它们在该国进出口总额中的比例结构来表示。对外贸易地区分布指明一国出口货物和服务的去向与进口货物和服务的来源，反映一国与其他国家或经济体之间经济贸易联系的程度。2020 年，中国商品进口额为 20 558 亿美元，出口额为 25 911 亿美元。其中，进口来源地主要有日本（8.51%）、韩国（8.40%）、美国（6.62%）、澳大利亚（5.59%）、德国（5.12%）等国家（地区），而出口目的地主要有美国（17.47%）、中国香港（10.52%）、日本（5.51%）、越南（4.39%）、韩国（4.34%）等国家（地区）。详见表 1.4。

表 1.4　2020 年中国出口进口市场分布情况

进口来源地	进口额/亿美元	进口市场分布/%	出口目的地	出口额/亿美元	出口市场分布/%
世界总和	20 558	100.00	世界总和	25 911	100.00
日本	1 749	8.51	美国	4 526	17.47
韩国	1 728	8.40	中国香港	2 727	10.52
美国	1 360	6.62	日本	1 426	5.51
澳大利亚	1 148	5.59	越南	1 138	4.39
德国	1 053	5.12	韩国	1 125	4.34
巴西	841	4.09	德国	868	3.35
越南	785	3.82	荷兰	790	3.05
马来西亚	747	3.64	英国	726	2.80
俄罗斯	572	2.78	印度	667	2.58
泰国	481	2.34	新加坡	575	2.22

通过国际贸易地区分布的考察，可以揭示世界各地区或各国的经济发展水平和地位。一国的对外贸易地区分布（对外贸易国别结构）可以说明该国与其他国家（地区）之间的相互依赖关系，以及经济结构的互补关系。

4. 贸易差额

一定时期内一国出口总额与进口总额之间的差额称为贸易差额。贸易差额用以表明一国对外贸易的收支状况。当出口总额超过进口总额时，称为贸易顺差，我国也称为出超。当进口总额超过出口总额时，称为贸易逆差，我国也称为入超。通常贸易顺差以正数表示，贸易逆差以负数表示。如果出口总额与进口总额相等，则称为贸易平衡。

一国的进出口贸易收支是一国国际收支经常项目中重要的组成部分，故贸易差额状况对一国的国际收支有重大影响。贸易差额包括货物贸易差额与服务贸易差额。任何国家的进出口贸易总会出现差额，不可能绝对平衡。一般来说，顺差（或出超）表明一国收进的货款与服务报酬大于支出的货款与服务报酬，说明该国在世界市场上处于优势；逆差（或入超）表明一国对外支出的货款与服务报酬大于收进的货款与服务报酬，表明该国在世界市场上处于劣势。一国的贸易差额是各种复杂因素共同作用的结果，包括该国经济体制因素、产业竞争力、汇率、贸易政策、经济周期等。

例如，中国 2020 年进口额是 20 558 亿美元，出口额是 25 911 亿美元，2020 年的贸易差额=出口额-进口额=5 353 亿美元，说明中国在 2020 年是贸易顺差国。中国的贸易差额在 20 世纪 80 年代大部分年份是贸易逆差，20 世纪 90 年代以来大部分年份是贸易顺差。

1.2　国际贸易的特点和发展趋势

1.2.1　国际贸易的特点

国际贸易与国内贸易相比有共性也有区别。国际贸易与国内贸易的相同点表现在：都是商品和服务的交换、交易过程大同小异、经营的目的都是取得利润或经济效益。

国际贸易与国内贸易有以下不同。

1）国际贸易比国内贸易困难，主要表现为语言不同，法律、风俗习惯不同，贸易障碍多于国内贸易，市场调查困难，交易接洽困难多。

2）国际贸易比国内贸易复杂，主要表现为海关制度及其他贸易法规不同、国际汇兑复杂、货物的运输与保险复杂。

3）国际贸易风险大，主要表现为信用风险、商业风险、汇兑风险、运输风险、价格风险和政治风险。

因此，从事国际贸易活动必须具备一系列条件：广阔的国际视野、良好的商业信誉、各种专业理论与知识、灵通的商业信息、完备的组织机构。

1.2.2　国际经济贸易的发展趋势

1. 国际经济发展的相互依赖不断增强

国际经济发展的相互依赖（interdependence）是通过国际经济"传递"进行的。国际经济"传递"指一个国家经济的盛衰对另一国发生的影响。世界各国在经济上相互依靠，一国经济的增长或衰退都会影响其他国家，国际贸易是各国经济活动相互"传递"的重要渠道。

各国经济发展通过对外贸易"传递"的过程是：①世界市场价格变动影响国内开放部门价格变动，国内开放部门价格变动影响国内非开放部门价格变动；②国内价格变动影响产量与就业变动；③产量与就业变动影响整个经济的变动（上升或下降）。在历史上，英国经济的迅速发展带动了美国、加拿大等国的经济发展。随着资本和生产的国际化，这种"传递"作用日益加强。中国经济的持续发展推动了世界经济尤其是周边国家（地区）的稳定发展，使亚洲地区成为世界各地区间经济发展最快的地区。

国际经济发展的相互依赖性可以用对外贸易依存度指标来衡量。对外贸易依存度又称对外贸易系数，是一国对外贸易总额（出口额与进口额之和）在该国国民生产总值或国内生产总值（gross domestic product，GDP）中所占的比重。对外贸易依存度是衡量对外贸易在该国经济发展的地位和该国经济国际化程度的重要指标之一。根据世界发展指数经济贸易数据，世界主要国家的对外贸易依存度都在提高，以发达国家美国、日本、德国和发展中国家中国、印度五国平均数据为例，对外贸易依存度由 20 世纪 70 年代的 18.13%、80 年代的 23.88%、90 年代的 27.74%逐步上升到 21 世纪头 10 年的 42.15%、2010—2019 年的 47.47%，详见表 1.5。总体而言，世界各国的对外贸易依存度不断提高、依赖关系日益增强。当然，对外贸易依存度的提高也会有极限。

表 1.5　世界主要国家对外贸易依存度不同时期比较

国家	平均依存度/%					最高年份	最高依存度/%
	1970—1979 年	1980—1989 年	1990—1999 年	2000—2009 年	2010—2019 年		
美国	14.57	18.12	21.53	25.18	28.46	2011	30.79
日本	22.03	22.95	18.00	25.46	33.48	2014	37.55
德国	35.07	44.05	46.44	69.36	85.63	2018	88.60
印度	10.84	13.81	20.66	38.36	46.92	2012	55.79
中国	8.15	20.46	32.08	52.37	42.87	2006	64.48
五国平均	18.13	23.88	27.74	42.15	47.47	2008	51.36

注：对外贸易依存度=贸易额/GDP；前五列数据为标明年度期间的平均对外贸易依存度。

2. 国际贸易与国际直接投资融合发展，跨国公司日益重要

国际贸易与国际直接投资融合发展是国际经济发展趋势之一，是国际分工不断深化发展的结果。国际贸易与国际直接投资是国际经济相互依赖、世界资源优化配置的两种基本方式，而且国际直接投资有日益重要的趋势。

据联合国贸易与发展会议 2020 统计的外国直接投资（foreign direct investment，FDI）数据，FDI 流入量（FDI inflow）总体在波动中增长，从 2005 年的不到 1 万亿美元提高到 2019 年的 1.54 万亿美元，其中，2015 年达到高峰，超过 2 万亿美元。2019 年，FDI 流入量最大的 20 个经济体中有 7 个是发展中国家，美国、中国、新加坡、荷兰、爱尔兰位列前五。FDI 流出量（FDI outflow）最大的 5 个国家是日本、美国、荷兰、中国、德国。从 FDI 流量和存量占 GDP 的相对比例来看，FDI 相对依存度最大的经济体是中国香港、新加坡、爱尔兰、荷兰等较小经济规模的经济体，详见表 1.6。

表 1.6 2019 年境外直接投资流入、流出最多的经济体

流入量最大的经济体	流入流量		流入存量	流出量最大的经济体	流出流量		流出存量
	流入量/10 亿美元	流入量占 GDP 比例/%	流入存量占 GDP 比例/%		流出量/10 亿美元	流出量占 GDP 比例/%	流出存量占 GDP 比例/%
美国	246	1.1	43.9	日本	227	4.5	35.7
中国	141	1	12.4	美国	125	0.6	35.8
新加坡	92	25.5	469.3	荷兰	125	13.8	283.3
荷兰	84	9.3	193.3	中国	117	0.8	14.8
爱尔兰	78	29.2	289.9	德国	99	2.6	45
巴西	72	4	35.3	加拿大	77	4.4	95.3
中国香港	68	18.5	506.5	中国香港	59	16.1	486.5
英国	59	2.1	73.6	法国	39	1.4	56.7
印度	51	1.7	14	韩国	36	2.1	26.5
加拿大	50	2.9	59.8	新加坡	33	9.2	305.8

近几十年来，跨国公司的对外投资活动成为各国促进经济发展、提高国际竞争力的重要手段。各国政府竞相以优惠政策吸引外资，贸易和投资壁垒大幅削减，全球和区域范围的经济一体化程度日益加深，跨国公司在国际范围内转移资源、扩张经营、全面开发市场已经非常便利。

各种数据都清楚地表明，跨国公司带动了国际经济与贸易的快速增长，而且成为推动当今国际贸易投资发展的强大力量。全球出口贸易的 1/3 是由跨国公司完成的，1/3 是与跨国公司的全球化生产经营有关的。跨国公司内部的专利交易费用约占全球专利交易费用的 70%。

3. 组建经济一体化组织，不断追求区域贸易自由化

经济一体化（economic integration）是指国家（地区）之间的经济联合。自由贸易区（free trade area，FTA）是经济一体化组织的初级形式。各国、各地区出于深化地区内国际分工和合作，配合自身经济发展的需要，已不甘于原有的贸易条件，主动从双边交往和局部地区间的联盟寻求更大的便利和自由化。在近 20 年的时间里，经济一体化组织不管是数量还是进程都变化很大。根据 WTO 的地区贸易协定（regional trade agreement，RTA）数据库统计，截至 2021 年 7 月，RTA 累计报告数量达到 568 个，累计实施的协议达 350 个。区域性的经济一体化协议数量不断增长，在全球化发展到新高度之后，地区性的经济贸易合作协定影响深远。典型经济一体化组织有欧盟、北美自由贸易区、中国-东盟自贸区、区域全面经济伙伴关系协定（regional comprehensive economic partnership，RCEP）等。

4. 电子商务取代传统的商务模式

随着互联网和信息技术的飞速发展，为适应国际贸易规模迅速扩张的需要，20 世纪 90 年代后半期产生的电子商务一经问世，就以不可逆转的势头为世界贸易搭建起了快速

运行的平台，特别是在美国、日本、欧盟等主要发达国家和地区的大力推动下，电子商务已成为 21 世纪推动国际贸易发展的最具前途的动力之一。

根据 eMarketer 机构 2021 年度全球电子商务预测报告，2019 年电子商务零售额为 3.351 万亿美元，2020 年电子商务零售增长率提高到 25.7%，规模达到 4.213 万亿美元，专家预测到 2025 年将达 7.385 万亿美元，占全球所有零售额的比例将达 24.5%。中国的电子商务发展领先世界，2019 年规模达 1.803 万亿美元，预测从 2022 年开始，中国的电子商务零售将超所有零售的一半（表 1.7）。全球跨境电子商务交易规模最大的国家有中国、巴西、墨西哥、意大利、西班牙、俄罗斯、德国等。

表 1.7　电子商务零售额预测

年份	全球指标			中国指标		
	电子商务零售额/万亿美元	增长率/%	占所有零售额比例/%	电子商务零售额/万亿美元	增长率/%	占所有零售额比例/%
2019	3.351	20.5	13.8	1.803	25.9	34.1
2020	4.213	25.7	17.8	2.164	20.0	42.4
2021	4.921	16.8	19.6	2.564	18.5	47.2
2022	5.545	12.7	21	2.898	13.0	50.3
2023	6.169	11.2	22.3	3.216	11.0	53.0
2024	6.773	9.8	23.4	3.506	9.0	55.0
2025	7.385	9	24.5	3.786	8.0	56.8

注：表中数据包括利用互联网的所有产品与服务的交易。

5. 国际经济贸易组织与国际规则日益重要

在以信息技术为中心的技术进步和跨国公司的推动下，贸易自由化、生产国际化和经济一体化在不断突破国家和地域的限制，商品、服务、生产要素与信息跨国界流动的规模日趋扩大，国际分工日益加深，世界市场范围内配置资源的效率不断提高，各国、各地区间经济相互依赖程度日益加深。正是基于对经济全球化的影响和作用的深切感受和发展自身经济的强烈愿望，各国、各地区不管国力强弱，不论社会制度和文化差异，都在试图逐步融入到全球化进程中，因而也就更加重视全球通行的市场经济规则。世界上绝大部分国家是 WTO 成员，成员间的贸易额占全球贸易额的 90% 以上。由此，根据全球化要求和国际贸易发展的特点制定和实施全球通行贸易协议规则日益重要。除此之外，便利国际贸易与国际投资的双边协议不断增加，国际经济贸易惯例不断完善，因此，不加入国际经济贸易组织和不遵守国际经济贸易规则将难以在国际经济舞台上立足与发展。

1.2.3　中国"一带一路"倡议与自由贸易区战略

1. "一带一路"倡议

"一带一路"是"丝绸之路经济带"和"21 世纪海上丝绸之路"的简称。2013 年，中国国家主席习近平提出共建"丝绸之路经济带"和"21 世纪海上丝绸之路"的重大倡议。"一带一路"倡议是中国为新时期建设世界新型开放经济体系而提出的中国方案，体现了许多开放性经济发展新思想新理念，如"五通""三共""三同"等。

"五通"是"一带一路"国家（地区）之间国际合作的基本内容，包括政策沟通、设施联通、贸易畅通、资金融通、民心相通，其中基础设施建设是核心。"三共"是"一带一路"建设过程中的国际合作原则，包括共商、共建、共享，前期要共商，中间的要共建，成果利益要共享。"三同"是"一带一路"国家（地区）开展国际合作的基础。人类社会发展到今天，世界各国、各地区已经形成了不可分割的利益共同体、命运共同体和责任共同体。和平合作、开放包容、互学互鉴、互利共赢是丝绸之路精神在"一带一路"建设中的指导思想。

自提出"一带一路"倡议以来，"一带一路"建设稳步推进，成果惠及全球。据商务部发布的《中国"一带一路"贸易投资发展报告 2021》，截至 2021 年 6 月，中国已同 140 个国家和 32 个国际组织签署 206 份共建"一带一路"合作文件，涵盖互联互通、投资、贸易、金融、科技、社会、人文、民生、海洋等领域。

随着"一带一路"建设的推进及中欧投资贸易的不断扩大，中欧班列已成为共建"一带一路"的重要公共品牌之一。根据 2021 年 9 月 16 日国家发改委新闻发布会的数据，中欧班列已经铺画运行线 73 条，通达欧洲 23 个国家的 170 多个城市，物流配送网络覆盖欧亚大陆全境，为共建"一带一路"提供了有力支撑。

"一带一路"倡议提出伊始，部分国家和组织对其动机抱有不同看法，担心其只是中国扩张自身国际影响力和谋求单方利益的地缘政治战略。时至今日，"一带一路"已经从中国倡议变成全球共识，得到越来越多国家、国际机构和企业的认同与支持。对中国而言，"一带一路"已成为中国参与全球开放合作、推动全球治理体系改革、促进全球共同发展繁荣和构建人类命运共同体的重要平台，也是中国形成更高层次改革开放新格局和构建国内国际双循环相互促进新发展格局的重要支撑。

2. 中国国际自由贸易区战略

自由贸易区有国际自由贸易区和境内自由贸易区之分。国际自由贸易区，是指两个或两个以上的国家或地区通过签订自由贸易协定（free trade agreement），相互取消关税和非关税壁垒，形成国际区域性双边或多边自由贸易的地区。该贸易区内部各经济体之间开展自由贸易，但是仍然保留各自独立的贸易政策，是区域经济一体化的一种形式。自由贸易协定是两国或多国（地区、经济体）之间签订消除贸易壁垒，允许商品与服务自由交易的国际贸易契约，以促进经济体之间的市场经济一体化。目前多数区域性自由贸易协定不仅包括货物贸易自由化，而且涉及服务贸易、投资等更多领域的相互承诺，是一个国家实施区域性多（双）边国际合作战略的手段。

目前世界典型自由贸易区有北美自由贸易区（包括美国、加拿大、墨西哥）、美洲自由贸易区（包括美洲 34 国）、中欧自由贸易区（包括波兰、匈牙利、捷克、斯洛伐克、斯洛文尼亚、罗马尼亚和保加利亚）、东盟自由贸易区（包括东盟十国）、欧盟与墨西哥自由贸易区、中国-东盟自由贸易区等。自由贸易区的自由化程度是由谈判达成的自由贸易协定来确定的。

党的十七大把自由贸易区建设上升为国家战略，党的十八大提出要加快实施自由贸易区战略，党的十八届三中全会提出要以周边为基础加快实施自由贸易区战略，形成面向全球的高标准自由贸易区网络。2015 年 12 月发布的《国务院关于加快实施自由贸易区战略的若干意见》（国发〔2015〕69 号，简称《意见》）详细阐述了我国实施自由贸易区战略的总体要求、战略框架与保障措施。《意见》指出了实施自由贸易区战略的目标任务：近期，加快正在进行的自由贸易区谈判进程，在条件具备的情况下逐步提升已有自由贸易区的自由化水平，积极推动与我国周边大部分国家和地区建立自由贸易区，使我国与自由贸易伙伴的贸易额占我国对外贸易总额的比重达到或超过多数发达国家和新兴经济体水平；中长期，形成包括邻近国家和地区、涵盖"一带一路"沿线国家以及辐射五大洲重要国家的全球自由贸易区网络，使我国大部分对外贸易、双向投资实现自由化和便利化。《意见》还指出了进一步优化自由贸易区建设布局的三个方向。一是加快构建周边自由贸易区。力争与所有毗邻国家和地区建立自由贸易区，不断深化经贸关系，构建合作共赢的周边大市场。二是积极推进"一带一路"沿线自由贸易区。结合周边自由贸易区建设和推进国际产能合作，积极同"一带一路"沿线国家商建自由贸易区，形成"一带一路"大市场，将"一带一路"打造成畅通之路、商贸之路、开放之路。三是逐步形成全球自由贸易区网络。争取同大部分新兴经济体、发展中大国、主要区域经济集团和部分发达国家建立自由贸易区，构建金砖国家大市场、新兴经济体大市场和发展中国家大市场等。

截至 2022 年 5 月 28 日，我国已经签订的自由贸易协定有 21 份，其中包含 RCEP、中国-东盟自由贸易区以及内地与港澳更紧密经贸关系安排；正在谈判的有 10 份，包括中日韩自由贸易协定等；正在研究的有 8 份，包括中加自贸协定、中国-瑞士自贸协定升级联合研究等。[①]

3. 中国境内自由贸易区战略

（1）中国境内自由贸易区发展

境内自由贸易区是在一国境内划出一定区域（境内关外），形成该国的特殊监管区，鼓励区内货物自由对外进出。境内自由贸易区最早是为了方便各国相互开展货物贸易，现在主要体现为货物贸易与服务贸易并重，贸易功能与投资功能并重，在岸业务与离岸业务并重，投资自由与金融自由并重。

全球有大大小小自由贸易区 3 000 多个，按照特性来划分，世界自由贸易区大致可以分为 5 种类型：①自由港型，如香港、新加坡；②综合型，如釜山、仁川；③贸易型，如巴拿马科隆；④出口加工型，如高雄港；⑤工贸结合型，如迪拜。

中国境内自由贸易区（以下简称"境内自贸区"，以区别于国际自由贸易区），又称自由贸易试验区。建设自由贸易试验区是新时代我国深化改革和扩大开放的战略举措，是我国境内单边对外开放发展过程中，由出口加工区、保税区、保税港区、跨境电子商务试验区、自由港区等多种开放模式不断延伸到新阶段的境内开放实验区。

"十三五"期间，在全球经济金融出现新变局的形势下，我国境内自贸区的数量增加，开放扩大，改革深化，成果丰硕，为推动经济高质量发展起到了重要作用。境内自

---

① 最新数据详见中国自由贸易区服务网 http://fta.mofcom.gov.cn/index.shtml。

贸区在国内国际双循环相互促进的新发展格局下，在对标国际、制度创新、要素配置、产业发展等方面将有更深入的推进，发挥更大的引领和推动作用。

自 2013 年中国（上海）自由贸易试验区［China（Shanghai）Pilot Free Trade Zone，以下简称"上海自贸区"］设立以来，我国基本上每隔一年推出一批新的境内自贸区，2015 年、2017 年、2019 年分别推出第二、三、五批自贸区（2018 年第四批自贸区只有海南一家）。2020 年又推出第六批 3 家自贸区并且扩大浙江自贸区，反映了在新发展格局下自贸区战略的推进步伐进一步加快。截至 2022 年上半年，我国境内自贸区总数扩大到 21 家，片区数量达到 70 个，覆盖 49 个城市。

自贸区建设与国家对外开放的重大战略及区域发展战略紧密结合，各地方自贸区根据差异化的战略定位、资源优势、产业基础，明确重点发展产业方向，形成了各具特色的产业结构。

特别重要的是上海自贸区发展和海南自由贸易港建设，它们是为我国全面开放发展提供示范的重要国家战略。

（2）上海自贸区

上海自贸区是国家批准设立在上海的区域性自由贸易园区，属于区域性经济特区，是先行先试的国家开放战略重要组成之一。地区范围涵盖上海市外高桥保税区、外高桥保税物流园区、洋山保税港区、上海浦东机场综合保税区四个海关特殊监管区，以及金桥出口加工、张江高科技园区和陆家嘴金融贸易区等七个区域。

上海自贸区在先行先试人民币资本项目下开放，并逐步实现可自由兑换等金融创新，首次引入负面清单制度。2013 年 9 月 29 日，上海市政府发布《中国（上海）自由贸易试验区外商投资准入特别管理措施（负面清单）（2013 年）》，共 18 大类。首个负面清单有 190 条特别监管措施，2014 年版已缩减到 139 条，2021 年版外商投资准入特别管理措施更是减少到 27 条。

上海自贸区的主要任务是探索中国对外开放的新路径和新模式，推动加快转变政府职能和行政体制改革，促进转变经济增长方式和优化经济结构，实现以开放促发展、促改革、促创新，形成可复制、可推广的经验，服务全国的发展。建设上海自贸区有利于培育中国面向全球的竞争新优势，构建与各国合作发展的新平台，拓展经济增长的新空间，打造中国经济"升级版"。

（3）海南自由贸易港

海南自由贸易港（Hainan Free Trade Port）是国家批准设立在海南的区域性经济特区，试验最高水平的开放政策、特殊税收政策和生产要素自由流动，探索建设中国特色自由贸易港。范围覆盖全岛，是国家开放战略重要组成之一。2018 年 4 月 11 日《中共中央　国务院关于支持海南全面深化改革开放的指导意见》发布，指出海南的战略定位是：全面深化改革开放试验区，国家生态文明试验区，国际旅游消费中心，国家重大战略服务保障区。适应经济全球化新形势，实行更加积极主动的开放战略，探索建立开放型经济新体制，把海南打造成为我国面向太平洋和印度洋的重要对外开放门户。要坚持全方位对外开放，按照先行先试、风险可控、分步推进、突出特色的原则，第一步，在海南全境建设自由贸易试验区，赋予其现行自由贸易试验区试点政策；第二步，探索实行符合海南发展定位的自由贸易港政策。要高标准高质量建设自由贸易试验区，探索建设中国特色自由贸易港，加强风险防控体系建设。2020 年 6 月 1 日中共中央、国务院印发《海南自由贸易港建设总体方案》，2021 年 6 月 10 日全国人大常委会通过《中华人民共和国海南自由贸易港法》。关于海南的一系列改革开放新举措意味着更全面、更高水平的对外开放，先行先试的新举措将使海南成为我国新一轮深化对外开放的标杆地区。

1.3 贸易利益和自由贸易的基本理论

1.3.1 对外贸易与经济增长的关系

历史数据表明，封闭会使国家衰弱，开放会使国家强盛。一国（地区）参与国际贸易的程度与其经济发展水平有密切关系。对外贸易一方面反映了经济发展的水平，另一方面也作为增长的动力，推动了经济的发展。从整个世界来说，第二次世界大战后是贸易发展最快的阶段，也是经济增长最快的时期。

根据有关研究，在 1750 年，我国制造业产值占世界的 1/3，但是近 200 多年的封闭，使我国经济不断倒退，1890 年降到 6%，1950 年降至 2.3%左右。我国自 1978 年实行改革开放以来的开放经济成就显著，被称为中国奇迹，也充分证明了对外贸易与经济发展之间强大的互动关系。外贸增长最快的 20 世纪 90 年代初和 21 世纪头 10 年，GDP 增长率也最高；相对而言，外贸增长较慢的 2016—2020 年，GDP 增长率也较低，如表 1.8 所示。

表 1.8 中国各个时期进出口增长率与 GDP 增长率

单位：%

时期	出口增长率	进口增长率	GDP 增长率	人均 GDP 增长率
1981—1985 年	8.97	18.24	10.70	9.19
1986—1990 年	17.97	5.47	7.99	6.34
1991—1995 年	19.36	20.07	12.27	10.94
1996—2000 年	11.40	12.03	8.63	7.62
2001—2005 年	25.51	24.56	9.80	9.10
2006—2010 年	17.93	18.24	11.33	10.76
2011—2015 年	7.83	4.52	7.93	7.40
2016—2020 年	2.84	4.54	5.76	5.29

资料来源：出口进口增长率根据 WTO 商品贸易数据计算整理，GDP 增长率和人均 GDP 增长率根据世界银行世界发展指数中国数据计算整理。

根据世界银行世界发展指数各国（地区）GDP 增长和贸易增长统计数据，2000 年到 2019 年的 20 年间，世界各国（地区）GDP 年均增长率为 2.8%，出口额年均增长率和进口额年均增长率分别为 3.6%和 3.4%（表 1.9 和表 1.10）。将国家（地区）按照贸易增长率分组，可以明显看出：进出口额年均增长率高的国家（地区）GDP 年均增长率也比较高；出口额年均增长率超过 10%的 11 个国家（地区），其 GDP 年均增长率达到 6.0%。进口增长率分析也类似。

表 1.9　2000—2019 年世界各国（地区）GDP 年均增长与出口年均增长比较

出口额年均增长率所处区间	国家（地区）数/个	GDP 年均增长率/%	出口额年均增长率/%
10%以上	11	6.0	14.8
5%～10%（不含）	43	3.7	6.7
3%～5%（不含）	43	3.6	3.8
0～3%（不含 3%）	47	3.5	1.9
<0	16	2.6	−3.3
世界平均		2.8	3.6

资料来源：根据世界银行世界发展指数数据计算整理，计算排除了无数据的国家（地区）。

表 1.10　2000—2019 年世界各国（地区）GDP 年均增长与进口年均增长比较

进口额年均增长率所处区间	国家（地区）数/个	GDP 年均增长率/%	进口额年均增长率/%
10%以上	11	5.4	13.5
5%～10%（不含）	36	3.9	7.0
3%～5%（不含）	53	3.4	4.0
0～3%（不含 3%）	45	3.3	1.7
<0	15	3.2	−5.6
世界平均		2.8	3.4

资料来源：根据世界银行世界发展指数数据计算整理，计算排除了无数据的国家（地区）。

1.3.2　对外贸易促进经济发展的作用机理

考察对外贸易对经济增长的作用机理，需要从进口贸易和出口贸易两个方面进行分析，二者对经济增长都有促进作用。

1. 进口贸易的作用机理

进口贸易的作用主要体现在可以使进口国家更好地利用国外资源，进口中学习（learning by importing），发展国内经济。进口贸易促进经济增长的作用机制有 4 条路线。

1）技术和设备的进口将直接促进国内生产的发展和生产率的提高，其作用类似于创新对经济增长的刺激，而且还节省了创新的成本。

2）新产品进口刺激国内需求。新产品的进口输入对本国的生产和消费活动可以产生示范效应，因而可加速本国的新产品开发和进口替代型生产，并带动国内新产业的发展，促进经济增长。

3）进口是反垄断的有力武器。持续的进口产品的激烈竞争将加速低效率企业退出市场的过程，并促进高效率的企业达到合理的规模，从而优化本国的市场结构，改善本国企业的效益。

4）进口是新观念、新技术、新管理要素的传播媒介。先进的技术、设备和产品的引进，可以加速本国知识与专业化人力资本积累，从而推动国家经济长期增长。

正是进口贸易的这些作用，使得许多发展中国家在贸易政策上实施进口替代战略。所谓进口替代战略就是通过建立和发展本国的工业，替代制成品进口，以带动经济增长，实现工业化，减少贸易逆差，改善国际收支状况。进口替代战略下的外贸政策措施有：

对进口产品，尤其是最终消费品征收高关税，以减少进口，但对国内生产必需的中间品和资本品则征收低关税或免税，以降低进口替代生产的生产成本；实施进口配额，限制必需品（尤其是奢侈品）的进口；采取外汇管制，将外汇主要用于进口替代部门必需投入品的进口，并通过外汇高估减轻必需品进口所造成的外汇压力。

2. 出口贸易的作用机理

出口贸易对经济增长的促进作用更为直接，即通过利用国外市场来发展国内经济，出口中学习（learning by exporting），其促进经济增长的途径主要包括 4 个方面。

1）出口贸易意味着市场的扩大，使企业能够扩大生产规模，获取规模经济利益。规模经济可以直接提高生产效率，降低单位成本，增加利润，增强国际竞争力；市场规模扩大，使创新活动所能获得的收益上升，从而刺激本国企业的产品和技术创新；出口规模的扩张也可以更充分地利用未开发的国内资源，带动国内就业的增加，这些都无疑有利于经济的增长。

2）出口贸易意味着本国收入的增加和效率的提高。出口贸易增加收入，从而可将更多的投资用于扩大再生产，增强经济活动的基础，加快经济的增长。出口贸易使一国更趋于按比较优势原则配置资源，提高生产专业化程度，从而提高劳动生产率，促进经济增长。

3）出口贸易提升了产业的国际竞争力。出口贸易使出口产品直接在国际市场与国外产品开展国际竞争，从而迫使企业提高竞争力。同时，出口产品竞争力的提高，需要相关竞争力的支持，因此，出口贸易的扩大可以加强出口部门与其他产业的联系，使出口扩张的影响辐射到整个经济中去。

4）出口贸易的扩大，有助于促进要素流动，鼓励外资流入，解决国内投资不足，并促进先进技术和管理知识的引进。

正是基于出口贸易的这些作用，许多发展中国家积极实施出口导向（export orientation）战略。所谓出口导向战略，就是将经济发展的重点放在出口贸易上，通过出口的增长推动整个国民经济的增长。出口导向战略又分初级品出口战略和出口替代（export substitution）战略。初级品出口战略即出口食物和农矿原料，进口发达国家的工业制成品。初级品出口战略是初级导向战略。出口替代战略即发展面向出口工业，以工业制成品和半制成品的出口替代传统的初级品出口，以增加外汇收入，带动工业体系的建立和国民经济的持续增长。出口替代战略是次级导向战略。出口替代战略的配套措施有出口补贴、生产补贴等。出口替代战略包括初级品加工、劳动密集型装配和出口加工、以进口替代为基础的制成品出口等三种模式。

1.3.3 自由贸易的基本理论

自由贸易和贸易自由化的本质是追求贸易利益。自由贸易理论是在一定假设条件下研究国际贸易基础、贸易模式与贸易利益的理论。代表性理论有体现传统贸易理论的绝对优势论、比较优势论、要素禀赋论，新贸易理论的规模经济论、技术差距论、产品生命周期论、需求偏好相似论和产业内贸易论，以及新新贸易理论的企业异质论等。

1. 绝对优势论

亚当·斯密（Adam Smith）在其 1776 年发表的《国富论》中提出绝对优势理论，用以解释国际分工产生的原因、方式以及利益。亚当·斯密主张："如果外国能制造比我们自己制造更便宜的商品供应我们，我们就应该用我们自己有利的产业生产出来的产品的一部分向他们交换。"亚当·斯密指出国际贸易的基础是绝对优势，各国应利用自己的绝对优势产品参与国际分工，专业化生产绝对优势产品，并用其中的一部分交换自己的绝对劣势产品，进而使各国都享受到自由贸易所带来的利益。所谓绝对优势产品就是本国的生产成本比别国绝对低或生产效率比别国绝对高的产品。

假定 2 个国家、2 种商品和 1 类劳动生产要素（简称"2×2×1 模型"），假定各国只在每件商品生产所需劳动时间上存在差别，而劳动时间决定产品价格。假定英国生产 1 单位呢绒花 100 小时，生产 1 单位酒花 90 小时；葡萄牙生产 1 单位呢绒花 80 小时，生产 1 单位酒花 100 小时。从以上假设可知，英国生产酒的单位成本 90 小时低于葡萄牙生产酒的单位成本 100 小时，英国在酒的生产上与葡萄牙相比占有绝对优势，而葡萄牙生产呢绒的单位成本 80 小时显然比英国生产呢绒的单位成本 100 小时要低，所以，葡萄牙在生产呢绒上占有绝对优势。按绝对优势论，两国应进行专业化分工，各自生产占有优势的产品，即英国专业化生产和出口酒，而葡萄牙专业化生产和出口呢绒。通过绝对优势的专业化生产与出口，两国就能双赢，即都能获得贸易利益。

专业化分工后的时间分配和产量如表 1.11 所示，分工后两国合计的酒和呢绒的产量都比分工前要高，这就是分工和交换的利益。

表 1.11　葡萄牙与英国成本与产量分工前后对比

国家	分工前				分工后			
	酒		呢绒		酒		呢绒	
	成本/时	产量/单位	成本/时	产量/单位	成本/时	产量/单位	成本/时	产量/单位
葡萄牙	100	1	80	1	0	0	180	2.25
英国	90	1	100	1	190	2.11	0	0
合计	190	2	180	2	190	2.11	180	2.25

绝对优势论有局限性，该理论没有说明，当一个国家在生产所有产品都占有绝对优势时，是否还可以通过国际分工获得利益，而当时的英国就是几乎在所有产品的生产上都具有绝对优势。绝对优势论只能说明各国在某种商品上占有绝对优势而另一国在另一种商品上有绝对优势时的情况，即两国各有一种商品有绝对优势时的情况，而这一条件恰恰无法符合当时英国的情况。

2. 比较优势论

大卫·李嘉图（David Ricardo）在其 1817 年出版的《政治经济学和赋税原理》一书中提出比较优势论。他认为，一个国家即使在所有可供交换的产品生产成本上都占有绝对优势或绝对劣势，依然可从交换中获益，它的利益在于专门生产比较成本最低，或者说具有比较优势的产品。比较优势原理可以概括为"两优取其重，两劣取其轻"。贸易的基础是比较优势，专业化生产与贸易模式也以比较优势为基础。大卫·李嘉图认为，如果葡萄牙在葡萄酒和呢绒的生产上都优于英国，而它在酒的生产上成本优势更大，那么放弃呢绒的生产对它不无好处。反过来，英国则应专门生产呢绒，因为它在这方面的比较劣势最小。

比较优势论的基本假定与绝对优势论相同，同样是在 2×2×1 模型基础上论证，并假定在两种产品的生产上葡萄牙的生产率都高于英国，如表 1.12 所示。如果坚持绝对优势论，葡萄牙应该生产全部两种商品。在自由贸易的条件下，英国的生产将在竞争中被淘汰。显而易见，这样的情况难以接受。大卫·李嘉图认为，在每个国家都集中生产其具有最大比较优势产品的条件下，自由贸易总是优于自给自足。于是葡萄牙进口英国的呢绒更有利，尽管英国生产呢绒的绝对成本高于葡萄牙。但是，在葡萄牙国内，1 单位的酒可换得 0.89 单位的呢绒，而在英国，同样单位的酒则可换得 1.20 单位的呢绒。酒的相对价格或机会成本在葡萄牙和英国有差异，这是两国各自存在比较优势的根源。

表 1.12　葡萄牙和英国生产每件产品所需的劳动成本时间

国家	劳动成本时间		相对价格或机会成本	
	酒	呢绒	酒/呢绒	呢绒/酒
葡萄牙	80 小时	90 小时	80/90≈0.89	90/80≈1.13
英国	120 小时	100 小时	120/100=1.20	100/120≈0.83

比较成本就是两国生产同样的产品相比较的成本。例如，葡萄牙与英国在生产酒上的成本之比为 80/120，在生产呢绒上的成本之比为 90/100。也就是说，葡萄牙相对于英国而言，生产酒的比较成本为 80/120，生产呢绒的比较成本为 90/100。两种商品的比较成本相比较，葡萄牙相对于英国而言，酒的比较成本（80/120）低于呢绒的比较成本（90/100），因此，葡萄牙在酒的生产上具有比较优势，而英国在呢绒的生产上具有比较优势。

相对价格或机会成本，就是两种产品的成本之比，或者多生产一种产品而必须放弃的另一种产品的数量。在葡萄牙，生产酒与生产呢绒的成本之比为 0.89，也就是葡萄牙多生产 1 单位的酒必须放弃 0.89 单位的呢绒，这就是葡萄牙的酒的机会成本。在英国，生产酒与生产呢绒的成本之比为 1.20，也就是英国多生产 1 单位的酒必须放弃 1.20 单位的呢绒，这就是英国的酒的机会成本。很显然，葡萄牙的酒的机会成本（相对价格）要低于英国的酒的机会成本（相对价格）。所以说葡萄牙的酒具有比较优势，而英国的呢绒具有比较优势。因此，不管是从比较成本还是从机会成本入手，比较优势的本质都是相对性，"两优取其重，两劣取其轻"是比较优势原理最简洁的表达。

3. 要素禀赋论

要素禀赋论又称 H-O 理论，是以两位瑞典经济学家赫克歇尔（Heckscher）和俄林（Ohlin）的名字命名的。他们在比较优势论基础上进一步论证了比较优势来源于要素禀赋的国际差异，认为国际的要素禀赋差异是国际贸易的基础，专业化生产与出口模式以比较优势为基础，各经济体之间根据各自的比较优势开展专业化生产与贸易就都能获得贸易利益。

赫克歇尔和俄林创立的要素禀赋论主要由一些假定、要素密集度（factor intensity）与要素丰裕度（factor abundance）两个概念、H-O 定理等构成。该理论的主要假定有 2 个国家、2 种商品和 2 类劳动生产要素（简称"2×2×2 模型"）。

要素密集度是指两种要素在两种商品中的相对比例，就是相对于另一种商品而言，生产某种商品所需要投入的两种生产要素的相对比例。用 K 代表资本要素，L 代表劳动力要素，X、Y 代表两种商品。如果 Y 的资本劳动比例大于 X 的资本劳动比例，即 $(K/L)_Y > (K/L)_X$，则 Y 就是资本密集型商品（capital intensive commodity），X 就是劳动密集型商品（labor intensive commodity）。

要素丰裕度是指两种要素在两国禀赋中的相对比例，就是指相对于另一国家而言，一国所拥有的各种生产要素的相对比例。用 N_1、N_2 代表两个国家，r 表示资本的价格利率，w 表示劳动的价格工资。如果 N_2 的资本劳动量之比大于 N_1 的资本劳动量之比，或 N_2 的利率工资之比小于 N_1 的利率工资之比，即 $(K/L)_{N_2} > (K/L)_{N_1}$，或者 $(r/w)_{N_2} < (r/w)_{N_1}$，则 N_2 就是资本丰裕的国家（K-abundant nation），N_1 就是劳动丰裕的国家（L-abundant nation）。根据以上假定和概念，赫克歇尔和俄林论证了形成国际贸易（比较优势）的原因是两国生产要素禀赋结构差异。赫克歇尔和俄林有如下 3 个观点。

1）国家间的商品相对价格差异是国际贸易产生的直接原因。假定没有交易费用，则商品必然从低价格国家流向高价格国家。价格差异越大，贸易动力越足，但贸易会减少价格差异。

2）国家间要素相对价格的差异决定了商品相对价格的差异。因为商品价格等于生产商品时各要素费用之和，即各要素投入与要素价格的乘积之和，因此各国的要素价格差异决定了各国商品的价格差异。

3）国家间生产要素相对禀赋供给差异决定了要素相对价格的差异。要素供给相对稀缺，则要素价格相对昂贵；要素供给相对丰裕，则要素价格相对便宜。

这个推理过程可归纳为：生产要素供给（禀赋）的国际差异→生产要素价格比例的国际差异→商品价格比例的国际差异→各国的比较优势和国际分工→国际贸易。

所以最终的结论是国家间的要素禀赋是国际贸易的基础（basis for trade），也是国际商品交换的利益之源。

H-O 理论直观概括了两国专业化分工和进出口贸易的商品流向。H-O 理论可表述为：一国应专业化生产和出口密集使用本国丰裕要素生产的商品，应进口密集使用本国稀缺要素生产的商品。只要根据 H-O 理论来参与国际分工和贸易，各国就能取得贸易利益。

4. 规模经济论

克鲁格曼（Krugman）的规模经济论认为，规模报酬递增也是国际贸易的基础，当某一产品生产发生规模报酬递增时，随着生产规模的扩大，单位产品成本递减而取得成本优势，因而导致该产品的专业化生产和出口。规模经济是指规模报酬递增的情况，即随着生产规模的扩大，产量增加的速度超过要素投入的增加速度。假定葡萄牙与英国生产酒与呢绒，两国劳动力与产量、劳动生产率、平均单位成本的关系都一样，如表 1.13 所示。产量的增长超过劳动力投入的增长，劳动生产率不断提高，产品的平均单位成本不断下降，这就是规模经济现象。

表 1.13　劳动力投入与产量、劳动生产率、平均单位成本的关系

劳动力/万时	1	2	3	4	5	6	7	8
酒或呢绒的产量/万千克或万米	1.0	2.2	3.6	5.2	7.0	9.0	11.2	13.6
酒或呢绒的劳动生产率/（千克/时）或（米/时）	1.0	1.1	1.2	1.3	1.4	1.5	1.6	1.7
酒或呢绒的平均单位成本/（时/千克）或（时/米）	1.000	0.909	0.833	0.769	0.714	0.667	0.625	0.588

仍然用 2×2×1 模型分析规模经济对贸易利益的影响。在国际分工与国际贸易前，葡萄牙与英国都是封闭经济状态，两国都既生产酒又生产呢绒，假定两国的劳动力资源均是 8 万小时，其中 4 万小时生产 5.2 万千克酒，4 万小时生产 5.2 万米呢绒，则封闭时，由葡萄牙和英国组成的世界的总产量为 10.4 万千克酒和 10.4 万米呢绒。由于规模经济的存在，两国自给自足的封闭生产显然是低效率的，因为如果葡萄牙专业化生产呢绒，即投入全部劳动力资源 8 万小时，可生产呢绒 13.6 万米；而英国如果用 8 万劳动力专业化生产酒，可得酒 13.6 万千克，则两国合计的产量要比封闭时多出 3.2 万千克酒和 3.2 万米呢绒，这就是专业生产和贸易的利益。两国国际分工前后的劳动力投入和产量对比如表 1.14 所示。

表 1.14　葡萄牙与英国成本与产量分工前后对比

国家	分工前				分工后			
	酒		呢绒		酒		呢绒	
	成本/万时	产量/万千克	成本/万时	产量/万米	成本/万时	产量/万千克	成本/万时	产量/万米
葡萄牙	4	5.2	4	5.2	0	0	8	13.6
英国	4	5.2	4	5.2	8	13.6	0	0
合计	8	10.4	8	10.4	8	13.6	8	13.6

根据规模经济理论，规模经济有三种类型：外部规模经济、内部规模经济与动态规模经济。外部规模经济就是由于整个产业产量的扩大而导致的厂商平均成本的下降。内部规模经济就是由于单个厂商产出量的增加而导致的该厂商平均生产成本的下降。动态规模经济又称学习曲线，是指由于累计产量的增加，生产经验技术的积累导致生产厂商平均成本的下降。

在 2×2 模型（2 个国家、2 种商品）中，即使两国在资源禀赋结构和需求偏好上一模一样，两国仍然有动力去进行专业化生产与贸易，并取得贸易利益。当然，这种专业化生产在产业选择上具有历史的偶然性。

5. 技术差距论和产品生命周期论

波斯纳（Posner）在其 1961 年发表的《国际贸易和技术变化》一文中提出技术差距论，又称为创新与模仿理论。美国经济学家弗农（Vernon）于 1966 年在其发表的《产品周期中的国际投资和国际贸易》一文中提出产品生命周期论。

技术差距论把国家间的贸易与技术差距联系起来，认为正是一国产品的技术优势使其获得该产品出口市场方面的优势。随着时间的推移，由于技术扩散，这种优势将消失。科技发达的国家不断创新，出现新的出口优势。

产品生命周期论认为，由于技术创新和扩散，产品和生物一样具有诞生、成长、成熟、衰退、退出的生命周期。在该理论中，国家可以分成 3 种类型：创新国、工业发达的模仿国和发展中的模仿国。在产品生命周期的各个阶段，产品生产技术和要素密集度发生变化，从而引起生产成本比较优势的国际转移，引起国际投资和贸易的发展。

在诞生期，创新国发明创造新产品，新产品的发明创造需要大量研究开发投资及科技专家、工程师和熟练技工；生产技术还不成熟，产量很少，没有规模经济，成本很高；创新国既是唯一的生产国，又是消费国，没有国际贸易。

在成长期，新产品经过一段时间在创新国市场的不断完善，其产品生产技术日趋成熟，创新国内消费者普遍接受该新产品；国外需求开始形成与增长，生产规模扩大，国际市场开始形成与扩大；收入比较接近的工业发达的模仿国开始模仿创新该新产品，由于新技术尚未扩散到国外，只有创新国拥有比较优势和垄断国际市场。

在成熟期，产品生产技术进一步成熟，生产规模达到新的水平，产品生产从要素密集型转向资本密集型；生产技术扩散到其他发达国家，这些国家的模仿生产规模不断扩大，竞争加剧；拥有资本、经营管理技巧和模仿创新能力的发达国家开始拥有比较优势；工业发达的模仿国开始出口，发展中国家的市场开始形成与扩大。

在衰退期，产品生产技术进一步标准化，国外生产者利用规模经济形成大批量生产，生产成本降低，价格优势明显；创新国的竞争优势开始消失，生产量和销售量开始下降，进入衰退。

在退出期，创新国的生产量急剧下降，不仅出口量减少，还逐渐变成净进口国，国内市场主要依赖进口来满足，创新国利用研发优势又开发新产品；工业发达的模仿国在创新国也低价销售，成为国际市场的主要出口国；在这个阶段，生产技术进一步成熟，低工资的非熟练劳动力替代研究开发要素和资本要素成为决定比较优势的关键要素，发展中国家开始模仿生产，逐渐成为国际市场的主要竞争者。

技术差距论和产品生命周期论的共同特点是引入了动态的时间变量。从动态上考察，一个国家的比较优势和国际贸易地位并不是一成不变的，当前是出口的比较优势产业，将来可能成为进口的比较劣势产业，现在是进口的比较劣势产业，将来可能演变成出口的比较优势产业。事实上，产业的国际转移是一个常见的现象，而且，随着科技的发展，新产品的研发周期缩短，产业的国际转移会变得更为快捷。

6. 需求偏好相似论和产业内贸易论

除了以上介绍的自由贸易理论之外，论述贸易利益的理论还有需求偏好相似论、产业内贸易论等。需求偏好相似论从需求的角度论述了贸易的基础和贸易利益问题。该理论认为，国际贸易的基础是贸易国家之间需求结构的相似性和重叠程度。两国平均收入水平越接近，则两国需求结构也越相似；两国需求结构越相似，则一国生产的产品就越有可能被对方需要而进口，从而两国贸易的可能性也越大。另外，产品需求的档次取决于收入水平，高收入国家需要较高档次的产品，低收入国家需要较低档次的产品，因而，收入越相近的国家之间贸易的可能性也越大。该理论可以解释第二次世界大战后的发达国家之间的产业内贸易现象。

产业内贸易论是建立在规模经济和产品差异性基础上的。产业内贸易的利益来源于规模经济和满足多样化需求。所谓产业内贸易就是同一产业内或同一产品的差异性产品之间的贸易。例如,美国的汽车与日本、欧盟的汽车之间的交换就是典型的产业内贸易。

假定 A 和 B 两国生产服装和计算机两种产品,但是每种产品都有两类差异性产品(服装 1 和服装 2,计算机 1 和计算机 2)。A、B 两国两类差异性产品的贸易关系如表 1.15 所示。

表 1.15 A、B 两国两类差异性产品的贸易关系

国家	主要出口	次要出口	主要进口	次要进口
A	服装 1	计算机 2	计算机 1	服装 2
B	计算机 1	服装 2	服装 1	计算机 2

在以上模型中,A 国主要依赖劳动力丰裕优势出口劳动密集型产品服装 1,但是也出口不同于 B 国计算机的差异性计算机 2,主要进口依赖于 B 国技术优势的 B 国生产的技术密集型产品计算机 1,但是也进口 B 国生产的不同于 A 国的差异性服装 2;而 B 国则主要出口计算机 1,也出口差异性服装 2,进口 A 国服装 1,也进口 A 国计算机 2。

在这种贸易结构中,A 国出口服装 1 和进口计算机 1,主要是基于两国的比较优势格局,而进口服装 2 和出口计算机 2 主要是基于规模经济和产品差异。通过两国的贸易,A 国国内将消费 2 种服装和 2 种计算机。在 B 国,出口计算机 1 和进口服装 1 主要是基于比较优势原理,而进口计算机 2 和出口服装 2 主要是基于规模经济和产品差异的产业内贸易原理。同样,B 国国内将消费到 2 种服装和 2 种计算机,两国由于消费差异性产品而使得消费的产品种类增加,这满足了两国多样化需求的需要。

当然有人会问,两国可否同时生产 2 种服装和 2 种计算机?根据规模经济原理,如果一国生产 2 种服装和 2 种计算机,则该国将难以实现相对的规模经济,产品成本会相对较高。如果 A 国只生产差异性的服装,B 国只生产差异性的计算机,情况又如何呢?一般认为,本国企业对本国市场反应更敏感,也就是说,本国企业对本国市场的消费者最了解,最容易通过适应性改造使差异产品满足国内消费者的需求。同时,产品差异不仅包括产品性能和功能上的客观差异,还包括意识、观念、心理影响的主观差异,随着收入水平的提高,追求国外差异性产品成为许多人的时尚,因此,不同国家的差异性产品能更好地满足各国多样化需求。

国际贸易的形成基础和利益来源随着国际贸易及其理论的发展而演变,对于复杂的国际贸易现象,我们不能苛求用一种理论圆满地解释,每一种理论只能解释一部分的贸易现象,实践的发展和理论的演变将不断完善贸易理论体系和加深人们对贸易利益的认识。

7. 新新贸易理论

新新贸易理论是基于梅里兹(Melitz)的从企业异质性出发研究怎样的企业可以开展国际贸易与国际投资问题。企业异质性可以体现在企业的生产率、企业规模、组织结构、所有制等方面,还可以体现在跨国经营方式(出口、FDI、独资、合资等)、企业战略、市场定位等方面。传统贸易理论主要基于成本比较优势和要素禀赋差异研究产业间的贸易问题,新贸易理论基于规模经济与差异产品研究产业内贸易和国际化的模式问题,而新新贸易理论是基于企业异质性研究贸易的理论。根据企业效率高低,新新贸易

理论认为效率较高的企业采取出口模式，效率最高的企业采取对外直接投资模式走向世界，效率较低的企业只能在国内市场开展国内经营。只有这样的分工与贸易才能使世界各国的资源得到更优的配置，也才能创造更多的贸易利益。

本 章 小 结

1．国际贸易的基本概念有国际贸易与对外贸易、出口贸易与进口贸易等，国际贸易基本统计指标包括贸易规模、贸易结构、贸易地区分布、贸易差额等，通过这些指标的考察可以揭示国际贸易的基本概况和发展趋势。

2．国际贸易的基本方式有单纯的商品购销、包销、代理、寄售、拍卖、招标与投标、期货贸易、对销贸易等。新型贸易方式包括跨境电商贸易与市场采购贸易等。

3．国际贸易是指世界各国（地区）之间货物和服务的交换活动，是各国（地区）之间分工的表现，反映了世界各国（地区）在经济上的相互依赖关系。国际贸易与国际分工、世界市场有密切的关系。国际分工分为水平型国际分工和垂直型国际分工两种基础类型，国际分工决定国家间贸易的商品结构状况。

4．国际贸易通过国际商品市场进行。国际商品市场包括传统的有固定组织形态的国际商品市场和没有固定组织形态的国际商品市场以及基于互联网技术的跨境电子商务平台市场，有固定组织形态的国际商品市场包括商品交易所、拍卖行、商品博览会和展览会等。

5．国际贸易的发展受到国际经济贸易发展大趋势的影响，较明显的国际经济贸易发展趋势有：国际经济发展的相互依赖不断增强；国际贸易与国际直接投资融合发展，跨国公司日益重要；组建经济一体化组织，不断追求区域贸易自由化；电子商务方式取代传统的商务；国际经济贸易组织和国际惯例日益重要。在经济全球化背景下，一国的经济发展必须顺应世界经济发展大趋势。

6．国际贸易和贸易自由化创造贸易利益。贸易利益首先体现在对外贸易对经济发展的作用上，实践表明，开放使国家进步，封闭使国家倒退。进口可以使一国充分利用国际市场的先进技术、优质资源为本国经济发展服务，出口可以使一国充分利用国际市场为本国扩大生产创造条件。

7．自亚当·斯密提出绝对优势论以来，自由贸易理论不断发展，主要的理论还有大卫·李嘉图的比较优势论、赫克歇尔与俄林的要素禀赋论、克鲁格曼的规模经济论、弗农的产品生命周期论等。绝对优势论认为国际贸易的基础是绝对优势的存在，而比较优势论认为贸易的基础是比较优势，比较优势是两国两商品比较成本或机会成本较小，即"两优取其重，两劣取其轻"。要素禀赋论认为两国的比较优势来源于两国资源要素禀赋结构的差异。

8．规模经济论认为，即使两国的资源结构和需求偏好完全一样，只要规模经济存在，国际贸易仍然会发生。规模经济是国际贸易的基础，是贸易利益的基本来源。产品生命周期论认为一个国家的比较优势不是一成不变的，比较优势产业或产品可以在不同国家之间转移，主动积极地顺应和利用产业国际转移规律，可以取得更多的贸易利益。

产业内贸易论是建立在规模经济和产品差异性基础上的。

9. 技术差距论和产品生命周期论从动态角度分析各国贸易的基础与优势,认为一国产业的比较优势格局因一国经济发展与产业技术的发展而变化,当前有出口优势的产品,将来可能会变得没有优势而要进口;当前没有出口优势的产品,将来可能会变得有出口优势。

10. 产业内贸易论与企业异质性贸易论是更适合解释现实贸易现象的理论。由于多数产品市场属于具有产品差异特性的垄断竞争市场,因此产业内贸易是常见现象。差异产品的贸易利益主要来自生产的规模经济与消费的多样化利益。一体化市场的规模越大,越能增加消费者的选择余地。企业异质性贸易论认为,效率最高的企业对外直接投资,效率较高的会出口,效率较低的只能内销,效率最低的就被淘汰了。

11. 国际贸易的形成基础和利益来源随着国际贸易及其理论的发展而演变,实践的发展和理论的演变不断完善贸易理论体系,加深人们对贸易利益的认识。

思 考 题

1. 贸易的基本概念有哪些?这些概念的含义和统计意义分别是什么?
2. 国际贸易的方式有哪些?
3. 国际分工、世界市场与国际贸易的关系如何?国际市场的类型有哪些?
4. 国际贸易发展的主要趋势有哪些?
5. 如何理解国际贸易对一国(地区)经济发展的作用?
6. 什么是绝对成本论?什么是比较成本论?两者有何不同?
7. 什么是要素禀赋论?什么是规模经济?规模经济对贸易的影响有哪些?
8. 什么是技术差距论和产品生命周期论?
9. 什么是差异产品?什么是产业内贸易论?
10. 新新贸易理论如何解释国际贸易与投资?

第2章　贸易利益分配与贸易协定

本章要点

贸易自由化创造利益，但是贸易自由化同时打破了利益平衡。各国维护自身贸易利益的基本手段是贸易政策，而贸易协定是目前世界各国（地区）之间形成贸易政策协调的重要机制，是各国协调贸易利益分配的基本手段。本章2.1节介绍价格与贸易利益分配，2.2节介绍贸易保护的基本原理和基本手段，2.3节简要介绍区域贸易协定的基本原理，2.4节介绍区域贸易协定的福利效应。通过本章的学习，我们可以更好地理解贸易保护和贸易协定的意义，为利用贸易协定保护自己的利益提供基础知识和基本思路。

2.1　价格与贸易利益分配

国际贸易可以给参加贸易的国家带来利益，但是，这些利益不是平均地分配给参加贸易的所有人。事实上，这些利益的分配存在严重的不平衡。在贸易国家之间存在不平衡，在任何贸易国家内的不同利益团体之间也存在不平衡。

2.1.1　价格和贸易条件

价格和贸易条件是决定贸易利益分配的基础。价格是取得一定数量、一定质量的任何商品或服务所需支付的货币。从本质上说，货币本身也是一种商品，所以，价格也就是一种商品或服务与另一种商品或服务相交换的比例，即交换比例。从国际贸易角度看，价格就是贸易条件①。

贸易条件是指一定时期内一国出口1单位商品可以交换多少外国进口商品的比例，或国际交换比例，也就是出口价格与进口价格之比，或者是进口数量与出口数量之比。贸易条件通常用该时期的出口价格指数与进口价格指数之比来计算，以更实际地反映该国获得贸易利益的相对变化。如果贸易条件大于1，表示该国贸易条件好转，贸易利益相对增加；如果贸易条件小于1，说明该国贸易条件变差，贸易利益相对减少。

价格和贸易条件可以衡量一国从对外贸易中获得贸易利益的相对变化。贸易条件除取决于国际市场供求关系因素之外，还取决于该国的经济技术水平、贸易的商品结构、汇率、贸易政策等因素。

2.1.2　供求曲线与经济利益

1. 供求曲线与供求均衡

商品和服务的价格由该商品和服务的供给和需求决定。需求是指购买者在各种价格

---

① 从广义角度看，贸易条件应包括除价格之外的所有与交易有关的因素。

水平上愿意而且能够购买的商品和服务的数量。如果愿意购买而没有支付能力就不能称为需求，而只是购买者的一种欲望。在一定的价格水平上，就有相对应的消费者的需求数量。一般情况下，价格和需求数量之间成反比，被称为需求法则。通常需求法则用需求曲线（demand curve）来表示。需求曲线就是反映商品需求和价格之间关系的曲线。一般情况下，纵轴表示价格，横轴表示数量。需求法则表明，需求曲线从左上向右下方倾斜。原因是：由于较低的价格会带来新的购买者，也会使购买者购买更多数量的商品；同时对消费者而言，消费的商品越多，后增加的商品没有以前的商品更能满足消费者的欲望，即后一个单位商品带给消费者的效用要比前一个单位商品带给消费者的效用要低。这是一般性的规律，称为边际效用递减规律。

供给是指生产者在不同价格水平上愿意而且能够提供给市场出售的商品和服务的数量。一般情况下，价格越高，生产者愿意生产和提供的商品越多，即价格和供给数量之间成正比，被称为供给法则。供给法则可以用供给曲线来表示。供给曲线就是反映商品供给数量和价格之间关系的曲线。一般情况下，纵轴表示价格，横轴表示数量。供给法则表明，供给曲线从左下向右上方倾斜。原因是：由于较高的价格会带来新的生产者，也会使原来的生产者愿意生产更多数量的商品；同时供给曲线从左下向右上方倾斜，意味着边际生产成本的递增，新生产一单位商品所花费的成本要比以前生产一单位商品的成本多。由于生产成本递增，因此，生产者愿意以更高的价格出售。

如图 2.1 所示，供给和需求相平衡的状态称为均衡，即供给曲线和需求曲线的交点，交点对应的价格称为均衡价格，交点对应的数量称为均衡数量。

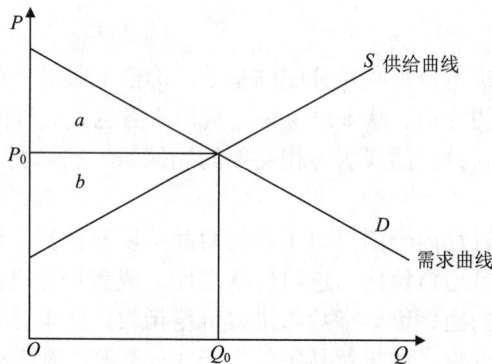

图 2.1　供求曲线与生产者剩余和消费者剩余

2. 生产者剩余和消费者剩余

经济剩余是经济福利分析和利益分析中常用的概念，表示一种额外的利益或福利。在利益分析中常常将利益团体分为生产者和消费者。因此，经济剩余包括生产者剩余和消费者剩余。

生产者剩余是指生产者愿意接受的出售价格和实际出售价格之间的差额，即图 2.1 中的 b 部分。也就是说，价格线与供给曲线围成的面积，就是生产者剩余的量。消费者剩余，就是指消费者愿意购买的价格与实际购买的价格之间的差额，即图 2.1 中的 a 部分。也就是说，价格线与需求曲线围成的面积，就是消费者剩余的量。因此，价格的高低决定了生产者和消费者之间的利益分配。如果实际价格提高，生产者剩余就会增加，消费者剩余就会减少；如果实际价格降低，消费者剩余就会增加，生产者剩余就会减少。

2.1.3　贸易政策与贸易利益调整

1. 自由贸易与生产者剩余和消费者剩余变化

如果用生产者和消费者两大利益集团构成一国的整体，则生产者剩余和消费者剩余之和就是一国的利益。如果某商品的世界价格 P_W 比国内供求均衡价格 P_0 要低，则在自由贸易条件下，国内价格将会下降到世界价格 P_W，该国成为进口国。国内价格的变化导致生产者剩余和消费者剩余的变化。其中，生产者剩余变为 e，而消费者剩余变为 $a+b+c+d$。生产者剩余与消费者剩余之和为 $a+b+c+d+e$，而封闭经济时的生产者剩余与消费者剩余之和只有 $a+b+e$，自由贸易比封闭经济增加的贸易利益为 $c+d$，如图 2.2 所示。自由贸易显然创造了贸易利益，但是生产者与消费者两大利益集团在贸易利益的变化上是矛盾的，消费者利益增加了，生产者利益减少了。自由贸易的这种利益调整效应和矛盾导致了各国政府制定贸易政策的必要性和复杂性。

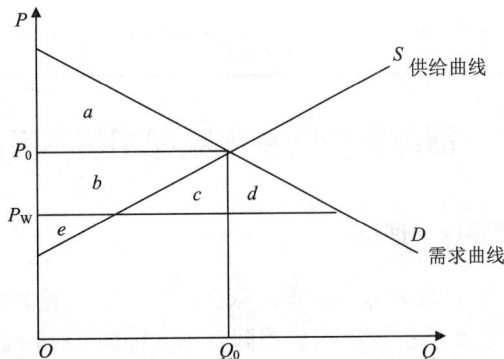

图 2.2　贸易前后生产者剩余与消费者剩余的变化

同样，对于出口国家而言，自由贸易使该国的国内价格提高，从而使生产者剩余增加，消费者剩余减少；自由贸易时的生产者剩余与消费者剩余之和要比无自由贸易时多。

2. 自由贸易的价格变化与利益调整

美国经济学家施托尔珀（Stolper）和萨缪尔森（Samuelson）根据自由贸易的要素禀赋论，推导得出一个结论，即施托尔珀-萨缪尔森定理（S-S theorem）：某一商品相对价格的上升，将导致该商品密集使用的生产要素的实际价格或报酬提高，而另一种生产要素的实际价格或报酬则下降。该定理揭示了，一国在某商品上具有比较优势（即该商品相对价格便宜），就会专业化生产和出口该商品，同时会提高国内的价格，该产业的价格提高对该产业就有利，而在该部门中密集使用的要素价格也会由于扩大生产和要素需求而提高，该国丰裕要素所有者的收入也会因此而提高。同样，对于进口竞争部门而言，进口导致进口竞争产品的价格降低，进而导致进口竞争部门的收入减少；在进口竞争的生产中密集使用的要素会由于进口替代而需求减少并导致价格下降，该国稀缺要素所有者的收入会减少。

3. 贸易保护与利益调整

自由贸易在创造贸易利益的同时所发生的这种利益调整，势必引起不同利益集团的冲突，贸易保护就是利用贸易政策保护某些集团的利益，贸易政策成为各国政府调整贸易利益变化的重要手段。贸易政策的走向取决于不同利益集团的冲突、力量对比和政府管理目标的综合结果。因此，贸易政策不仅是各国调整国际之间贸易利益分配的手段，还是各国政府调整各团体利益关系的工具。维护本国利益成为各国政府实施贸易政策、调整国内利益关系的重要借口。贸易政策的调整是以自由贸易和保护贸易的基本利益变化为基础的。表 2.1 总结了不同产业和集团的利益变化。

表 2.1　不同产业和集团的利益变化

项目	自由贸易政策	保护贸易政策
出口产业（比较优势产业）	相对有利	相对不利
进口竞争产业（比较劣势产业）	相对不利	相对有利
丰裕要素所有者	相对有利	相对不利
稀缺要素所有者	相对不利	相对有利

2.2　贸易保护的基本原理和基本手段

2.2.1　发展中国家的贸易保护理论

任何国家采取贸易保护政策都有其理论依据，流行于发展中国家的贸易保护理论有幼稚工业（infant industry）保护论、改善国际收支（balance of payment）论、改善贸易条件论（terms of trade）、增加政府收入（government revenue）论等。

1. 李斯特的幼稚工业保护论

幼稚工业保护论认为，发展中国家的许多工业才刚刚兴起，非常幼稚，与发达国家的发达工业无法竞争，但是，发展中国家的幼稚工业在得到政府一个时期的保护之后，可以发展成有国际竞争力的成熟工业。如果发展中国家不采取保护措施，也许该幼稚工业会永远消亡。幼稚工业保护论的主要前提是，发展中国家的有些幼稚工业目前暂时没有竞争力并不等于将来不会有竞争力。如果现在的幼稚工业在得到一定时期的保护之后成长为有国际竞争力的工业，则对该工业进行保护无疑是值得的。对幼稚工业的保护虽然会使当期国内福利有所损失，但会使生产力得到提高，牺牲眼前利益，将获得长远利益。

李斯特的幼稚工业保护论由两部分组成：一是生产力论，二是经济发展阶段论。

生产力论认为，财富的生产力比财富本身不晓得要重要多少倍，它不但可以使已有和已增加的财富获得保障，而且可以使已经消失的财富获得补偿。生产力是创造财富的源泉，财富是生产力的结果。一国开展对外贸易，应着眼于提高生产力而不能着眼于财富存量的多少。幼稚工业保护论着眼于一国的长期利益和动态利益，保护这些工业在短期内虽然有代价，但从长远看是有利的和必要的。李斯特保护贸易政策的目的是促进生产力的发展。

经济发展阶段论认为，一国经济发展必须经过如下发展阶段：原始未开化时期、畜牧时期、农业时期、农工业时期、农工商时期。处于不同阶段的国家应实行不同的对外贸易政策。在原始未开化时期、畜牧时期、农业时期、农工商时期，应该实行自由贸易政策，而在农工业时期，由于存在比本国更先进的工业国家竞争，应对工业实行保护政策。

保护的幼稚工业如何选择？从理论上分析，选择的一般原则是，如果某幼稚工业将来的收益大于现在的保护成本，就值得保护。但是当前的保护成本和将来的收益的计量并非易事，幼稚工业保护的效果值得研究。一些经济学家对第三世界国家中受保护的幼稚工业作了一些研究，发现受保护工业的生产成本的下降速度并不比不受保护的工业快，而保护的代价则相当于由此而节约的外汇支出的两倍。

2. 改善国际收支论

国际收支是一国对外经济政治文化交往的货币记录。在对外交往中，外汇收入大于外汇支出，称国际收支顺差；外汇收入小于外汇支出，称国际收支逆差。在国际收支项目中，贸易收支是最基础的内容，因此，改善贸易收支是许多国家宏观管理的重要目标。贸易项目同样有进有出，但不一定平衡，有贸易顺差与贸易逆差。

改善国际收支论认为，实行贸易保护可以减少进口，从而减少外汇支出，增加外汇储备。以国际收支方面的理由作为贸易保护的依据，在发展中国家很普遍。从 1979 年东京回合谈判结束到 20 世纪 80 年代末，发展中国家在向关贸总协定组织通报进口限制时，85%以上以平衡国际收支为理由。

3. 改善贸易条件论

贸易条件可以反映一国从对外贸易中得到的贸易利益的多少。改善贸易条件论认为，用增加关税等贸易保护的手段限制进口，导致国内价格提高和国内需求减少，国内需求减少导致对进口的需求减少，从而降低进口商品的国际价格。贸易条件是出口商品的国际价格与进口商品的国际价格的比率，进口商品的国际价格降低可以使贸易条件得到改善，即同样数量的出口商品可以换回更多的进口商品，从而使整个国家获利。

能否成功地通过贸易保护来降低进口产品的价格呢？这首先取决于该国对国际市场的影响力。只有贸易大国才会对市场价格有影响力，才能通过限制进口来降低进口价格。如果是一个贸易小国，其本身在国际市场上的地位无足轻重，那么，再怎么保护，对世界市场也不会产生影响，哪怕完全不进口，进口产品的国际价格也不会下降。因此，改善贸易条件论对大多数发展中国家而言是不适用的，大多数发展中国家由于国内市场小而不能有效地通过贸易保护来改善贸易条件。

关于发展中国家的贸易条件变化，实证分析表明，发展中国家的贸易条件具有变坏的趋势，主要原因是出口产品的结构过度依赖初级产品和劳动密集型产品，与世界科技的发展和世界产业结构的发展趋势不相适应，因此，发展中国家的贸易条件没有改善。改善贸易条件论认为，发展中国家通过某些产业的贸易保护，促进本国产业结构的改善，提升出口产品结构，最终改善贸易条件和取得更多的贸易利益。

4. 增加政府收入论

增加政府收入论又称关税收入（tariff revenue）论，该理论认为，通过征收关税保护措施可以增加政府财政收入。关税是一国海关对进出该国关境的商品征收的一种税收。通过征收关税可以增加政府收入，这也是政府实行贸易保护的动力之一。国内的各种税收，无论是所得税、销售税还是生产税，国内的消费者或生产者都能直接看到，征税的阻力自然就大，而关税则在外国商品进入本国市场前就征收了，由此产生的价格上涨似乎并不是政府的原因，因而反对的呼声不大。

从实际数据分析，一般而言，关税占一国财政收入的比例与一国的发展水平呈反比例关系：发展程度越低，关税占政府收入的比例就越高；反之则越低。根据世界银行世界发展指数中关税及其他进口税占税收收入百分比指标，2019年最高的五个国家分别是索马里（58.37%）、博茨瓦纳（36.82%）、纳米比亚（34.40%）、牙买加（33.90%）、伊拉克（25.66%），发达国家一般较低，如美国为3.62%、瑞士为1.61%、德国为0。中国2018年为3.48%（表2.2）。

表2.2　部分国家（地区）关税及其他进口税占税收收入比例　　　　　　单位：%

国家（地区）	2017 年	2018 年	2019 年
索马里	64.78	55.58	58.37
博茨瓦纳	44.79	39.16	36.82
纳米比亚	36.04	32.88	34.40
牙买加	8.80	8.99	33.90
伊拉克	18.96	30.02	25.66
美国	1.68	2.61	3.62
韩国	3.24	2.83	2.63
瑞士	1.60	1.60	1.61
德国	0.00	0.00	0.00
中国	3.89	3.48	

数据来源：根据世界银行世界发展指数中关税及其他进口税（占税收收入的百分比）整理。

从理论上分析，对于大多数国家而言，政府征收进口关税对整个国家福利来说会有净损失。征收进口关税会导致国内价格提高，价格提高无疑会对消费者产生损失，而国内生产者会由于价格上涨、产量增加而受益。但是，综合而言，关税收入与生产者收益之和抵补不了消费者的损失，因此，征收进口关税将有国家福利的净损失。

2.2.2　发达国家的贸易保护理论

流行于发达国家的贸易保护理论有保护就业（employment protection）论、保护公平竞争（fair competition）论、保障社会公平（social equality）论、国家安全（national security）论等。

1. 保护就业论

保护就业论认为，通过贸易保护可以实现增加就业的宏观经济管理目标。从微观产业上说，通过限制劳动密集型产品进口、扩大劳动密集型产品出口的贸易保护政策，可以提高整个国家的就业水平。如果某个产业得到了保护，生产量就会增加，就业也就会增加。从宏观上说，通过贸易保护政策，增加出口和减少进口会导致本国有效需求的增加，而本国有效需求的增加又会增加国民生产和就业。英国经济学家凯恩斯认为一国的生产和就业主要取决于对本国产品的有效需求。如果有效需求增加，就会带动生产和就业的增加；反之，如果有效需求不足，就会出现生产过剩、经济衰退，造成失业增加。因此，要达到充足就业，就要对商品有足够的有效需求，采取贸易保护政策就可能取得这种效果。

实行贸易保护，又往往会使得在增加一个部门就业的同时，减少另一个部门的就业，外加对消费者的损害，常常是顾此失彼，得不偿失。美国经济学家戴维·塔尔（David Tarr）1989 年对美国纺织品、汽车、钢铁业所做的进口限额的结果做了分析，得出的结论是，美国的贸易保护并没有提高整个就业水平，表 2.3 所示的是贸易保护造成的部分行业的就业变化。另外一些美国经济学家对每个因保护政策增加的工作机会进行了成本估计，其代价是非常高的。

表 2.3　美国纺织品、汽车、钢铁业进口限额造成的就业变化

就业增加		就业减少	
行业	人数估计/万人	行业	人数估计/万人
纺织业	15.756	汽车制造业	−0.195
钢铁业	1.622	服务行业	−5.588
农业矿业	1.989	制造业	−7.832
		消费品工业	−1.745

资料来源：海闻，等，2003. 国际贸易[M]. 上海：上海人民出版社.

其实，保护就业论不仅是发达国家实施贸易保护的重要的理论依据，也是发展中国家实施贸易保护政策的依据，因为发展中国家通过贸易保护有利于工业化发展，而工业化的过程在某种意义上就是劳动力从农村转移到城市、从农业部门转移到工业部门的过程，对发展中国家而言也就是增加就业的过程。

2. 保护公平竞争论

保护公平竞争论认为，企业通过倾销、垄断、欺骗、不遵守国家法规等手段或通过政府的某些政策直接或间接地帮助企业，在国外市场提高竞争力，并造成对国外同类企业的伤害，就是不公平竞争。就贸易政策而言，出口补贴、低价倾销等都是不公平竞争。使用监狱犯人或童工，或强制劳动而生产的产品出口到国外，也是不公平贸易行为。因为犯人、童工的工资被强迫性压低，生产成本当然就低，正常企业无法与之竞争。企业通过不遵守国家劳动法规、技术法规、环境保护法规等而逃避社会责任以提高企业产品竞争优势的行为也可以看成不公平竞争。通过不同的汇率制度人为地降低出口成本，对外国知识产权不加保护等也包括在不公平贸易的范围之内。

以保护公平竞争为理由进行贸易保护的主要手段包括反补贴税、反倾销税或其他惩罚性关税、进口限额、贸易制裁等。

3. 保障社会公平论

社会公平主要是指社会各阶层或各种生产要素在收入上的相对平衡。不少国家利用保护来调节国内各阶层的收入水平，以减少社会矛盾和冲突，如发达国家对农产品的保护。发达国家在工业化的进程中，其资本的加速积累和土地的相对稀缺，使工业品的生产成本下降，农产品生产的成本相对上升。发达国家逐渐失去了农产品的比较优势，如果仍然坚持自由贸易，农产品将竞争不过其他生产成本较低的国家，农业部门的收入下降，跟不上其他行业的收入。为了保证农业部门的收入能跟上社会发展的平均水平，许多国家（主要是发达国家和新兴工业化国家）就通过限制进口、价格支持、出口补贴等各种保护手段将社会其他行业的一部分收入转移到农业部门中，以达到一定的社会公平。

4. 国家安全论

国家安全论认为，对于影响国计民生的产业和军事国防需要的产业，实施贸易保护政策可以实现自给自足，摆脱对外国的依赖，维护国家安全。国家安全论认为，自由贸易会增强本国对外国的经济依赖性。一旦战争爆发或国家之间关系紧张，贸易停止，供应中断，过于依赖贸易的经济就会出现危机，在战争中可能会不战自败。因此，有关国家安全的重要战略物资必须以自己生产为主，不能依靠进口。在这些行业面临国际市场竞争时，政府应加以保护。这些商品包括粮食、石油、工业品中的关键中间品与技术（芯片、系统软件）等重要原料、燃料、关键产品和技术。对某些不友好国家的出口也要控制，任何有可能加强敌方实力、威胁自身安全的商品都应严加控制。与国家安全紧密相关的问题有经济安全、金融安全、粮食安全、石油安全、网络安全、环境安全、生产与生命安全、关键产业安全等。

2.2.3 贸易保护的新理论

新贸易保护主义是建立在规模经济贸易论基础上的。规模经济贸易论有两个基本观点：第一，许多工业生产具有规模经济，生产越多，产品的单位成本越低，成本低就有成本价格上的国际竞争优势；第二，许多工业品的世界市场属于不完全竞争市场，产品的差异性使得各国企业都有可能在某些工业品上有一定的垄断或垄断性竞争力量，占领部分市场，获得利润。

1. 规模经济与贸易保护

由著名经济学家克鲁格曼等提出的规模经济论认为，规模报酬递增也是国际贸易的基础，当某一产品生产发生规模报酬递增时，即随着生产规模的扩大，单位产品成本递减时，该产品生产规模越大，该国产品的成本优势越明显，因而导致该产品的专业化生产和出口。在 2×2 模型中，即使两国在要素禀赋结构和需求偏好上一模一样，两国仍然有动力进行专业化生产与贸易，并取得贸易利益。当然，这种专业化生产的产业在选择上具有历史性和偶然性。规模经济的这种性质决定了各国政府可以利用保护贸易措施实现规模经济，取得竞争优势。

规模经济不仅是国际贸易的重要基础和国际贸易利益的基本源泉，而且是各国实施贸易保护的重要理论依据。由于规模经济影响国际贸易，使产业生产规模成为决定比较优势和国际贸易流向与专业化生产的重要基础，因此，各国为了取得某些产业的规模经济利益，会对这些产业实施贸易保护政策，使得这些产业通过贸易保护政策避免国外的竞争，扩大国内生产规模，当规模扩大到超过竞争国家的生产规模时，本国的规模经济优势得以形成，规模经济的成本竞争优势就从国外转移到本国，这时国际专业化格局和贸易流向就会发生根本性的变化。规模经济存在时的贸易保护政策效果可以通过两种情况来加以说明：一是两国某一产业的平均成本曲线完全一样；二是两国的产业平均成本曲线不一样。

当两国某一产业的平均成本曲线完全一样时，两国的竞争优势就取决于各国的生产规模优势。假定 A 国和 B 国都生产汽车，两国生产汽车的平均成本（AC 曲线）完全一样，如图 2.3 所示。由于历史的原因，B 国生产汽车的规模（50 万辆）大大超过 A 国（10万辆），因而，B 国汽车的平均成本只有每辆 7 万元，而 A 国汽车的平均成本为每辆 10万元，B 国的汽车产业取得规模经济优势，而 A 国的汽车产业由于规模小、成本高，没有国际竞争优势。

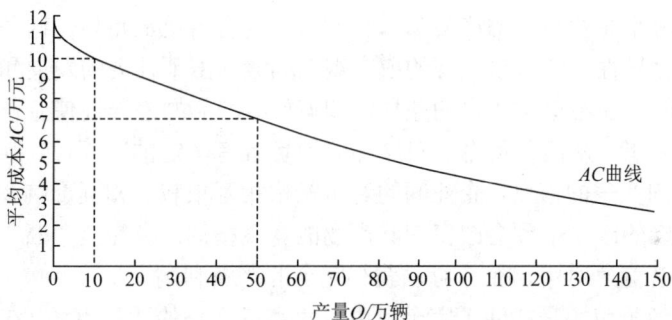

图 2.3　贸易保护政策与规模经济的关系

在政府不干预的自由贸易条件下，A 国的汽车产业显然没有生存的机会。但是，如果 A 国政府给予每辆汽车 3 万元的补贴，则 A 国政府的贸易保护政策不仅会使 A 国的汽车产业得以生存，而且有进一步发展的可能。A 国的汽车产业的高成本生产可以存在，如果产业规模能得以扩大，则政府支持汽车产业发展而给予每辆汽车的补贴可以随着汽车产业生产规模的扩大而减少，如果 A 国的汽车产量达到 50 万辆，则政府的补贴可以完全取消，此时，A 国企业也能和 B 国企业开展国际竞争。当 A 国的汽车产量大于 B国时，A 国的规模经济优势就超过了 B 国，这时，B 国的汽车产业将会退出国际市场。

很显然，在国际竞争中，取得规模经济会成为各国产业发展的重要动力，而产业发展的先入优势是取得规模经济的重要原因。在允许各国采取保护措施时，各国的先入优势和规模经济优势将得到扭转。追求规模经济成为各国实施贸易保护、改变国际竞争格局的重要原因。

当两国的产业平均成本曲线不一样时，如果 A 国的平均成本曲线低于 B 国的平均成本曲线，采取贸易保护措施更具有特别重要的意义。A 国的平均成本曲线低于 B 国的平均成本曲线，意味着，当两国生产规模相同时，A 国产业更具有规模经济优势。但是由于 B 国较早地发展了汽车产业，并已有了更大的规模，而 A 国的产业规模显得非常小，B 国的先入优势和规模经济优势使得 B 国的平均成本小于 A 国的平均成本。这样，A 国潜在的规模经济优势无法得以实现，如果没有贸易政策和产业政策的干预，A 国潜在的优势有可能永远被埋没在 B 国的显性优势之下。

2. 战略贸易论

战略贸易论（strategic trade theory）以赫尔普曼（Helpman）和克鲁格曼为代表。该理论认为，由于规模经济导致的不完全竞争和经济外部性的大量存在，政府采取贸易保护政策可以使本国在国际竞争中获得更多的贸易利益和长远的经济利益。

关于战略贸易论的分析有两种基本情况：一是不完全的竞争市场的战略性贸易保护；二是外部经济效应条件下的战略性贸易保护。

（1）不完全的竞争市场的战略性贸易保护

在市场竞争中有四种基本的市场结构：完全自由竞争市场、垄断竞争市场、寡头垄断市场和完全垄断市场。在完全自由竞争市场上，竞争企业无数，而且生产的产品完全相同，企业间的竞争异常激烈。在垄断竞争市场上，竞争企业也有无数，但是生产的产品不完全同质，每个企业生产的产品基本相同，但是有自己的特色，这种特色就是产品的差异性。这种差异性可能来自主观的或客观的因素，由于社会的发展和收入水平的提高，人们对同样的产品会追求各自的差异性和偏好。产品的差异性使企业在激烈竞争中迎合了一部分消费者，从而使得企业对这部分消费者有一定的垄断性。寡头垄断市场是只有几个企业共同竞争的市场，企业间的竞争策略相互依赖、相互影响和相互牵制，在这种市场上，政府的政策干预会改变国际市场的竞争格局。在完全垄断市场上，只有一家企业，企业没有竞争对手，企业可以获得完全的垄断利润。

不完全自由竞争市场是指除了完全自由竞争市场之外的 3 种市场，在国际贸易中较多的分析是针对垄断竞争和寡头垄断情况。在不完全自由竞争市场上，某些行业的企业可以获得长期的、超出一般企业主的利润，而政府的资助可以促进这些企业战胜外国对手。不完全自由竞争市场的战略性政策干预包括对本国企业生产予以补贴、对外国竞争产品征收关税、对本国消费者予以补贴等。

国际经济学家常常以美国波音公司（以 A 公司表示）与欧洲的空中客车公司（以 B 公司表示）的一种新型飞机为例来说明战略性贸易政策干预的效果。

假定这两家公司的生产技术和能力相近，都有能力生产一种新型的飞机，而生产这种飞机又具有规模经济，生产量越多成本越低，生产量越少成本越高，而且生产量不达到经济规模会有亏损。在市场需求有限的情况下，如果两家公司都生产这种飞机，则两家公司都会亏本；如果两家公司都不生产，虽然谁也不会亏本，但谁也没有利润。只有在一家公司生产而另一家公司不生产的情况下，生产的那家公司才会有足够的生产量而获得利润。表 2.4 所示为 A 公司和 B 公司在各种情况下假设的收益矩阵（用正数表示利润，用负数表示亏损）。每对数字中，左边数字表示 A 公司的利润或亏损，右边数字表示 B 公司的利润或亏损。

表2.4　A公司和B公司在各种情况下的收益矩阵　　　单位：美元

		B公司	
		生产	不生产
A公司	生产	(−5万，−5万)	(100万，0万)
	不生产	(0万，100万)	(0万，0万)

两家公司的寡头竞争结果如何？有两种博弈均衡：如果A公司先进入市场，对于B公司来说，只有亏损生产和不生产不亏损两种选择，理性的选择当然是不生产（数据右上框）；如果B公司先进入市场，对A公司来说也是同样的两个选择，结果也是放弃市场（数据左下框）。因此，两家公司竞争的胜负主要取决于先入优势，谁先进入，谁就优先获得规模经济优势，从而在竞争中获胜。

现在假设政府采取战略性贸易干预政策，补贴B公司10万美元生产这种新型飞机，这种补贴使这两家的利润/亏损情况发生了变化。如果只是B公司生产，总利润达到110万美元，即使两家都生产，B公司在减去亏损后，仍能有5万美元的赢利，而A公司没有补贴，其利润与亏损没有变化。表2.5所示为A公司和B公司在新情况下的收益矩阵。

表2.5　A公司和B公司在新情况下的收益矩阵　　　单位：美元

		B公司	
		生产	不生产
A公司	生产	(−5万，5万)	(100万，0万)
	不生产	(0万，110万)	(0万，0万)

在新情况下，B公司只要生产，就有利润，而不管A公司是否生产，对B公司来说，不生产的选择已经被排除。A公司也只剩下两种可能：一种是不生产，让B公司生产，没有利润也不亏损；另一种是硬挤进去生产，而B公司不会退出，其结果是两家公司都生产并都承担5万美元的亏损，但是B公司有政府10万美元的补贴，其净利润仍有5万美元。在这种情况下，A公司已无获得利润的可能（博弈的均衡为数据左下框）。无论对B公司还是对政府来说，这样的结果自然是很有吸引力的，政府只支付了10万美元的补助，却换来了110万美元的收益，净得利100万美元。

从这个例子中可以看到，政府的保护政策可以使本国企业在国际竞争中获得占领市场的战略性优势并使整个国家受益。

（2）外部经济效应条件下的战略性贸易保护

知识的外部性常常可能导致潜在的市场失灵，即如果某一企业的知识创新能够被其他企业无偿运用，这一产业实际上创造了知识的外部社会收益，但这些收益却不能对企业形成激励。为了鼓励知识创新，政府的干预显然是必要的，通过产业政策和贸易保护政策来鼓励某产业的发展可能会产生更多的本国社会收益。

在新兴产业的发展中常常出现技术外溢，即企业投资了大量研究开发，所形成的新技术会由于被其他大量企业的模仿而出现技术外溢，由此产生的经济利益的一部分同样会转化为其他模仿企业的经济利益。

发达国家确定一些所谓战略性的产业（如计算机、软件等产业），政府给予重点保护和支持，因为这些产业的发展对国内其他产业有重要的支撑作用（外部性），如果具有战略意义的产业得到规模化发展和具有国际竞争优势，则其他产业在国际竞争中也更容易形成国际竞争优势。因此，有些国家政府主张通过信贷优惠、国内税收优惠或补贴、进口中间品关税优惠、外国竞争产品征收关税等产业贸易政策扶持这些战略性产业。

战略贸易论认为，合理的贸易干预政策能够在不完全竞争的条件下将超额利润从国外企业转移到国内企业；政府政策应该向具有外部性的行业倾斜，特别是那些由于知识外溢而不能获得全部收益的新兴产业，这样的安排能使本国产业在国际竞争中处于有利的地位。

3. 贸易政策的政治经济学分析

有些经济学家认为，贸易的自由化会创造贸易利益，但是贸易的保护会减少贸易利益，更会影响贸易利益的分配。所谓贸易政策的政治经济学分析就是从不同利益集团的贸易利益分配的角度分析贸易政策。任何一项贸易政策的制定和实施都是利益集团的政策需求和政府的政策供给的均衡。

从贸易政策的需求方面来看，任何一项政策的实施必定会涉及各种集团的利益。这些不同的利益集团对政策的偏好和需求主要通过以下形式和渠道来表达：通过对政策的游说、通过在政府中代表这些利益集团的政党或代言人来表达、直接通过社会舆论或民间团体来对政府施加压力等。具体的表达方式取决于一个国家的政治体制。不同的政治体制会使同样的政策需求出现不同的表达方式，对政策的最终制定也会产生不同的影响。

从贸易政策的供给方面来看，也有两个重要方面：一个是政府对政策的偏好，另一个是制定具体政策的机制。政府对政策的偏好取决于政府的目标函数。也就是说，政府采用不同政策所要求达到的目的是什么。从理论上说，政府应是全民利益的代表，政府经济政策的目标往往是多重的，既有经济的考虑，也有政治和社会的考虑。对于任何执政党来说，维持政权的稳定和保证继续执政都是最根本的。因此，不管政治体制如何，政府在制定或选择经济政策（包括贸易政策）时，都会权衡利弊，考虑其对政治、经济和社会的影响。

根据贸易政策供给方和需求方的政治经济学分析框架，经济学家提出了中点选民模型、集体行动的有效游说模型和竞选贡献或政治贡献模型。

（1）中点选民模型

中点选民模型由梅耶（Mayer）提出，该模型假设政府是民主选举产生的。任何一个政党只有得到了多数选民的支持，才有可能执政，因此，政府在选择任何经济贸易政策时，都必须考虑如何得到多数选民的支持。

所谓中点选民模型，就是指政府指定的贸易政策必须符合中点选民的意见，代表中点选民的意见就能得到大多数选民的支持。中点选民的意见一般表现为两种意见之间的观点。以中点意见为界，一边更为保守，另一边更为激进，且两边人数一样，选民均匀分布，越接近中点选民意见的政策越能得到大多数选民的支持，这就是中点选民模型。

（2）集体行动的有效游说模型

集体行动的有效游说模型认为，政府制定的贸易政策将代表那些集体行动和游说最能有效进行的利益团体，而不是利益团体人数的多少，即一种政策是否被政府采纳并不在于受益或受损人数的多少，而在于利益集团的集体行动是否有效。[①]

在许多情况下，贸易政策保护的恰恰是少数人的利益。例如，几乎所有的发达国家都保护农产品，而农民占这些国家的总人口都极少。在发展中国家，农民占大多数，但这些占大多数的农民不但得不到保护，政府还通过控制农产品市场价格，间接地保护了人数较少的城市居民的利益和损害了农民的利益。钢铁、纺织品等行业在美国也是夕阳产业，就业人数越来越少，但他们受到的保护很高，占大多数的消费者为保护这些少数人的利益而付出了不小的代价。

（3）竞选贡献或政治贡献模型

竞选贡献或政治贡献模型认为，在贸易政策的决定中，政治贡献因素最为重要，有代表性的经济学家有马吉（Magee）、布罗克（Brock）、杨（Young）、格罗斯曼（Grossman）和赫尔普曼等。由于大多数政府制定贸易政策的目标是维护其政权的稳定性，所以对于帮助其当选或连任的利益集团，政府会极力地去加以保护。政府实行有利于这些利益集团的贸易政策是对其政治支持的一种回报，保护这些利益集团本身也就是保护政府本身。尤其是在民主选举的国家，每个政党都会代表一些特殊集团的利益，在民主选举中得到这些特殊集团的支持，一旦该政党当选，就会通过制定贸易政策的特权为这些集团牟利。格罗斯曼和赫尔普曼在 1994 年建立的政治贡献模型还可以用来解释非民主选举国家中的贸易保护现象。[②]

4. 新结构经济学

新结构经济学是中国北京大学林毅夫教授首先提出的区别于传统结构主义经济学的解释发展中国家（包括中国）开放经济发展实践的新理论。

新结构经济学认为，经济发展是不断从较低端技术和产业配置到新的效率更高的技术和附加价值更高产业的结构变迁过程，这个过程伴随着要素积累、产业比较优势的变化。一个发展中国家的最优产业结构取决于该国的要素禀赋结构和技术结构，迎合了该国要素禀赋结构的比较优势产业才有国际竞争力。由于要素禀赋结构和比较优势产业结构是动态发展的，政府的产业政策可以帮助市场解决产业发展中所需要的相应基础设施、技术创新资源和环境。

从理论上分析，假设只有资本、劳动两种要素，每个国家都有一定的资本劳动比例。资本相对丰裕的国家，资本密集型产业更有比较优势；而劳动相对丰裕的国家，劳动密集型产业更有比较优势。从动态角度看，根据雷波津斯基定理，如果一国资本要素与劳动要素相对比例增加（资本丰裕度提高），那么该国的资本密集型产业将会增加，而劳动密集型产业将会萎缩。如果将所有产业按照资本密集度排序，那么每个国家都将存在符合本国资本丰裕度的最优产业结构。[③]一国的资本丰裕度会随着该国的经济发展而提高，如果

① MAGEE S P, BROCK W A, YOUNG C, 1989. Black Hole Tariffs and Endogenous Policy Theory[M]. Cambridge: Cambridge University Press.

② GROSSMAN G M, HELPMAN E, 1994. Protection for Sale[J]. The American Economic Review, 84: 833-850.

③ JU J D, LIN J Y, WANG Y, 2015. Endowment Structures, Industrial Dynamics, and Economic Growth[J]. Journal of Monetary Economics, 76: 244-263.

一国经济发展比其他国家快，资本积累更多，那么该国的产业结构和比较优势产业将更偏向于资本密集型的产业，由此形成该国产业资本密集度的提高和产业结构的升级。

新结构经济学强调有效市场和有为政府的结合。有效市场是指通过价格信号和价格体系就能使资源配置达到帕累托最优的市场。有为政府是指政府为了市场（产品市场和要素市场）的有效运行而采取的公共基础设施投资与营商环境建设等。在产业政策领域，应制定符合该国要素禀赋结构、有利于比较优势产业发展的产业政策措施。按照王勇教授的观点，如果全集是政府可以做的所有事情，那么去掉乱作为和不作为这两个集合，剩下的补集就是有为的集合。[①]

以中国产业结构发展为例，新结构经济学认为政府的产业政策要根据不同类型的产业而制定。第一种，以追赶型产业为代表的汽车和工程产业，已经显示其不断提高的比较优势，需要政府提供良好的创新与公平竞争环境支持（如吉利汽车、三一重工等）。第二种，领先型产业（白色家电、高铁、造船等），已经具有比较优势，一般不需要补贴支持。第三种，退出型产业，比较优势正在逐步减弱并消亡，又包括两类：一类是丧失比较优势的产业；另一类是在我国还有比较优势，但是产能有富余的产业，当然也不需要补贴支持，但是鼓励转型升级。第四种，弯道超车型产业（信息、通信、软件、手机等），是人力资本需求高、研发周期短的新兴产业，需要政府一定的支持。第五种，战略型产业（大飞机、航天、超级计算机），资本非常密集，研发周期长，投入巨大，短期不具有比较优势，但是未来很重要，需要政府提供长期的政策支持。

2.2.4 贸易保护的基本手段

1. 关税

关税是一个国家或单独关税区域的海关机构，按照其税法和税则，对进出其关境的货物所征收的税收。征收的对象是进出口货物和物品，关税具有涉外性，是国家管理贸易的最基本的政策。

关税可以按照不同的标准分为不同的种类，不同种类的关税适用于不同的情况。按照征收对象的不同，关税可分为进口税、出口税和过境税。按照差别待遇，关税通常可分为普通关税、最惠国关税、普惠税和特惠税等。相比较而言，最惠国关税的适用范围最大；普惠税税率和特惠税税率最低，有许多商品是零关税；普通关税的适用范围很小，税率最高。按照特定的实施情况，关税可分为进口附加税和差价税。其中，进口附加税在现实中应用较广。进口附加税的征收往往是一种临时性的措施，其目的是应对国际收支危机、维护进出口平衡、制止倾销或补贴造成的不公平贸易、对特定国家实行歧视性贸易政策或报复等。最常见的进口附加税是反倾销税和反补贴税，它们又统称为抵偿性关税。

关税常用的征收标准有4种，即从量税、从价税、复合税和选择税。从量税是指按照进口商品的数量征收关税，如每盒胶卷1美元等。从价税是指按照进口商品的价格征收关税，如商品总价格是10 000元，进口税率为20%，则税额为2 000元，目前多数国

---

① 王勇于2016年10月30日在北京交通大学经济管理学院举办的产业政策问题研讨会上的发言。

家多数情况下采用从价税的标准。复合税是指税则中规定从量和从价两种标准,海关按照两种标准同时征收。选择税是指税则中规定从量和从价两种标准,海关根据情况选择其中之一征收。

2. 关税征收与削减的经济效应

(1)关税征收的经济效应

1)价格效应。进口关税的征收,首先会引起国内商品的价格上涨,当进口国家数很少时,进口价格就是国际市场价格,进口价格加上进口关税就是国内价格。因此,征收进口关税使国内价格上涨。进口商品的国内价格上涨引起国内竞争商品和以进口商品作为投入品的国内商品价格上涨。

2)财政收入效应。像任何其他方面的税收一样,关税具有为政府提供财政收入的作用,这是关税的最古老、最原始的作用,也是当今一些落后国家征收关税的主要动机。就当今现实看,关税可以增加政府财政收入的作用已显得不太重要了。

3)消费效应。征收进口关税后,由于价格效应,国内相同商品价格上涨,而价格上涨使消费者购买时需要付出更多的费用,降低了消费者的购买能力,从而导致国内消费量的减少和消费者福利的损失。

4)保护效应。关税保护国民经济的机制是通过征收关税,人为地抬高进口商品的国内市场价格,从而降低进口商品的销售量,扩大本国商品的市场份额。关税壁垒就是对进口商品征收高额关税,是一国推行保护贸易政策的重要措施。关税的保护作用是最受重视的,虽然在今天,它的作用已经大打折扣,许多国家的关税水平已经降到很低了,但是发达国家关税结构中的关税高峰和关税升级现象比较常见,与此同时,另外一些发展中国家的关税税率仍然很高,所以,关税政策仍至关重要。

5)再分配效应和净损失效应。同其他的税种一样,关税也可以影响不同国家之间或一国范围之内的收入再分配。关税会改善征税国的贸易条件(大国尤其明显),使进口国的生产者受益、消费者受损。征收关税对世界的净福利会有损失,这也是 WTO 体制下关税减让备受关注的原因。

(2)关税削减的经济效应

关税的作用机制是通过征收关税人为地抬高进口商品的国内市场价格,从而降低进口商品的销售量,扩大本国商品的市场份额。所以,通过征收关税可以保护本国产品的生产。但是,关税所保护的往往是高成本、低效率的国内生产,按照比较优势原理,一国应从事其比较优势产业的生产,而进口比较劣势产业的产品,所以关税减让会加速比较劣势产业的退出,促进比较优势产业的发展壮大,会在一国拥有一定比较优势产业的前提下产生积极的扩大福利的效应。具体就一国而言,减少关税有以下经济效应。

1)减少关税会增加国内消费者的利益,使之减少单位商品支出并增加消费量,即消费利益增加。

2)减少关税会损害国内竞争性生产者的利益,使之缩减生产规模,解雇更多的工人,即生产利益下降。

3)减少关税还会损害政府的利益,使之减少关税收入。

4)就总体情况看,减少关税会助长比较优势行业的繁荣,抑制比较劣势行业的发展，所以会产生国民福利的净增加。

很显然，这种分析是假设减税国是一个小国。如果减税国是一个大国，那么，它在世界市场上就具有一定的垄断力量，尽管减少关税仍然会有利于其消费者和有害于其生产者，但减少关税会减损这个国家的利益。因为本来这个大国可以凭借其垄断力量使出口国分摊其一部分税负，现在，减少关税则在一定程度上削弱了其垄断力。即使如此，在大国情况下，关税减让也会产生世界福利的净增加，仍然存在生产利益和消费利益。生产利益是指世界范围生产成本的下降和由此导致的资源的合理配置而得的利益。消费利益是指由于减少关税使商品价格下降从而使消费者花更少支出消费更多的商品而得的利益。

3. 非关税壁垒

非关税壁垒（non-tariff barriers）是指所有关税政策以外的限制贸易的政策措施和做法的统称。与关税政策相比，它具有更大的灵活性和针对性，更能达到限制进口的目的，更具有隐蔽性和歧视性。

虽然非关税壁垒出现较早，在重商主义时期就产生了，但在当时并未被各国普遍采用。在两次世界大战期间，各国开始较多地采用非关税壁垒。第二次世界大战之后，随着贸易自由化的加快，关税水平大大降低，再加上 20 世纪 70 年代以来各国经贸发展的不平衡日益显露，所以，到了 20 世纪 80 年代，非关税壁垒被空前广泛地采用，成为贸易扭曲的重要因素。据统计，目前非关税壁垒已达到 2 700 多种。以下介绍主要的几类。

（1）数量限制

数量限制是一种强有力的贸易限制措施，它包括进口配额制和自愿出口限制（voluntary export restraints，VER）。

1）进口配额制。进口配额制是指进口国政府规定一定时期（如 1 年内）本国可以进口的某种商品的最大商品数量或金额，超过此限额则不许进口，或虽仍可进口但应缴纳差别性关税，如高额的进口附加税或非普惠税的最惠国税。其中，前者叫绝对配额，后者叫关税配额。绝对配额又包括全球配额和国别配额，关税配额又可分为优惠的关税配额和非优惠的关税配额。

2）自愿出口限制。自愿出口限制也称自愿出口配额，是指出口国在进口国的要求或压力下，自愿规定一定时期内（如 3 年内）本国特定商品出口的最大限度，超过配额即禁止出口。自愿出口限制包括非协定的自愿出口限制和协定的自愿出口限制两种，现实中以协定者居多。例如，1972—1974 年日本钢铁对美国自限出口；1981 年日本对美国的汽车出口根据协议实行自限出口，1981 年开始每年为 168 万辆，1984 年开始协议调整为每年 185 万辆。

（2）外汇管制

外汇管制是一国政府通过法令对国际结算和外汇交易实行限制，以便改善国际收支状况、稳定本币汇价以及管理进出口贸易的一种制度。在外汇管制的国家，出口商必须把他们出口所得的外汇按照官定汇率卖给外汇管制机构；进口商必须按照官定汇率从官方指定金融机构购买外汇。很显然，实施外汇管制的国家可以对进出口商品的种类和数量施加影响。

（3）国家垄断进出口

国家垄断进出口是指在对外贸易中，对全部或部分商品的进出口规定由国家机构经营，或把商品的进出口垄断权给予某些组织。国家垄断进出口贸易不符合现代贸易体制，现在我国已经推出对外贸易经营的规范的自动登记制以取代进出口权审定制度，赋予非国有企业外贸经营权。《关税及贸易总协定》（General Agreement on Tariffs and Trade, GATT）第 17 条专门针对国营贸易企业作了原则规定，WTO 还制定了《关于解释 1994 年关税与贸易总协定第 17 条的谅解》。

（4）进口许可证

进口许可证是国家主管贸易的当局所签发的准予通关的文件，进口商只有拿到进口许可证才能进口货物。许多国家往往把许可证和进口配额结合使用。当必须限制进口或监控进口情况时，一国政府可采取进口许可证制度。进口许可程序有时可能成为贸易壁垒，对贸易产生限制性影响。为此，WTO 专门制定了《进口许可程序协议》，协议要求在实施进口许可程序时必须做到 WTO 的透明度和非歧视基本要求，公开、公平地采取进口许可程序措施。

（5）歧视性政府采购

各国政府往往是一个大买主，各国往往在政府采购上做文章，通过立法或其他做法规定政府优先采购本国产品，本国产品往往价格高于外国进口商品且质量低下，所以，政府采购又被称为歧视性采购。美国历史上曾有著名的《购买美国货法案》（1933 年），规定联邦政府采购的物品应该是美国制造的或用美国原料制造的。优先采购的美国货物价格高于国外 6%～12%，但国防部和财政部采购的美国货物往往比其他国家贵 50%左右。每个国家都有大量的政府采购，有许多国家在政府采购中歧视国外供应商，为此，WTO 的一些成员制定了《政府采购协议》，该协议目前还只是一个一部分成员参与的诸边协议。

（6）限制贸易的投资措施

限制贸易的投资措施就是在利用外商投资时，规定外资企业必须尽量采购当地中间品、鼓励出口限制进口、进口与出口相平衡和外汇平衡要求等措施，这些措施显然会影响贸易。例如，当地含量规定是指一国要求外资企业为当地市场生产的产成品中必须包含一定百分比本国生产的部分，中国称之为国产化比例。当地含量规定曾被广泛地应用于发展中国家完成中间产品的进口替代。

（7）通关及海关壁垒

1）对进口商品进行任意分类，从而改变进口商品的纳税状况。例如，美国海关曾经在对进口的日产卡车的驾驶室和底盘征税时，把它从"部件"归类到"装配车辆"，其进口税率相应从 4%变为 25%。当然，国际上早就注重统一商品分类办法，要求各国贸易政策有透明度等，但任意分类情况还是时有发生。

2）海关任意估价。关税等于关税率乘以完税价格。完税价格就是征收关税的基础。当关税率降低，但是完税价格提高，则最终关税额提高，贸易减少。因此，完税价格的估价是影响贸易的重要措施。有些国家就是利用海关的任意估价达到限制进口的目的。WTO 为此专门制定了《海关估价协议》。

3）改变进口关道。通过改变进口关道，降低工作效率，拖延报关时间，增加相应的费用，从而限制进口。例如，1982 年法国政府宣布所有录像机进口必须经过普瓦蒂埃。普瓦蒂埃是位于法国北部港口数百英里的内地小镇，该镇海关人员很少（实为两人，后来有所增加），仓库狭小，而且规定了一套特别繁杂的通关程序，所有伴随文件都要经过彻底检查，每个包装箱都要打开，认真校对录像机序号，查看使用说明书是不是法文，检查是不是所报原产地生产的，结果严重限制了录像机进入法国市场。

（8）贸易中的技术壁垒

贸易中的技术壁垒（technical barrier to trade，TBT）是指利用技术法规、标准、合格评定程序的差异，歧视性地限制进口贸易的政策措施。技术壁垒包括绿色壁垒、劳工标准等。

（9）利用 WTO 规则的贸易壁垒

最近几年，常见的非关税壁垒有以违反 WTO 规则之名实施的限制贸易的壁垒措施，如反倾销措施、反补贴措施、保障措施等贸易救济措施，以知识产权保护之名限制贸易以及利用中国的承诺措施（如中国非市场经济地位和特定产品过渡性保障承诺等）不合理地限制贸易。

（10）其他壁垒

常见的其他壁垒还有征收歧视性国内税、进口商品最低限价制、预付进口押金和歧视性贷款限制、国内生产补贴和出口补贴等。

2.3 区域贸易协定的基本原理

2.3.1 贸易自由化模式与贸易协定类型

1. 贸易自由化模式

按照参与贸易自由化的国家（地区）数量，可以将贸易自由化模式分为单边自由化、双边自由化、区域性多边自由化、全球性多边自由化。可以用两个维度来分析贸易自由化模式：一是参与贸易自由化协定的国家（地区）数量，二是贸易自由化的水平。据此可以用坐标来体现贸易自由化模式与贸易协定类型，如图 2.4 所示。横轴表示贸易自由化水平或贸易保护水平，纵轴表示参与贸易协定国家（地区）的数量。原点表示单一国家（地区）的严格贸易保护或称封闭，向右边变化表示该国（地区）的单边自由化水平（贸易政策自由化水平），最右边表示完全的自由化水平（完全自由贸易）。单边自由化上面是双边贸易自由化（双边贸易协定），再上一层是区域性多边贸易自由化（区域性多边贸易协定），最高层是全球性多边自由化（全球性多边贸易协定），目前主要指 WTO 机制下的多边贸易协定。

2. 贸易协定类型

与贸易自由化模式对应，贸易协定是指除了单边贸易自由化政策之外的两个或两个以上国家（地区）签订的贸易自由化协定。

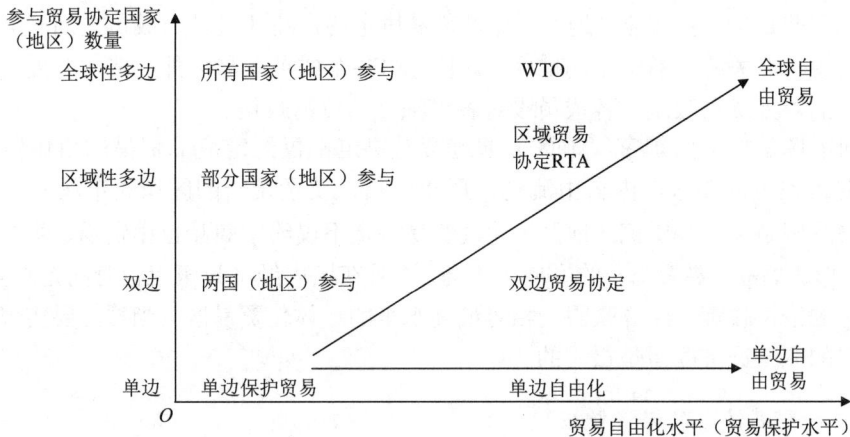

图 2.4　贸易自由化模式与贸易协定类型

贸易协定按照参与国家（地区）数量可分为双边贸易协定、区域性多边贸易协定、全球性多边贸易协定。双边贸易协定和区域性多边贸易协定统称区域贸易协定，世界贸易组织有专门的管理机构。

贸易协定按照自由化程度可分为优惠贸易协定和自由贸易协定。就现实而论，因为很多自由贸易协定在协议内容上达成的自由化水平也并不是完全自由贸易，因此自由贸易协定、优惠贸易协定在概念和许多文献上有混用现象。有时自由贸易协定、优惠贸易协定也指基于一定贸易协定的自由贸易区或准自由贸易区。

目前，还出现了更广泛的全面经济合作协定，如 RCEP 等。全面经济合作协定不仅包括贸易的自由化协定，还包括各国国内经济政策上的合作，如国内竞争政策、知识产权保护、电子商务政策、中小企业支持、气候环保政策等。

2.3.2　区域自由贸易协定原理

自由贸易协定是贸易协定的一种。自由贸易区是区域经济一体化的一种类型，是区域内一些国家（地区）（经济体）通过自由贸易协定来约定缔约国家（地区）经济一体化和贸易自由化水平。按照经济贸易一体化水平程度，自由贸易区可以划分为优惠贸易区（preferential trade area）、自由贸易区（free trade area）、关税同盟（customs union）、共同市场（common market）、经济联盟（economic union）等。

1. 区域经济一体化的类型

优惠贸易区是指一些国家（地区）通过贸易协定约定在其区域内成员之间开展贸易可以享受该贸易协定规定的优惠关税与非关税政策，而与区外经济体开展贸易时只能享受一般的正常关税与非关税政策。针对 WTO 成员而言，这个一般正常关税通常就是 WTO 多边体制下的最惠国关税。

自由贸易区是指一些国家（地区）通过自由贸易协定约定在其区域内成员之间开展自由贸易取消关税与非关税贸易壁垒的地区，而自由贸易区内各个成员在与区外经济体开展贸易时仍有各自独立的贸易政策。

关税同盟是指一些国家（地区）通过贸易协定约定在其区域内成员之间开展自由贸易取消关税与非关税贸易壁垒的地区，并且区内各个成员在与区外经济体开展贸易时规定了统一的对外贸易政策，各成员没有各自独立的贸易政策。

共同市场是指一些国家（地区）通过贸易协定不仅约定商品贸易的自由贸易，而且生产要素也可以在区域内自由流动，形成商品、要素统一的区域大市场。

经济联盟是指一些国家（地区）通过贸易协定不仅约定商品自由贸易、生产要素自由流动，形成商品、要素统一的区域大市场，而且在国内经济政策上也有约定相互协调，形成统一的经济政策。经济联盟是相对最高水平的一体化贸易区。当然，要实现完全一体化水平的完全经济联盟是极难的。

2. 自由贸易协定的经济效应

自由贸易协定的经济效应是指自由贸易协定生效之后经济贸易发生变化，即贸易协定对相关国家（地区）的经济贸易影响。最主要的影响就是贸易自由化导致贸易效应或区域贸易的增加，贸易效应分为两类：一是贸易创造（trade creation），二是贸易转向（trade diversion）。其他的影响有经济增长效应、传染效应等。

（1）贸易创造

贸易创造是指签订贸易协定的成员之间由于降低贸易壁垒（自由贸易）而用区域内成员国的低成本商品代替本国生产的高成本商品而增加的贸易。贸易创造不仅会增加区域内贸易，也会增加世界贸易，因此是增加福利的贸易效应。

举例说明，假设有三个国家都能生产自行车，法国的成本为 80 美元，德国的成本为 70 美元，美国的成本为 60 美元。法国和德国成立关税同盟前，法国征收进口关税 30 美元，由此得到结论：三国之间没有贸易。法国自己生产的产品价格最低，因而不进口。法国与德国建立关税同盟后，法国对美国产品征收 30 美元关税，对德国产品不征收关税，由此得到结论：法国从德国进口产品的价格最低，因而从德国进口。所以，法国与德国建立关税同盟就创造了两国之间的贸易和福利，详见表 2.6。

表 2.6　法国与德国建立关税同盟的贸易创造效应　　　　　单位：美元

项目	法国	德国	美国
制造商成本	80	70	60
法国关税	0	30（0）	30
法国市场价格	80	100（70）	90

注：括号内的数据表示建立关税同盟之后德国产品进入法国的关税与市场价格。

也可以用供求曲线局部均衡分析方法分析贸易创造效应与福利效应，详见图 2.5。假设世界价格为 1，法国国内价格为 2，德国价格为 1.5，法国进口关税为从量关税 1。建立关税同盟之前的贸易为 JH，建立关税同盟之后的价格为 1.5（德国价格），贸易量为 $C'B'=C'J'+JH+H'B'$，新创造贸易为 $C'J'+H'B'$。贸易创造的福利效应可以用两个三角形面积大小来表示（$\triangle JC'J'+\triangle HH'B'$）。

（2）贸易转向

贸易转向就是签订贸易协定的成员之间由于降低贸易壁垒（自由贸易）而用区域内

较低效率成员的较高成本商品代替区域外高效率经济体生产的低成本商品而增加的贸易。贸易转向对于贸易区而言虽然也是贸易增加，但是这种增加是因代替或减少区域外他国贸易而得到的，世界贸易并未增加。因此，这种区域内的贸易增加是减少福利的贸易效应。

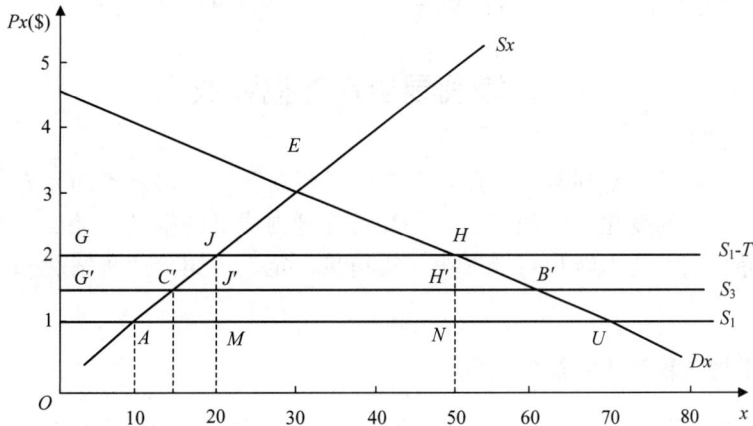

图 2.5 贸易创造与贸易转向图示

举例来说，如果法国国内制造商的成本为 95 美元，德国与美国的成本不变，分别为 70 美元和 60 美元，关税仍然是 30 美元，则在法国与德国建立关税同盟之前，法国从美国进口，但是建立关税同盟之后，进口贸易转向到从德国进口，发生了贸易转向。贸易区内贸易增加，但是世界贸易并未增加，详见表 2.7。

表 2.7 法国与德国建立关税同盟的贸易转向效应 单位：美元

	法国	德国	美国
制造商成本	95	70	60
法国关税	0	30（0）	30
法国市场价格	95	100（70）	90

也可以用供求曲线局部均衡分析方法分析贸易创造、转向效应与福利效应，详见图 2.5。假设世界价格为 1（美国价格），法国国内价格为 2，德国价格为 1.5，法国进口关税为 1。建立关税同盟之后，法国价格等于德国价格；进口贸易量为 $C'B'$，其中贸易量 $J'H'$ 部分发生了从世界效率最高国家进口转向了区域内效率最高国家进口，贸易转向的贸易量为 $J'H'$（$=JH$），贸易转向的福利损失为 $J'H'MN$ 长方形面积的量。

（3）其他效应

其他效应包括传染效应、经济增长效应、福利效应等。

传染效应也称多米诺效应（contagion or domino effect），是指由于贸易协定的生效和自由贸易区的形成，贸易区规模增加，竞争优势提高，对周边贸易伙伴国有贸易转向效应，因此具有明显的负外部效应。周边区域外贸易伙伴国为了防止被贸易区的边缘化，就具有强大的加入该贸易区的动力。

经济增长效应是指由于贸易协定或贸易区的形成导致的贸易区经济增长的改善。经济增长的原因在于区域内专业化分工与自由贸易促进了资源配置的优化,促进了技术知识转移与外溢。

区域贸易协定的福利效应就是区域贸易协定签订对贸易区成员福利和世界福利的影响。对于区域贸易协定的成员而言,贸易创造意味着福利增加,贸易转向意味着福利减少,净福利效应取决于贸易创造福利增加与贸易转向福利减少之和。

2.4　区域贸易协定的福利效应

贸易协定影响了贸易利益的分配,即影响了贸易区内(协定签约)成员、区外非成员和世界总福利的变化。一般而言,增加贸易区内成员的福利,减少区外经济体的福利,对世界总福利的影响也可能减少,视情景而定。下面分四种情况来分析其福利影响。

2.4.1　大国单边关税政策的最优关税

关税的效应分析认为,一国征收进口关税将对该国产生国内价格提高、进口量减少、生产量增加、消费者剩余减少、生产者剩余增加、贸易条件改善、净福利变化、保护成本(无畏损失)等影响。对于小国而言,由于该国进口量的减少不影响世界价格的变化,因此小国征收进口关税没有贸易条件改善效应,但是小国关税保护成本(超重损失)总是存在的,因此净福利一定是损失。但是对大国来说,进口关税具有贸易条件的改善效应。如果贸易条件改善的收益超过贸易保护的成本,则净福利是提高的。因此,大国存在净福利最大化的最优关税。但是,大国的最优关税是不现实的,一是不考虑对方国家报复的最优关税,二是损害别国利益与世界利益。

以图 2.6 为例,大国征收进口关税为 t,消费者剩余为 $-(a+b+c+d)$,生产者剩余为 a,政府关税收入为 $c+e$,净福利为 $e-(b+d)$,其中保护成本为 $b+d$,贸易条件效应为 e。

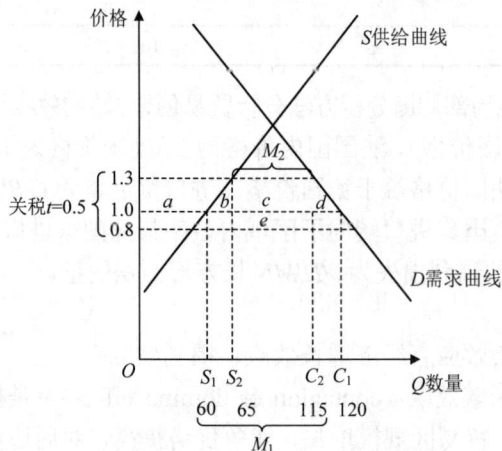

图 2.6　大国进口关税的福利分析示意图

求最优关税就是求解一阶条件,令边际收入等于边际成本即可。例如,令关税 $\tau = t+1$,

则求最优的一阶条件为

$$\left|\frac{\mathrm{d}e}{\mathrm{d}\tau}\right| = \left|\frac{\mathrm{d}(b+d)}{\mathrm{d}\tau}\right|$$

$$\tau = \frac{1}{\varepsilon_x}$$

由此求得大国的最优关税等于对方国家出口供给价格弹性的倒数：供给价格弹性越小，最优关税越大；供给价格弹性越大，最优关税越小。

大国的最优关税是有条件的，即其贸易伙伴国不报复。如果对方国家也采用相应的报复性关税，结局又会如何？

2.4.2　双边贸易关税博弈的纳什均衡关税

不考虑对方国家报复情况的单边国家贸易政策无疑是不符合实际的。理论是对复杂现实问题的抽象和简化。假设有两个国家，各有一家企业，世界市场上的两家企业形成寡头博弈。两国政府制定各自的关税，而企业决定各自的产量和价格。两国的博弈形成了两国的纳什均衡关税，但是该均衡关税是非效率的。

1. 假设

假设我们讨论的是两个相似的国家，分别称它们为国家 1 和国家 2，国家 1 和国家 2 在本博弈中作为博弈方来决策对进口商品征收关税的税率。

假设两国各有一家企业（可看作国内所有企业的集合体）生产既内销又出口的相互竞争的商品，分别称它们为企业 1 和企业 2。两国的消费者在各自的国内市场上购买本国产品或进口产品。

如果用 Q_i 表示在国家 i 市场上的商品总量，则市场出清价格 P_i 为 Q_i 的函数 $P_i = P_i(Q_i) = a - Q_i$，$i=1,2$。企业 i 生产 h_i 供内销和 e_i 供出口，因此 $Q_i = h_i + e_j$，$i,j=1,2$，当 $i=1$ 时，$j=2$，当 $i=2$ 时，$j=1$。再假设两家企业的边际生产成本同为常数 c，且都无固定成本，则企业 i 的生产总成本为 $c(h_i + e_i)$。当企业出口时，因为进口国征收的关税也是它的成本，当国家 j 的关税率为 t_j 时，企业 i 的出口总成本为 $ce_i + t_j e_i$，国内销售成本仍为 ch_i。

2. 两阶段博弈

假设首先由两国政府同时制定关税税率 t_1 和 t_2，然后两家企业（企业 1 和企业 2）在知道关税（t_1 和 t_2）的前提下同时决定自己的内销产量和出口产量 (h_1, e_1) 和 (h_2, e_2)。这就是一个两阶段都有同时选择的四方动态博弈。

3. 利益

在这个博弈中，企业作为博弈方，唯一关心的是利润：

$$\pi_i = \pi_i(t_i, t_j, h_i, h_j, e_i, e_j) = P_i h_i + P_j e_i - c(h_i + e_i) - t_j e_i$$
$$= [a - (h_i + e_j)]h_i + [a - (e_i + h_j)]e_i - c(h_i + e_i) - t_j e_i$$

国家作为博弈方，关心的是社会总福利，包括消费者剩余、本国企业的利润和国家的关税收入三部分：

$$\varpi_i = \varpi_i(t_i, t_j, h_i, h_j, e_i, e_j)$$
$$= \frac{1}{2}(h_i + e_j)^2 + \pi_i + t_i e_j$$

式中，$i=1,2$，$\frac{1}{2}(h_i + e_j)^2$ 是国家 i 国内居民作为消费者的消费者剩余，是从市场出清价格所对应的需求函数导出来的。

4. 应用通常的逆推法求解均衡

先求第二阶段企业利润最大化时的产量，再求第一阶段政府福利最大化时的关税。

首先，从第二阶段企业决策开始。假设两国已选择的关税税率分别为 t_1 和 t_2，如果 $(h_1^*, e_1^*, h_2^*, e_2^*)$ 是在设定 t_1、t_2 情况下两家企业之间的一个纳什均衡，那么 (h_i^*, e_i^*) 必须是满足下述最大值问题的解：

$$\max \pi_i(t_i, t_j, h_i, h_j^*, e_i, e_j^*)$$
$$h_i, e_i \geqslant 0$$

由于 π_i 可以分成企业在国内市场的利润和国外市场的利润两部分之和，且国内市场的利润取决于 h_i 和 e_j^*，国外市场的利润取决于 e_i 和 h_j^*，因此上述最大值问题就可分解为下列两个最大值问题：

国内销售利润最大化

$$\max\{h_i[a-(h_i+e_j^*)-c]\}$$
$$h_i \geqslant 0 \tag{2.1}$$

国外销售利润最大化

$$\max\{e_i[a-(e_i+h_j^*)-c]-t_j e_i\}$$
$$e_i \geqslant 0 \tag{2.2}$$

假设 $e_j^* \leqslant a-c$，可从式（2.1）解得

$$h_i^* = \frac{1}{2}(a-e_j^*-c) \tag{2.3}$$

假设 $h_j^* \leqslant a-c-t_j$，可从式（2.2）解得

$$e_i^* = \frac{1}{2}(a-h_j^*-c-t_j) \tag{2.4}$$

求出的 h_i^* 和 e_i^* 都是满足各自假设的。

由于式（2.3）和式（2.4）对 $i=1,2$ 都是成立的，因此可得到四个方程的联立方程组，解之可得

$$h_i^* = \frac{a-c+t_i}{3}, e_i^* = \frac{a-c-2t_j}{3} \tag{2.5}$$

式中，$i=1,2$。这就是在设定 t_i 和 t_j 的情况下两家企业之间博弈的纳什均衡。

企业决策的讨论：如果没有关税，则本博弈就相当于国内国外两个市场的古诺模型，两家企业在两个市场上的均衡产量都为 $\frac{a-c}{3}$，与古诺模型的均衡产量完全一样。由于有关税的存在，两家企业在两个市场上的边际成本就都不相同了，在 i 国市场，企业 i

的边际成本为 c，而企业 j 的边际成本为 $c+t_i$。因为企业 j 的边际成本高于古诺模型的边际成本，所以它必然会少生产一些，而企业 j 少生产一些就会使市场出清价格有上升的趋势，从而企业 i 就可以多生产一些。因此，h_i^* 是 t_i 的增函数，而 e_j^* 则是 t_i 的减函数。也就是说，一国的关税具有保护本国企业、提高本国企业国内市场占有率、打击外国企业的作用。这也是世界各国普遍设置关税，想要提高本国关税的主要原因。

其次，国家决策。现在回到第一阶段两个国家之间的博弈，既两个国家同时进行关于 t_1 和 t_2 的决策。因为国家 1 和国家 2 都清楚两国企业的决策方法，即知道当它们选定 t_1 和 t_2 以后，两家企业的均衡产量一定是 $(h_1^*, e_1^*, h_2^*, e_2^*)$，因此，两国的得益为 $\varpi_i = \varpi_i(t_1, t_2, h_1^*, e_1^*, h_2^*, e_2^*)$，其中 h_1^*、e_1^*、h_2^*、e_2^* 都是 t_1 和 t_2 的函数，形式如式（2.5）。为了方便起见，可以简单地用 $\omega_i(t_1, t_2)(i=1,2)$ 来表示上述两国的得益。

对国家 i 来说，它现在要选择 t_i^*，满足

$$\max \varpi_i(t_i, t_j^*)$$

由于

$$\varpi_i(t_i, t_j^*) = \frac{[2(a-c)-t_i]^2}{18} + \frac{(a-c+t_i)^2}{9} + \frac{(a-c-2t_j^*)^2}{9} + \frac{t_i(a-c-2t_j^*)}{3} \quad (2.6)$$

对 $i=1,2$ 都成立，因此，令式（2.6）对 t_i 的导数在 $t_i = t_i^*$ 时为 0，可得两方程联立的方程组，解之可得

$$t_i^* = \frac{a-c}{3}, i=1,2$$

在本博弈中，关税率 $t_1 = t_2 = (a-c)/3$ 为两国的最佳选择。将它们代入式（2.5）得

$$h_i^* = \frac{4(a-c)}{9}, e_i^* = \frac{a-c}{9}, i=1,2$$

h_i^* 和 e_i^* 分别为两家企业在第二阶段，即已知关税都为 $\frac{a-c}{3}$ 以后的最佳内销产量和最佳出口产量。两家企业的总产量都是 $\frac{5(a-c)}{9}$。

因为本博弈两个阶段的选择都是纳什均衡，因此，肯定不存在任何不会信守的诺言或威胁，也一定是子博弈（subgame）完美纳什均衡解。

5. 世界福利与最优关税

经济学原理告诉我们，零关税的自由贸易是福利最佳的政策选择，因此上面的博弈均衡关税 $t_i^* = \frac{a-c}{3}, i=1,2$ 显然大于零，说明了纳什均衡关税的非有效性。

如果两国签订自由贸易协定，关税为零，则世界福利一定好于双边博弈的纳什均衡关税。如何证明呢？只需要假定两国关税均为零，然后求两国的国家利益即可。

2.4.3 世界自由贸易区数量与世界福利

区域自由贸易协定（自由贸易区）已经成为近几十年来的一个主要趋势，全球化受到阻碍而地区化盛行。那么世界上出现的自由贸易区是否能改善世界福利呢？下面以克鲁格曼（Krugman，1989）的论文为例来解释。

1. 假设

1）世界有 N 个一模一样的国家，有 B 个一模一样大小的贸易区，每个贸易区的大小为 N/B，包含 N/B 个国家。

2）每个国家都有固定资源生产一个差异化产品，不能完全替代。

3）各国消费偏好一模一样。

2. 根据这些假设，推导得出一些结论

1）在不同贸易区的两个国家的贸易量将减少。区内贸易壁垒的减少，贸易区成员的增加，贸易区的扩大，将发生贸易区之间的贸易转向。区外关税的提高将强化贸易转向。这个模型显示，双边或地区多边的贸易协议将会损害全球多边贸易，并降低世界福利。

2）贸易区越多，关税越低；产品替代弹性越大，关税越低。

3）福利与贸易区数量呈 U 形关系。当贸易区数量只有一个时和贸易区数量无数多时，都相当于自由贸易，福利水平最高。当贸易区数量等于 3 时，世界福利水平最低。

3. 关于自然贸易区的分析

自然贸易区是指由于地理因素确定的贸易区。假设世界有 N 个国家，分布在三大洲 x、y、z，每个洲有 $N/3$ 个国家。生产与偏好假设与前面完全相同。也假设在洲内贸易成本是零，然而，在洲际之间贸易有成本，采取萨缪尔森的冰山成本模式：一个单位价值的商品跨洲运到目的地后的价值为 $1-Y$。实际上，这个洲形成了自然贸易区。假设每个洲都被分为两个相等大小的贸易区（世界共有 6 个贸易区），如果每个贸易区与邻居达成贸易协议，每个洲形成一个贸易区，世界福利会如何变化？

可以看到，这个结果依赖于洲际的运输成本 Y。①如果 $Y=0$，没有运输成本，就回到前面的对称的情况，3 个贸易区意味着最悲惨的贸易结构（对于任何参数情况），6 个贸易区将比 3 个贸易区要好。②考虑 $Y=1$，成本接近 1，这个成本几乎导致贸易是禁止性的，在这种情况下，洲际是不重要的，实际上每个洲相当于一个世界，洲内部从 2 个贸易区变到 1 个贸易区无疑将会增加福利。

结论是，区域贸易安排的福利大小，依赖于在运输成本结构中是否存在足够内在的区域性。如果贸易安排遵循自然的贸易区路线，相比结盟不自然的贸易伙伴，它们会有更好的福利改善。

2.4.4 优惠贸易协定的关税优惠与世界福利

贸易区内部的自由贸易是福利最优的吗？贸易区之间和贸易区内部的运输成本或地理因素是决定福利效应的关键，这形成了自然贸易区与超自然贸易区。符合地理特征的自然贸易区能提高经济福利，而超自然贸易区将会降低经济福利。下面以弗兰克尔等（Frankel et al., 1998）的论文为例来介绍。

1. 基本假设

各国偏好与技术相同、规模相同，贸易使得各国可以获得较多的品种数量，因此效用提高。贸易利益不完全来自要素禀赋差异和技术差异。弗兰克尔等认为产品品种模型是很重要的，它有助于解释世界贸易的增长，特别是制造业的贸易增长，它反映了产业内的贸易增长和消费者福利的提高。

2. 引入运输成本与关税

将世界分成一些完全相同的大陆（C），每个大陆由一些国家（N）构成。每个大陆内的运输系统是一个中心辐射型网络（a hub-and-spoke network），一个中心有 N 条等距离的轮辐（spoke），连接 N 个国家，贸易把它们相连。

假设运输成本是冰山成本，只有一部分商品被运到目的地。两个轮辐的运输成本被看作 a，两个中心（跨大洋）的运输成本假定为 b，$0<a,b<1$。

同一大陆内的两个国家之间贸易，运输可以看作从一个出口国家运到中心，再从中心运到另一个进口国家，这涉及两个轮辐，因此商品价值的一部分 $1-a$ 能被运到目的地市场。

类似地，属于不同大陆的两个国家的贸易，其运输到进口国市场，其到达目的地市场的价值为$(1-a)(1-b)$。

一个消费者如果购买外国商品，政府还要征收关税 t，假设按照到岸价格征税，关税是外生的，假设各国关税都一致相同，是最惠国待遇（most favored nation treatment，MFNT）关税，除非考虑自贸协定。所征收的关税，政府将一次性转移给消费者（a lump-sum transfer）。

为了简化，假设各国是完全相同的。对称模型可以保证各国生产价格是相同的，各国的品种数量和各品种产量都是相同的。

3. 运输成本与自由贸易的福利效应

这里研究大陆自贸区形成的福利效应，这个世界福利取决于洲际（大陆之间）的运输成本 b。

1）在大陆之间的运输成本很高时，建立大陆内自由贸易区是改善世界福利的。当跨洲不能贸易时，洲内自由贸易区的福利将会最高。

2）在大陆之间的运输成本很低时，大陆区内的自由贸易协定会降低世界福利，因为贸易转向较多。

因此，大陆内成立自贸区就是自然贸易区，而非自然贸易区或超自然贸易区都是不利于改善福利的。非自然贸易区就是一国与洲外一国形成自贸区时，在洲际运输成本较低时，会导致明显较低的福利。克鲁格曼认为自然贸易区的福利改善效应要明显好于非自然贸易区（或非自然贸易伙伴的安排）。超自然贸易区就是世界福利降低的自贸区，表示大陆之间的运输成本不是很高，根据地理临近性原则也不足以改善世界福利的自贸区。

4. 考虑与邻国之间部分优惠的优惠贸易协定（优惠贸易区）

稍微改进模型，只是部分自由化，关税不是减为 0，而是为 $(1-k)\,t$，这里 $0 \leqslant k \leqslant 1$，$k$ 为优惠程度。当 $k=0$ 时，就是最惠国待遇关税 t（t 为 WTO 多边贸易协定规定的最惠国关税）；当 $k=1$ 时，为零关税的自由贸易区。

从克鲁格曼等的研究可以得到以下结论：

1）贸易区优惠安排与福利的关系不是线性关系，而是倒 U 形关系，即贸易区的关税很高与很低，都不能得到最优的福利水平。

2）最优福利水平的贸易区优惠程度与大陆之间的运输成本有关。大陆之间的运输成本越高，贸易区内最佳优惠程度就越高（越自由），福利水平也越高；大陆之间的运输成本越低，贸易区内最佳优惠程度就越低，福利水平也越低。因为在大陆之间的运输成本较低时，大陆贸易区内自由化的贸易转向就会较多。

3）在贸易区内优惠程度较低（区内关税较高），同时大陆之间的运输成本较低时，福利水平反而最高；而在贸易区内优惠程度较高时（零关税），大陆之间的运输成本较高，反而福利水平最高。因为当大陆之间的运输成本较高时，大陆贸易区贸易自由化的贸易转向会较少。在考虑洲际运输成本的多数情况下 $0<b<1$，从福利水平来看，优惠贸易区的最优福利水平可能好于自由贸易区。

在最惠国待遇下，家庭会消费同样多的外国品种，但是会消费更多的国内品种。可以想象，自由贸易区的形成，贸易区连续削减小额关税。开始的削减，贸易转向会有小的福利效应，因为品种之间存在小的消费转移。但是贸易创造是大的，因为国内品种（较小的边际效用）将被成员品种（较大的边际效用）替代。因此来自优惠贸易区的区内较小的关税减让会改善福利。相反，最后的区内关税削减会降低福利。

在自由贸易区下，不考虑运输成本，则国内与外国成员品种的消费是相同的，其他非成员外国品种的消费是较少的。这时，贸易创造的福利效应是小的，而贸易转向效应是大的，因为较大边际效用的品种（来自区外国家的品种）将被区内成员品种（较小的边际效用）所替代。

在零运输成本时，得到：区内优惠程度较低时的区内自由化是有福利改善的；在区内中等程度优惠时，区内贸易的自由化具有负面福利效应；当区内优惠程度较高时，区内进一步自由化是完全负面的福利效应，容易形成超自然的自贸区。

对现实自贸区的分析认为：目前的地区化已经超过了合理地区化的边界；优惠贸易区的优惠安排达到 100%（自由贸易协定）是过度的优惠安排，不是最佳的最优福利的优惠安排。

仅仅从经济福利角度分析，世界贸易的地区化和全球化有时也是冲突和矛盾的。如果考虑政治因素，则情况更为复杂。

本 章 小 结

1. 国际贸易和贸易自由化会创造贸易利益，但是，贸易的政策取向会影响这些利益的分配。价格和贸易条件可以衡量一国从对外贸易中获得贸易利益的相对变化。贸易条件的变化主要取决于国际市场供求关系因素。生产者剩余和消费者剩余是衡量贸易政策变化导致的不同集团利益变化的重要概念。

2. 贸易政策的趋向取决于不同集团的冲突、力量对比和政府管理目标的综合结果。任何国家采取贸易保护政策都有其理论依据，流行于发展中国家的贸易保护理论有保护幼稚工业论、改善国际收支论、改善贸易条件论、增加政府收入论等。流行于发达国家的贸易保护理论有保护就业论、保护公平竞争论、保障社会公平论、国家安全论等。

3. 新贸易保护主义是建立在规模经济贸易论基础上的。规模经济既是国际贸易的重要基础和国际贸易利益的基本源泉，又是各国实施贸易保护的重要理论依据。战略贸易论认为，由于规模经济导致的不完全竞争和经济外部性的大量存在，政府采取贸易保护政策可以使本国在国际竞争中获得更多的贸易利益和长远的经济利益。

4. 贸易政策的政治经济学分析就是从不同利益集团的贸易利益分配的角度分析贸易政策。任何一项贸易政策的制定和实施都是利益集团的需求和政府供给的均衡。贸易政策的需求既要反映相关的个人利益和集团利益，还要有代表和反映这些利益的组织。贸易政策的供给包括政府对政策的偏好和制定具体政策的机制。

5. 贸易政策的形成机制也会影响贸易政策的利益目标。中点选民模型、集体行动的有效游说模型和竞选贡献或政治贡献模型是分析贸易政策形成的主要模型。中点选民模型认为政府制定的贸易政策必须符合中点选民的意见，代表中点选民的意见就能得到大多数选民的支持。集体行动的有效模型认为政府制定的贸易政策将代表那些集体行动和游说最能有效进行的利益团体，而不是利益团体人数的多少。竞选贡献或政治贡献论认为大多数政府制定贸易政策的目标是维护其政权的稳定，所以对于帮助其当选或连任的利益集团，政府会极力地去加以保护，保护这些利益集体本身也就是保护政府本身。

6. 关税是一个国家或单独关税区域的海关机构，按照其税法和税则对进出其关境的货物所征收的税收。关税按照征收对象可分为进口税、出口税和过境税，按照差别待遇可分为普通关税、最惠国关税、特惠税和普惠税等，按征收标准可分为从量税、从价税、复合税和选择税。征收关税的主要效应有价格效应、财政收入效应、消费效应、保护效应、再分配效应和净损失效应。

7. 非关税壁垒是指所有关税政策以外的限制贸易的政策措施和做法的统称。它具有更大的灵活性和针对性，更能达到限制进口的目的，更具有隐蔽性和歧视性。非关税措施是 WTO 重点管理的政策措施，包括数量限制、外汇管制、国家垄断进出口、进口许可证、歧视性政府采购、限制贸易的投资措施、通关及海关壁垒、贸易中的技术壁垒、利用 WTO 规则的贸易壁垒和其他壁垒。

8. 贸易自由化包括单边自由化、双边自由化、区域性多边自由化、全球性多边自由化。贸易协定是两个或两个以上经济体约定贸易自由化水平的协定，包括众多的区域贸易协定和唯一全球性贸易协定（世界贸易组织）。区域贸易协定形成了众多的区域优惠贸易区和自由贸易区。区域贸易协定的基本原理是区域经济一体化理论，贸易创造与贸易转向是签订贸易协定的主要效应。贸易创造是福利改善的效应，贸易转向是福利降低的效应。

9. 区域贸易协定的贸易自由化福利取决于复杂的关系与因素。贸易区内的运输成本、贸易区之间的运输成本影响了贸易区内部的自由化水平。自然贸易区是经济福利能提高的自由贸易区，而福利下降的贸易区往往是有违客观地理因素的超自然贸易区。如果大陆之间的运输成本较低，则大陆内部的自由贸易可能导致较多的贸易转向，进而降低世界福利。世界贸易的地区化和全球化有时是冲突和矛盾的。如果考虑政治因素，则情况更为复杂。

思 考 题

1. 什么是价格和贸易条件？什么是消费者剩余和生产者剩余？如何用它们来分析贸易的利益分配？

2. 发展中国家的主要贸易保护理论有哪些？如何理解这些理论？

3. 发达国家的主要贸易保护理论有哪些？如何理解这些理论？

4. 贸易保护的政策工具主要有哪些？

5. 简述关税的概念和分类以及关税的经济效应。

6. 非关税措施有哪些？试分析这些措施的贸易影响。

7. 区域自由贸易协定一定改善世界福利吗？或一定能改善贸易区成员福利吗？

第二篇
贸易协定框架与争端解决

第3章 贸易协定的基本框架

本章要点

贸易协定有全球性与区域性之分。GATT 是世界上第一个规范国际贸易的全球性贸易协定，其产生是第二次世界大战结束后各国恢复世界经济发展的客观需求。GATT 经过八轮谈判，在贸易自由化中取得了巨大成就。第八轮乌拉圭回合谈判决定成立 WTO，WTO 取代 GATT 是全球化发展的必然趋势。但是近 30 年以来，区域贸易协定蓬勃发展，如欧盟、北美自由贸易区、中国-东盟自由贸易区以及 RCEP。本章 3.1 节介绍 GATT 的产生，3.2 节介绍 WTO 的组织制度和协议框架，3.3 节介绍 WTO 的基本原则，3.4 节介绍中国加入 WTO 的历程，3.5 节介绍典型的区域贸易协定。

3.1 《关税及贸易总协定》的产生

3.1.1 《关税及贸易总协定》的形成背景

GATT 是美、英等国家签署的世界上第一个以贸易自由化和公平贸易为基础的规范国际贸易的多边国际性协议。1947 年 10 月，美、英、中、法等 23 个国家在日内瓦签订《关税与贸易总协定临时适用议定书》，GATT 于 1948 年 1 月 1 日生效，GATT 第八轮谈判（乌拉圭回合）决定成立 WTO，1995 年 12 月 31 日作为机构的 GATT 完全被 WTO 取代。

经济的正常运行发展需要货币、生产投资和交换经济制度的恰当安排。第二次世界大战后为恢复世界经济，同样需要解决三大问题：①便于国际贸易和国际生产的国际货币问题；②促进生产的投资问题；③国际贸易障碍问题。因此，GATT 的产生是第二次世界大战结束后各国恢复世界经济发展的客观需求。第二次世界大战刚结束，美国即向联合国经济和社会理事会（United Nations Economic and Social Council）提议召开世界贸易与就业会议，倡导建立国际贸易组织（International Trade Organization，ITO）。1946 年 2 月，联合国经济和社会理事会接受建议，成立了 ITO 筹备委员会。经过筹备委员会会议讨论、修改 ITO 宪章草案，1947 年 10 月，在哈瓦那举行的联合国贸易与就业会议上，审议并通过了 ITO 宪章，该宪章全称《哈瓦那国际贸易组织大宪章》，简称《哈瓦那宪章》，通过后即送交各国政府批准。当时《哈瓦那宪章》的签字国有 53 个，签字后还要获得各国立法机构的批准方能生效，结果 53 个国家中只有利比亚和澳大利亚两个国家批准了宪章，而在美国，国会也没有批准通过，代表国内特定利益集团的国会试图恢复传统的贸易保护主义，对具有超国家权力的 ITO 表示反对。大多数国家的立法机构也认为这个宪章与其国内立法存在较大差异，会干预国内立法，故未予批准，因而 ITO 最终流产。

尽管 ITO 筹建未果，但在日内瓦会议期间，美国邀请 22 个与会国举行了关税减让的多边谈判，签署了《关税及贸易总协定》，其中采纳了《哈瓦那宪章》中有关贸易政策的内容，并要求缔约国共同遵守。GATT 于 1947 年 10 月 30 日在日内瓦签署，1948年 1 月 1 日起生效。这样，第二次世界大战后第一个多边的贸易协定就产生了，而且在40 多年的实践发展中，已形成了一个事实上的国际经济组织。

GATT 的 23 个创始国是：澳大利亚、比利时、巴西、缅甸、加拿大、锡兰、智利、中国、古巴、捷克斯洛伐克、法国、印度、黎巴嫩、卢森堡、荷兰、新西兰、挪威、巴基斯坦、南罗得西亚（今津巴布韦）、叙利亚、南非、英国和美国。

3.1.2 《关税及贸易总协定》的成就和局限性

1. GATT 的宗旨和目标

GATT 作为协调多边贸易的临时性制度安排，其宗旨是通过达成互惠互利的协议，大幅度削减关税和贸易障碍，取消国际贸易中的歧视性待遇，以提高世界各国的生活水平，保障充分就业，实现实际收入和有效需求的持续增长，促进世界资源的充分利用和商品生产与贸易的发展。为实现上述宗旨，GATT 确立了 3 个基本目标：第一，为处理各国间的国际贸易关系提供一个制度框架；第二，为贸易自由化和消除贸易壁垒提供一个制度基础；第三，提供一套防止各国采取单边行动的规则。GATT 自成立之后，一直为上述宗旨和目标而努力，并取得了巨大的成就，当然也存在一定的局限性。

2. GATT 的成就

GATT 自 1948 年 1 月 1 日生效以来，共进行了八轮贸易与关税谈判。发达国家关税从当初的 40%多降到了 WTO 成立时的 3.8%，非关税壁垒的规范也有了较完整的协议框架。

GATT 八轮谈判的议题及主要结果如下。

第一轮：1947 年 4—10 月。地点：瑞士日内瓦。议题：关税减让。主要结果：就4500 项商品达成关税减让，使占应征税进口值 54%的商品平均降低关税 35%，导致 GATT生效。

第二轮：1949 年 4—10 月。地点：法国安纳西。议题：关税减让。主要结果：就近5000 项商品达成新关税减让，使占应征税进口值 5.6%的商品平均降低关税 35%。

第三轮：1950 年 9 月—1951 年 4 月。地点：英国托基。议题：关税减让。主要结果：就近 9000 项商品达成新关税减让，使占应征税进口值 11.7%的商品平均降低关税 26%。

第四轮：1956 年 1—5 月。地点：瑞士日内瓦。议题：关税减让。主要结果：就近3000 项商品达成新关税减让，使占应征税进口值 16%的商品平均降低关税 20%。

第五轮：狄龙回合，1960 年 9 月—1961 年 7 月。地点：瑞士日内瓦。议题：关税减让。主要结果：就近 4400 项商品达成新关税减让，使占应征税进口值 20%的涉及 49 亿美元的商品平均降低关税 20%。

第六轮：肯尼迪回合，1964 年 5 月—1967 年 6 月。地点：瑞士日内瓦。议题：关税统一减让。主要结果：以关税统一减让方式就影响世界贸易额约 400 亿美元的商品达成减让，使关税税率平均水平下降 35%。另外，缔约方开始关注非关税措施，达成了反倾销协议。

第七轮：东京回合或尼克松回合，1973 年 9 月—1979 年 4 月。地点：瑞士日内瓦。议题：关税减让、消除非关税壁垒。主要结果：以一揽子关税减让方式就影响世界贸易额 3000 多亿美元的商品达成减让，使关税税率平均水平下降 35%。另外，在非关税壁垒方面，达成了反倾销、反补贴、政府采购公认的质量标准、海关估价、进口许可证程序等 6 个协议，通过了"授权条款"，签署了《民用航空器贸易协议》等 4 个诸边贸易协议。

第八轮：乌拉圭回合，1987 年 1 月—1993 年 12 月。地点：瑞士日内瓦。议题：关税、非关税壁垒、热带产品、自然资源产品、纺织品和服装、农产品、GATT 条款、保障条款、多边谈判及安排、补贴及反补贴、争端解决、与贸易有关的知识产权问题、投资保护、GATT 体制的作用、服务贸易 123 方（1994 年底达 128 方）。主要结果：达成 40 个协议和决定，涉及市场准入（关税和非关税）、服务贸易、农产品、纺织品、反倾销、知识产权、投资措施、争端解决、WTO 等内容。①市场准入：减税涉及的贸易额高达 1.2 万亿美元，减税幅度近 40%，并在近 20 个产品部门实行零税率；非关税方面，农产品关税化并减税，纺织品 10 年内取消歧视性配额，修改和完善了 GATT 和东京回合守则中的非关税措施协议，包括反倾销、贸易技术壁垒、进口许可证程序、补贴和反补贴、海关估价等。②服务贸易总协定（General Agreement on Trade in Services，GATS），其宗旨是实现服务贸易自由化，要求缔约方给予最惠国待遇和国民待遇（national treatment）并承诺开放服务业市场的义务。特别地，给予发展中国家适当灵活性——可少开放一些部门。③投资：要求各国通报与贸易有关的投资措施中所有引起贸易限制或扭曲作用的规定（当地含量、出口要求、外汇平衡等），要求发达国家、发展中国家和最不发达国家分别在 2 年、5 年和 7 年内取消这些规定。④知识产权：《与贸易有关的知识产权协议》（Agreement on Trade-Related Aspects of Intellectual Property Rights，TRIPS 协议）以 GATT 基本原则和有关知识产权国际公约的基本原则为基本原则，要求对版权、商标、专利、工业设计、集成电路的外观设计等实行充分有效的保护，并规定了保护期限（版权 50 年、商标 7 年、工业设计不低于 10 年、专利 20 年），缔约方国内立法与本协议一致，缔约方司法当局严格司法取缔侵权行为，规定发展中国家和转型经济国家有权延迟 4 年适用本协定。⑤世界贸易组织：要求建立一个拥有更严格执法权力的常设的 WTO，在组织体制上取代 GATT，统辖各协议和守则等，统一处理贸易争端，审议各成员贸易政策，从而使之成为包括货物贸易、服务贸易和知识产权的更健全的多边贸易体系。⑥其他：原产地规则、装船前检验、政府采购、保障措施、国营贸易和 GATT 体制的作用等。

3. GATT 的局限

GATT 在取得巨大成就的同时，也存在明显的局限性，主要体现在以下 4 个方面。

1）GATT 就其名称和本来含义看，仅仅是一个协定，是一个合同，而非正式的具有国际法主体资格的国际组织。参加的国家（地区）只能被称为缔约方，而不能被称为成员。这种非正式的法律地位，妨碍了其功能的发挥和正常活动的开展。

2）GATT 还具有相当程度的临时性质，《关贸总协定临时适用议定书》规定，缔约方在不违背其现行立法的最大限度内临时适用 GATT 的规则，因而，在 GATT 实践中，各国可以几乎不受约束地合法地偏离规定，造成了各国非关税政策的泛滥。

3）GATT 的争端解决机制存在严重缺陷，其裁决力度不够，形同虚设，这使 GATT 的权威性大受影响。例如，GATT 的专家组（panel）权限很小，争端解决的过程冗长，监督后续行动不力，尤其是采取"完全一致同意"的原则，即要对某个违反规则的缔约国采取制裁行动必须经过所有缔约国的同意，这一苛刻原则导致 GATT 的争端解决机制无法有效实施。

4）GATT 管理范围小，不适应世界经济发展需要。GATT 产生时所处经济发展阶段的客观限制，造成其所调整的对象主要是货物贸易和关税减让，而且农产品和纺织品也被列入了例外。第二次世界大战后，国际经济迅速扩展到服务贸易，服务贸易的增长速度大大超过了货物贸易，并且在经济发展中呈现出更积极的作用；知识产权转移在国际经济发展中的作用也大大加强，这种局面使 GATT 难以胜任。乌拉圭回合进行的服务贸易等范围的谈判本身更加暴露了 GATT 的局限。

GATT 的上述局限性，决定了其无法适应新形势的需要，必将被新的更完善的多边贸易体制代替。

3.2 世界贸易组织的组织制度和协议框架

3.2.1 世界贸易组织概述

1. WTO 的性质

WTO 是以开放市场经济为基础，以 GATT 乌拉圭回合多边协议规则为法律框架，管理世界经济贸易的国际经济组织，又被称为经济联合国。WTO 起源于 GATT，是 GATT 原则在新时期的扩大和延续，是不确定、不稳固的多边贸易原则的巩固，是 20 世纪人类文明最重要的体现。

WTO 作为具有国际法主体资格的法人组织，享有特权和豁免权。具体来说，包括以下 3 个方面。

1）WTO 具有法人资格，其成员赋予 WTO 在行使职能时必要的法定权力。WTO 可以在成员方范围内订立契约、获得财产、处置财产和提起诉讼等。

2）WTO 作为国际法人，与联合国一样具有特权和豁免权。WTO 的官员和成员方的代表，在其独立行使与 WTO 相关的职能时，也享有每个成员方提供的必需的特权和豁免权。根据联合国大会 1947 年通过的《特殊机构的特权和豁免公约》，WTO 享有的特权和豁免包括任何形式的法律程序豁免，财产、金融、货币管制豁免，所有的直接税、关税以及公务用品和出版物的进出口限制豁免等。

3）WTO 作为国际组织，可以与其他国际组织进行协商和合作，缔结协议。WTO 的总理事会可以作出安排，与国际货币基金组织、海关合作理事会、世界知识产权组织等进行有效的协商和合作。

2. WTO 的宗旨和目标

WTO 协议明确指出，WTO 的宗旨是：提高生活水平，保护充分就业，提高实际收入和有效需求；扩大货物与服务的生产和贸易；考虑可持续发展和有效利用世界资源，保护环境，允许不同经济发展水平的国家采取各自需要的发展方式和相应的措施；确保发展中国家，尤其是最不发达国家在国际贸易增长中获得与其经济相适应的份额。WTO 与 GATT 相比，在宗旨上有两点差异是明显的：一是强调国际贸易活动必须有利于保护环境和可持续发展；二是提出要根据发展中国家的贸易和发展水平，考虑发展中国家贸易与经济发展的特殊要求，给发展中国家优惠待遇。

为了实现上述宗旨，WTO 希望达到以下目标：通过多边谈判达到互惠互利的贸易自由化和市场准入安排，大量减少关税和其他贸易壁垒，消除国际贸易关系中的歧视性待遇，产生一个完整的、具有活力的和永久性的多边贸易体制来巩固以往的贸易自由化成就，包括 GATT、以往贸易自由化的成果和乌拉圭回合谈判的所有成果。如果用一句话归纳，WTO 的目标就是实现互惠互利的贸易自由化。

3. WTO 的职能

WTO 协议第 3 条规定其基本职能有如下 5 项。

1) 管理和执行 WTO 规则的多边贸易协议和诸边贸易协议。WTO 要促成乌拉圭回合各项法律文件以及今后可能达成的各项新协议的实施、管理与运作。已经达成的协议都由 WTO 负责实施，将来达成的各种协议也将由 WTO 负责实施。

2) 作为多边贸易谈判的场所。WTO 要为成员方就协议范围内的问题和 WTO 授权范围内的新议题进行进一步谈判提供场所。

3) 解决成员方之间发生的争端。WTO 的争端解决制度是保障多边贸易体系可靠性和可预见性的核心机制，WTO 将按照已达成的《关于争端解决规则与程序的谅解》，负责解决成员方间存在的分歧与争端。

4) 监督和审议各成员方的贸易政策和规章。WTO 可以按照已制定的《贸易政策审议机制》（Trade Policy Review Mechanism, TPRM），负责定期审议各成员方的贸易政策，其目的有两个：一是了解成员方遵守和实施多边贸易协议的情况，以确保规则的实施，避免贸易摩擦；二是提高成员方贸易政策的透明度。根据《贸易政策审议机制》，所有成员方都必须接受贸易政策的定期审议。由于对世界贸易运行的影响程度不同，世界最大的 4 个贸易体（2003 年为美国、欧盟、日本和中国）每 2 年接受一次审议；在世界贸易中排名第 5~20 名的成员方每 4 年一次；其他成员方每 6 年或 8 年一次；最不发达国家审议间隔更长一些。在审议期间，受审议的成员方的贸易政策如果发生重大变化，必须及时向贸易政策审议机构（trade policy review body，TPRB）作出报告。WTO 秘书处将公布审议结果并提交部长大会审议。

5) 协调与其他国际性机构的决策安排。为了更广泛地实现世界性经济决策的一致性，需要协调与国际货币基金组织、世界银行等影响国际贸易政策的国际经济组织的关系。1996 年，WTO 与国际货币基金组织正式签署了合作协议，承诺为谋求世界经济的持续发展要共同创造条件和采取措施，规定了双方的合作内容：两个机构的协调，相互出席对方会议，交换文件和信息资料，相互协商条款中有关保密、执行、审议、批准和终止等方面的合作。

3.2.2　世界贸易组织协议框架与组织机构

WTO 协议是各成员方政府在制定国际贸易领域中有关货物贸易、服务贸易和知识产权的政策和做法时必须遵循的一整套规则。协议规定了成员方政府在多边体系中享受的权利和承担的义务，成员方采取行动要有透明度，成员方之间要有进行磋商的机会。为了保证各成员方遵守 WTO 的规则协议，WTO 组建了相应的机构体系和筹集经费以保证这些规则协议的顺利履行。

1. WTO 协议框架

狭义的 WTO 协议是指乌拉圭回合谈判签订的《马拉喀什建立世界贸易组织协定》，包括建立 WTO 的宗旨，WTO 的建立、范围、职能、机构、秘书处、预算、会费、地位、决策、修正、创始成员资格、加入、退出、接受、生效等。广义的 WTO 协议包括《马拉喀什建立世界贸易组织协定》及其 4 个附件和其他相关的决议文件，即乌拉圭回合一揽子协议规则。狭义的 WTO 协议并未包括具体的贸易规则，实际的规则体系主要体现在各个附件中。附件 1、附件 2 和附件 3 是各缔约方应共同遵守的多边协议，是 WTO 协议的有机组成部分，所有成员方都应全盘接受这些协议；附件 4 是仅约束若干成员方的几项诸边协议。所有这些协议都置于 WTO 的各组织机构管辖之下。

WTO 协议的附件 1 是实体贸易规则部分，它包括 A、B、C 3 个部分。附件 1A 是货物贸易多边协议，包括《1994 年关税与贸易总协定》（简称 GATT 1994）、《农产品协议》、《实施动植物卫生检疫措施的协议》、《纺织品与服装协议》（已终止）、《技术性贸易壁垒协议》、《与贸易有关的投资措施协议》、《反倾销协议》、《海关估价协议》、《装运前检验协议》、《原产地规则协议》、《进口许可程序协议》、《补贴与反补贴措施协议》、《保障措施协议》、《贸易便利化协定》等 14 个货物贸易协议。附件 1B 是《服务贸易总协定》，附件 1C 是《与贸易有关的知识产权协定》。

WTO 协议的附件 2 是《关于争端解决规则与程序的谅解》，是规范解决各成员方之间贸易争端的规则。附件 3 是贸易政策审议制度，包括各成员方贸易政策必须与 WTO 协议相协调，必须透明，以及与其他成员的利益协调等方面的规则。附件 4 是仅约束若干成员方的几项诸边协议，包括《民用航空器协议》、《政府采购协议》、《国际奶制品协议》、《国际牛肉协议》（已终止）、《信息技术协议》。

WTO 协议框架如图 3.1 所示。

2. WTO 的组织机构

WTO 协议第 4 条规定了 WTO 各种总体的或专业的组织机构，如图 3.2 所示。

```
                                              A. 货物贸易多边协议
                                                 1. GATT 1994
                                                 2. 农产品协议
     ┌─────────┐                                 3. 实施动植物卫生检疫措施的协议
     │ WTO协议  │                                 4. 纺织品与服装协议
     └─────────┘                                 5. 技术性贸易壁垒协议
                                                 6. 与贸易有关的投资措施协议
                                                 7. 反倾销协议
          ┌─────────┐                            8. 海关估价协议
          │  附件1   │                            9. 装运前检验协议
          └─────────┘                            10. 原产地规则协议
                                                 11. 进口许可程序协议
          ┌─────────┐   关于争端解决规            12. 补贴与反补贴措施协议
          │  附件2   │   则与程序的谅解            13. 保障措施协议
          └─────────┘                            14. 贸易便利化协定
                                              B. 服务贸易总协定
          ┌─────────┐   贸易政策               C. 与贸易有关的知识产权协议
          │  附件3   │   审议制度
          └─────────┘

          ┌─────────┐   诸边协议：1. 民用航空器协议  2. 政府采购协议
          │  附件4   │            3. 信息技术协议
          └─────────┘
```

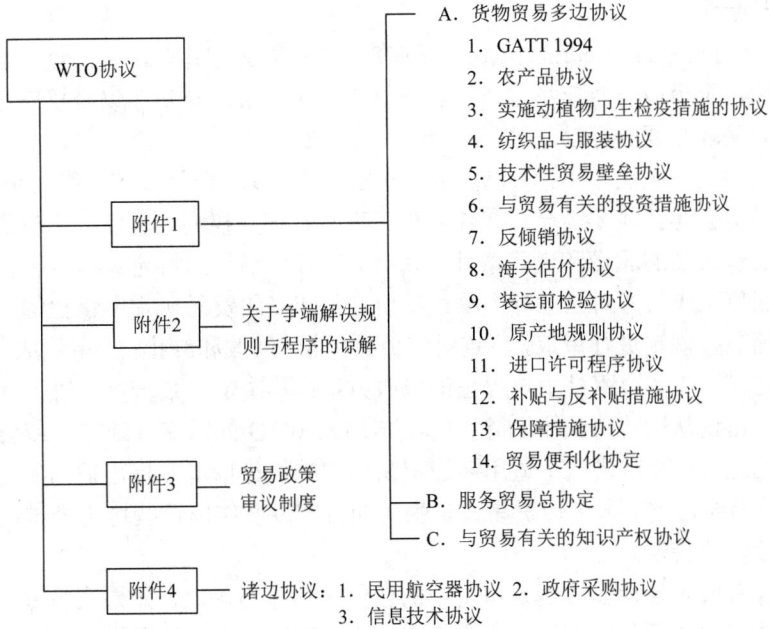

图 3.1 WTO 协议框架

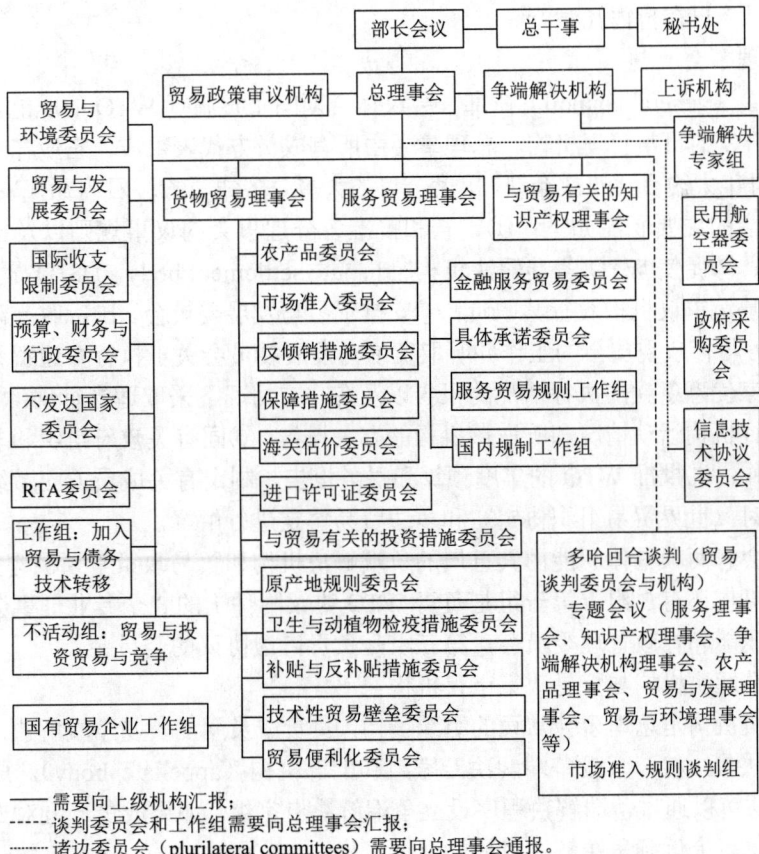

图 3.2 WTO 组织机构图

—— 需要向上级机构汇报；
----- 谈判委员会和工作组需要向总理事会汇报；
········· 诸边委员会（plurilateral committees）需要向总理事会通报。

（1）部长会议

部长会议（ministerial conference）是 WTO 的最高权力机构。部长会议由所有成员方的代表参加，至少应每两年举行一次。根据 WTO 协议，部长会议全权履行 WTO 的职能，并为此采取必要的行动。

部长会议的具体职能如下：①设置贸易与发展委员会，国际收支限制委员会，预算、财务与行政委员会等其他委员会；②任命总干事并确定其权利、责任、任职条件和任期以及秘书处工作人员的职责和任职条件；③对《世界贸易组织协定》和多边贸易协定作出解释；④豁免某成员方对《世界贸易组织协定》和多边贸易协定所承担的义务，并对超过一年的豁免按规定进行审议，决定对豁免的延长、修改和终止；⑤审议成员方对《世界贸易组织协定》或多边贸易协定提出的修改方案；⑥决定将某一贸易协议补充进诸边协议或将某一协议从诸边协议中删除；⑦决定加入 WTO 的国家（地区）或已具有单独关税区地位的地区；⑧审议互不适用多边贸易协定的执行情况并提出适当的建议；⑨决定《世界贸易组织协定》和多边贸易协定生效的日期以及作出这些协定经过两年生效后可继续开放接受的决定。

部长会议有权对各种多边贸易协定中的任何事项作出决定，如果成员方有要求，则应按照有关协议中关于决策的具体规定作出决定。部长会议由各成员方主管经贸事务的部长、副部长级官员或其全权代表组成。最近的部长会议是第 12 届，于 2021 年 11 月 30 日至 12 月 3 日在日内瓦举行。

（2）总理事会

总理事会（general council）在部长会议休会期间负责履行 WTO 的职能。总理事会实际上是 WTO 的日常管理机构。总理事会由所有成员方代表组成，它应在适当的时候召开会议，每年大约召开 6 次会议，出席会议的大多是各成员方驻日内瓦代表团的团长。

总理事会的主要职能如下：①审查和批准各分理事会的议事规则以及指导各分理事会的工作；②促使 WTO 争端解决机构（dispute settlement body，DSB）履行其职责；③促使贸易政策审议机构履行其职责；④安排贸易与发展委员会、国际收支限制委员会和预算、财务与行政委员会的工作并听取贸易与发展委员会关于执行多边贸易协定中对最不发达国家优惠条款的执行情况的报告以及在一定情况下采取适当行动；⑤了解诸边贸易协定执行机构活动情况和听取该机构的有关报告；⑥同有关政府组织和非政府组织进行有效合作；⑦批准 WTO 的年度预算和财务报告，制定有关成员方应缴纳会费的财务规则；⑧对《世界贸易组织协定》和多边贸易协定进行解释。

总理事会有两项具体职能由其直属的争端解决机构和贸易政策审议机构负责。总理事会下属的机构还有 3 组：第一组是负责 WTO 协议附件 1 的 3 个专业理事会，第二组是跨部门的职能和行政管理委员会，第三组是负责诸边协议的委员会。

（3）争端解决机构与贸易政策审议机构

争端解决机构是总理事会常设的组织机构，负责成员间的贸易争端解决。争端解决机构具有司法裁决权，下设争端解决专家组和上诉机构（appellate body）。成员方发生贸易争端时，可以通过争端解决程序设立争端解决专家组。如果成员一方对专家组的裁定结果不服，可上诉到争端解决机构的上诉机构。专家组由 3～5 名独立的、拥有不同背景和丰富经验的专家组成，秘书处拥有一份专家库名单并任命专家组成员，专家组由争端解决机构设立，承担一项具体任务，任务完成后即解散。上诉机构由国际贸易和法律方面的公认权威专家 7 人组成，任期 4 年，具体的案件由 7 人中的 3 人进行。上诉机构有自己的工作人员，其秘书处不同于 WTO 秘书处。

贸易政策审议机构是总理事会常设的组织机构，负责审议从货物贸易到服务贸易、知识产权等领域各成员方的政策与事务，虽然贸易政策审议机构的审议对象是单个成员，但可以对世界贸易环境进行更广泛的年度审议，并鼓励成员方促进和改善贸易政策决策事务的透明度。

（4）向总理事会报告的理事会和委员会

总理事会下设 3 个专门理事会，即货物贸易理事会、服务贸易理事会和与贸易有关的知识产权理事会，分别负责货物贸易协定（附件 1A）、《服务贸易总协定》（附件 1B）和《与贸易有关的知识产权协定》（附件 1C）的实施与运作。其中，货物贸易理事会下还设有若干其他委员会，负责有关货物贸易的规则实施。货物贸易理事会下设的委员会主要包括市场准入委员会、农产品委员会、卫生与动植物检疫措施委员会、与贸易有关的投资措施委员会、原产地规则委员会、补贴与反补贴措施委员会、海关估价委员会、技术性贸易壁垒委员会、反倾销措施委员会、进口许可证委员会、保障措施委员会、贸易便利化委员会等。服务贸易理事会下设金融服务贸易委员会、具体承诺委员会、服务贸易规则工作组与国内规制工作组。

总理事会下设的多边委员会包括贸易与发展委员会（包括不发达国家小组委员会），贸易与环境委员会，国际收支限制委员会，预算、财务与行政委员会等。

为了监督诸边协议（plurilateral agreements）的实施，总理事会下设了 3 个诸边委员会，即民用航空器委员会、政府采购委员会、信息技术协议委员会，其职能由诸边贸易协议赋予，在 WTO 体制框架内运作，并定期向总理事会通报其活动。

这些机构负责执行由 WTO 协议和各多边贸易协议赋予的职能，并执行总理事会赋予的额外职能。

还有一组需要向总理事会报告的贸易谈判机构，包括多哈回合谈判（贸易谈判委员会与机构）、专题会议（服务理事会、知识产权理事会、争端解决机构理事会、农产品理事会、贸易与发展理事会、贸易与环境理事会等）、市场准入规则谈判组。

为了监督 4 个诸边协议的实施，总理事会下设了第三组委员会，即民用航空器委员会、政府采购委员会、信息技术委员会等诸边协议机构，其职能由诸边贸易协议赋予，在 WTO 体制框架内运作，并定期向总理事会通报其活动。

（5）秘书处

秘书处是 WTO 的日常办事机构，由部长会议任命的总干事领导。总干事的权利、职责、服务条件和任期都由部长会议通过规则确定，一般任期 4 年。第一任总干事是意大利人雷那托·鲁杰罗，现任总干事是尼日利亚经济学家恩戈齐·奥孔乔-伊韦阿拉（2021 年 3 月 1 日—2025 年 8 月 31 日）。秘书处工作人员由总干事指派，并按照部长会议通过的规则决定他们的职责和服务条件。

总干事和秘书处职员的职责具有排他的国际性，即他们在履行职责时不得寻求或接受任何政府或 WTO 之外的指示，并且作为国际官员不得做可能会对其职能产生任何不利影响的事情。同时，总干事和秘书处职员在履行职责时享有相应的特权和豁免权。

秘书处下设的机构有总干事办公室、部长级会议司、理事会司、信息与新闻媒介关系司、对外关系司、法律事务司、规则司、市场准入司、农产品与商品司、纺织品司、服务贸易司、知识产权司、贸易政策审议司、发展司、贸易与环境司、贸易与金融司、加入司、技术合作司、培训司、经济研究与分析司、统计司、信息司、语言服务与文件司、财务与总务司和人事司等。

3. 财务预决算

根据 WTO 协议第 7 条的规定，WTO 的年度预算和决算应由总干事提交预算、财务与行政委员会，该委员会提出建议，总理事会通过。该委员会制定的财务条例是 WTO 财务预算、决算和使用的依据。财务条例中最重要的内容是 WTO 的会费的分摊比例，即每个成员方政府应缴纳的 WTO 费用的份额。分摊比例的基本原则是，缴纳的会费按每一成员方进出口量在成员方总贸易量中所占的比例分摊。最低的分摊比例为 0.03%，这一比例对贸易量份额不足 0.03% 的成员方也适用。

3.2.3 世界贸易组织的其他运行机制

1. WTO 的决策程序

按照 WTO 第 9 条的规定，在作出决策的会议上，如果没有成员方反对拟议中的决定，则有关机构即认定为一致通过，一锤定音。当某一决定不能按一致通过的方式通过时，应该采用投票的方式作出决定。在部长会议和总理事会会议中，每个成员方享有一票投票权，其中欧盟享受的投票数取决于其在 WTO 中的成员数。

在 WTO 协议中，有以下 4 种投票情况。

1）对任何多边贸易协议的解释，需要 WTO 成员的 3/4 的多数通过。

2）部长会议决定豁免某特定成员由某一多边协议规定的义务需要 3/4 的多数通过。

3）对多边协议条款的修改需要经所有成员或 2/3 的多数通过（视有关条款的性质而定），凡以 2/3 多数接受且变更成员权利义务的修正案只在接受它们的成员中有效。

4）对新成员的接受，在部长会议上经 2/3 的多数通过即可。

2. WTO 的加入机制

WTO 的成员有两种：一种是创始成员，另一种是新加入的成员。成为 WTO 的成员都需要基本的条件。

成为 WTO 创始成员的条件有以下两个。

1）在《建立世界贸易组织协定》生效之日，即 1995 年 1 月 1 日前已经成为 GATT 缔约方，并接受《建立世界贸易组织协定》。

2）在货物贸易和服务贸易方面作出减让和承诺，包含减让和承诺的减让表已经被各方接受并分别附在 GATT 1994 和 GATS 后面。

新加入 WTO 需要经过一定的加入程序。加入 WTO 的程序如下。

第一阶段：提交有关文件。总理事会审议加入申请并建立工作组，所有感兴趣的 WTO 成员都可以参加工作组。

第二阶段：外贸制度审议和市场准入谈判。

第三阶段：多边起草加入文件。将审议结果和各双边谈判成果列入工作组报告、加入议定书以及减让表等一揽子文件。

第四阶段：作出决定。部长会议 2/3 通过，签署加入 WTO 的议定书，1 个月后成为正式成员。

2001 年 11 月 10 日，WTO 第四届部长会议以全体协商一致的方式，审议并通过中国加入 WTO 的决定，11 日签署中国入世议定书，12 月 11 日，中国正式成为 WTO 第 143 个成员。

3. WTO 的退出及互不适用

任何 WTO 成员都可以退出 WTO，但退出必须同时适用于所有多边贸易协定和《建立世界贸易组织协定》本身，退出在递交书面退出申请的 6 个月后才能生效。

由于政治或其他原因，某些成员可能不希望 WTO 的规则在它们之间相互适用。尽管 WTO 不鼓励这样做，但在它的法律规定上是允许的，条件是有关成员必须在它或另一成员成为 WTO 成员时明确表明"互不适用"的立场。另外，为了保证 GATT 向 WTO 过渡时"互不适用"条款不被用作采取新的贸易限制的手段，任何 GATT 缔约方都不能针对另一 GATT 缔约方引用"互不适用"，除非它此前已经援引了相关条款。

3.3　世界贸易组织的基本原则

WTO 的规则涉及货物贸易、服务贸易和知识产权等许多领域，但有几个最基本的原则贯穿于各个协议之中，构成了多边贸易体制的基础。这些基本原则包括非歧视原则、贸易自由化和市场准入原则、透明度原则、公平竞争原则、互惠互利贸易原则以及考虑实际情况的例外原则。

3.3.1　非歧视原则

非歧视地进行贸易是 WTO 的基石，是各成员方之间平等地进行贸易的重要保证，也是避免贸易歧视、贸易摩擦的重要基础。非歧视原则主要通过最惠国待遇原则和国民待遇原则加以体现。

1. 最惠国待遇原则

（1）最惠国待遇的含义

最惠国待遇是指一成员方应立即和无条件地将其在货物贸易、服务贸易和知识产权保护领域给予第三方的优惠待遇给予其他成员方。它起源于双边协定中，协定双方规定，给惠国给予受惠国或者与该受惠国有确定关系的人或物的优惠，不低于该给惠国给予第三国或者与该第三国有同样关系的人或物的待遇。最惠国待遇条款是一国据以对另一国承诺在约定关系范围内给予最惠国待遇的一种条约规定。一方保证把它给予任何第三方的贸易优惠（如低关税或其他特权）同时也给予对方。GATT 第一次把原来作为双边协定中的最惠国待遇条款纳入多边贸易体制，作为其重要的基本原则，但它只适用于 GATT 缔约方之间的货物贸易。乌拉圭回合谈判将该原则延伸至服务贸易领域和知识产权领域。

上述定义里所说的"第三方"既包括 WTO 成员方，也包括非 WTO 成员方。例如，A 国和 B 国均为 WTO 成员方，而 C 国不是，当 A 国对 C 国进口的汽车的关税从 30% 降至 20% 时，这个 20% 的税率也应自动地适用于从 B 国等其他 WTO 成员方进口的汽车。但对于 A 国降低从 B 国等 WTO 成员方进口的汽车的关税时，这个降低后的关税并不能自动地适用于 C 国，C 国只能根据与 A 国签订的双边贸易协定中的最惠国待遇条款来享有这种关税优惠。

在国际经贸关系中，最惠国待遇可分为无条件的最惠国待遇与有条件的最惠国待遇、无限制的最惠国待遇与有限制的最惠国待遇、互惠的最惠国待遇与非互惠的最惠国待遇。WTO 规定的是无条件的最惠国待遇。

（2）最惠国待遇原则的特点

1）自动性。当一成员方给予第三方的优惠大于其他成员方已享有的优惠时，其他成员方自动地就享有了这种优惠。例如，A 国、B 国和 C 国均为 WTO 成员方，当 A 国把从 B 国进口的汽车关税从 20% 降至 10% 时，这个 10% 的税率同样要适用于从 C 国等其他 WTO 成员方进口的汽车。但若一成员方在一方新加入 WTO 之时，或两个同时加入 WTO 的成员方，在一方加入之时宣布不与对方适用《建立世界贸易组织的协定》，即两者之间的贸易关系不受 WTO 约束，则任何一方都不能自动地享有另一方给予第三方的优惠。

2）同一性。在将给第三方的某种优惠自动转给其他成员方时，受惠标的也必须和第三方的标的相同。例如，当 A 国给从 B 国进口的汽车以关税优惠，则自动适用于 C 国等其他成员方的只限于汽车，而不能是其他产品。GATT 下的"相同产品"，《服务贸易总协定》下的"相同服务与提供服务人"，《与贸易有关的知识产权协定》下的"相同"专利或商标等特定知识产权种类的所有人，这些规定都体现了最惠国待遇的同一性。

3）相互性。任何一成员方既是给惠国，又是受惠国；既享有最惠国待遇的权利，又承担给予对方最惠国待遇的义务。

4）平等性。在贸易中，一成员方给出的最惠国的好处应该给予所有成员，保证不同的成员方享有平等的竞争机会。如果两个成员进行利益交换，那么它们不能将得到的好处限制在两者之间，而是必须将这些好处给予所有 WTO 成员。

2. 国民待遇原则

（1）国民待遇的含义

国民待遇（national treatment）是外国商品或服务与进口国国内商品或服务处于平等待遇的原则，或外国商品或服务的待遇不低于进口国国内商品或服务的待遇。国民待遇原则保证出口国家产品与进口国家产品享有平等的竞争机会。例如，某成员对本国产葡萄酒征收 5% 的消费税，而对进口葡萄酒征收 20% 的消费税，这就违反了国民待遇原则。

（2）国民待遇原则的特点

1）国民待遇原则是非歧视待遇原则的基本组成之一，是最惠国待遇在非歧视范围上的延伸。在实现所有 WTO 成员平等待遇基础上，WTO 一成员方的商品或服务进入另一成员方领土后，也应该享受与该国的商品或服务相同的待遇。国民待遇原则正是 WTO 非歧视贸易原则的另一体现。

2）国民待遇定义中"不低于"一词的含义是指外国产品或服务、服务提供者或知识产权所有人应享有与本国同类产品或相同服务、服务提供者或知识产权所有人同等的待遇，但若一成员方给予前者更高的待遇（超国民待遇），也不违背国民待遇原则。

（3）国民待遇原则的范围

国民待遇原则在货物贸易、服务贸易和知识产权领域都有要求。在货物贸易领域，WTO 国民待遇原则要求在下列方面外国商品待遇不低于本国商品。

1）不对进口产品征收超过对国内同类产品的国内税或其他国内费用。

2）在有关销售、购买、运输、分销或使用的规则和要求方面。

3）不能有国产化率限制或当地含量要求。

违反国民待遇原则的行为如下。

1）国内税差异。对进口产品征收而对本国产品不征收，或征收超过本国产品的国内税。

2）测试要求差异。进口产品进入本国时必须通过某种测试，而本国产品无此规定。

3）投资规定差异。投资者在生产某种产品的过程中，购买的国内原材料必须达到某个最低比例。

4）金融服务差异。对购买本国产品提供金融便利，如特殊信贷、退税或免税等，但是对发展中国家有例外规定，如可以给予补贴，在一定期限内有效。

5）销售、运输特殊规定。进口产品必须使用特定的批发或零售渠道，或特定的运输或仓储方式，而对本国产品无此限制。

关于国民待遇原则的其他规定有：即使对贸易的影响可以忽略不计，实行差别待遇的做法仍是被禁止的；若某项立法规定了歧视待遇的做法，并强制有关部门实行歧视性做法，该立法就违反了国民待遇原则，然而，若该立法只是为有关部门提供实施差别待遇的随意性，则只有在确实实施了差别待遇时才会违反国民待遇原则。

3.3.2　贸易自由化和市场准入原则

WTO 的宗旨是推动贸易自由化，贸易自由化可以创造贸易利益。实现贸易自由化的手段包括通过谈判削减各种贸易壁垒和歧视性待遇，WTO 的各项协议及其主持的多边贸易谈判都体现了这一基本原则。以 GATT 1994 为例，它要求各缔约方逐步开放市场，其第 2 条"减让表"、第 11 条"一般取消数量限制"要求其缔约方降低关税和取消对进口的数量限制，以允许外国商品进入本国市场与本国产品进行竞争。

1. 关税减让

在贸易自由化进程中，关税减让已经取得巨大成果。GATT 前七轮谈判大大降低了全球关税水平。乌拉圭回合谈判结束后，发达国家再次承诺从 1995 年 1 月 1 日起 5 年内将其工业品关税率从 6.3% 降至 3.8%，发展中国家从 20.5% 降至 14.4%。在药品、医疗设备、建筑机械、矿山及钻探机械、农业机械、钢材、家具、蒸馏酒、木浆纸制品及印刷品、玩具等 10 个部门实行零关税，并且逐步取消信息技术产品的关税。1996 年

12 月 13 日，29 个 WTO 成员签署《信息技术协议》，1997 年 4 月 1 日生效，同意在 2000 年 1 月 1 日前取消全部关税。

2. 消除非关税贸易壁垒

消除贸易壁垒是 WTO 实现自由贸易的重要方式之一。所谓非关税贸易壁垒是指一个国家采取的除关税以外的各种贸易保护措施，主要有进出口许可证、进口配额制、外汇管制、进出口国家垄断、海关估价、苛刻的卫生动植物检验标准、安全、质量标准、严格的包装装潢要求、进出口商品的国内销售限制等。因此，在 WTO 的有关协议中，减少和消除非关税壁垒成为推动自由贸易的重要方面。

3. 农产品和纺织品、服装产品的自由化

《农产品协议》要求各成员将现行的对农产品贸易的数量限制（如配额、许可证等）进行关税化，并承诺不再使用非关税措施管理农产品贸易和逐渐降低关税水平，从而使农产品贸易更多地由国内外市场的供求关系决定价格，不至于造成产品价格的过度扭曲。WTO 多哈回合谈判的重要议题就是减少农产品补贴和关税问题。谈判非常艰难，但是自由化的趋势不可阻挡。2004 年 7 月 31 日，WTO 成员终于就多哈发展议程的主要议题达成框架协议。在谈判的核心领域——农产品框架协议中，发达国家承诺最终取消出口补贴，大幅度削减国内支持，实质性改进市场准入条件。

《纺织品与服装协议》要求发达国家成员分阶段用 10 年时间（1995—2005 年）取消对纺织品、服装的进口配额限制，用关税保护国内纺织、服装业，以避免国内纺织、服装贸易市场的过度保护，让投资者有较为透明、稳定的市场环境，而不是由政府过多的干预造成的不确定性来决定其投资行为。

4. 服务贸易的市场准入

在货物方面的自由贸易原则体现在关税减让和非关税壁垒的减少。在服务贸易方面则更多地体现在通过不断地提高减让表中市场开放承诺的水平，推进服务贸易自由化的进程。

WTO 的《服务贸易总协定》要求各成员方为服务产品和服务提供者提供更多的投资和经营机会。WTO 将服务贸易分为 12 个部门和 160 个分部门，要求分阶段逐步开放的承诺涉及商业服务、金融电信、分销、旅游、教育、运输、医疗与保健、建筑、环境、娱乐与服务领域。发达国家就所有服务部门中的 2/3 作出了承诺，转型经济国家就所有服务部门的 1/2 作出了承诺，发展中国家对 16% 的服务部门作出了承诺。最后，就未作出承诺的服务业的自由化将继续谈判。WTO 建立以后，就金融服务和电信服务达成了具体的协议，加深了这两个领域的贸易自由化。

3.3.3 透明度原则

1. 透明度原则的含义

透明度原则是 WTO 的重要原则，它体现在 WTO 的主要协定和协议中。根据该原则，WTO 成员需公布将实施的和现行的贸易政策法规。公布应该是迅速的，但如果公开后会妨碍法令执行、违反公共利益或损害某一企业的利益，则可以不要求公开。

透明度原则规定各成员应公正、合理、统一地实施有关法规、条例、判决和决定，并要求在成员领土范围内管理贸易的有关法规不应有差别待遇，即中央政府统一颁布有关政策法规，地方政府颁布的有关上述事项的法规不应与中央政府有任何抵触。但是，中央政府授权的特别行政区、地方政府除外。

2. 要求透明度的范围

贸易政策透明度要求的范围有：海关法规，即海关对产品的分类、估价方法的规则，海关对进出口货物征收的关税税率和其他费用；进出口管理的有关法规和行政规章制度；有关进出口商品征收的国内税、法规和规章；进出口商品检验、检疫的有关法律和规章；有关进出口货物及其支付方面的外汇管理和对外汇管理的一般法规和规章；利用外资的立法及规章制度；有关知识产权保护的法规和规章；有关出口加工区、自由贸易区、边境贸易区、经济特区的法规和规章；有关服务贸易的法规和规章；有关仲裁的裁决规定；成员方政府及其机构所签订的有关影响贸易政策的现行双边或多边协定；其他有关影响贸易行为的国内立法或行政规章。透明度原则对公平贸易和竞争的实现起到了十分重要的作用。

3. WTO《贸易政策审议机制》

WTO 的透明度原则通过 WTO 的《贸易政策审议机制》和 WTO 的通知义务得以实现。WTO 的贸易政策审议包括各成员方总体的贸易政策的全面审议和各个成员单个的新实施的贸易政策措施的审议。贸易政策审议针对所有成员，审议的频率取决于各成员对多边贸易体制的影响和贸易份额比例。贸易额最大的 4 个成员每两年审议一次，后面的 16 个成员每 4 年审议一次，余下的每 6 年审议一次，对最不发达成员间隔时间可以更长。真正的审议由贸易政策审议机构进行，对所有成员开放。《贸易政策审议机制》规定 WTO 总干事每年要提交贸易政策体制的发展年度综述。经验表明，贸易政策的年度综述概括了各成员的贸易政策审议情况，体现了贸易政策的发展趋势。

3.3.4 公平竞争原则

WTO 是以建立市场经济为基础的多边贸易体制，其规则体系的一项基本原则是鼓励公开、公平和无扭曲竞争。

1. 公平竞争的含义

公平竞争是指竞争者之间所进行的公开、平等、公正的竞争。公平竞争对市场经济的发展具有重要的作用。它可以调动经营者的积极性，使他们不断完善管理，向市场提供质优价廉的新产品；可以使社会资源得到合理的配置，并最终为消费者和全社会带来福利。

在国际贸易中，一些国家为了保护本国的产业和市场，采取一些不公平的限制进口和鼓励出口的措施。企业低价倾销、政府的补贴、垄断常常是影响公平竞争的主要因素，这些行为对正常的贸易活动产生了不利的影响。因此，WTO 在倡导自由贸易的同时，始终注意对公平竞争的维护，并将其作为制定各项协议的主要原则。

2. 公平竞争的范围

在货物贸易领域，WTO 的《反倾销协议》和《补贴与反补贴措施协议》规定，在实施反倾销和反补贴措施时，不能滥用反倾销和反补贴措施，即反倾销和反补贴措施本身成为公平贸易的障碍。WTO 相关协议严格规定了反倾销、反补贴的条件和程序，以减少有关成员政府滥用反倾销和反补贴手段，保证贸易的公平进行。

在服务贸易领域，《服务贸易总协定》要求各成员取消限制竞争的商业做法，即使允许对国内某些行业实行垄断和专营服务，服务提供者的行为也不得违背该成员的非歧视原则及作出的具体承诺，即不能滥用其垄断地位。

在知识产权领域，WTO 通过 TRIPS 协议加强对知识产权的保护，维护正常的竞争秩序。

3.3.5 互惠互利贸易原则

WTO 管理的协议是以权利与义务的综合平衡为原则的，这种平衡是通过互惠互利的开放市场的承诺而获得的。互惠互利是多边贸易谈判，也是建立 WTO 共同的行为规范、准则过程中的基本要求。尽管在 GATT 及 WTO 的协定中没有十分明确地规定互惠互利贸易原则，但在实践中，只有平等互惠互利的减让安排才可能在成员间达成协议。

WTO 的互惠互利原则主要通过以下形式体现。

1）通过举行多边贸易谈判进行关税或非关税措施的削减，对等地向其他成员开放本国市场，以获得本国产品或服务进入其他成员市场的机会。

2）当一国（地区）申请加入 WTO 时，由于新成员可以享受所有老成员过去已达成的开放市场的优惠待遇，老成员就会一致地要求新成员必须按照 WTO 现行协定的规定缴纳"入门费"——开放申请方商品或服务市场。

3.3.6 允许例外和实施保障措施例外原则

WTO 首先强调的是多边贸易原则的普遍性和非歧视性，但是考虑到各成员的特殊性和多边贸易原则的灵活性，WTO 允许在特殊情况下暂时背离其基本的原则，这称为允许例外原则。允许例外的范围一般包括：①国际收支不平衡例外；②保障措施例外；③维持公平贸易与竞争的例外；④一般例外和安全例外；⑤其他例外，如最惠国待遇和国民待遇中的例外，以及 WTO 对经济改革和发展中国家经济发展的特殊照顾例外。

3.3.7 鼓励发展和经济改革例外原则

鼓励发展和经济改革例外，又称发展中国家例外和非互惠待遇原则。多边贸易体制高度重视发展问题，也认识到发展中国家，尤其是最不发达国家履行义务的灵活性和特殊需要，WTO 沿袭了 GATT 关于发展中国家和最不发达国家优惠待遇的相关协议和条款，并在 WTO 的相关协定或条款中加以完善。WTO 这一原则的目的在于促进发展中国家的出口贸易和经济发展。

WTO 成员 80%以上是发展中国家和转型经济国家，其中 60 多个发展中国家自主实行贸易自由化改革，对多边贸易体制的稳定和发展起了积极作用，也促进了本国经济的发展。

对发展中国家的例外主要体现在以下方面：①发展中国家可以承诺较低水平的贸易自由化和市场准入义务；②允许发展中国家成员有较长的过渡期；③允许发展中国家成员在履行承诺时有较大的灵活性；④发展中国家成员在履行某些义务时，发达国家成员有义务给予资金和技术的援助。

3.3.8　区域经济一体化例外原则

区域经济一体化例外原则是指 WTO 某些成员在达成了区域经济一体化的制度安排时，可以背离上述的 WTO 的基本原则。1994 年 GATT 第 24 条就经济一体化规定了两条原则：第一，通过自愿达成协议并经过较密切的经济一体化发展来提高自由贸易的程度，并对其他成员的贸易利益所造成的损失提供足够的补偿；第二，关税同盟和自由贸易区的目的应是促进主权地区之间的贸易，而不是提高对其他地区成员方的贸易壁垒。WTO 根据这些条款对关税同盟和自由贸易区进行审议，以确保经济一体化组织与 WTO 协议的一致性。

3.4　中国与世界贸易组织

3.4.1　中国与世界贸易组织的历史渊源

1947 年 4 月至 10 月，当时的中华民国政府代表中国参加了世界贸易和就业会议第二次筹备委员会会议。在会议期间，中国与美国、英国、法国、荷兰、比利时、卢森堡等 18 个国家进行了关税减让谈判，达成了关税减让双边协议，并参与了拟订 GATT 条款的工作。同年 10 月 30 日，包括中国在内的 23 个国家在日内瓦签署了 GATT，还签署了附有 123 个双边关税减让协议的最后议定书。1948 年 1 月 1 日，GATT 开始生效。当时的中华民国政府代表中国作为最后文件签字国之一签署了该议定书。中国成为 GATT 创始缔约国之一。

1949 年 10 月 1 日，中华人民共和国成立并且成为代表中国的唯一合法政府。1950 年 3 月 6 日，台湾当局为防止新中国利用 GATT 而对其不利，就与美国商定退出 GATT，台湾当局通过它的"常驻联合国代表"，以"中华民国"的名义照会联合国秘书长，决定退出 GATT，联合国秘书长致函 GATT 执行秘书（1965 年起改称总干事），并答复台湾当局于 1950 年 5 月 5 日退出生效。从此，中国失去了在 GATT 的席位，中断了同 GATT 的联系。

中国自 1978 年推行对外开放政策以后，开始认识到了加强同包括 GATT 在内的国际组织的联系、积极参加国际组织活动的重要性。1980 年，中国开始列席 GATT 的会议。1981 年，中国列席了 GATT 主管的纺织品委员会会议，并参加了多种纤维协定第二个延长议定书的谈判。1982 年，中国向 GATT 提出作为观察员参加 GATT 活动的申请获得批准，并首次派出代表团以观察员身份列席了 GATT 第 38 届缔约国大会。

1984 年，中国政府在第三个多边纺织品贸易协议上签字，成为 GATT 纺织品委员会的委员。同年，GATT 同意中国以观察员的身份列席 GATT 理事会会议，并参加 GATT 的各项活动。

3.4.2　中国的"复关"谈判和"入世"谈判

1986 年，GATT 乌拉圭回合谈判启动。作为 GATT 观察员，中国政府派了部长级代表团与会，并在大会上首次表达了中国申请恢复 GATT 缔约国地位的愿望，按《乌拉圭回合部长宣言》规定，中国获得了全面参与乌拉圭回合多边谈判的资格。1994 年 4 月 15 日，GATT 乌拉圭回合最后一次会议发表的《马拉喀什部长宣言》宣告了旷日持久且影响深远的乌拉圭回合的正式结束，中国政府代表团参加了这次 GATT 的部长会议，代表团团长代表中国政府和 125 个乌拉圭回合的全部参加方一道签署了乌拉圭回合最后文件，成为 WTO 的"实际"创始者。

中国的"复关"谈判大致经历了 4 个阶段。

第一阶段：1986 年 7 月—1988 年 9 月。该阶段为申请和答疑阶段。1986 年 7 月 11 日，中国正式提出恢复 GATT 缔约国地位的申请。当时确定了中国"复关"的三项基本原则：一是中国是恢复 GATT 缔约国的地位，不是加入 GATT；二是中国以关税减让为承诺条件，而不是承诺具体进口义务；三是中国以发展中国家身份谈判，享受相应的权利和承担相应的义务。

第二阶段：1988 年 10 月—1992 年 2 月。该阶段为政策审议阶段。

第三阶段：1992 年 3 月—1995 年 12 月。该阶段为实质性承诺谈判阶段。

第四阶段：1996 年 1 月—2001 年 11 月。该阶段为"入世"谈判阶段，也是继续实质性谈判阶段。

1995 年 12 月 31 日，GATT 最终结束了它的历史使命。由于中国在此之前未能"复关"，因此从 1996 年 1 月 1 日起，中国的"复关"谈判就演变为"入世"谈判。1999 年 11 月，中美达成了关于中国加入 WTO 的协议，随后中国加入 WTO 的双边谈判进程大大加快。到 2001 年 9 月，中国已经同全部要求谈判的国家达成了协议。同时，中国工作组第 18 次会议也通过了关于中国"入世"的全部文件。2001 年 11 月，WTO 第四届部长级会议在卡塔尔的多哈举行。这次会议投票通过了中国"入世"议定书。这样，按照 WTO 协议，1 个月后中国便成为 WTO 的正式成员。

中国"入世"之后，中国台湾地区以"台、澎、金、马单独关税区"的名义也加入 WTO，中国的香港和澳门也早就是 WTO 的成员，这样就形成了中国在 WTO 中独特的一国四席现象。

3.5　典型的区域贸易协定

根据传统贸易理论，各国之间的贸易模式主要是根据比较优势与竞争优势来进行国际分工与合作，特别是在发达国家与发展中国家之间。但是基于比较优势和竞争优势的分工与贸易，在贸易利益的分配上可能存在较大的不平衡。建立区域的自由贸易区，通过协定谈判，可以使区域内各国的贸易利益得到调整，使贸易利益分配相对平衡。同时，区域内统一大市场的建立，提高了该自贸区的总体国际竞争力，为该自贸区赢得更多的贸易利益。

3.5.1　欧盟

欧盟是目前地区经济贸易一体化水平最高的经济联盟。欧盟现拥有 27 个成员国，是经济和政治联盟的共同体，拥有共同市场、基本统一的货币体系，是区域经济一体化发展的典型代表。欧盟覆盖了欧洲大陆的大部分地区，是世界上最早、最大的贸易区。欧元是欧盟区的法定货币，有 19 个国家、超过 3.4 亿的欧洲公民使用欧元。欧盟施行代议制民主，主要机构有欧洲理事会、欧洲议会、欧盟委员会等。

1950 年 5 月 9 日，法国外长舒曼发表声明（史称"舒曼计划"），建议法德两国建立煤钢共同体。1952 年 7 月，法国、西德、意大利、荷兰、比利时和卢森堡正式成立欧洲煤钢共同体。1958 年 1 月，6 国成立了欧洲经济共同体和欧洲原子能共同体。1967 年 7 月，3 个共同体的主要机构合并，统称欧洲共同体。1993 年 11 月，《欧洲联盟条约》（又称《马斯特里赫特条约》）生效，欧洲共同体演化为欧洲联盟（简称"欧盟"）。2002 年 1 月欧元顺利进入流通。2009 年《里斯本条约》生效后，欧盟具备了国际法主体资格，并正式取代和继承欧共体。《里斯本条约》首次就成员国退出欧盟相关程序作出规定。

欧盟共经历了 7 次扩大：1973 年英国、爱尔兰、丹麦加入；1981 年希腊加入；1986 年西班牙、葡萄牙加入；1995 年奥地利、芬兰、瑞典加入；2004 年 5 月 1 日，波兰、匈牙利、捷克、斯洛伐克、爱沙尼亚、拉脱维亚、立陶宛、斯洛文尼亚、塞浦路斯、马耳他 10 国入盟；2007 年 1 月 1 日，罗马尼亚、保加利亚入盟；2013 年 7 月 1 日，克罗地亚入盟。

2020 年 1 月 31 日，英国正式脱离欧盟。目前，阿尔巴尼亚、黑山、北马其顿、土耳其、塞尔维亚、乌克兰、摩尔多瓦、波黑是入盟候选国。

在贸易领域，欧盟内部自由贸易是欧盟的基本规则之一，成员国之间的贸易无须任何关税或配额，这使得区域内部竞争加剧，专业分工拓展。关税同盟是经济一体化的重要形式，成员国获得的实际利益是由贸易创造和贸易转移的差额构成的。欧盟在对外贸易中提倡开放经济，与多个国家签署了多项贸易协定，参与多个国际组织。欧盟旨在建立超越国界的大市场，通过大市场实现区域内的竞争，促使大市场下的经济繁荣。欧盟开放内部的公共采购市场，鼓励国际市场更加开放和平衡。欧盟的市场准入政策为欧洲公司向全球出口创造了条件。

欧盟实行知识产权战略，打击盗版及假冒产品。欧盟立法鼓励在人均收入较低的国家以分级价格销售药品。欧盟的投资政策保障欧盟和非欧盟投资者不会被区别对待，确保公平的竞争环境和监管框架。欧盟出台反倾销、反补贴等政策，通过贸易防御工具维护欧盟对开放市场和自由贸易的承诺。面对贸易争议，欧盟根据 WTO 或欧盟双边贸易协定解决争端。

目前，中国是欧盟的第二大贸易伙伴，欧盟是中国最大的贸易伙伴。2020 年 12 月，历时七年，欧盟和中国原则上结束《中欧全面投资协定》的谈判，该协议旨在减少双方进入彼此市场的阻碍。

3.5.2 北美自由贸易区

北美自由贸易区由加拿大、墨西哥和美国三国组成，是以美国为核心的南北区域性经济组织。北美自由贸易区跨越了不同的贫富差距和发展水平，是发达国家和发展中国家进行区域合作的典型案例。根据世界银行的统计，2021 年，该地区国内生产总值为 26.18 万亿美元，拥有 4.99 亿人口。

1987 年，美国与加拿大签署成立美加自由贸易区。1992 年，美国、加拿大、墨西哥三国签署《北美自由贸易协定》（North American Free Trade Agreement，NAFTA），北美自由贸易区宣布成立。1994 年，《北美自由贸易协定》生效。

自 2008 年起，根据《北美自由贸易协定》，三国之间取消所有关税和配额。协定取消了北美境内数千种跨境货物的关税，并承诺对外国投资者的待遇不低于本国投资者。此外，商务旅客可在北美自由贸易区内临时跨境流动而无须护照。另外，协定规定了原产地规则，区内国家不能对原产于区内另一国的产品征收关税。为此，出口商、生产商或制造商须提交原产地证书。

《北美自由贸易协定》有两个附带协议：《北美环境合作协议》和《北美劳工合作协议》。《北美环境合作协议》要求成员国履行环境义务。《北美劳工合作协议》在职业安全与健康、就业和工作培训、劳动法以及工人的权利等方面对成员国提出了要求。

《美国-墨西哥-加拿大协定》（《美墨加协定》）于 2018 年签署，并于 2020 年生效，取代了《北美自由贸易协定》。美国和墨西哥率先达成双边自由贸易协定，随后，美国和加拿大谈判达成一致，达成新的《北美自由贸易协定》，亦即《美墨加协定》。该协定包括 8 个部分、22 章。

《美墨加协定》取消了三国生产的大多数商品的关税，并呼吁逐步消除三国间投资和商品流动的障碍，构筑一个广阔的北美自由贸易区。

《美墨加协定》推动更严格的原产地标准、劳工标准、环境保护标准；修订药品的知识产权标准并限制部分专利保护；完善知识产权、劳动等章节的程序性规则，补充执行漏洞。三国进一步取消了贸易壁垒并开放市场，实现材料、技术、资本、人才等要素的自由流动，从而实现了经济增长和生产力的提高。

三国在北美自由贸易区中充当了不同的角色。美国主导了北美自由贸易区及其协定的诞生和运作。美国和加拿大通过技术、资本在墨西哥扩大市场。墨西哥凭借大量的廉价劳动力优势吸引外国直接投资并承接美国、加拿大的产业，促进技术的升级和产品的更新换代，成员国之间的互补成为合作的桥梁。

北美自由贸易区不仅限于贸易，更是一个贸易、经济、政治的战略组合体。它既体现了三国对于建立北美互惠贸易并发展北美经济的愿景，也体现了美国政府的美国优先、保护主义倾向。

3.5.3 中国-东盟自由贸易区

中国-东盟自由贸易区（China and ASEAN Free Trade Area，CAFTA）是世界上三大区域经济合作区之一，是由中国与东盟国组成的自由贸易区。中国-东盟自由贸易区是中国对外商谈的第一个自由贸易区。按人口算,它是世界上最大的自由贸易区;从经济规模上看,它是仅次于欧盟和北美自由贸易区的全球第三大自由贸易区。

1991 年,中国与东盟创建对话伙伴关系,此后双方之间的贸易合作关系进入崭新的发展阶段。1993 年,中国受邀参加在印度尼西亚首都雅加达举行的第 29 届东盟部长会议。1997 年,中国对受金融危机打击的东盟各国给予支持,与之携手度过金融危机。双方良好的政治关系促进了双方经济发展上的合作。1999 年,东盟各国经济开始复苏。与此同时,中国始终保持经济快速增长,在 2001 年 11 月加入 WTO 后,经济情况更为乐观。为加强双方的经贸交往,时任中国国务院总理朱镕基 1999 年在马尼拉召开的第三次中国-东盟领导人会议上提出,中国愿加强与东盟自由贸易区的联系,这一提议得到东盟国家的积极回应。

2002 年,第六次中国-东盟领导人会议举行,朱镕基总理和东盟十国领导人签署了《中国与东盟全面经济合作框架协议》,决定到 2010 年建成中国-东盟自由贸易区。这标志着中国-东盟建立自由贸易区的进程正式启动。

2004 年,标志着中国-东盟自由贸易区先期启动的"早期收获"安排开始实施,自由贸易区进入实质性降税阶段。根据双方已达成的协议,"早期收获"产品范围为《海关合作理事会税则目录》第 1~8 章的产品(马来西亚、老挝、越南、柬埔寨等国分别排除的部分产品除外),按我国税目统计大约有 500 个税目,还包括中国-印尼、中国-马来西亚以及泰国-中国等双边适用的第 1~8 章以外的个别产品。在降税安排上,中国与东盟 6 国自 2004 年开始降税,2006 年降为零;越南及老挝、柬埔寨、缅甸三国,自2004 年开始降税,2010 年降为零。作为附加,我国和泰国于 2003 年起对蔬菜、水果(《海关合作理事会税则目录》第 7、8 章产品)实施零关税。2004 年,中国与东盟"早期收获"产品贸易增长 40%,超过全部产品进出口增长的平均水平。

2009 年,《中国-东盟自由贸易区投资协议》签署,这标志着主要谈判的结束。2010年,拥有 19 亿人口、GDP 接近 6 万亿美元、以发展中国家为主的最大自由贸易区——中国-东盟自由贸易区正式建立。根据《中国与东盟全面经济合作框架协议》,中国-东盟自由贸易区包括货物贸易、服务贸易、投资和经济合作等内容。其中,货物贸易是自由贸易区的核心内容,除少数产品外,其他全部产品的关税和贸易限制措施都将逐步取消。

建立中国-东盟自由贸易区,对中国与东盟及亚洲各国都有积极的意义。一方面,有利于巩固和加强中国与东盟之间的友好合作关系,有利于进一步促进中国和东盟各自的经济发展,扩大双方贸易和投资规模。另一方面,中国-东盟自由贸易区的建立,是亚洲一体化最强大的推动力,将会对日本、韩国这两大经济强国产生巨大的吸引力,推动在未来形成东盟与中日韩"10+3"更具影响力的自由贸易区。

3.5.4 区域全面经济伙伴关系协定

RCEP 是由东盟十国发起,加上中国、日本、韩国、澳大利亚、新西兰五国参加("10+5"),通过货物、服务、投资等全面经济一体化与开放准入谈判,建立的 15 国统一市场的自由贸易协定。

RCEP 于 2012 年开始 16 国(10+6,包括印度)谈判,经历了 3 次领导人会议,19

次部长会议，28 轮谈判。2019 年 11 月 4 日，第三次领导人会议发表联合声明，宣布 15 个成员国结束全部文本与市场准入谈判，启动法律审核，印度"因还有重要问题没有解决"而暂时没有加入。2020 年 11 月 15 日，15 个国家正式签署 RCEP，该协定于 2022 年 1 月 1 日正式生效实施。

RCEP 是世界上参与人口最多、成员结构最为复杂、最具发展潜力的一项自贸协定。截至 2020 年，RCEP 成员覆盖了 22 亿人口，约占世界总人口的 30%，成员国 2019 年 GDP 规模达 25.6 万亿美元，占全球经济总量的 29.3%，区域内贸易额达 10.4 万亿美元，占全球贸易总额的 27.4%。

RCEP 包括 20 个章节，涵盖货物、服务、投资等全面的市场准入承诺，是一份全面、现代、高质量、互惠的自贸协定。在货物贸易领域，中方承诺对 86%～90% 的产品实行零关税；在原产地累加规则领域，商品从 A 国进入 RCEP 另一自贸伙伴 B 国，可以用协定中多个缔约方的中间品来达到所要求的增值标准或生产要求，这样 A 国享受 B 国零关税的门槛可明显降低；在服务贸易领域，RCEP 下各国服务贸易开放水平显著高于各自"10+1"协定，中方开放承诺达到了已有自贸协定的最高水平，承诺服务部门数量在"入世"承诺约 100 个部门的基础上新增开放 22 个部门，提高 37 个部门的承诺水平；在投资领域，采用负面清单，对很多行业作出了比较高水平的开放承诺，除了投资自由化相关规则外，还包括投资保护、投资促进和投资便利化措施；在规则领域，RCEP 纳入贸易便利化、知识产权、电子商务、竞争政策、政府采购等内容。RCEP 还充分考虑了成员间的经济规模和发展水平差异，专门设置了中小企业和经济技术合作等章节，以帮助各成员国充分共享 RCEP 成果。

与现有的区域自贸协定相比，RCEP 是唯一一个以发展中经济体为中心的区域贸易协定。RCEP 由东盟发起，所有其他参与国都是通过先与东盟构建"东盟+1"的自贸协定，再以东盟为节点将这些经济体联系在一起的。因此，RCEP 的内容并不一味地追求更高程度的开放，而是本着以"发展"为核心的利益诉求，最大限度地实现参与各国的经济利益平衡。

RCEP 的签署标志着全球最大的自由贸易区成功启航，是东亚区域经济一体化新的里程碑。这对亚太区域经济增长和促进全球经济复苏、维护多边贸易体制发挥了重要的积极作用，并将直接关系到世界经济格局和国际贸易版图的变化。随着世界最大的自贸区 RCEP 的建成，自贸区内的经贸往来逐渐扩大，世界形成北美、欧洲、亚太地区三足鼎立的区域化经贸格局，进而对世界经济与政治格局产生影响。世界贸易的地区化与联盟化趋势将对世界经济的全球化与多边主义形成新的挑战。

以 WTO 协议框架为基准，比较欧盟、北美自由贸易区、中国-东盟自由贸易区与 RCEP，几种典型贸易协定的规则条款各有差异与侧重点，如表 3.1 所示。由于这些区域贸易协定的绝大多数成员是 WTO 成员，因此这些贸易协定没有提及的有关事项也必须遵守 WTO 协议条款的要求。其中打"√"的表示 WTO 协议中已经有相应协定或规定，表中注释了其他区域贸易协定是否有相应条款规定。

表 3.1 WTO 与典型区域贸易协定框架比较

大类	内容	WTO	欧盟	美墨加协定	中国-东盟自由贸易区投资协议	RCEP
货物贸易	农产品	√	要求高，机制完整	实现零关税	实现零关税	90%以上的农产品零关税
	卫生及动植物检疫	√	有相关规定	仅限于原则，无具体规定	承袭 WTO	全面，单独设章
	纺织品与服装	√	要求严格、具体	逐步消除贸易壁垒	分批次降税	分批次降税
	技术贸易壁垒	√	分为欧洲标准、各国标准	以美国规定为主	承袭 WTO	在 WTO 基础上延伸
	反倾销	√	单独立法	有规定	承袭 WTO	设在贸易救济章，提出禁止归零
	海关估价	√	沿用欧共体时期规则			承袭 WTO
	装运前检验	√	有相关规定			承袭 WTO
	原产地规则	√	欧盟不需要，其他双边协议有	单独列章，要求提高	有附件 A、B、C	全面，单独设章
	进口许可	√	有相关规定	有条款		分散在各章节
	补贴与反补贴	√	单独立法	有规定		设在贸易救济章
	保障条款	√	单独立法	有规定		设在贸易救济章
	贸易便利化	√	分散在不同的标准文件中	分散在各章节	分散在各章节	设有海关程序与贸易便利化章
	知识产权	√	设有机构并单独立法	单独出台条约	承袭 WTO	单独设章
服务贸易	自然人移动	√	自由流动	有商务人员临时进入规定	有承诺表	设有自然人临时移动章
	通信服务	√	反垄断、并购等法规	有承诺	有承诺表	设电信服务章
	其他服务	√	培育单一市场	有承诺	有承诺表	有承诺表
争端解决	争端解决	√	承袭 WTO	分散在各章节	分散在各章，有仲裁附件	承袭 WTO
政策审议	政策审议	√	政策统一			
其他	投资	√，协定初步达成	单独设章	单独设章	单独签署	单独设章
	政府采购	√	单独设章	有规定		单独设章
	货币政策条款		单独设章	包括宏观政策和汇率章节		
	政策协调		单独设立协调体系			
	环境合作	议题	设立环境政策	条款非常严格		
	劳工标准	议题	单独立法	纳入协议核心		
	竞争政策	议题	有相关法规	分散在有关章节	分散在各部分	单独设章
	中小企业	议题	有欧洲小企业宪章	分散在各章节	设在其他经济合作条款中	单独设章

续表

大类	内容	WTO	欧盟	美墨加协定	中国-东盟自由贸易区投资协议	RCEP
其他	电子商务	议题	有数字与电子商务法规	设在数字贸易章节	在修订协议中	单独设章
	经济技术合作	议题	单独政策	分散在各章节	设在其他经济合作条款中	单独设章

资料来源：根据有关贸易协定整理。

本 章 小 结

1. GATT 是世界上第一个规范国际贸易的多边国际协议，是第二次世界大战结束后各国恢复世界经济发展的客观需求。GATT 于 1948 年 1 月 1 日生效，GATT 经过八轮谈判，在贸易自由化中取得了巨大成就。GATT 第八轮谈判（乌拉圭回合）决定成立 WTO，1996 年 1 月 1 日 GATT 被 WTO 取代。WTO 取代 GATT 是历史的必然趋势。

2. WTO 作为具有国际法主体资格的法人组织，具有自己的宗旨、目标、职能、组织机构和贸易规则体系。WTO 的宗旨是提高生活水平，保护充分就业，提高实际收入和有效需求；扩大货物与服务的生产和贸易；考虑可持续发展和有效利用世界资源，保护环境，允许不同经济发展水平的国家采取各自需要的发展方式和相应的措施；确保发展中国家，尤其是最不发达国家在国际贸易增长中获得与其经济相适应的份额。

3. WTO 通过多边谈判达到互惠互利的贸易自由化和市场准入安排，大量减少关税和其他贸易壁垒，消除国际贸易关系中的歧视性待遇，产生一个完整的、具有活力的和永久性的多边贸易体制来巩固以往的贸易自由化成就，创造更多的贸易自由化利益。

4. WTO 协议第 3 条规定其基本职能有 5 项：第一，管理和执行 WTO 规则的多边贸易协议和诸边贸易协议；第二，作为多边贸易谈判的场所；第三，解决成员方之间发生的争端；第四，监督和审议各成员方的贸易政策和规章；第五，协调与其他国际性机构的决策安排。

5. 广义的 WTO 协议包括《马拉喀什建立世界贸易组织协定》及其 4 个附件和其他相关的决议文件，即乌拉圭回合一揽子协议规则。《贸易便利化协定》是中国"入世"以来参与谈判达成的第一个多边协议。

6. WTO 作为永久性的国际组织有稳定的组织机构。部长会议是 WTO 的最高权力机构，总理事会在部长级会议休会期间负责履行 WTO 的职能，争端解决机构和贸易政策审议机构是总理事会常设的最重要的两个机构。秘书处是世界贸易组织的日常办事机构，由部长级会议任命的总干事领导。

7. WTO 的基本原则包括非歧视原则、贸易自由化和市场准入原则、透明度原则、公平竞争原则、互惠互利贸易原则以及 3 项例外，即允许例外和实施保障措施原则、鼓励发展和经济改革原则、区域经济一体化例外原则。其中，属于非歧视的最惠国待遇原则和国民待遇原则是 WTO 体制的基础。

8. 中国是 GATT 的 23 个创始缔约国之一。中国的"复关"和"入世"谈判经历了艰难曲折的 16 年（1986—2001 年）。中国谈判的 3 项基本原则：①恢复 GATT 缔约国的地位，不是加入 GATT；②以关税减让为承诺条件，而不是承诺具体进口义务；③以发展中国家身份谈判，享受相应的权利和承担相应的义务。中国的"入世"是中国与世界经济的双赢。

9. 欧盟、北美自由贸易区、中国-东盟自由贸易区、RCEP 是典型的区域贸易协定。欧盟是目前世界上地区经济贸易一体化水平最高的经济联盟。美墨加协定是以美国为核心的发达国家与发展中国家建立自贸区的典型。中国-东盟自由贸易区和 RCEP 是与中国有关的贸易协定。RCEP 是由东盟十国发起、中国参与的世界最大的全面经济伙伴关系协定，对于中国实施自贸区战略与构建全球自贸区网络具有重要意义。

思 考 题

1. 什么是 GATT？什么是 WTO？GATT 和 WTO 之间有何关系？有何区别？
2. GATT 举行了几轮谈判？分别有何成果？
3. WTO 的宗旨和目标是什么？WTO 的宗旨和 GATT 的宗旨有何区别？
4. WTO 的基本原则有哪些？什么是最惠国待遇？举例说明。什么是国民待遇？举例说明。
5. 简述欧盟、北美自由贸易区的主要特点。
6. 简述中国-东盟自由贸易区协定与 RCEP 对中国开放经济发展和自贸区战略实施的意义。

第4章　贸易协定的争端解决机制

本章要点

　　争端解决机制是解决贸易协定缔约方贸易摩擦，达到利益平衡的主要机制。WTO的争端解决机制是多边贸易体制的安全支柱，是WTO三大机制之一（其他两大机制分别是多边贸易谈判机制和贸易政策审议机制），是维护各成员经贸利益的有效途径。对于开放发展的中国而言，贸易纠纷不可避免，充分利用争端解决机制解决贸易摩擦，有利于和平有效地争取自身权益，改善贸易环境。作为最大的发展中国家，中国如何面对和使用贸易协定的争端解决机制，抵御外界的经济侵蚀，保护自身的经济贸易发展，是一个值得探究的问题。

　　本章重点介绍WTO争端解决机制的相关内容。首先，简要说明国际贸易争端产生的原因和解决方法，介绍WTO争端解决机制的前身——GATT争端解决机制的运行和缺陷，核心是WTO争端解决机制的内容，包括产生的背景、基本原则、机构设置、运行程序及存在的问题。其次，介绍欧盟、北美自由贸易区和RCEP等区域贸易协定争端解决机制。最后，讨论WTO经典争端解决案例和与中国有关的贸易保护纠纷。

4.1　国际贸易争端解决机制概述

　　有贸易就必然会有争端，有争端就需要寻求解决的方法。著名的GATT/WTO专家皮特斯曼（Pertersmann）曾经说过："所有文明社会有个共同特征，都需要有一套适用于解释规则的、和平解决争端的规范和程序。这是国际、国内法律制度的共同经验。"争端解决机制正是WTO的核心机制之一，被誉为"世界贸易组织皇冠上的明珠"和"WTO对全球经济稳定作出的最独特的贡献"。根据WTO官网数据，从1995年至2021年底，已经有605件贸易争端被提交到WTO争端解决机构，超过350项案件裁决已经被发布。可以说，WTO争端解决机制为多边贸易体制的有效运转提供了有力的保证，对解决贸易纠纷、促进和发展WTO法治建设、维护世界贸易秩序稳定、推动全球贸易进一步自由化作出了重大贡献。

4.1.1　国际贸易争端的产生与争端解决机制

　　国际贸易争端的起因是多方面的。一般而言，各国之间经济与贸易发展不平衡，各国国内相关法律规定与多边贸易规则存在冲突，以及贸易政治化等原因都可能导致贸易争端。1945年4月25日，"联合国国际组织会议"在美国旧金山举行，6月25日，与会代表一致通过了《联合国宪章》，并明确提出了和平解决国际争端的思想。根据《联合国宪章》第33条的规定，任何争端的当事方，如果争端的持续可能危及国际和平与安全的维持，应首先通过谈判、调查、调停、和解、公断（仲裁）、司法解决、区域机关或区域办法或各当事方自行选择的其他和平手段寻求解决。

和平解决国际贸易争端除了由产生贸易争端的各国经过协商解决和某些国家根据其国内法单方面对贸易争端的对方采取贸易制裁措施外，还可以寻求诸如 WTO、欧盟等多边组织的帮助，无论具体采用何种方式，大体来讲，都属于外交手段或司法手段中的一种。其中，外交手段的具体方法包括谈判、调查、调停、和解；而司法手段的具体方法则主要是仲裁和诉讼。外交手段和司法手段的区别还表现在处理贸易纠纷的裁决是否具有约束力。

4.1.2 《关税及贸易总协定》争端解决机制的缺陷

早在 WTO 争端解决机制建立之前，就已经存在 GATT 争端解决机制，而前者正是建立在对后者功绩的继承和缺陷的弥补之上。与主要建立在外交手段基础上的 GATT 争端解决机制相比，WTO 争端解决机制更为大胆地向司法化迈出了一大步。

不同于 WTO 争端解决机制，GATT 并没有明确的条款为其争端解决机制提供法律和制度上的依据。GATT 1947 中与争端解决机制有关的条款主要是第 22 条和第 23 条。第 22 条规定了缔约方之间有针对贸易争端进行磋商的权利。根据第 23 条的规定，当一缔约方认为其利益受损，而在合理时间内相关缔约方未能达成满意调整时，可以将该事项提交到"缔约方全体"，由其进行调查，并向有关争端方提出适当建议或酌情作出裁决。故在实践中，"缔约方全体"便成了 GATT 争端解决机构。到 1979 年，东京回合后，通过了 *Understanding Regarding Notification*，*Consultation*，*Dispute Settlement and Surveillance*（《关于通知、磋商、争端解决与监督的谅解》，简称《谅解》），其附件为 *Agreed Description of the Customary Practice of GATT*（《各方同意的对争端解决方面的 GATT 习惯做法的说明》）。《谅解》及其附件对 GATT 争端解决的程序做了较为详细的规定。由于得到了《谅解》及其附件的肯定，由缔约方全体作为 GATT 争端解决机制成为习惯法。《谅解》对于 GATT 时期解决贸易争端具有很大的影响和推动，但是它的法律地位并不明确，还有学者认为它缺少一套行之有效的规则。

作为 WTO 争端解决机制的前身，GATT 的争端解决机制在 GATT 1947 有效运作的 40 余年里，从实践中形成习惯规则，继而以立法形式加以规范，创造了处理国际争端的兼具规范合理性与实际可行性的程序规范，为解决各缔约方之间的贸易纠纷起到了积极作用，也为 WTO 制定更为完备的体制奠定了可靠的基础。当然，GATT 争端解决机制远非完美，由于其固有的缺陷，也一直倍受各方批评。总结各方面的评论，GATT 争端解决机制主要存在以下问题。

1. 机制本身缺乏充分的法律依据和组织保障

GATT 1947 就国际贸易争端解决问题的规定仅见其第 22 条和第 23 条，缺乏详细的机制与运作的规定，并且其争端解决机制也不存在法律意义上的争端解决机构。一切争端的解决都有赖于"缔约方全体"，自然地，发生贸易争端的双方或多方也被包括在"缔约方全体"之中。这样便出现了"既当裁判，又当选手"的尴尬情况，容易导致争端事实认定和解决方案方面的巨大分歧。另外，"缔约方全体"作为争端解决机构，缺乏确实的法律依据，而是基于习惯法，事实上削弱了 GATT 争端解决机制的权威性。

2. 机制缺乏应有的威慑力

GATT 争端解决机制本质是外交化的产物，因而实质上是以"实力"而非"规则"为其基础。争端解决机制的非司法性使得"缔约方全体"对于争端解决措施的实施缺乏有力的监督。GATT 前总干事奥利维尔·朗也说过："缔约方全体对争端解决措施实施的监督，实际上有赖于一种道德压力以及政治压力。"事实上，GATT 相关条款中根本没有规定争端措施实施的监督机制。根据《谅解》的相关规定，缔约方全体应对它所提出建议或者作出裁定的事务予以监督，如果缔约方全体的建议在一个合理时间内没有得到执行，提出申诉的国家可以要求缔约方全体尽力谋求解决方法。可见，因为没有明确的相关内容和具体的监督机制，只能依赖缔约方的自觉性去执行缔约方全体提出的建议或者作出的裁定，因此对于争端解决规则的违反情况并不鲜见。

3. 机制在内容和程序的规定上缺乏科学性

首先，虽然《谅解》对 GATT 解决争议的程序作了较为详细的规定，但是争端解决程序的各阶段欠缺严格的时间限定，使得争端解决的节奏缓慢，导致效率低下。其次，GATT 争端解决机制采用"正向一致"（或称"肯定式共识"）的原则，即只要有一国提出反对，争端解决程序就会被停顿，解决方案就得不到执行。这种方式看似公正，然而在争议中，败诉的一方往往可以通过采取对裁决报告提出异议的方法来阻止报告的通过，从而严重阻碍争端的解决进程，使得效率进一步大打折扣，并影响到 GATT 本身的权威性。最后，从程序性规定来看，GATT 机制不区分"一般程序"和"特殊程序"，并且"缔约方全体"作为事实上的争端解决机构，每一年仅有数天时间可以集中召开会议，需要解决的重要问题多如牛毛，因此留给争端解决的时间更加有限。

4. GATT 争端解决机制处理问题的范围有限

GATT 的管辖领域仅限于国际货物贸易，故机制对于货物贸易领域之外的国际投资、服务贸易、知识产权贸易等范围以及货物贸易中农产品和纺织品方面的纠纷均不予也无法进行调整。随着国际贸易往来的频繁和内容的复杂，WTO 体系用《服务贸易总协定》和《与贸易有关的知识产权协定》等作为 GATT 的补充，将规制范围扩展到服务贸易和知识产权贸易等领域。原本的 GATT 争端解决机制显然已经无法适应贸易争端范围扩大问题，因此需要进行必需的补充和扩展。

4.2 世界贸易组织争端解决机制

4.2.1 世界贸易组织争端解决机制的形成

解决贸易纠纷本就是 WTO（包括其前身的 GATT）的核心活动之一。作为 GATT 的缔约方或者 WTO 的成员方，如果一方政府认为其贸易伙伴方政府的某些行为违反了 WTO/GATT 的相关规定，或者没有切实遵守其在 WTO/GATT 的有关承诺，便可以寻求 WTO/GATT 争端解决机构的介入。然而，GATT 争端解决机制的固有缺陷已经影响到了贸易争端的解决，随着各国之间经济联系越来越紧密，贸易随之不断增加，相关摩擦也呈现增长态势。如果缺乏一套行之有效的解决方案，贸易摩擦的问题就会愈发严重。从而影响国家之间的贸易关系，甚至可能将贸易摩擦延伸至其他方面。因此，关于 GATT 的争端解决机制的修改与补充的建议也被提上了讨论日程。

GATT 的缔约方分别在 1979 年东京回合、1982 年部长会议和 1984 年第 40 届全体大会上试图对争端解决机制进行修改，然而，以上努力并没能从根本上解决原有机制所存在的缺陷。到 1986 年乌拉圭回合谈判启动时，争端解决机制改革问题正式成为该次谈判的重要议题之一。

关于如何改革争端解决机制，各缔约方的态度和做法并不相同。其中，美国是建立一套司法机制的最主要的倡导者，积极主张对原来的制度进行重大改革，如建立具有强制力的仲裁机制，建立不经理事会授权的专家组，引入自动通过的表决规则等；日本则主张外交化的处理方法，维持 GATT 1947 现行机制的主要程序，并以双方磋商作为解决争端的基本方法；欧共体属于中间派。直到欧共体改变原来的折中立场，转而支持美国，司法机制才得以建立。WTO 争端解决机制的法律文本主要是 1994 年 GATT 第 23 条（申诉和裁决程序）以及乌拉圭回合通过的 *Understanding on Rules and Procedures Governing the Settlement of Disputes*（《关于争端解决规则与程序的谅解》，简称《WTO 谅解》，DSU）。《WTO 谅解》提供了一套相对完备的司法机制，由正本 27 条和 4 个附录构成，其基本内容包括机制的适用范围、原则，争端解决机构的设置及其职能，争端解决的程序和规则，裁决的效力和执行的监督，对于发展中国家的特殊待遇等。

《WTO 谅解》第 3 条第 2 款和第 7 款，分别指出"WTO 争端解决机制在为多边贸易体制提供可靠性和可预测性方面是一个重要因素"，"争端解决机制的目的在于保证使争端得到积极解决"。自 WTO 争端解决机制建立以来，该机制已经成功地解决了许多国际贸易争端，而且呈现出诸多与 GATT 争端解决机制不同的特点。最为突出的是它是一种司法性和政治性交融的综合性争端解决机制，其实质在于：不是决定当事方在有关案件中的胜败或制裁某一当事方，而是求得有关争端的有效解决，维持和恢复争端当事方依照有关协议的权利和义务之间的平衡。

4.2.2　世界贸易组织争端解决机制的基本原则

1. 继续适用 GATT 争端解决机制的原则

《WTO 谅解》第 3 条第 1 款明确指出"各成员确认遵守迄今为止根据 GATT 1947 年第 22 条和第 23 条实施的管理争端的原则，以及在此进一步详述和修改的规则和程序"。故 GATT 1947 规则尤其是其争端解决机制不但没有失效，而且是 WTO 相关机制赖以建立和发展的基础。

2. 维护 WTO 的有效运行和维护成员方权利与义务平衡的原则

《WTO 谅解》第 3 条第 2 款明确指出"争端解决机构的建议和裁决不能增加或者减少适用协定所规定的权利和义务"。《WTO 谅解》还规定，各缔约方全体提出的建议或规则应旨在圆满地解决该争端，并与 WTO 的各项义务相一致。所有有关争端的解决方法，包括仲裁裁决，不能有悖于《乌拉圭回合协议》，不应使任何成员方依据协议而取得的利益受到损害，也不应阻碍 WTO 目标的实现。

3. 谨慎、善意地适用 WTO 争端解决机制的原则

援用争端解决机制，对于起诉方，不应当无事生非，而对于被诉方，也不应当被视为故意的行为；一方起诉，另一方就不同事项提起反诉，不应当是有联系的[WTO 中没有反诉制度（counterclaim procedure）]。双方应当真诚解决争端。上诉机构曾经指出，真诚原则是一般法律原则，也是一般国际法的一项原则。这项普遍原则要求起诉方和应诉方真诚遵守《WTO 谅解》的原则：起诉方应当向被诉方提供充分的保护措施和答辩机会，被诉方迅速适当地将程序方面的缺陷提请起诉方和争端解决机构注意，以便改正错误，解决争端。WTO 争端解决程序规则不是为了鼓励诉讼技巧的发展，而是为了促进公平、迅速和有效地解决贸易争端。例如，在新西兰、澳大利亚诉美国对进口羊肉采取保障措施案中，上诉机构指出，WTO 成员虽然可以自行决定提出主张的方式，但不能不适当地在国内调查当局面前保留观点，而留着向专家组提出，因为真诚解决争端是一项义务。

4. 给予发展中国家特殊待遇原则

发展中国家对于发达国家提出的申诉，可以援引 GATT 1966 年通过的《根据第 23 条的程序》，该程序为发展中国家提供了一些便利。根据《WTO 谅解》第 3 条（总则）、第 4 条（磋商）、第 8 条（专家组的组成）、第 12 条（专家组程序）、第 21 条（对执行建议和裁决的监督）及其他相关条款的规定，当争端解决涉及发展中国家成员时，在解决程序和执行方面均有优惠条款可供适用。例如，第 4 条第 10 款指出"在磋商中，各成员应特别注意发展中国家成员的特殊问题和利益"，第 8 条第 10 款规定"当争端发生在发展中国家成员与发达国家成员之间时，如果发展中国家成员提出要求，（由 3 名成员组成的）专家组中应至少有 1 名成员来自发展中国家"。此外，在具体程序中，可适当考虑延长磋商时间，在审查中，应给予发展中国家成员充分的时间提交应诉论据，考虑采取行动措施时应重视所采用措施对有关发展中国家成员经济的影响，等等。

《WTO 谅解》第 24 条还专门针对最不发达国家（least-developed country）成员规定了特殊程序。提醒各成员方在涉及最不发达国家的事项时应该保持"适当的克制"，以及在最不发达国家提出要求的情况下，总干事或者争端解决机构主席应该参与到案件的斡旋、调解和调停中。

4.2.3 世界贸易组织争端解决机构的设置

1. 争端解决机构

争端解决机构由全体成员方组成，通常由各成员方的大使或者同等级官员作为代表，它直接隶属于部长会议，有自己的主席、工作人员和工作程序，2022 年例会主席是博茨瓦纳大使莫拉克美（Molokomme）。根据《WTO 谅解》第 2 条的规定，争端解决机构负责管理争端解决规则和程序，应向 WTO 各有关理事会和委员会通报与其有关协议

相关的各项争端的进展情况。争端解决机构可根据需要召开会议，以期在规定时限内完成争端处理的任务，其主要职责如下。

1）成立专家组并通过其报告。

2）建立常设上诉机构并通过其报告。

3）监督裁决和建议的执行。

4）根据有关协议授权成员方中止减让和其他义务。

2. 专家组

从《WTO 谅解》来看，专家组是由争端解决机构在处理争端时组成的，完毕即解散。但事实上，专家组是一个很重要的机构，其成员构成具有相对稳定性。专家组一般由 3 名专家组成，特殊情况下也可增加到 5 人。根据《WTO 谅解》第 8 条（专家组的组成）的规定，专家组应由资深政府和（或）非政府个人组成，包括下列人员。

1）曾在专家组任职或曾向专家组陈述案件的人员。

2）曾担任任一成员方代表或者 GATT 1947 年缔约方代表或者任何适用协议或其之前协议的理事会（委员会）的代表的人员。

3）秘书处人员。

4）曾教授或出版国际贸易法或政策著作的人员。

5）曾担任任一成员方高级贸易政策官员的人员。

在选任专家时还需考虑专家的独立性、背景和经验，故专家组成员的选任是非常严格的。

专家组的职权主要体现在：按照有关协议的规定，审查争端当事方提交争端解决机构的有关事项，进行必要的调查，最终作出解决该争端的决定，并提交争端解决机构作出裁决。

3. 上诉机构

上诉机构根据《WTO 谅解》第 17 条（上诉审议和常设上诉机构），于 1995 年 12 月 10 日组建。上诉机构由 7 人组成，任何一个上诉案件都由其中 3 人审理，上诉机构成员任职期限为 4 年，可以连任一次。7 名成员均在法律和国际贸易领域有卓越建树，并且完全以个人名义参加案件的审理，不隶属于任何政府，需广泛代表 WTO。上诉机构成员（法官）的任命与连任由部长会议"协商一致"原则决定。上诉机构的主要职责是"就专家组报告内容中的法律问题和专家组所作的法律解释"作出终审性的裁决和结论，不涉及案件的事实部分。

4. 总干事和秘书处

总干事不是专门的 WTO 争端解决机构，但是由于其地位特殊，对于争端解决具有很大的影响力，所以总干事是争端解决机构之外的辅助性争端解决岗位。按照《WTO 谅解》第 5 条（斡旋、调解和调停）第 6 款的规定，总干事可依据其职权提供斡旋、调解或调停，以期协助各成员解决争端。

WTO 秘书处在争端解决中的责任主要如下。

1）协助专家组工作，特别是在处理问题的法律、历史和程序方面向专家组提供资料和帮助，并在文秘和技术方面提供支持。

2）应各成员方请求在争端解决方面提供协助，特别是为发展中国家成员提供额外的法律咨询和帮助。

3）开设有关争端解决程序和实践的培训班，以使各成员方中研究和解决贸易争端问题的专家更加了解这方面的知识。

4.2.4　世界贸易组织争端解决机制的程序

《WTO 谅解》中规定的争端解决的基本程序分为以下几个阶段：磋商，斡旋、调解和调停，专家组，上诉程序，争端解决机构对有关建议或裁决的监督执行，补偿与交叉报复。

1. 磋商

磋商是指两个或者两个以上的成员为使相互间的争议问题得到解决或达成谅解而进行国际交涉的一种方式。磋商请求应由一成员向另一成员作出，实践中，这常常是在各成员驻 WTO 大使之间进行的。例如，2002 年 3 月 7 日，欧盟大使致函美国大使，要求就美国于 3 月 5 日宣布的钢铁进口限制措施举行磋商。磋商是 GATT 一开始就已确立并长期奉行的解决成员之间贸易纠纷的首要程序。在 WTO 中，磋商程序更是争端解决机制中最主要的程序之一，是所要求的应当首先适用的方法，其含义是为争端各方依据有关规定通过谈判，在互谅互让的基础上达成协议，从而解决争端。这样就给予了争端各方能够自行解决问题的一个机会。相对 GATT 中的磋商，《WTO 谅解》对磋商程序最重要的改进是对磋商规定了较为详细的时间表。一般情况下，各成员应在接到磋商申请后 10 日内作出答复，并在接到申请后不超过 30 日的期限内展开善意磋商。但双方可另行商定进行磋商的时限。磋商是秘密进行的，并不得妨碍任何成员在任何进一步程序中的各种权利。

如果对方未在 10 日内作出答复，或者未在 30 日或商定的时间内进行磋商，请求磋商的成员就可以直接开始申请设立专家组。

如果在收到磋商请求之日起 60 日内，磋商未能解决争端，则起诉方可以申请设立专家组。也就是说，磋商的最长期限为 60 日，从收到磋商请求之日起算。在两种情况下，起诉方不必等到 60 日结束就可以申请设立专家组。一是磋商各方共同认为磋商已不能解决争端；二是案件涉及紧急问题，如有关货物是容易腐烂的。在这种情况下，各成员应在 10 日内进行磋商，20 日内解决争端，否则就可以申请设立专家组。

磋商的形式，常常是先由被请求磋商的成员介绍所采取的措施，然后回答请求方提出的问题。鉴于磋商的时间很短，常常是一天甚至半天，为了节省时间，有时也直接加入答问阶段。

虽然书面磋商请求是"指责"对方的措施违反了 WTO 的哪些规定，属于"法律指控"，但在面对面的磋商中，常常是就措施所涉及的事实问题进行质疑和澄清，并就请求方的"要价"（如要求对方取消或修改措施等）进行讨价还价。为了使磋商更有效率，磋商中提出的问题一般提前一段时间（如一周）提交被请求方，以便被请求方做好充分准备。

2. 斡旋、调解和调停

与磋商程序不同，这一程序是争端当事方同意而非强制选择。《WTO 谅解》第 5 条第 1 款就明确指出，"斡旋、调解和调停是在争端各方同意下自愿采取的程序"。斡旋、调解和调停是双方自愿的行为，一切由双方自行安排。因此，这种程序独立于《WTO 谅解》中正式的争端解决程序：一方可随时要求开始这个程序；程序可随时开始，随时终止。WTO 总干事可以依其职权开展斡旋、调解和调停。一旦斡旋、调解和调停被终止，投诉方即可请求建立专家组。并且，只要各方同意，在专家组工作期间仍可继续进行斡旋、调解和调停。但当事方自愿原则也有一个例外，即在当事方一方是发展中国家时，该发展中国家可以要求总干事进行斡旋、调解或调停，而对方发达国家不得拒绝，并且应当提供所有相关信息。

斡旋、调解与调停三种方法的性质差不多，但方式有细微差别。对于斡旋，第三方只是想方设法把当事方拉到一起进行谈判，自己并不去审查争议的是是非非。对于调停，第三方则想方设法帮助当事方形成一致的立场，但自己并不提出解决办法。对于调解，第三方则更进一步，提出自己的解决方案。事实上，在实践中，这三种方式可能会是相互转换的，无法明确界定属于哪一种。

实践中，斡旋、调解或调停程序很少使用。1982 年，在美欧关于柑橘的争议中使用了调解方法，但未获成功。1987 年，应欧共体和日本请求，总干事指定了一位代表对日本铜的定价和贸易做法进行斡旋，后该代表认为日本没有违反 GATT，建议当事方就关税约束的削减进行谈判。

3. 专家组

斡旋、调解和调停结束后，就可以要求设立专家组，这是争端解决机制的核心程序，从严格意义上来说，专家组的建立才真正开始了多边贸易体制争端解决程序，是争端解决司法化的重要标志。如前所述，专家组不是固定机构，根据需要临时在名册中挑选构成，一般由 3 位专家组成，有时也可有 5 名成员。除非争端各方一致同意，否则争端当事方的公民或在争端中有实质利害关系的第三方公民都不得作为有关争端的专家小组组员。被起诉方可以对专家组的成立提出异议，但这种异议的提出只有一次机会。在争端解决机构召开第二次会议后，对专家组的任命异议就不能再提出和阻止。除非各方协商一致，向贸易争端解决机构提出反对意见，要求更换专家组。

专家组的职责是帮助争端解决机构作出裁决或提出建议。但由于专家组报告的通过采用"反向一致"的原则（也称"否定式共识"），即只能在协商一致的情况下才能在争端解决机构中被否决，因此其结论是不容易被推翻的。由此也增加了争端解决的效率。

专家组提交给争端各方的报告通常不应超过 6 个月，可以延长但是无论如何也不能超过 9 个月。在紧急案件中，包括那些与易腐货物有关的案件，期限缩短为 3 个月内。

按照《WTO 谅解》的规定，专家组的主要工作程序如下。

1）争端各方在第一次听证会（实质性会议）前以书面形式向专家组提交案情。

2）案件的起诉方（一个或多个）、被诉方以及宣布与争端有关的成员在专家组第一次听证会上陈述案情。

3）在专家组第二次听证会上，有关各方提交书面反驳并进行口头辩论。如果一方提出科学的或其他技术性问题，专家组可以咨询专家或指定一专家审查组准备咨询报告。

4）专家组将报告中的描述部分（事实与论据）提交各方，并给出 2～4 周时间作出评论。这份报告不含调查结果和结论。

5）接受各当事方对报告描述部分的评论。

6）专家组随后向双方提交一份中期报告，包含调查结果和结论，并给出 1 周时间供当事方提出重新审议部分报告的要求。

7）专家组进行审议，审议的时间不得超过 2 周。在此期间，专家组还可与双方举行另外的会议。

8）向各当事方提交最终报告，3 周后分发给全体 WTO 成员。最终报告应以三种工作语言（英语、法语、西班牙语）撰写，在报告分发给各成员方之日起 20 日之后才可在争端解决机构会议上审议通过。在报告分发给各成员方之日起 60 日内，该最终报告应在争端解决机构会议上通过，除非争端一方正式通知争端解决机构其上诉决定，或者争端解决机构经协商一致决定不通过该报告。

按照《WTO 谅解》的规定，专家组的审议情况应保密。保密事项包括：专家组报告应在争端各方不在场的情况下，按照提供的信息和所作的陈述起草；专家组报告中的专家个人意见应匿名。规定也同样体现了一定的透明度，表现在：当事方及第三方所发表的口头申明均应事后提交书面材料；有关陈述、辩驳和申明均应在有关当事方在场时进行；与案件有关的材料、辩论及答辩均应提交给争端对方及有关第三方。

4. 上诉程序

在乌拉圭回合之前，GATT 的争端解决机制并没有规定上诉程序，故这是一项在WTO 争端解决机制中新增加的程序。为受理专家组案件的上诉，争端解决机构设立了一个 7 人组成的"常设上诉机构"。上诉机构可以维护、修正、撤销专家组的裁决结论。上诉机构的裁决为最后裁决，当事方应无条件接受，除非争端解决机构一致反对。上诉机构的决定由争端解决机构通过之后，当事方应立即执行。这就形成了 WTO 独特的两审终审制，增强了争端解决机构的权威性和灵活性。

但是上诉程序并不是争端解决程序中的必经程序，只有争端当事方就专家组报告提出上诉的情况下，才启动上诉程序。按照《WTO 谅解》第 17 条（上诉审议和常设上诉机构）的规定，提出上诉请求的只能是争端的当事方，有关的第三方无权提出上诉，但是第三方可以向上诉机构提交其书面意见，也有权在上诉阶段陈述其意见。

上诉审理的范围也仅限于专家组报告中论及的法律问题及其所做的法律解释，不涉及案件的事实部分。

上诉程序规定的审理期限是 60 日，如果上诉机构认为在 60 日之内不能提交报告，应将延迟的理由以及预计提交报告的时间以书面形式通报给争端解决机构。但是最长也不能超过 90 日。同专家组程序一样，上诉程序也需严格遵守《WTO 谅解》中的保密规定。

5. 争端解决机构对有关建议或裁决的监督执行

这是《WTO 谅解》确立的一项具体的监督措施。在专家组及上诉机构的报告被采纳后，该报告即成为争端解决机构的正式建议或裁决。报告通过后 30 日内，争端方应向争端解决机构通报其执行这些建议或裁决的计划，如果立即履行裁决或意见在实际上难以做到，则应当确立一个"合理的期限"。这个期限由争端各方协商一致决定，如果各方不能达成一致意见，则通过仲裁决定一个履行期限。仲裁所决定的这个期限原则上不应超过自专家组或上诉机构报告通过之日起 15 个月。如专家组或上诉机构已延长提交报告时间，则所用的额外时间应加入 15 个月的期限，例外情况下，全部时间不应超过 18 个月。各项裁决的执行情况由争端解决机构予以监督。

6. 补偿与交叉报复

如果应执行争端解决机构的建议或裁决的争端方没有在规定的期限内执行，应在一定期限内与另一争端方进行谈判，并达成有关补偿的协议。补偿应是自愿的，任何当事方不能强迫对方接受其补偿方案。

如果争端当事方未能履行裁决，又没有达成各方满意的补偿协议，则任何当事方可请求争端解决机构授权其中止对有关成员方继续履行其承诺的减让义务或其他义务。得到授权的当事方还应严格遵守下列原则。

1）应首先寻求中止与争端相同部门的减让义务或其他义务。例如，争端是《农产品协议》中的有关市场准入的规定，则采取措施的当事方应首先考虑中止履行其在《农产品协议》中所做的有关市场准入的承诺。

2）如果不能实施 1）或者实施的效果不好，可寻求中止相同协定中其他部门的减让义务或其他义务。例如前例，如果采取措施的当事方不能中止履行其在《农产品协议》中所做的有关市场准入的承诺，则可谋求中止在国内支持或者出口补贴的减让或其他承诺。

3）如果尚不能实施 2）或者实施的效果不好，可寻求中止其他协定中的减让义务或其他义务。又如前例，采取措施的当事方就可以谋求中止在《纺织品与服装协议》或者《技术性贸易壁垒协议》中的减让义务或其他义务。

4）当事方若要采取上述 2）或 3）两项措施，应在其向争端解决机构提交的授权请求中说明理由。

5）由争端解决机构授权的减让义务或者其他义务的中止程序应以补偿当事方所受到的损害为限，如果有关协议中规定禁止此类中止，则争端解决机构不得授权。

6）减让义务或者其他义务的中止只是临时性措施，最终的结果应是违背义务的一方履行争端解决机构的建议或裁决。

以上 6 项中的 2）和 3）即所谓的交叉报复，交叉报复的做法被视为提高 WTO 争端解决机制效力的有力措施之一，这种做法可以使有关当事方选择更有效的方式对抗不履行争端解决机构的建议或裁决的做法，迫使败诉方及早执行有关裁决。

4.2.5　世界贸易组织争端解决机制存在的问题

建立在 GATT 争端解决机制基础上的 WTO 争端解决机制克服了原有机制存在的一

些问题，但它仍然不是完善的，主要存在如下缺陷。

（1）缺乏有关竞争政策和劳工标准的条款

在乌拉圭回合谈判中，对一些行业的相关条款进行了修正，同时，又作出了很大的改进。但是，对于竞争政策和劳工标准方面，却缺乏相应的条款。因此，对于 WTO 的争端解决机制而言，如果遇到有关这两个方面的相关纠纷就会形成无法可依的局面，从而难以对此二者的纠纷进行公正裁决。

（2）发展中国家成员运用 WTO 争端解决机制的问题

WTO 争端解决机制的一个主要作用就是确保经济弱国对经济强国的不公平的贸易行为提出挑战，保护经济弱国的合法利益。虽然 WTO 的争端解决机制在《WTO 谅解》中为发展中国家特别提出了若干倾向性规定，但是，很多规定仅仅是流于形式的承诺，可操作性并不强。例如，《WTO 谅解》第 21 条第 2 款规定"对于需进行争端解决的措施，应特别注意影响发展中国家成员利益的事项"，但是，具体特殊的问题和利益并没有给出相关的内容和要素，因此，在实际案例中，很难具体操作。虽然说，要作出具体的规定比较困难，但是，条款的含糊不清对实际操作造成的无效率和困难也是有目共睹的。对发展中国家的倾斜性条款多半流于言语上，难以具体操作执行。

（3）交叉报复的执行和效果问题

对于发展中国家成员来说，采取交叉报复作为制裁手段是否可行，还有疑问。发展中国家受经济贸易实力限制，其采取报复措施的能力有限，对发达国家不一定能构成威胁。而且发展中国家考虑到本国长远的利益，可能不得不放弃这种报复的方法。

4.3　区域贸易协定的争端解决机制

4.3.1　欧盟

欧盟非常重视对其成员国之间贸易纠纷问题的解决，通过《巴黎条约》《罗马条约》《马斯特里赫特条约》等建立起来一套比较完善的争端解决机制。和 WTO 以及其他区域一体化组织类似，欧盟争端解决机制同样包含政治（外交）手段和司法手段两种具体方法，不过其以欧盟内部高度一体化为基础，形成了典型的司法化模式。

与 WTO 争端解决机制不同，欧盟设有欧洲法院（court of justice）作为常设司法机构，是独立的争端解决机构。依据欧洲法院的相关诉讼规则，欧盟各机构、各成员国政府、自然人和法人均有权提起诉讼。欧洲法院对欧盟法律事务享有专属和强制的管辖权，其司法裁决和咨询意见具有强制执行力。欧洲法院是超越国家的司法机构，其解决争端的范围相当广泛，并不限于成员国之间的贸易纠纷。

诉讼程序包括书面程序、法庭调查、口头程序及判决等四个阶段。首先由原告向法院递交起诉书，在欧洲法院受理该诉讼后，指定一个合议庭办理该案件。法院将在一个月之内将起诉书副本送达被告，并将相关消息公布于欧盟公报（Official Journal of the European Union）。被告根据起诉内容递交答辩状。法庭调查主要包括传唤当事人和证人、提供证据和信息、要求专家鉴定、查验物证等，进行方式与普通国内法院类似。法庭调查结束后，进入口头程序阶段，当事人在这一程序中直接交锋并做最后陈述。最后，由合议庭判决。

根据条约规定，各成员国有义务服从欧洲法院的判决，并采取补救措施。如果该成员国无视自己的义务，依据欧盟委员会的请求，欧洲法院可以判决其支付一定罚金。然而，由于欧洲法院并不存在一个强制执行机构，因此对于欧盟判决的执行主要还是依靠成员国的自觉。

4.3.2　北美自由贸易协定

与 WTO 争端解决机制相比，NAFTA 的争端解决机制的结构相对比较分散，由一个一般性和四个特殊性共五个相互独立的机制共同构成。在区分制原则下，《北美自由贸易协定》可以通过区别贸易争端的不同类型而分别使用独立的争端解决规则和程序，因此具备相当的灵活性。这也是 NAFTA 争端解决机制区别于 WTO 争端解决机制的重要特征之一。

根据 NAFTA 第 20 章的规定，其成员国可以就 NAFTA 条款的解释和适用问题，以及针对其他成员国违反 NAFTA 项下义务而向北美自由贸易委员会提起仲裁，故 NAFTA 第 20 章的规定为一般性争端解决提供了法律依据。四个特殊性争端解决机制分别与投资、反倾销和反补贴、环境保护和劳工问题有关。根据 NAFTA 第 11 章的规定，有关外国投资者对 NAFTA 成员国的投资争议采取相关争端解决机制；NAFTA 第 19 章则规定了成员国之间基于反倾销和反补贴调查所发生的贸易纠纷的争端解决机制。此外，《北美环境合作协定》和《北美劳工合作协定》则分别包含了环境保护和劳工问题的争端解决机制。

在 WTO 争端解决机制之下，争端当事方只能是 WTO 的成员方，而由于只有主权国家或者单独关税区才能够成为 WTO 成员方，这就排除了有关国家（地区）的自然人或法人成为争端解决主体的可能性。NAFTA 突破了 WTO 的做法，针对成员国自然人或法人之间的投资纠纷，NAFTA 允许个人成为争端解决主体。根据 NAFTA 第 11 章 B 部分的规定，如果东道国违反第 11 章 A 部分投资规则所规定的义务而导致投资者利益受损，则投资者有权代表自己或者一个由自己直接或间接控制的企业以东道国为被申诉方诉诸国际仲裁。此外，NAFTA 还成立了一个咨询委员会，讨论了通过仲裁或其他非诉讼方式解决成员国自然人或法人之间的其他商业纠纷的可能性。

在相关案件的处理方面，NAFTA 确定了以磋商为基础的解决方案，并且各套机制的办案理念也存在差异，与在劳工和环境保护等问题上更强调磋商不同，在投资、反倾销和反补贴机制中，则相对更强调专家组的裁决，因此 NAFTA 具有典型的准司法化特征。

基本程序如下。首先，由争议方进行磋商。其次，如果在磋商期内（一般为 30 天，包含了第三方的纠纷协商期为 45 天）不能提出有效解决方案，则美国、加拿大、墨西哥三国中的任何一国均可要求召集自由贸易委员会来对争端进行协调。最后，如果在自由贸易委员会的干预之下仍然不能解决争端，则根据相关当事国的申请设立争端解决的仲裁专家组，通过相关仲裁程序来处理争端。与 WTO 争端解决机制不同，NAFTA 没有常设的争端解决机构，主要是北美自由贸易委员会和临时性的仲裁专家组来对争端进行司法处理，并且仲裁程序的启动必须是在纠纷成员国磋商未果的情况下才会发生。仲裁专家组由 5 名仲裁员组成,对仲裁专家组的裁决,当事国可以自行决定裁决的执行方式。如果当事双方未能就裁决的执行达成一致意见,则利益受损方可以采取利益中止的报复措施。

对于案件裁决的执行方法,WTO 争端解决机制的特色之一在于通过授权报复和交叉报复来保障专家组和上诉机构裁决的执行,而 NAFTA 各套机制除了规定报复措施之外,还在环境争端和劳工争端两套机制中将罚款作为制裁措施。

4.3.3　区域全面经济伙伴关系协定

RCEP 第 19 章是争端解决机制的专门章节,为争端解决提供高效透明的解决程序和规则。根据第 19 章,RCEP 争端解决机制处理的纠纷范围主要是缔约方之间解释本协定时产生的纠纷,以及缔约方之间由于违反协定规定的义务而产生的纠纷。同时,RCEP 为其争端解决机制的使用范围设置了诸多例外,如明确规定反倾销和反补贴纠纷、投资便利化纠纷以及服务贸易领域透明度清单纠纷等都不属于 RCEP 争端解决机制处理范围。由此可见,RCEP 争端解决机制的适用范围十分有限。

和其他区域一体化组织类似,RCEP 同样重视采用外交手段作为解决缔约方贸易纠纷的方法。事实上,根据 RCEP 第 19 章第 6 条"被诉方应当对起诉方提出的磋商请求给予适当的考虑并应当给予此类磋商充分的机会"和"争端各方应当善意地进行磋商",RCEP 鼓励争端各方在争端发生的每一个阶段都能够尽一切努力,通过合作和磋商,达成争端各方共同认可的解决方案。

在司法手段方面,RCEP 重视与 WTO 相关规定的一致性,甚至直接移植了 WTO 的有关条款。RCEP 采用专家组这种准司法方式来解决缔约方之间的纠纷,又规定专家组的裁决是最终的(即实行专家组一审终审的制度),对争端各方具有约束力,并排除了上诉机制的存在,这应该是基于解决争端的效率的考虑。

4.4　贸易争端解决案例

4.4.1　世界贸易组织争端解决案例数据库

在 WTO 官方网站(http://www.wto.org),在贸易话题(trade topics)项下,有一个关于争端解决机制的专门网页(dispute settlement)。在这里,浏览者可以找到从 GATT 时代到 WTO 时代,所有的被提交到 GATT 或者 WTO 的成员方贸易争端,相关信息包括案件编号、每起案件的申诉方和被诉方名称、基本内容、发起磋商时间、目前所处的争端解决阶段等。截至 2021 年 7 月,在 WTO 时代,已经有 603 起案件被提交到 WTO 争端解决机构;在 GATT 时代,则有 127 起案件被提交到 GATT 争端解决机构。其中 WTO 时代的 603 起案件中,有 51 个成员作为申诉方提起了至少一项纠纷,61 个成员作为应诉方回应了至少一项纠纷,还有 90 个成员作为第三方参与了其他成员方之间的纠纷解决。在所有的争端解决案件中,活跃成员总计 110 个。其中作为申诉方提起案件最多的是美国,已经提起 132 个案件,涉及 31 个成员方;作为被诉方被提起案件最多的也是美国,有 29 个成员方在 168 个案件中将美国列为被诉方。同一段时期,我国作为起诉方提起了 24 起案件，涉及 5 个成员方；作为被诉方被提起 47 起案件，涉及 8 个成员方。与中国发生贸易争端最为频繁的国家为美国，分别针对中国发起了 23 起案件，中国发起了 16 起案件。

这些被提交到 WTO 的贸易争端涉及的 WTO 协定也非常广泛，其中与 GATT 1994 条款有关的案件最多，自 WTO 成立到 2021 年 7 月有 499 件；其次分别是反倾销协议案件（138 件），反补贴协议（134 件），农业协定（85 件），保障措施协议 62 件，技术壁垒（57 件），动植物检验检疫（50 件），进口许可（48 件），与贸易有关的投资措施（45 件），与贸易有关的知识产权（42 件），服务贸易协议（30 件）。按年度统计，1995 年 25 件，1996 年 39 件，1997 年达到高峰 50 件，之后在波动中递减，2005 年 12 件，2011 年 8 件，2018 年反弹到 38 件，2019 年 20 件，2020 年只有 5 件。

截至 2020 年底，争端解决机构专家组和上诉机构共发布了 445 份争端裁决报告，推进了 598 个争端案例的解决。

4.4.2　世界贸易组织争端解决经典案例

1. 委内瑞拉、巴西诉美国汽油规则违反 GATT 1994 案

本案是用尽 WTO 争端解决机制全部过程的一个争端，也是第一个成功解决的由发展中国家成员方投诉发达国家成员方的案件，还是 WTO 成立之后第一个涉及贸易与环境保护问题的争端。案情如下。

在 20 世纪 90 年代的美国，为了提高市场份额，国内和国外的汽油销售公司的竞争变得异常激烈。在销售量衰退和新的要求提高汽油质量的环保标准压力下，美国大型石油公司发现了阻挡进口商的良机，积极支持美国环境保护局修订《净化空气法》。在 1990 年法案的修改中，国会指导环境保护局规定：在美国一些重污染区，采取新的规章来提高空气质量，只有经改良的、减少有毒物放射的汽油和天然气才能在这些地区销售。环境保护局负责签署改良汽油和惯用油标准原则。1991 年，环境保护局提出了对于国内和国外炼油商不同的标准，他们认为国外炼油商缺乏 1990 年检测的、足以证明汽油质量的真实数据，只能通过一个"法令的底线"显示其汽油的质量，而国内炼油商可以通过 3 种可行方法制定"独立的底线"。这一标准对国外炼油商采取了歧视政策，造成市场竞争的不均衡，从而引起一场贸易纷争。

1995 年 1 月 23 日，委内瑞拉向 WTO 争端解决机构提出起诉，声称美国正在使用的"汽油规则"在国产汽油与进口汽油之间造成了歧视，认为美国违反 GATT 第 1 条、第 3 条和《技术性贸易壁垒协议》（简称 TBT 协议）第 2 条的规定，要求就此事与美国进行磋商。

1995 年 3 月 25 日，在经过 60 天磋商未达成协议后，委内瑞拉要求争端解决机构成立专家组审理此案。4 月 10 日，争端解决机构成立专家组，由来自中国香港、新西兰和芬兰的三位国际贸易法律专家组成。在委内瑞拉提出起诉后，4 月 10 日，巴西也就此事向争端解决机构提出起诉，要求与美国磋商，案件编号为 DS4。5 月 31 日，争端解决机构决定两案一并由同一专家组审理。7 月 10—12 日以及 7 月 13—15 日，专家组召开两次实质性会议审理此案。12 月 11 日，专家组将中期报告交三个当事方评议。1996 年 1

月 29 日，专家组向争端解决机构提交最终报告（WT/DS2/R）。在最终报告中，专家组认为由于美国对进口汽油和国产汽油制定了不同的环境保护标准，对进口汽油实行更严格的标准，从而使进口汽油在市场销售条件方面无法享受与国产汽油同等的待遇，因而违反了世界贸易组织的非歧视原则和国民待遇原则，并且判定美国不能在该案件中引用 GATT 第 20 条的例外规定。

1996 年 2 月 21 日，美国提出上诉，认为其采取的"汽油规则"是出于保护人类健康和环境的目的，根据 GATT 第 20 条的规定，应视为是适用世界贸易组织原则的例外。上诉机构经过审理，认为对进口汽油的歧视待遇与改善空气质量的目标之间并不存在必然联系，即改善空气质量无须以歧视进口汽油作为前提条件，从而认定美国确定内外不同的汽油标准并非主要出于环境保护的目的。4 月 22 日，经过 60 天的审理，上诉机构向争端解决机构提交了报告（WT/DS2/AB/R）。报告对 GATT 第 20 条重新作了解释，并且认为第 20 条不适用于该案，维持了专家组报告的裁定内容，即美国"汽油规则"造成了对进口产品的歧视，建议美国修改国内相关立法，以便符合 WTO 的非歧视原则。

在裁定生效后，美国和委内瑞拉就裁定的实施进行了磋商，于 1996 年 12 月 3 日就美国应采取的措施达成了协议，实施期为自 1996 年 5 月 20 日裁定生效之日起 15 个月。1997 年 1 月 9 日，美国向争端解决机构提交了关于实施情况的第一份报告。8 月 19 日，美国签署新规则，顺利履行了裁定内容。

2. 厄瓜多尔等诉欧盟香蕉案

1996 年 2 月 5 日，厄瓜多尔、危地马拉、洪都拉斯、墨西哥和美国向 WTO 争端解决机构提出起诉，诉称欧盟的香蕉进口政策违反 GATT 第 1、2、3、10、11、13 条的规定，同时违反《进口许可程序协议》、《农产品协议》、《与贸易有关的投资措施协议》和《服务贸易总协定》的有关规定，要求与欧盟就其香蕉进口政策进行磋商。

欧盟香蕉贸易争端的起因是 1993 年 7 月欧盟调整其香蕉进口政策，给予欧盟（主要是英、法）前殖民地国家（加勒比海地区、非洲和太平洋地区的香蕉出口国）以更优惠待遇，从而使拉美主要香蕉种植国遭受损失。美国虽不是香蕉生产国和出口国，但美国的跨国公司在拉美香蕉种植业投有巨资，美国控制下的中南美集团每年向欧盟出口香蕉 240 万吨，占欧盟市场的 3/4。

1996 年 5 月 8 日，争端解决机构设立了专家组处理这一争端，专家组的 3 位成员分别来自中国香港、新西兰和瑞士。专家组经审查认定欧盟的香蕉进口政策、香蕉进口许可程序不符合 GATT 的规定。1997 年 5 月 22 日，专家组报告被分发给全体成员方。6 月 11 日，欧盟就专家组报告中的某些法律问题及法律解释向争端解决机构提起上诉。上诉机构经审理，基本上维持了专家组的裁决，于 9 月 9 日向全体成员方分发了上诉机构的报告。9 月 25 日，在争端解决机构的会议上，通过了上诉机构和专家组的报告。11 月 17 日，起诉方根据《WTO 谅解》第 21 条第 3 款的规定，要求经仲裁确定一个履行裁决的"合理期限"，之后，仲裁机构确定该案履行的期限是 1997 年 9 月 25 日至 1999 年 1 月 1 日（15 个月）。

1998 年 10 月，欧盟公布了香蕉进口政策调整方案，决定于 1999 年 1 月 1 日起正式实施。该方案的内容是：欧盟把每年从拉美地区进口香蕉的限额定为 220 万吨，对限额以内部分每吨征收 75 欧元的关税，对超出部分每吨征收 300 欧元的关税。同时，把从非洲、加勒比海地区和太平洋地区等欧盟前殖民地国家进口香蕉的数量限额定为 85.7 万吨，对限额以内部分免征关税，对超出部分每吨征收 100 欧元的关税。美国和拉美国家等起诉方认为欧盟的政策调整方案仍带有偏向色彩，不符合 WTO 的原则要求。根据《WTO 谅解》第 21 条第 5 款的规定，欧盟和厄瓜多尔分别于 1998 年 12 月 15 日和 12 月 18 日要求由原专家组审查欧盟的香蕉进口新政策是否符合争端解决机构的裁决和 GATT 的规定。

1999 年 1 月 12 日，争端解决机构决定同意由原专家组审查厄瓜多尔和欧盟的请求。1 月 14 日，美国根据《WTO 谅解》第 22 条第 2 款的规定，要求争端解决机构授权其中止履行对欧盟承诺的总额为 5.2 亿美元的义务。1 月 29 日，在争端解决机构的会议上，欧盟根据《WTO 谅解》第 22 条第 6 款的规定，要求对美国提起的中止义务的程度予以仲裁，争端解决机构将此请求也交由原专家组解决，并根据《WTO 谅解》第 22 条第 6 款的规定，决定对美国提出的授权中止义务的请求延期作出决定。

专家组审议了欧盟和厄瓜多尔的请求后，认为欧盟的香蕉进口新政策仍不符合其在 WTO 项下应履行的义务。同时，专家组经过对美国提出的授权请求进行审查，认为美国要求中止履行义务的程度与实际不符，根据实际损失情况，认为应授权美国中止履行对欧盟总数为 1.914 亿美元的义务。专家组的上述报告于 1999 年 4 月 6 日被分发给各当事方，4 月 9 日和 12 日被分发给各成员方。4 月 19 日，争端解决机构作出授权美国中止履行对欧盟总数为 1.914 亿美元义务的决定。由于美国并不是香蕉的主要生产国和出口国，因而根据《WTO 谅解》第 22 条第 3 款的规定，美国对欧盟制裁产品的清单中并没有香蕉，而是其他一些产品，如床单床罩、羊绒衫、手袋、奶酪、饼干、蜡烛、毡纸、贺卡、纸板箱、电池等。

1999 年 11 月 8 日，厄瓜多尔根据《WTO 谅解》第 22 条第 2 款的规定，也提出授权中止某些义务的要求，涉及贸易总额为 4.5 亿美元。在 11 月 19 日争端解决机构的会议上，欧盟根据《WTO 谅解》第 22 条第 6 款的规定，要求对厄瓜多尔请求中止义务的程度予以仲裁。争端解决机构将此请求交由原专家组仲裁。2000 年 3 月 24 日，专家组作出裁决并分发给各成员方，裁决厄瓜多尔可以中止义务的程度是 2.016 亿美元，范围包括 GATT 项下的义务、GATS 项下的义务和 TRIPS 下列条款中的义务：第 1 部分第 14 条、第 3 部分、第 4 部分。裁决同时指出，根据《WTO 谅解》第 23 条第 3 款的规定，厄瓜多尔应首先寻求中止与该案有关的同一部分的义务。2000 年 5 月 18 日，争端解决机构正式授权厄瓜多尔中止履行其对欧盟总额为 2.016 亿美元的义务。

此案是 WTO 争端解决机构处理的一起复杂的案件，它涉及的当事方多、延续时间长、履行过程不顺利。最终，该案不得不以授权交叉报复方式结案，在国际贸易实践中产生了较为广泛的影响。

4.4.3 中国贸易救济措施与案例

WTO 争端解决案例库可以查询到中国作为应诉和申诉两个方面的所有案例，截至 2021 年 12 月，共有申诉 22 起，应诉 47 起，作为第三方案件 190 起。除了 WTO 争端解决案例库之外，更多的贸易纠纷与案例由于一方采取措施而另一方没有采取 WTO 机制的申诉，因此不会在 WTO 争端解决案例库中出现。

根据中国贸易救济信息网救济措施统计，2001—2020 年，全球贸易救济措施共有 5 415 起，其中，反倾销措施为 4 445 起，占 82.09%；反补贴救济 507 起，占 9.36%；保障措施 375 起，占 6.93%；特保措施 88 起，占 1.62%。反倾销措施最多，其中中国发起的反倾销调查 280 起、反补贴措施 17 起、保障措施 2 起，三项救济措施共 299 起，占全球的 5.52%。中国出口的应诉反倾销、反补贴、保障措施与特保措施分别是 1275 起、189 起、320 起、88 起，占全球的比例分别是 28.68%、37.28%、85.33%、100.00%，四项占全球的比例为 34.57%，详见表 4.1。

表 4.1　2001—2020 年全球和中国贸易救济措施分类统计

贸易救济措施	反倾销	反补贴	保障措施	特保措施	小计
全球/起	4 445	507	375	88	5 415
全球各类占比/%	82.09	9.36	6.93	1.62	100.00
中国发起/起	280	17	2	0	299
中国各类占比/%	93.65	5.68	0.67	0.00	100.00
中国应诉/起	1 275	189	320	88	1 872
中国应诉各类占比/%	68.11	10.10	17.09	4.70	100.00
中国发起占全球比例/%	6.30	3.35	0.53	0.00	5.52
中国应诉占全球比例/%	28.68	37.28	85.33	100.00	34.57

数据显示，在常用的救济措施类型中，国外针对中国产业的保护措施较多，中国应诉有 1 872 起，而中国发起的保护措施只有 299 起，出现明显的不平衡。这一方面说明中国产业的国际竞争力总体是强的，另一方面显示了中国开放国内市场的趋势与信心，中国政府只会依法依规保护公平竞争的市场，而不会有意滥用保护措施。

从近十年的年度统计来看，2020 年由于受到新冠肺炎疫情的影响，中国出口形势一枝独秀，而世界其他主要经济体经济贸易形势陷于困境，中国发起的救济措施很少，只有 8 起，而外国针对中国出口产品的我国应诉为 133 起，如表 4.2 所示。经济贸易形势会显著影响一国的贸易保护救济措施的应用。

表 4.2　2011—2020 年全球和中国贸易救济措施统计

年份	2011	2012	2013	2014	2015	2016	2017	2018	2019	2020
全球/起	191	250	314	301	272	336	299	275	292	430
中国发起/起	5	11	19	7	0	7	25	19	16	8
中国应诉/起	73	92	98	100	98	120	77	104	102	133
中国应诉占全球比例/%	38.22	36.80	31.21	33.22	36.03	35.71	25.75	37.82	34.93	30.93

本 章 小 结

1. 有贸易就必然会有争端，有争端就需要寻求解决的方法。WTO 争端解决机制是

WTO 多边贸易机制的安全支柱，与 GATT 争端解决机制相比，WTO 争端解决机制更为大胆地向司法化的方向迈出了一大步。

2. WTO 争端解决机制的基本原则：继续适用 GATT 争端解决机制的原则；维护 WTO 的有效运行和维护成员方权利与义务平衡的原则；谨慎、善意地适用 WTO 争端解决机制的原则；给予发展中国家特殊待遇原则。

3. 争端解决机构由全体缔约方组成，它直接隶属于部长会议，有自己的主席、工作人员和工作程序。争端解决机构负责管理争端解决规则和程序，应向 WTO 各有关理事会和委员会通报与其有关协议相关的各项争端的进展情况。争端解决机构可根据需要召开会议，以期在规定时限内完成争端处理的任务。争端解决机构的主要职责是：成立专家组并通过其报告；建立常设上诉机构并通过其报告；监督裁决和建议的执行；根据有关协议授权成员方中止减让和其他义务。

4. 专家组是由争端解决机构在处理争端时组成的，争端结束即解散，其成员构成具有相对稳定性，一般专家组由 3 名专家组成，特殊情况下也可增加到 5 人。专家组的职权主要体现在：按照有关协议的规定，审查争端当事方提交争端解决机构的有关事项，进行必要的调查，最终作出解决该争端的决定，并提交争端解决机构作出裁决。

5. 上诉机构由 7 人组成，任何一个上诉案件由其中 3 人审理，上诉机构成员任职期限为 4 年，可以连任一次。7 名成员均在法律和国际贸易领域有卓越建树，并且完全以个人名义参加案件的审理，不隶属于任何政府，需广泛代表 WTO 的成员。上诉机构的主要职责是就专家组报告内容中的法律问题和专家组所作的法律解释作出终审性的裁决和结论，不涉及案件的事实部分。

6. 争端解决的基本程序分为以下几个阶段：磋商，斡旋、调解和调停，专家组，上诉程序，争端解决机构对有关建议或裁决的监督执行，补偿与交叉报复。

7. WTO 争端解决机制存在的问题主要包括以下方面：缺乏有关竞争政策和劳工标准的条款，发展中国家成员运用 WTO 争端解决机制的问题，交叉报复的执行和效果问题。

思　考　题

1. WTO 争端解决机制产生于什么样的背景？
2. GATT 争端解决机制的缺陷主要是什么？WTO 争端解决机制如何对其进行弥补？
3. WTO 争端解决机制的机构设置有哪些？运行程序如何？
4. WTO 争端解决机制存在的问题是什么？
5. 与 WTO 争端解决机制相比，欧盟、NAFTA 和 RCEP 有何特点？
6. 在中国贸易救济措施数据中，为什么中国应诉的较多而申诉的较少？

第三篇
基本保护规则

第5章　贸易协定的保障措施规则

📖 **本章要点**

在贸易自由化条件下如何保护各成员经济贸易发展利益，是重要且无法回避的现实问题，而贸易协定的保障措施规则就是各成员方可以使用的调节开放风险的安全阀。本章作如下介绍：5.1 节介绍 GATT 1994 保护条款和 WTO《保障措施协议》；5.2 节重点介绍 WTO 多边贸易协定的保障措施规则，保障措施的概念、实施条件和程序，RCEP 的保障措施条款；5.3 节介绍美国钢铁产品保障措施案例、中国的保障措施、如何合理运用保障措施规则。通过本章的学习，我们能够更好地利用贸易协定保障措施规则保护自己的利益。

5.1 《1994 年关税与贸易总协定》保护条款和世界贸易组织《保障措施协议》

5.1.1 《1994 年关税与贸易总协定》概述

GATT 有 1947 年和 1994 年两个版本。GATT 1947 是原 GATT 体制的核心，现在这一体制已被 WTO 及乌拉圭回合一揽子协议所取代。GATT 在 1947 年由 23 个创始缔约方谈判达成，规定了约束和指导各国贸易政策的原则，并为各缔约方政府提供了促进和扩大国际贸易的多边合作基础。WTO 代替了 GATT，成为解决成员间贸易关系的基础。但 GATT 的核心原则并没有改变，而且如果没有 GATT，乌拉圭回合一揽子协议是无法被理解的。

GATT 1994 是一套基本的货物贸易规则，来源于 GATT 1947。GATT 1994 是一份法律文件，规定了 WTO 每个成员在货物贸易中的义务。该议定书包括全部数千页的国别减让表，代表市场准入谈判的结果，还包括各国根据《农产品协议》所作的具体承诺。

具体而言，GATT 1994 包括以下 4 项内容。

第一项内容是 GATT 1947，即 1947 年 10 月 30 日通过的各项条款，包括 WTO 成立前的各项法律文件"更正、修正或修改（as rectified, amended or modified）"。

第二项内容包括 WTO 成立前的与关税减让相关的议定书、各国成为 GATT 缔约方的加入议定书、根据 GATT 1947 第 25 条所给予的且目前仍然有效的豁免，以及 GATT 缔约方作出的其他决定。

第三项内容是有关解释 GATT 条款的 6 项谅解：关于解释 GATT 1994 第 2 条第 1 款（b）的谅解（减让表）、关于解释 GATT 1994 国际收支条款的谅解（第 12 条和 18 条）、关于解释 GATT 1994 第 17 条的谅解（国营贸易企业条款）、关于解释 GATT 1994 第 24 条的谅解（区域经济一体化）、关于解释 GATT 1994 义务的谅解（第 25 条）、关于解释 GATT 1994 第 28 条的谅解（减让表的修改）。

第四项内容是《1994 年关税与贸易总协定马拉喀什议定书》，主要包括 WTO 成员的承诺，包括取消或削减关税与非关税的承诺，以前的所有减让承诺都成为 GATT 1994 的减让表。

以上 4 项合并在一起构成完整的 GATT 1994。GATT 1994 可以说是 WTO 协议中最主要的规则协议，它不仅规定了多边体制贸易自由化和市场准入的基本精神和原则，还规定了在贸易自由化的前提下各成员如何保护自己的保护规则。

5.1.2 《1994 年关税与贸易总协定》的主要保护条款

WTO 主张各成员实行贸易自由化，逐步开放货物和服务市场，促进国际贸易和世界经济的发展，但对开放市场后，可能对成员经济贸易发展带来的影响也予以关注，对贸易自由化的风险也相应地制定了一系列条款或协议加以防范，而并非放任自流，允许其成员建立自己的符合 WTO 规范的保障机制，对本国产业实行合理和适度的保护。GATT 1994 中有关保护的条款主要包括以下几个方面。

1. 对某些产品大量进口的紧急措施

GATT 1994 第 19 条规定在贸易自由化以后，面对进口产品大量增加致使国内产业发展受到压力并导致国内产业受到严重损害时，成员国可以对国内相关产业提供临时性保护（详见 5.2 节）。

《服务贸易总协定》第 10 条"紧急保障措施"与 GATT 1994 第 19 条原则是一致的，它准许 WTO 成员在由于没有预见到的变化或由于某一具体承诺而使某一服务的进口数量太大，以致对本国内的服务提供者造成了严重损害或严重损害威胁时，可以部分地或全部地中止此承诺以弥补这一损害。

这就意味着，WTO 在开放货物市场、服务市场后，如果某成员认为自身的市场开放度过大，构成对国内产业的严重冲击或损害，则可根据有关规则实施保障措施进行保护，既可以修改承诺，也可以暂时中止履行有关开放义务。

2. 对某些特定工业的发展提供援助

GATT 1994 第 18 条规定发展中国家政府对经济发展，尤其是对特定工业的兴建与发展提供援助，可以修改关税减让和实施数量限制。

（1）发展中国家政府对某些特定工业的发展提供援助

第 18 条前言规定了目标在于促进 WTO 宗旨的实现，即有利于帮助那些只能维持低生活水平、处在发展初期阶段的成员的经济增长，继而提高各国人民的生活水平。第 18 条规定以下两种类型的成员可援引：第一种是只能维持低生活水平、经济处于发展初期阶段的成员；第二种是经济处在发展过程，但又不属于第一种类型的成员。符合以上两种类型的成员，可以采取以下措施：①为某一特定工业的建立提供关税保护，使其在关税结构方面保持足够的弹性；②为满足经济发展计划而实施数量限制。

（2）经济发展初期的发展中国家为经济发展可修改关税减让

第 18 条第 1 节规定，只能维持低生活水平、经济处于发展初期阶段的成员，为加速某一特定工业的建立以提高人民的一般生活水平,认为有必要修改或撤销有关减让表中所列的某项减让,应将上述情况通知全体成员方,并应与原来跟它谈判减让的任何成员和全体成员方认为对此有实质利害关系的任何其他成员方进行谈判,如果谈判达成协议,则关税的修改可按协议规定进行。如果谈判达不成协议,则该问题可提交给 WTO,WTO 授权在一定条件下允许提出申请的成员提高关税。

（3）经济发展初期以发展经济为目的实施限制

第 18 条第 3 节规定,属于经济发展初期阶段、只能维持低生活水平的成员为加速某一特定工业的建立,可采取关税或数量限制促进该特定工业的发展。第 3 节规定了具体的实施条件,如引用的成员必须提出"政府援助是必要的"证据。促进某一特定工业的建立;目的在于提高人民的一般生活水平,通知 WTO 等。

（4）经济发展过程之中为经济发展实施限制

第 18 条第 4 节适用的对象是不属于仅能维持低生活水平、处于经济发展初期阶段的成员。这类成员处于经济发展过程之中,在 WTO 同意的情况下,可采取第 18 条规定的某些措施,如可采取关税或数量限制。在没有得到 WTO 成员的同意,如果某成员实施限制,则受该成员实施限制措施影响的成员可以进行报复。

3. 在特殊情况下重新谈判修改关税减让和市场准入义务

GATT 1994 第 28 条"关税减让表的修改"规定,在新一轮关税减让谈判开始之前或在特殊情况下,经 WTO 授权的任何时候,WTO 成员都可以就关税减让表中的优惠或约束关税税率进行重新谈判,以修改或撤销已作出的减让,但应考虑到对其他成员造成的影响,并对其作出适当的补偿或进行补偿谈判。

原则上要求提出修改关税减让义务申请的成员应与 WTO 中的有关成员进行谈判,达成协议后方可采取措施修改减让义务。但如果在规定的时期内不能达成协议,则提出申请的成员仍可以随时采取行动。这一条款仅针对在履行义务时对某一产业带来的冲击,可作出调整关税减让的安排,既适用于发达国家,也适用于发展中国家。

在 GATT 历史上,美国、加拿大、挪威、丹麦等发达国家曾被认为有"特殊情况"准许进行谈判,修改减让义务;印度、印度尼西亚、斯里兰卡、巴西等发展中国家也曾引用过此条款。

《服务贸易总协定》也规定在特定情况下可修改开放市场承诺义务。在通知服务贸易理事会后,一成员在其开放市场的承诺生效 3 年后,可在任何时候修改或撤销开放市场的承诺,但是要求该成员应与其他受影响的成员进行谈判,并在最惠国待遇的基础上进行补偿性调整。

4. 当国际收支不平衡时可实施限制

GATT 1994 第 12 条规定,任何成员为了保障其对外金融地位和国际收支稳定,预防货币储备严重下降的迫切威胁或制止货币储备严重下降,或者对货币储备很低的成员,为了使储备合理化地增长,可以限制准许进口的商品数量或价值。但是,必须得到国际货币基金组织的证实和由 WTO 成立工作组进行讨论和审查。

在 GATT 历史上,引用国际收支不平衡实行限制的案例很多。第二次世界大战后初期，西欧的国家曾引用此条实行进口数量限制，日本、美国、法国、瑞典、澳大利亚等国在 20 世纪 60 年代初宣布不再以国际收支为由实行限制。

第 12 条的规定既适用于发达国家，也适用于发展中国家。在实施中，一般发达国家引用第 12 条，而发展中国家引用第 18 条第 2 节的情况较多。

第 18 条第 2 节规定了发展中国家为维持国际收支平衡可实施数量限制。引用国际收支不平衡实施限制的成员需满足以下条件：①只能维持低生活水平标准或处于经济发展初期阶段；②当它们的经济迅速发展时，由于努力扩大国内市场和由于贸易条件不稳定会面临国际收支困难；③为保护其对外金融地位和保证有一定水平的储备以满足实施经济发展计划。满足以上 3 个条件的成员可以采取限制进口商品数量或价值的办法来控制进口。

《服务贸易总协定》第 12 条也规定了为国际收支平衡的限制措施，它与 GATT 1994 第 12 条类似，但不如 GATT 1994 的规定详细具体。

5. WTO 成员可援引的普遍例外和国家安全的例外

（1）普遍例外

GATT 1994 第 20 条规定，WTO 成员在下列情况下，可以不履行 GATT 1994 项下的所有义务：①政府为了维护公共道德采取必要的措施；②政府为了保障本国人民、动植物的生命或健康采取必要的措施；③黄金、白银进出口管理措施；④在与本协定义务不冲突的法规的实施中，有可能采取一些必要的措施，这类措施也应能得到允许，并列举了包括加强海关法令或条例，维护一定程度的垄断；⑤有关监狱劳动产品进出口的措施；⑥本国政府为保护本国具有艺术、历史或考古价值的文物所采取的措施，这些措施即使与 GATT 规定的义务有抵触也应该得到允许；⑦为有效保护本国可能用竭的自然资源，以及与国内限制生产与消费的措施相结合而采取的措施；⑧如果 WTO 的成员参加了某一商品协定，如果该商品协定所遵守的原则已向部长会议提出，部长会议也没表示任何异议，或商品协定本身的执行机构已向部长会议提出，并且部长会议也并没有表示异议，则该成员在履行这种国际商品协定所承担的义务时，采取的措施应该是合理的，也是允许的；⑨当一成员内原料价格过低，或为了保证本国加工工业对该原料的基本需要，在作为政府稳定计划的一部分的时间内，政府可以采取必要的措施限制这些原料出口，但是，不能把这些措施用于对本国国内工业提供保护或对增长此种国内工业的出口提供保护；⑩当出现普遍的或局部的产品供给不足时，为获取或分配产品所必须要采取的措施同样可作为 WTO 原则的例外，但是所有成员在这类产品的国际供应中都有权能获得公平合理的份额，当这类措施与 GATT 的其他义务抵触时或当这类措施存在的条件不复存在时，则应予以停止实施。

（2）国家安全例外

GATT 1994 第 21 条规定一成员为国家安全可以不履行 GATT 1994 项下的义务，即本协定规定：①不能要求任何成员提供其根据国家基本安全利益认为不能公布的资料；②不能妨碍任何成员为保护国家基本安全利益而对核材料、武器交易或战时采取其认为必须采取的行动；③不能阻止任何成员根据联合国宪章维持国际和平和安全而采取行动。

（3）服务贸易中的例外

《服务贸易总协定》第 14 条（普遍例外和国家安全例外）规定，只要符合一定的条件，在这些特定情况下，一成员可以采取一些与《服务贸易总协定》不一致的措施。这些条件是：①出于保护公共安全、公共卫生、环境、文化、资源等；②为了维护国内法律和制止欺诈行为；③采取的措施要及时向各成员通知；④不得在情况相似的国家之间采取武断和不公平的歧视；⑤不得借机为国际服务贸易设置限制。本条还规定各成员有关国家安全的情报，军事、放射性物质和战争时期等所采取的行动，为执行联合国宪章而采取的行动等，可与《服务贸易总协定》的义务暂时背离。

6. WTO 允许其成员反对不公平贸易而实施的保护

GATT 1994 第 6 条及第 16 条均规定一成员如果认为某一成员出口的商品价格低于其在国内市场上在正常贸易情况下的销售价格，或得到政府的补贴而出口，并且这种倾销或补贴行为对其国内工业造成损害或有损害威胁时，可以对此征收反倾销税或反补贴税，以抵制这种不公平贸易。乌拉圭回合谈判达成的《反倾销协议》及《补贴与反补贴协议》对此作了进一步的规范。

7. 利用 WTO 的贸易争端解决机制保护本国产业

WTO 具有任何其他地区性组织和国际协议都不具备的贸易争端解决机制。在该机制下，各成员权利与义务对等，任何一方都不能将其不符合 WTO 的做法强加于另一方。WTO 争端解决协议规定，除了 WTO 成员一致反对不通过争端解决专家组报告，否则一律视为通过。这一重大转变使贸易大国主宰争端解决结果的时代一去不复返，贸易小国或贸易上受歧视的国家的权利有了充分的保障，从而有利于保护其国内市场和促进国内产业的发展。大量的双边和多边贸易争端可能需要通过 WTO 争端解决机构来解决。

8. 利用技术性壁垒进行保护

技术性壁垒是指为了限制进口所规定的复杂苛刻的技术标准、卫生检疫规定以及商品包装、标签和合格评定程序等规定。由于这些标准和规定往往以维护生产、消费者安全和人们健康的理由而定，所以有些规定常以绿色壁垒来称呼。虽然 WTO 要求其成员取消非关税壁垒措施，但技术性壁垒的存在符合国家安全、人民卫生健康的观念，这必然使技术性壁垒游离于非关税壁垒措施之外，因而受到众多成员方的广泛重视和采用。就卫生检疫规定而言，主要是通过对食品、药品、化妆品等日用品制定卫生检疫标准，对不符合标准的产品限制进口。例如，日本、加拿大、英国等要求花生和花生酱中的黄曲霉素含量分别不超过百万分之二十和百万分之十，超过者不准进口；欧盟的《儿童保护法案》（Child Resistance Law，CR 法案），对 2 欧元以下的打火机制定技术标准，要求必须安装防止儿童开启的装置，这使我国温州生产的低价打火机难以进入欧盟市场。这种广泛利用技术规定限制进口的做法，为我国技术标准法规的制定提供了有益的启示。

在多边体制下，除了 GATT 1994 有关保护条款之外，针对有关保护措施还专门制定了许多详细的协议，这些保护措施与协议可以归纳为行政管理措施、技术措施、投资措施、知识产权保护措施以及专门针对行业部门的规则。

5.1.3 《保障措施协议》

1. 保障措施的概念

保障措施（safeguard measures），也称逃避条款、免责条款（escape clause）或紧急措施（emergency action），是指成员方在某些产品进口大量增加的情况下，可以暂时减少或免除所承诺的降低进口限制的部分义务，以便于该产业的保护和结构调整。当某产品进口大量增加导致国内该产业的严重损害或严重损害威胁时，该进口方可以暂时采取提高关税或实施进口数量限制措施。保障措施显然是贸易自由化原则基础上的一种例外，又被称为自由贸易的"安全阀"。

2.《保障措施协议》的产生

在许多国家的贸易法中都有类似的条款，如逃避条款或免责条款，但是如果没有国际统一的规范，则各国实施保障措施时就存在差异，这种差异无疑会导致不公平，而且许多国家就会过度利用保障措施实施保护主义，因此建立多边协议成为许多国家的共同心愿。

GATT 1947 第 19 条就是对特定产品进口的紧急措施（emergency action on import of particular products），该条款规定，由于意外情况的发生或因缔约一方承担本协定义务而导致输入到该缔约方领土某一产品的数量大为增加，因而对该缔约方国内的相同产品或直接竞争的产品的国内生产者造成严重损害或严重损害的威胁时，该缔约方在防止或纠正这种损害所必需的程度和时间内，可以对上述产品全部或部分地暂停实施其所承担的义务，或者撤销或修改减让。自 GATT 1947 第 19 条产生以来，保障措施条款受到各成员方的充分关注，初步起到了"安全阀"的作用。但由于保障措施的规定过于含糊，操作性较差，其规定不够严格的根本缺陷也日渐明显。另外，在对外贸易保护中，存在许多国家采取"灰色措施"保护的趋势和倾向。因此，自东京回合开始，保障措施谈判便被提到议事日程上来。在 GATT 乌拉圭回合谈判中，经过大家的努力，1994 年各缔约方终于在摩洛哥马拉喀什城签订了包括《保障措施协议》在内的一揽子协议。

3.《保障措施协议》的意义

《保障措施协议》作为乌拉圭回合谈判的成果具有重要意义：①从制度上强化了 GATT 1994 第 19 条保障措施的多边控制，对成员方寻求 WTO 规则之外的措施给予明确的禁止，使成员方采取保护必须回归到 WTO 的法律框架之内；②这种保障措施或"免责机制"给予 WTO 成员方推动贸易自由化进程充分的信心和胆量，它使 WTO 体制更有吸引力，因为它赋予了各成员方一种救济权，即当推行贸易自由化出现意外使某成员方产业受到严重损害时，成员方可依法实施保障；③《保障措施协议》对实施保障措施的实体条件、程序作出了明确的规定，规定了详细的通知义务，保证了充分的透明度，在更大程度上保证了保障措施的完整性、可行性和透明度，以及实施保障措施的公正性。

4.《保障措施协议》框架

《保障措施协议》以 GATT 1994 第 19 条为基础，对具体适用保障措施的条件、程序作了比较明确的规定，对灰色区域措施问题作了明确禁止。《保障措施协议》共有 14 条和 1 个附件。第 1 条总则明确指出保障措施就是指 GATT 1994 第 19 条规定的措施，第 2 条规定了实施保障的条件，第 3 条是关于调查，第 4 条明确严重损害和严重损害威胁的确定，第 5 条是保障措施的实施，第 6 条是临时保障措施，第 7 条是保障措施的期限和审议，第 8 条是关于减让和其他义务的水平，第 9 条是关于发展中国家的照顾，第 10 条是关于以前已经存在的措施，第 11 条是关于某些措施的禁止和取消，第 12 条明确通知和磋商的要求，第 13 条是关于监督，第 14 条是争端解决，1 个附件是关于第 11 条第 2 款所指的例外。

5.2 贸易协议的保障措施规则

5.2.1 世界贸易组织保障措施的实施条件

根据《保障措施协议》第 2 条第 1 款及第 4 条规定，进口方实施保障措施必须符合 3 个实质性要件：①进口增长；②国内产业存在严重损害或严重损害威胁；③进口增长与严重损害或严重损害威胁之间存在因果关系。

1. 进口增长

进口增长是进口数量的增长（such increased import），而非价值的增长。这种进口数量的增长包括绝对增长和相对增长。

绝对增长是指产品的进口数量在某段时期的绝对增加，如去年进口 10 000 打，今年进口 20 000 打。

相对增长是指相对于已减少的国内消费量或国内生产量而言，某种产品的进口份额在总消费量中所占比例的增加。在这种情况下，并未发生进口量的实际增长，但是相对于国内市场调整过程中消费总量的下降，进口数量的相对份额确实提高了，如去年进口 10 000 打，今年仍进口 10 000 打，但是国内消费量从去年的 50 000 打降到今年的 30 000 打。这种相对增长确实可能会导致调整过程中的国内产业的损害或损害威胁。有些学者认为相对增长的概念不尽合理，因为相对增长可能确实是国内产业结构调整所必需的，以相对增长为由实施保障等于把产业调整的负担转移到外国产品身上，是贸易保护主义的借口。

2. 国内产业存在严重损害或严重损害威胁

《保障措施协议》第 4 条对国内产业、严重损害和严重损害威胁等概念作出了精确的解释。

国内产业（domestic industry）是指在进口成员方领土内生产相似产品（like product）或直接竞争产品的所有生产者，或占有主要份额的生产者。与《反倾销协议》不同，《保障措施协议》没有对后一种情况下的产量比例规定下限。一般认为国内产量超过 50%份额的国内生产企业，就是国内产业。同时需要注意的是，关税同盟既可以以一个整体实施保障措施，也可以仅代表同盟的某一个成员实施保障措施，但是国内产业和严重损害或严重损害威胁的认定以及保障措施的实施范围等各个环节的口径应该保持一致。

严重损害（serious injury）是指对某一国内产业造成重大的全面的损害，或总体的损害。但是由于各个成员经济发展水平不同，相关产业的成熟度也有所差异，因此不可能事先规定严重损害或严重损害威胁的非常明确的量化标准。但是从东京回合和乌拉圭回合的谈判可以看出，标准问题是谈判各方非常关注的问题。标准过高会迫使成员在多边规则之外去寻求一些不正当的灰色区域措施解决问题；而标准过低则会导致保障措施的滥用，进而严重扭曲国际贸易。从实践角度看，要实际评估所有因素是非常困难的。为了统一各成员的实践，《保障措施协议》规定，在评估国内某一产业是否存在严重损害或严重损害威胁时，进口成员必须评估与该产业状况相关的所有客观的和可量化的因素，包括绝对和相对的有关产品进口的比例和数量，增加的进口所占的市场份额，销售水平、产量、生产率、设备利用率、盈亏及就业的变化情况。但是从保障措施争端案例实践看，争端解决机构专家组以务实的方法确定了"所有相关因素"的最小范围，即《保障措施协议》第4条第2款所列举的因素和保障措施调查案中利害关系方明确提出的其他因素。

严重损害威胁（threat of serious injury）应解释为严重损害的危胁是显而易见的，对其的确定必须有事实依据，不能仅凭指控、推测或极小的可能性便裁定"存在严重损害威胁"。

3. 进口增长与严重损害或严重损害威胁之间存在因果关系

进口增长与严重损害或严重损害威胁之间存在因果关系是实施保障措施的一个必要条件。如果产业严重损害或严重损害威胁是由进口增长之外的其他因素造成的，则进口成员不得实施保障措施。《保障措施协议》明确规定，不得将由进口增长之外的因素造成的严重损害归咎于进口增长。这实际上是对因果关系的认定提出了更高的要求。例如，在美国小麦面筋保障措施案中，专家组认为，在排除了其他因素造成的损害之后，如果进口增长造成的损害仍达到严重的程度，则可以认定进口增长与损害存在因果关系。当然，从操作的角度来讲，这一点很不容易做到。排除其他因素造成的损害并不像加减法那么容易，因为各种因素造成的损害的比例很难量化。

在评估进口增长和损害之间是否有因果关系时，必须要排除：①消费者偏好（喜好）的改变；②采用新技术生产了更好的替代品。由这两个因素造成的损害或损害威胁不能算在进口增长因素上，进口国在评估时必须加以说明。

4. 关于其他条件：意外情况和承担总协定义务的结果

根据WTO争端案例，争端解决机构专家认为GATT 1994和WTO保障措施协议都是各国实施保障措施的依据。根据GATT 1994第19条的规定，只有在进口数量的增加是由于"意外情况"和承担总协定义务而造成时，进口方才能采用保障措施。事实上，意外情况是进口增长导致国内产业严重损害或严重损害威胁所必然的，如果进口增长属于预料之内的情况，则不存在采取应急措施的基础。因而意外情况或未预见的情况是不是进口成员实施保障措施的实体条件并没有意义。

5.2.2 世界贸易组织保障措施的实施程序

GATT 1994第19条第2款、《保障措施协议》第3条和第12条对保障措施程序作了规定。WTO 成员若要实施保障措施，则必须通过调查证明前述条件都得以满足。为了保证调查程序的公正和透明，也为了尽量减少因实施保障措施造成的贸易扭曲，该协议对保障措施调查规定了非常严格的通知义务。此外，该协议还特别强调拟实施保障措施的成员必须在整个调查过程中，给其他有利害关系的成员充分的磋商机会。进口成员实施保障措施流程示意图如图 5.1 所示。

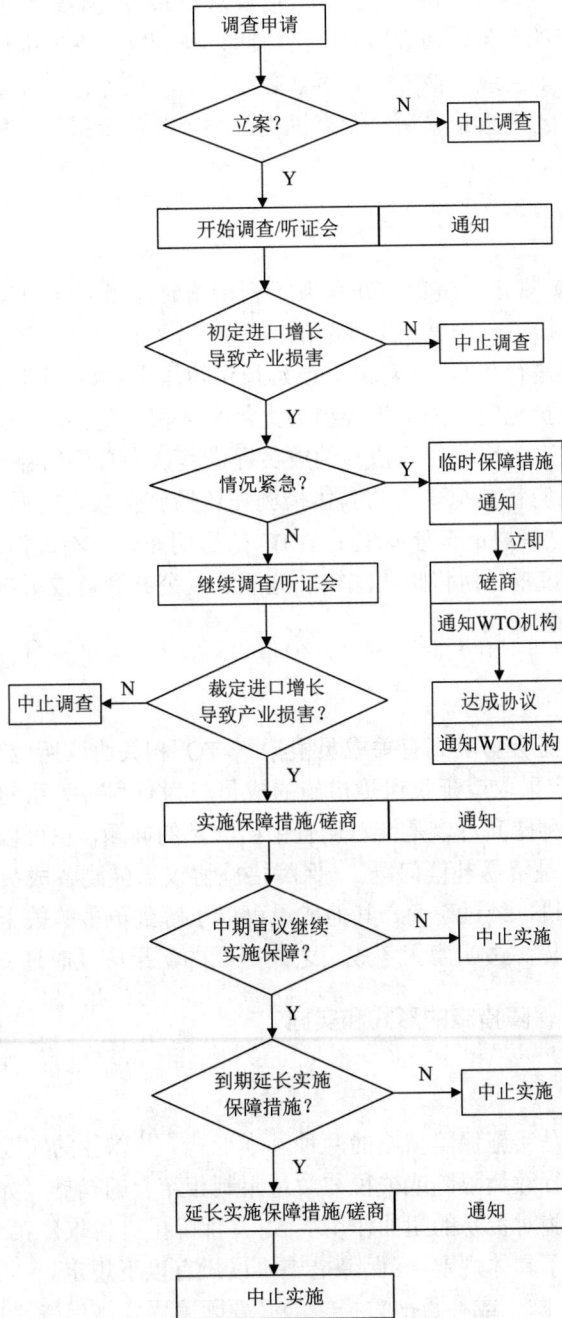

```
                    ┌──────────┐
                    │ 调查申请 │
                    └──────────┘
                         │
                     ◇ 立案? ◇ ──N──→ ┌──────────┐
                         │Y            │ 中止调查 │
                         ▼             └──────────┘
              ┌──────────────┬────────┐
              │开始调查/听证会│ 通知  │
              └──────────────┴────────┘
                         │
              ◇ 初定进口增长      ◇ ──N──→ ┌──────────┐
              ◇ 导致产业损害      ◇         │ 中止调查 │
                         │Y                 └──────────┘
                         ▼
                                              ┌──────────────┐
              ◇ 情况紧急? ◇ ──Y──→            │ 临时保障措施 │
                         │N                    │     通知     │
                         │                     └──────────────┘
                         │                         │立即
              ┌──────────────┐               ┌──────────────┐
              │继续调查/听证会│               │     磋商     │
              └──────────────┘               │  通知WTO机构  │
                         │                     └──────────────┘
                         │                         │
   ┌──────────┐          │                     ┌──────────────┐
   │ 中止调查 │←──N── ◇ 裁定进口增长 ◇          │   达成协议   │
   └──────────┘        ◇ 导致产业损害? ◇        │  通知WTO机构  │
                         │Y                     └──────────────┘
              ┌──────────────┬────────┐
              │实施保障措施/磋商│ 通知 │
              └──────────────┴────────┘
                         │
              ◇ 中期审议继续     ◇ ──N──→ ┌──────────┐
              ◇ 实施保障?        ◇         │ 中止实施 │
                         │Y                 └──────────┘
                         ▼
              ◇ 到期延长实施     ◇ ──N──→ ┌──────────┐
              ◇ 保障措施?        ◇         │ 中止实施 │
                         │Y                 └──────────┘
                         ▼
              ┌──────────────────┬────────┐
              │延长实施保障措施/磋商│ 通知 │
              └──────────────────┴────────┘
                         │
                    ┌──────────┐
                    │ 中止实施 │
                    └──────────┘
```

图 5.1　进口成员实施保障措施流程示意图

调查、通知和协商是成员实施保障措施的 3 个主要环节。

1. 调查

保障措施调查是采取保障措施的必经步骤。保障措施协议规定：①调查必须按照事先已经确定的程序进行；②必须符合 GATT 1994 第 10 条关于透明度的要求；③保障措施协议并没有详细规定调查的每一个环节，但要求发起调查的成员的调查机构应向所有利害关系方作出适当的公告，为进口商、出口商以及利害关系方提供陈述意见和抗辩的适当机会，如举行听证会或其他方式，而且必须特别注意各方对保障措施的采取是否符合公众利益的意见；④调查结束后，调查机构必须公布调查报告，列明经调查后认定的相关事实和法律结论。

2. 通知

《保障措施协议》规定，进口方在采取下列措施时应当立即向保障措施委员会发出通知：①就引发严重损害或严重损害威胁的原因发起调查；②对由进口增长导致的严重损害或严重损害威胁进行裁决；③对采取或延长保障作出决定。在作出②和③的裁决时，拟实施保障措施的成员应向保障措施委员会提供全部相关资料。货物贸易理事会或保障措施委员会可以要求准备采取保障措施的成员提供其认为必要的补充资料。此外，拟实施保障措施的成员还应将其拟采取的具体措施在该措施生效之前通知保障措施委员会。《保障措施协议》的这些规定充分体现了 WTO 的透明原则。不过作为例外，《保障措施协议》并不要求成员披露任何将阻碍法律实施或违反公共利益或影响任何公有或私有企业合法商业利益的机密资料。

3. 协商

由于采取保障措施会影响到有关成员根据 WTO 相关协议所应享有的利益，因此，《保障措施协议》规定采取或延长保障措施的成员应为有利害关系的成员提供寻求事先磋商的充分机会。这种磋商可以是针对调查中所涉及的问题，也可以是针对拟采取的具体保障措施，还可以是贸易补偿问题。《保障措施协议》鼓励各成员通过充分磋商达成谅解。从另一个角度讲，经过磋商，其他成员可以了解到更多的关于调查或最终措施的信息，有利于进一步提高透明度。各成员之间磋商的结果应及时通知货物贸易理事会。

5.2.3 世界贸易组织保障措施的形式和实施

1. 保障措施的形式

关税和数量限制是实施保障措施的两种基本形式。从以往的实践看，大致包括修改减让、提高关税、实行数量限制或关税与数量限制相结合的措施（如关税配额）等。

鉴于数量限制措施对贸易的扭曲作用更大，《保障措施协议》第 5 条专门就数量限制和配额调整问题作了具体规定。《保障措施协议》有以下规定。

1）各成员应仅在防止或补救严重损害的必要限度内实施保障措施。

2）在实施数量限制时，不得使进口数量低于过去 3 个有代表性的年份的平均进口水平，但进口方有正当理由的除外。

3）在采用配额管理方式时，进口方应当与有利害关系的供应方就配额分配达成协议，若协议不成，则实施保障措施的成员应按其在前一有代表性的时期在总进口中所占的份额，按比例分配配额。

4）除非有保障措施委员会的授权，分配应在非歧视的基础上进行。

5）《保护措施协议》第 5 条第 2 款规定，如果实施保障措施的成员在保障措施委员会主持下与其他成员进行磋商，且向保障措施委员会证明存在特殊情况，则配额可以不按前面所讲的比例分配。这种情况需要证明：①在有代表性的时期内，来自某一成员的进口在该产品进口的总增长中占有过大的比例；②不按比例分配的理由是正当的；③不按比例分配对所有出口成员是公正的。《保护措施协议》同时也规定，这种偏离一般原则的做法的期限不得超过 4 年，而且，如果仅存在严重损害威胁，则不得如此。

2. 保障措施的实施

（1）保障措施的实施方式

《保障措施协议》明确规定，保障措施必须以非歧视的方式实施；保障措施实施期超过 1 年的保障措施必须逐步放宽，即进口限制的水平或程度应逐步下调。

（2）临时保障措施

临时保障措施是指在紧急情况下，如果延迟会造成难以弥补的损失，进口成员可不经磋商而采取临时保障措施。

《保护措施协议》规定，进口成员主管当局应根据明确证实了"进口增长已经或正在造成严重损害或威胁"的初步裁定，才能采取临时保障措施；临时保障措施的实施期限不得超过 200 日，并且该期限计入保障措施总期限；临时保障措施只能采取增加关税的形式，如果随后的调查不能证实增加的进口已经导致或威胁导致对国内产业的损害，则增加的关税应迅速退还；在采取临时保障措施前应通知保障措施委员会，在采取措施后应尽快与各利害关系方举行磋商。

（3）保障措施的实施期限

各成员应在防止或补救严重损害和便利产业调整必需的期限内实施保障措施。保障措施的实施期限一般不应超过 4 年；如果经过重新调查，认为保障措施对防止损害或补救损害仍有必要，而且有证据表明受救济的产业正处于调整之中，则实施期限可以延长，但总期限（包括临时保障措施的实施期和最初实施期限在内）不应超过 8 年。

（4）保护措施的实施频度

对同一进口产品再次适用保障措施时，后一次适用应与前次适用保持一定的时间间隔。该时间间隔应与前次适用期相等，但不得短于 2 年。适用期只有 180 日或少于 180 日的保障措施，在同时满足以下两个条件的情况下，可以针对同一产品再次适用：自采取该保障措施之日起已至少过了 1 年；自采取该保障措施之日起 5 年内，未对该同一产品实施 2 次以上保障措施。

（5）关于保障措施的审议

如果保障措施的预定适用期在 1 年以上，实施保障措施的成员在适用期内应按固定的时间间隔逐渐放宽该措施；如果实施期超过 3 年，则该成员须在中期之前审议保障措施的实施情况，并根据审议情况撤销或加快放宽该措施。

5.2.4 《保障措施协议》的其他规定

1. 补偿与报复

由于保障措施针对的是公平贸易条件下的产品进口，因此，保障措施的实施必然影响出口方的正当利益。为此，《保障措施协议》第 8 条规定，实施保障措施的成员与其他有利害关系的成员可就贸易补偿问题进行谈判。

如果 30 日内不能达到双方满意的补偿方案，则利益受到影响的出口成员在货物贸易理事会收到其关于报复的书面通知 30 日后，且在保障措施实施后 90 日内，可以对实施保障措施的成员采取实质对等的报复措施。当然，条件是货物贸易理事会不反对实施这种报复措施。

《保障措施协议》对报复权还有一种限制。符合以下两个条件的不得采取报复。

1）采取保障措施是因为进口的绝对增长，并且该措施符合协议的规定。

2）在保障措施实施的第一个 3 年中，利益受影响的出口成员不得行使报复权。

2. "灰色区域" 措施问题

经过乌拉圭回合艰苦的谈判，最后谈判各方就 "灰色区域" 措施问题达成了一致。协议明确规定，任何成员不得在进口或出口方面寻求、采取或维持自愿出口限制、有秩序的销售安排或其他形式的 "灰色区域" 措施。成员不应鼓励或支持公私企业采用或维持与上述做法效果相同的非政府措施。

对于 WTO 成立前已经实行并仍继续生效的 "灰色区域" 措施：一方面，各成员应将该类措施通知保障措施委员会；另一方面，成员应列出时间表逐步取消此类措施或使其符合《保障措施协议》的规定。绝大部分此类措施应在 WTO 成立后 4 年内取消，但允许每个进口成员可至多有一项此类措施延长适用至 1999 年 12 月 31 日。

3. 发展中国家成员的优惠待遇问题

GATT 1947 第 19 条没有对发展中国家成员的待遇做任何特别规定，《保障措施协议》则体现了对发展中国家成员利益的特别关注。

1）该协议规定，对于来自发展中国家成员的产品，只要其有关产品的进口份额在进口成员中不超过 3%，就不得对该产品实施保障措施，但是进口份额不超过 3% 的发展中国家成员份额总计不得超过有关产品总进口的 9%。根据这个规定，如果发展中国家成员的出口在进口成员方总进口中的份额超过 9%，则任何发展中国家成员都得不到进口成员实施保障措施的例外照顾。这样，根据目前发展中国家成员在一般制造业中劳动密集型产品具有比较优势的现实情况，总计份额超过 9% 是非常普遍的，因此，发展中国家成员得到《保障措施协议》照顾的可能性非常小，这显然不利于发展中国家成员的出口和发展，也违背了 WTO 照顾发展中国家发展的基本原则。

根据张玉卿和李成钢所著的《WTO 与保障措施争端》，如果发展中国家成员的合计出口份额超过 9%，则将发展中国家成员按出口份额由少到多排序，累计份额在 9% 之内的发展中国家成员可以不受保障措施的限制。这样的理解显然和 WTO 保障措施协议文本不一致。如果将《保障措施协议》文本作这样的修改，无疑是合理的。

但是从保障措施实践和案例看，各成员实施保障措施时对于份额少于 3% 的发展中国家出口成员仍然给予了照顾。如果有 4 个发展中国家成员都向某一成员出口同一产品，且各自在进口方进口总量中所占的份额分别为 2%、2%、2% 和 4%，则只能累加前 3 个发展中国家成员的出口份额，因为最后一个份额已经超过 3%。结果是，对前 3 个发展中国家成员，因其份额总和为 6%，低于 9%，因此保障措施不适用于这 3 个成员的出口产品；对于份额为 4% 的发展中国家成员，因其份额已经高于 3%，保障措施可以对其适用。如果有 5 个发展中国家成员，对该进口方的出口份额分别是 2%、2%、2%、2% 和 2.5%，则进口国不能对前 4 个发展中国家成员实施保障措施，但可以对第 5 个发展中国家成员实施保障措施。

2）发展中国家成员采取保障措施的限期比发达国家成员长一些，其最长适用期可为 10 年。在针对同一产品适用保障措施的频度方面，对某一发展中国家成员来讲，只要拟实施的后一次保障措施与前次保障措施之间的时间间隔等于前次保障措施期限的一半，且该时间间隔至少为 2 年，则后一次保障措施即可实施。

例如，某发展中国家对汽车产业实施保护，第一次从 1996 年 1 月 1 日起实施，期限为 5 年，则第二次实施保障措施的时间最早可从 2003 年 7 月 1 日开始。如果某发展中国家对汽车产业实施保护，第一次从 1996 年 1 月 1 日起实施，期限为 3 年，则第二次实施保障措施的时间最早可从 2001 年 1 月 1 日开始。

5.2.5　区域全面经济伙伴关系协定的保障措施条款

RCEP 第七章"贸易救济"中的第一节就对 RCEP 保障措施做了规定。第一节共十条，其总体规定与 WTO《保障措施协议》类似，其中第九条"全球保障措施"规定：RCEP 保障措施不得影响缔约方在《1994 年关税与贸易总协定》第十九条和《保障措施协议》项下的权利和义务；RCEP 缔约方遵守了 WTO 保障措施就应当视为其已遵守 RCEP 本条款；不能同时针对同一货物实施 RCEP 临时或过渡性保障措施以及根据《1994 年关税与贸易总协定》第十九条和《保障措施协议》实施的保障措施。

1）关于 RCEP 过渡性保障措施，第七章第一条规定，自 RCEP 生效到承诺表取消关税有 8 年的过渡期；第二条规定，过渡期的关税不能超过最惠国关税税率，关税配额和数量限制不属于过渡期保障措施的实施方式。

2）关于通知和磋商，第七章第三条做了规定。遇到下列情况，一缔约方应当立即向其他缔约方发出书面通知：①发起与严重损害或严重损害威胁相关的调查程序及其原因；②就因增加的进口所造成的严重损害或严重损害威胁作出调查结果；③实施或延长一项 RCEP 过渡性保障措施；④决定修改，包括逐步放宽一项 RCEP 过渡性保障措施。书面通知的具体内容视情景略有不同，针对第①种情况发出的书面通知应包括：调查所涉及的原产货物的精确描述，包括该货物在协调制度编码下的品目或子目和该缔约方的国别关税税则；发起调查的原因摘要；发起调查的日期及调查期限。

针对第②至第④种情况发出的书面通知应包括：关于受制于 RCEP 过渡性保障措施的原产货物的精确描述，包括该货物在协调制度编码中的品目或子目和该缔约方的国别关税税则；关于严重损害或严重损害威胁的证据，表明根据本协定实施的关税削减或取消所引发的其他一个或多个缔约方原产货物进口增加造成了损害；拟实施的过渡性保障措施的精确描述；实施过渡性保障措施的建议日期、其预计的期限及在过渡性保障期期满后逐步放宽 RCEP 过渡性保障措施的时间表；如涉及过渡性保障措施延长的情况，关于有关国内产业正在调整的证据。

3）关于调查程序，第七章第四条做了详细规定：①一缔约方只有在其主管机关根据《保障措施协议》有关条款的规定进行调查后，方可实施一项过渡性保障措施，为此，《保障措施协议》有关条款经必要修改后纳入本协定并成为本协定的一部分；②每一缔约方应当保证其主管机关在发起第一款所述的调查之日起一年内完成该调查。

4）关于 RCEP 过渡性保障措施的范围与期限，第七章第五条做了规定：①在防止或救济严重损害并便利调整所必需的限度和期限内；②不超过 3 年，除非在特殊情况下，如实施 RCEP 过渡性保障措施的缔约方主管机关根据本条规定的程序认定，继续实施该 RCEP 过渡性保障措施对于防止或救济严重损害以及便利调整确有必要，且有证据表明该国内产业正在进行调整，则该措施的实施期限可延长不超过 1 年，但 RCEP 临时和过渡性保障措施的总实施期，包括初次实施和任何之后的延期，不得超过 4 年；③最不发达国家缔约方可将 RCEP 过渡性保障措施再延长 1 年；④在过渡性保障期期满后不得再延长。

5）关于微量进口和特殊待遇第七章第六条规定：①对于一缔约方的一原产货物，只要其进口额占进口缔约方从所有缔约方进口该货物总额的比重不超过 3%，即不得对该原产货物实施临时性或过渡性 RCEP 保障措施，前提是占比不超过 3% 的缔约方进口额合计不得超过该货物总进口额的 9%；②不得对来自任何最不发达国家缔约方的原产货物实施临时性或过渡性 RCEP 保障措施。

6）关于补偿，第七章第七条做了如下规定。①提出实施或延长 RCEP 过渡性保障措施的一缔约方应当与将受该措施影响的出口缔约方磋商，向那些出口缔约方提供双方同意的适当方式的贸易补偿，形式为具有实质相等的贸易效果的减让或与该措施预计所导致的额外关税的价值相等的减让。实施 RCEP 过渡性保障措施的一缔约方应当自 RCEP 过渡性保障措施实施之日起 30 天内向将受此类措施影响的出口缔约方提供磋商机会。②如根据第①款进行的磋商在开始后 30 天内未能就贸易补偿达成协议，则货物被实施 RCEP 过渡性保障措施的任何缔约方可对实施该过渡性保障措施的缔约方的贸易中止实施实质相等的减让。③货物被实施 RCEP 过渡性保障措施的一缔约方应当在其根据第②款中止减让至少 30 天前，书面通知实施 RCEP 过渡性保障措施的缔约方。④提供补偿的义务和中止减让的权利随该 RCEP 过渡性保障措施的终止而终止。⑤只要 RCEP 过渡性保障措施在进口绝对增加的情况下实施并符合本协定规定，中止减让的权利在该 RCEP 过渡性保障措施生效的前 3 年不得行使。⑥最不发达国家缔约方实施或延长一项 RCEP 过渡性保障措施，受影响的缔约方不得要求其作出任何补偿。

7）关于 RCEP 临时保障措施，第七章第八条做了如下规定。①在延迟会造成难以补救的损害的紧急情况下，一进口缔约方可以根据其主管机关的初步裁定实施一项 RCEP 过渡性保障措施的实施、RCEP 临时保障措施，且上述初步裁定认定存在明确证据表明关税削减或取消导致来自另一缔约方或数个缔约方的一原产货物增加的进口已经或正在对该进口缔约方国内产业威胁造成严重损害。②在实施RCEP临时保障措施前，一缔约方应当书面通知其他缔约方。与对有关货物具有实质利益的出口缔约方的磋商应当在 RCEP 临时保障措施实施后立即开始。③RCEP 临时保障措施的期限不得超过 200 天，在此期间，实施该措施的缔约方应当遵守调查程序的要求。如果根据调查程序进行的调查没有得出保障措施的实施所要求的结论，实施措施的该缔约方应当立即退还因实施 RCEP 临时保障措施而加征的关税。为进一步明确，任何此类 RCEP 临时保障措施的期限应当计入 RCEP 过渡性保障措施的范围和期限所述的总实施期。④RCEP 过渡性保障措施的实施、范围和期限等条款在细节上经必要修改后应当适用于 RCEP 临时保障措施。

5.3　保障措施案例和中国有关保障措施的应用

5.3.1　美国钢铁产品保障措施案例

美国两次钢铁产品保障措施均引起了世界性连锁反应，2002 年的保障措施引发了 11 起保障措施案，而 2018 年的钢铝保障措施引发了 30 多个国家（地区）的 9 起案例，可见美国的钢铁保障措施案具有典型意义。

1）2002 年 3 月 5 日，美国总统布什公布了进口钢铁 201 保障措施调查案最终救济方案。根据该方案，从 3 月 20 日起，美国将对板坯、板材、长材等 12 种进口的主要钢铁品实施为期 3 年的关税配额限制或加征 8%～30%不等的关税。

美国进口钢 201 案可以说是全球钢铁业遭遇的最大一宗贸易壁垒案，此次美国所作所为是典型的贸易保护主义，表面上动用的是 WTO 框架下的保障措施，但实质上自说自话，抛开了 WTO 的正常程序。并且，美国这次挥动大棒的对象是欧盟、日本、韩国、中国、俄罗斯等，却"豁免"了对美钢铁出口大户加拿大和墨西哥，这看似不符合 WTO 的非歧视原则，但是可以理解为 WTO 非歧视原则的区域自由贸易区的例外。

美国的钢铁保障措施案引起世界性钢铁贸易战。2002 年 3 月 8 日，日本、韩国、澳大利亚、欧盟和中国香港等国家（地区）向 WTO 保障措施委员会对美国提高钢材进口关税等措施提出申诉，从而开始了主要贸易伙伴对美钢材保障措施应对的法律程序。在美国宣布对钢材实施保障措施之后不久，墨西哥对进口钢材加征了高达 35%的关税。2002 年 3 月 27 日，欧盟宣布对 15 种钢材实施临时保障措施，以防止因美国采取钢铁保护主义政策而导致的国际钢铁产品对欧盟市场的冲击。加拿大最大的几家钢铁公司极力鼓动政府像美国和墨西哥那样对进口钢材加征高额关税。由于担心欧盟、美国实施保障措施之后加拿大可能成为贸易转移的目的地，并对加拿大钢铁企业造成损害，加拿大政府于 2002 年 3 月 22 日对进口钢材发起了保障措施调查，以判定在美实施钢材保障措施后输入加拿大的钢材是否出现激增，以及进口增长是否损害了加拿大的国内产业，该调查于 2002 年 8 月结束。中国也作出对部分钢铁实施从 2002 年 5 月到 2005 年 5 月的保障措施决定。从各国钢铁贸易战的反应看，各国通过磋商程序后，并未急于进入 WTO 的有关争端解决程序，而是采取了各自的临时保障措施作为应对的策略，这显然体现了保障措施在紧急前提下的及时性，起到了"安全阀"作用。但是其周期性和过渡性会导致有些国家故意用之，这也许是 WTO 多边机制的一个重要特点。

2）2018 年 6 月 1 日，欧盟要求与美国磋商关于美国针对钢铝产品进口的保障措施的政策。欧盟声称美国的保障措施与 WTO《保障措施协议》、GATT 有关条款等规则要求不符。6 月 8 日之后，日本、中国、泰国、土耳其、加拿大、印度、挪威、俄罗斯、印度尼西亚、中国香港等国家（地区）相继加入磋商程序。6 月 11 日，美国向争端解决机构主席表达同意与欧盟磋商，但是双边磋商并没有达成协议。10 月 18 日，欧盟请求成立专家组。10 月 29 日，争端解决机构推迟了专家组的成立。11 月 21 日，争端解决机构成立专家组，中国、日本、加拿大、俄罗斯、新加坡等 30 个国家（地区）保留第三方权力。2019 年 1 月 7 日，欧盟再次要求成立专家组。2019 年 9 月 4 日，专家组主席通知争端解决机构，专家报告不早于 2020 年秋季发布。因新冠肺炎疫情影响，专家组工作延迟。2021 年 11 月 8 日，专家组主席再次通知，根据争端解决机制 12.12 条款，专家组于 2021 年 12 月 17 日之前暂停工作。

2018 年的美国钢铝保障措施引发 30 多个国家（地区）的 9 起案件，详见 WTO 争端解决案例库 DS548、DS544、DS547、DS550、DS551、DS552、DS554、DS556 和 DS564 等案例文件。

5.3.2　中国"入世"承诺中的特保条款

中国加入 WTO 议定书规定了我国的承诺，其中第 16 条是特定产品过渡性保障机制，简称"特保条款"，该条款规定了我国在 12 年内过渡期，针对保障措施方面的特殊承诺。

特保条款与 WTO《保障措施协议》条款有区别。特保条款以《保障措施协议》为基础，是一种特殊情况使用的保障机制。特保条款是我国的一项承诺，进口成员方可以用比《保障措施协议》更宽松的条件对我国出口产品实施保障措施。主要体现在以下 3 点。

1）提出市场扰乱概念和实施中使用实质性损害的条件。市场扰乱概念在《保障措施协议》中没有出现，可以说基本包含了《保障措施协议》中实施保障措施的实体条件，但是更为宽松。市场扰乱是指进口产品的增加导致进口方国内产业的实质性损害或实质性损害威胁，而不是《保障措施协议》中所指的严重损害或严重损害威胁。实质性损害意味着等同于不公平贸易的反倾销规则的实施条件。

2）明确规定中国在一定期限内不能采取对等的停止减让措施。当针对中国的特保措施是由于进口水平的相对增长而采取的措施，而且如该项措施持续有效的期限超过 2 年，中国才有权针对实施该措施的 WTO 成员的贸易暂停实施 GATT 1994 项下实质相当的减让或义务。该款项意味着中国在 2 年内不能要求采取保护措施的进口成员方作出相应的补偿或对其采取对等的回应措施。关于相对增长情况的这一点，在《保障措施协议》中是没有的。

3）特保条款规定，当进口成员与中国特保措施进行磋商，在 60 日内未达成协议，则进口成员可以直接采取限制措施。关于这一点在《保障措施协议》中没有这么明确的规定，这对中国也是非常不利的。

中国关于特定产品过渡性保障机制的承诺使中国出口优势产业的发展可能暂时处于不利地位，但是这项承诺是中国"入世"权利义务一揽子谈判承诺义务中的一项，不能简单孤立地理解特保条款的让步性质，它是中国取得"入世"权利和出口优势产业大发展的基础前提。

5.3.3　中国的保障措施法规

为了促进对外贸易的健康发展，根据《中华人民共和国对外贸易法》的规定，国务院于 2001 年 11 月 26 日发布了《中华人民共和国保障措施条例》，根据 2004 年 3 月 31 日《国务院关于修改〈中华人民共和国保障措施条例〉的决定》，又对条例作了修订。该条例共有 5 章 34 条。该条例的颁布与实施，对我国对外贸易具有重要的意义：①制定和实施《中华人民共和国保障措施条例》是我国适应贸易自由化新形势、改革外贸管理体制的重要任务；②保障措施是为国内产业创造公平竞争环境的有效措施；③保障措施是企业维护自身合法权益、进行自我保护的有效武器。

为有效实施《中华人民共和国保障措施条例》，对外贸易经济合作部 2002 年 2 月 10 日颁布了《保障措施调查听证会暂行规则》和《保障措施调查立案暂行规则》。2003 年 9 月 29 日商务部发布了《保障措施产业损害调查规定》，取代原国家经贸委颁布的《保障措施产业损害调查与裁决规定》（国家经贸委令〔2002〕第 47 号）。这些法规与规定对于实施保障措施的立案、进口增长、进口增长与损害之间的因果关系以及听证会等作了明确规定。我国商务部负责我国保障措施立案调查、产业损害的调查以及实施。涉及农产品的保障措施产业损害调查，由商务部会同农业农村部进行。

关于保障措施的法规与规定是我国遵守 WTO 规则实施保障措施的法律基础，也是我国保护国内产业的主要依据。为了更好地保护国内产业发展，使国内产业免受大量进口的冲击以及国内出口产业免受外国实施保障措施的不利影响，我国应该加紧建立进出口增长的预警机制，制定预警法规，成立预警机构，建立预警信息系统，以完善进出口预警体系，为国内产业健康发展提供保障。

5.3.4　与中国有关的保障措施案件

随着我国"入世"和我国产品出口的进一步发展，国外针对我国产品的限制措施会越来越多。从保障措施条款的争议看，根据 WTO 争端解决案例库统计，截至 2021 年 8 月，共有 62 起涉及《保障措施协议》的案例，但是利用《保障措施协议》来保护成员方产业的诉讼案件要多得多。根据中国贸易救济信息网数据，2011—2020 年全球及与中国有关的保障措施案件情况如表 5.1 所示。从表 5.1 可以看出，针对中国的保障措施的案件占全球保障措施案件的 80% 以上，2017 年全球共有 8 件，都是针对中国的保障措施。中国主要是应诉国，而中国发起申诉的保障措施案件很少，只有 2016 年的 1 件。

表 5.1　2011—2020 年全球及与中国有关的保障措施案件统计

年份	2011	2012	2013	2014	2015	2016	2017	2018	2019	2020	合计
全球总数/起	14+1	25+2	15	26	17	11	8	18	33	25	153
中国发起数/起	0	0	0	0	0	1	0	0	0	0	1
中国应诉数/起	13+1	20+2	12	24	16	10	8	15	30	23	138
中国应诉占全球比例/%	93.33	81.48	80.00	92.31	94.12	90.91	100	83.33	90.91	92.00	90.20

注：加号后面的数据为特保措施案件数，特保措施主要针对中国"入世"承诺的特保条款。

自 2001 年"入世"以来，我国本地产业发展迅速，本国企业面临进口的竞争日益加剧，我国自己也可以利用保障措施对本地产业实施保护。但是实际数据显示，我国利用保障措施发起的调查只有 1 件。反过来，随着我国产业国际竞争力的日益提高，我国出口应诉更多。在反倾销与反补贴案件中，我国应诉占全球总数的 30%左右，但是与我国有关的保障措施案件，2011—2020 年我国应诉占全球比例平均在 90%以上。

表 5.2 和表 5.3 分别汇总了我国出口应诉的保障措施部分案件和我国针对进口调查的保障措施部分案件。

表 5.2　我国出口应诉的保障措施部分案件

序号	公告时间	公告题目	案件节点公告
1	2021 年 8 月 20 日	摩洛哥对进口冷轧板以及镀膜或涂层板启动第二次保障措施日落复审立案调查	2014 年 6 月 11 日原审立案，2014 年 10 月 22 日原审初裁，2015 年 5 月 29 日原审终裁，2018 年 7 月 31 日落/终复审立案，2019 年 1 月 11 日落/期终复审终裁，2021 年 8 月 17 日落/期终复审立案
2	2021 年 8 月 11 日	美国对进口晶体硅太阳能电池进行保障措施日落复审立案调查	2017 年 5 月 17 日原审立案，2017 年 9 月 22 日原审产业损害初裁，2017 年 10 月 31 日原审产业损害终裁，2018 年 1 月 26 日措施实施，2019 年 7 月 25 日期中复审立案，2021 年 8 月 6 日落/期终复审立案
3	2021 年 8 月 9 日	乌克兰对进口硫酸和发烟硫酸保障措施启动日落复审调查	2017 年 8 月 10 日原审立案，2018 年 7 月 13 日原审终裁，2021 年 8 月 7 日落/期终复审立案
4	2021 年 8 月 6 日	南非对进口六角螺丝钉作出第一次保障措施日落复审终裁	2018 年 4 月 20 日原审立案，2018 年 8 月 3 日原审初裁，2019 年 2 月 6 日原审终裁，2021 年 5 月 21 日日落/终复审立案，2021 年 8 月 3 日日落/期终复审终裁
5	2021 年 7 月 26 日	乌克兰终止对进口瓷砖保障措施调查	2021 年 6 月 1 日原审立案，2021 年 7 月 23 日无措施结案
6	2021 年 7 月 20 日	印度尼西亚修改进口织物的保障措施	2019 年 9 月 18 日原审立案，2019 年 11 月 6 日原审初裁，2019 年 11 月 9 日措施实施，2020 年 3 月 3 日原审终裁，2020 年 5 月 27 日措施实施，2021 年 7 月 19 日措施实施
7	2021 年 7 月 19 日	印度尼西亚对进口瓷砖作出第一次保障措施日落复审终裁	2018 年 3 月 29 日原审立案，2018 年 7 月 10 日原审终裁，2018 年 9 月 19 日措施实施，2021 年 5 月 5 日落/期终复审立案，2021 年 7 月 16 日落/期终复审终裁

注：资料来源于中国贸易救济信息网，时间截至 2021 年 8 月 22 日。

表 5.3　我国针对进口调查的保障措施部分案件

序号	公告时间	公告题目	案件节点公告
1	2018 年 7 月 16 日	商务部公告 2018 年第 58 号 关于取消不适用食糖保障措施国家（地区）名单的公告	2016 年 9 月 22 日原审立案，2017 年 5 月 22 日原审终裁，2018 年 7 月 16 日措施实施
2	2017 年 5 月 22 日	商务部公告 2017 年第 26 号 关于对进口食糖采取保障措施的公告	2016 年 9 月 22 日原审立案，2017 年 5 月 22 日原审终裁，2018 年 7 月 16 日措施实施
3	2017 年 3 月 20 日	商务部公告 2017 年第 15 号 关于延长进口食糖保障措施调查期限的公告	2016 年 9 月 22 日原审立案，2017 年 5 月 22 日原审终裁，2018 年 7 月 16 日措施实施

续表

序号	公告时间	公告题目	案件节点公告
4	2016 年 11 月 3 日	关于食糖保障措施调查听证会相关事项的通知	2016 年 9 月 22 日原审立案，2017 年 5 月 22 日原审终裁，2018 年 7 月 16 日措施实施
5	2016 年 10 月 20 日	商务部贸易救济调查局关于召开食糖保障措施调查听证会的通知	2016 年 9 月 22 日原审立案，2017 年 5 月 22 日原审终裁，2018 年 7 月 16 日措施实施
6	2016 年 9 月 22 日	商务部公告 2016 年第 46 号 关于对进口食糖进行保障措施调查听证会的通知	2016 年 9 月 22 日原审立案，2017 年 5 月 22 日原审终裁，2018 年 7 月 16 日措施实施
7	2016 年 9 月 22 日	商务部贸易救济调查局关于利害关系方申请举行食糖保障措施案听证会有关事项的通知	2016 年 9 月 22 日原审立案，2017 年 5 月 22 日原审终裁，2018 年 7 月 16 日措施实施

注：资料来源于中国贸易救济信息网，时间截至 2021 年 8 月 22 日。

5.3.5　合理运用保障措施规则

实施保障措施的目的是留出国内产业参与国际竞争的缓冲时间以利于国内产业的调整。产业调整的目的是发挥本国的比较优势，最终提升国内产业的国际竞争力。因此，分析实施保障措施的有效性和合理性，就要看实施保障措施是否有利于国内产业的结构调整，是否有利于国内产业竞争力的提高。合理运用保障措施规则，需要认清以下两点。

1）保障措施的实施是有代价和成本的。不管是多边贸易协定（WTO）还是区域贸易协定（如 RCEP）都有补偿条款。一般情况下，实施保障措施的进口缔约方应该给予受保障措施影响的出口缔约方实质对等的补偿，或出口经济体对实施保障措施的进口经济体终止其实质对等的减让义务。因此，实施保障措施意味着在对一个产业的保护程度增加的同时，会减轻国内其他产业的保护程度，或其他产业受到出口限制，或作出相应的资金补偿。

2）适度保护有利于国内产业竞争力提高，有利于产业结构调整。过度保护就是保护落后，不利于培育产业国际竞争力。保障措施是可以利用的实施产业保护的重要手段，并且已经被有些国家滥用，形成一种重要的贸易壁垒。产业集团的利益冲突常常使进口经济体政府摇摆不定，难以作出明智的决策。在美国的保障措施调查历史上，有关部门调查确定存在进口增长并对国内产业造成损害，但是贸易委员会建议不实施保障措施以及贸易委员会建议实施保障措施但是被总统否决的案例也不乏其例。这背后除了政治因素外，自然也有国家产业结构调整目标和国家整体经济发展的因素。进口经济体决定是否采用保障措施，需要考虑产业保护程度合理性的其他因素，如产业升级、产业发展目标、产业比较优势培育与产业国际竞争力提高等。

本 章 小 结

1. GATT 有两个版本，1947 年版和 1994 年版，GATT 1994 有 4 个部分，包括 GATT 1947 及其更正、修正或修改，以前的关税减让和加入议定书，有关解释 GATT 条款的 6 项谅解，WTO 减让和市场准入。

2. 根据 GATT 1994，各成员方可以利用的保护条款有第 19 条（对特定产品进口的紧急措施）、第 12 条（为保障国际收支平衡而实施的数量限制）、第 6 条（关于反补贴和反倾销措施）、第 20 条（一般例外）、第 21 条（安全例外）及第 23 条（利益丧失和减损）等。

3. WTO 的《保障措施协议》是 GATT 第 19 条的具体化，明确规定了各国采取保障措施的条件、实施程序、措施选择、实施期限和补偿等要求。它赋予了各成员方一种救济权，而使 WTO 体制更有吸引力，WTO 保障措施是多边贸易体制下各成员方扩大开放的"安全阀"。

4. 保障措施的实施条件有 3 个：某产品进口数量的增加，国内相关产业的严重损害或严重损害威胁以及进口增加与国内产业损害的因果关系。各成员方实施保障措施必须以事实为基础，履行充分的调查、磋商和通知 3 个基本环节的义务，才可以实施提高关税或采取进口数量限制的措施。在实施数量限制时，不得使进口数量低于过去 3 个有代表性的年份的平均进口水平。在配额分配上应进行磋商，一般按其成员在前一有代表性时期在总进口中所占的份额，按比例分配配额。

5. 保障措施的实施期限一般不超过 4 年，如果需要至多可以延长到 8 年，发展中国家成员可以延长至 10 年。非歧视和逐渐放宽是具体实施保障措施的基本原则。

6. 在紧急情况下，如果延迟会造成难以弥补的损失，成员可不经磋商而采取临时保障措施。进口的增长已经或正在造成严重损害或威胁的初步裁定，以及延迟会造成难以弥补的损失，是临时保障措施的前提。临时保障措施的实施期限一般为 200 日。临时保障措施的实施形式只能是提高关税。

7. 保障措施针对的是公平贸易条件下的产品进口，保障措施必然影响出口方的正当利益，因此，实施保障措施的成员与其他有利害关系的成员可就贸易补偿问题进行谈判。补偿的形式一般是降低一些对有关成员有出口利益的进口产品关税。如果磋商未达成协议，则受影响成员方可以采取报复，即终止对等程度的关税减让。如果成员方在符合《保障措施协议》规定和进口数量相对增长条件下实施保障措施，则受影响成员方不得采取报复。

8. 中国利用保障措施保护本国产业的基本国内法规有 4 部，即国务院 2001 年底公布、2004 年修订的《中华人民共和国保障措施条例》，对外贸易经济合作部 2002 年 2 月发布的《保障措施调查立案暂行规则》和《保障措施调查听证会暂行规则》，商务部 2003 年 10 月发布《保障措施产业损害调查规定》。中国贸易救济信息网汇集了有关保障措施的统计数据，以及最新的中国保障措施进口调查和出口应诉案件信息。

思 考 题

1. 根据 GATT 1994，各成员方可以利用的保护条款主要有哪些？
2. 简述《保障措施协议》的产生和意义。
3. 根据《保障措施协议》，成员方实施保障措施的条件有哪些？
4. 根据《保障措施协议》，成员方实施保障措施的程序和环节有哪些？

5．根据《保障措施协议》，成员方实施临时保障措施有何规定？

6．根据《保障措施协议》，成员方实施保障措施的期限有何规定？

7．成员方选择保障措施保护本国产业需要注意哪些方面？

8．中国"入世"承诺的特保条款实施条件与《保障措施协议》的实施条件相比较，主要有何不同？

第6章　贸易协定主要行政管理规则

📖 **本章要点**

　　除了 GATT 1994 有关保护条款之外，WTO 针对有关保护措施还专门制定了许多规则协议，这些保护措施与协议可以归纳为行政管理措施、技术措施、投资措施、知识产权保护措施以及专门针对行业部门的规则。本章主要介绍政府的外贸行政管理、WTO 的行政管理措施协议，包括《进口许可程序协议》《海关估价协议》《装运前检验协议》《原产地规则协议》《政府采购协议》《贸易便利化协定》等。

6.1　政府行政管理与国际贸易

　　对外贸易的行政管理就是依托国家行政权力对对外贸易活动实施的管理。与国家经济管理手段比较，行政管理有统一性、强制性、速效性和规范性等特点。各国维护本国经济贸易利益，主要通过制定贸易管理的各项行政法规来实现，这些贸易法规赋予各个行政机构管理权，以监督和管理对外贸易活动，同时也形成了对外贸易活动管理流程和环节。目前各国对外贸易的行政管理主要有经营主体资格管理、进出口商品许可管理、技术性的商品检验检疫与认证管理、对外贸易秩序管理、外汇结算与税务管理、海关管理等。《中华人民共和国对外贸易法》是我国行政机关管理对外贸易的基本法律。

6.1.1　对外贸易活动的主体资格和对外贸易秩序管理

　　1. 对外贸易活动的主体资格管理

　　对外贸易活动的主体资格管理就是国家管理机关根据相关法规赋予的审核、监督、取消经营实体对外贸易经营权的管理行为。对外贸易经营者就是依法获得对外贸易活动资格的经济实体和机构。《中华人民共和国对外贸易法》第八条规定："本法所称对外贸易经营者，是指依法办理工商登记或者其他执业手续，依照本法和其他有关法律、行政法规的规定从事对外贸易经营活动的法人、其他组织或者个人。"

　　对外贸易经营权的管理制度有两类：审批制度和登记制度。以前我国实行的是审批制度，企业具备一定条件，经过政府管理部门批准许可，才能从事对外贸易活动。中国在加入 WTO 后，按照"入世"承诺，在 3 年过渡期内，外贸经营权管理与国际规则接轨，取消对外贸易经营权的审批制，实行对外贸易经营依法登记制，对符合条件的经济实体提供进出口贸易权，实现从审批制度到登记制度的转化。

　　《中华人民共和国对外贸易法》规定，从事货物进出口或者技术进出口的对外贸易经营者，应当向国务院对外贸易主管部门或者其委托的机构办理备案登记。我国已经实现了经营权管理制度从审批制向登记制的转变。

2. 对外贸易秩序管理

《中华人民共和国对外贸易法》规定，在对外贸易经营活动中，不得实施以不正当的低价销售商品、串通投标、发布虚假广告、进行商业贿赂等不正当竞争行为。在对外贸易经营活动中实施不正当竞争行为的，依照有关反不正当竞争的法律、行政法规的规定处理。有前述违法行为，并危害对外贸易秩序的，国务院对外贸易主管部门可以采取禁止该经营者有关货物、技术进出口等措施消除危害。

在对外贸易活动中，不得有下列行为：①伪造、变造进出口货物原产地标记，伪造、变造或者买卖进出口货物原产地证书、进出口许可证、进出口配额证明或者其他进出口证明文件；②骗取出口退税；③走私；④逃避法律、行政法规规定的认证、检验、检疫；⑤违反法律、行政法规规定的其他行为。

为了维护对外贸易秩序，国务院对外贸易主管部门可以自行或者会同国务院其他有关部门，依照法律、行政法规的规定对不正常的进出口贸易活动及其影响进行调查。对外贸易秩序管理的主要管理机构是商务部、地方外经贸管理部门和国家、地方市场监督管理部门。对外贸易秩序管理措施主要包括经营资格、许可、配额、关税等。

6.1.2　商品进出口许可管理

1. 商品进出口管理分类

国家准许货物与技术的自由进出口。但是，法律、行政法规另有规定的除外。在商品管理上各国分为自由进出口、限制进出口、禁止进出口。对于自由进出口的商品管理，有时为了监测进出口情况，可以实行自动许可制度。对于限制进出口的商品管理，通过其他管理办法来实现，包括非自动许可、配额、关税配额等具体形式。进出口货物配额、关税配额，由国务院对外贸易主管部门或者国务院其他有关部门在各自的职责范围内，按照公开、公平、公正和效益的原则进行分配。

2. 商品进出口许可管理部门

根据我国《货物进口许可证管理办法》规定，商务部是全国进口许可证的归口管理部门，负责制定进口许可证管理的规章制度，发布《进口许可证管理货物目录》和《进口许可证管理货物分级发证目录》，设计、印刷有关进口许可证和印章，监督、检查进口许可证管理办法的执行情况，处罚违规行为。

商务部授权配额许可证事务局统一管理、指导全国发证机构的进口许可证签发及其他相关工作，配额许可证事务局对商务部负责。

6.1.3　海关管理与商品检验检疫

1. 海关管理

海关是国家进出口关境的监督管理机关，其基本职能是进出关境监管，征收关税和其他税、费，查缉走私，编制海关统计，办理其他海关业务。海关管理也是中国货物进出口管理环节中的重要组成部分。

中国实行集中统一的、垂直的海关管理体制，即海关的隶属关系不受行政区划的限制；海关依法独立行使职权，向海关总署负责。实行集中统一的垂直管理体制，适应海关代表国家行使主权、维护国家整体利益的需要。海关监管对象为货物、物品和运输工具。

2. 商品检验检疫

进出口商品检验，是指在国际贸易中对买卖方达成交易的进出口商品，由法定机构依法对其品质、数量、规格、包装、安全、卫生、装运条件等进行检验的活动。依据WTO 规则和《中华人民共和国进出口商品检验法》、《中华人民共和国进出口商品检验法实施条例》等国内法律法规，管理部门对进出口商品检验活动进行管理。

海关总署设在各地的检验检疫机构对所在地区进出口开展目录商品的强制检验和非目录商品的抽查检验。[①]海关总署应当依照《中华人民共和国进出口商品检验法》规定，制定、调整必须实施检验的进出口商品目录（以下简称"目录"）并公布实施。目录应当至少在实施之日30日前公布；在紧急情况下，应当不迟于实施之日公布。出口商品应当在商品的生产地检验。出入境检验检疫机构对列入目录的进出口商品以及法律、行政法规规定实施强制检验（又称法定检验）。强制检验的出口商品未经检验或者经检验不合格的，不准出口。出入境检验检疫机构对强制检验以外的进出口商品，根据国家规定实施抽查检验。

检验机构从事进出口的非目录商品检验鉴定业务属于商业性委托检验。非强制商品检验可以由经国家商检技术认证部门许可的检验机构进行。经许可的检验机构才有资格从事委托的进口商品检验鉴定业务，才可以接受对外贸易关系人或者外国检验机构的委托开展商品检验。国家市场监督管理总局主管全国检验检测机构资质认定工作，并负责检验检测机构资质认定的统一管理、组织实施、综合协调工作。

海关根据《中华人民共和国海关进出口货物商品归类管理规定》、《中华人民共和国进出口税则》、《进出口税则商品及品目注释》、《中华人民共和国进出口税则本国子目注释》和国家标准、行业标准，以及海关化验方法等，对进出口货物的属性、成分、含量、结构、品质、规格等进行化验、检验，并将化验、检验结果作为商品归类的依据，同时打击假冒伪劣商品的进出口。除特殊情况外，海关技术机构应当自收到送检样品之日起15日内作出化验、检验结果。海关应当在化验、检验结果作出后的1个工作日内，将相关信息通知收发货人或者其代理人。收发货人或者其代理人要求提供化验、检验结果纸本的，海关应当提供。其他化验、检验机构作出的化验、检验结果与海关技术机构或者海关委托的化验、检验机构作出的化验、检验结果不一致的，以海关认定的化验、检验结果为准。

6.1.4 外汇结算管理

外汇管理是指一国政府授权国家的货币管理当局或其他机构，对外汇的收支、买卖、借贷、转移以及国际结算、外汇汇率和外汇市场等实行的控制和管制行为。我国在外汇管理上建立了针对出口的银行结汇制度和针对进口的银行售付汇制度。

---

① 2018 年我国政府机构调整，国家出入境检验检疫局并入海关。

1. 银行结汇制度

中国对境内机构经常项目下的贸易外汇收入实施银行结汇制度，即境内机构贸易项下的外汇收入，除国家规定准许保留的外汇可以在外汇指定银行开立外汇账户外，都必须及时调回境内，按市场汇率卖给外汇指定银行。

结汇业务，是指外汇收入所有者将外汇卖给外汇指定银行，外汇指定银行根据交易行为发生之日的人民币汇率付给等值人民币的行为。结汇分为强制结汇、意愿结汇和限额结汇等形式。强制结汇是指所有外汇收入必须卖给外汇指定银行，不允许保留外汇；意愿结汇是指外汇收入可以卖给外汇指定银行，也可以开立外汇账户保留，结汇与否由外汇收入所有者自己决定；限额结汇是指外汇收入在国家核定的限额内可不结汇，超过的金额必须卖给指定银行。我国目前对贸易外汇采用强制结汇和限额结汇两种方式。

为了有效地进行外汇管理，我国实施了出口收汇核销管理制度。国家外汇管理局及其分支局是出口收汇核销的管理机关，负责对出口单位和银行的出口收汇相关行为进行监督、管理，并通过"出口收汇核报系统"和"中国电子口岸出口收汇系统"为出口单位办理出口收汇核销手续。

2. 银行售付汇制度

售汇是指外汇指定银行将外汇卖给使用者，并根据交易行为发生之日的人民币汇率收取等值人民币的行为。从用汇单位角度来讲，售汇又称为购汇。我国企业经常项目下产生的外汇需求，只要能够提供与支付手段相应的有效商业单据和凭证，就可以从外汇指定银行购买外汇。企业购买外汇需要提供的凭证和商业单据主要有进口合同、进口付汇核销单、开证申请书、进口付汇通知书、发票、正本进口货物报关单、正本运输单据等。

付汇是指经批准经营外汇业务的金融机构，根据有关售汇以及付汇的管理规定，在审核用汇单位提供规定的有效凭证和商业单据后，从其外汇账户或将其购买的外汇向境外支付的行为。出口收汇核销制度是指货物出口后，由外汇管理部门对相应的收汇进行核销。进口付汇核销制度是指进口货款付出后，由外汇管理部门对相应的到货进行核销。

为配合结售汇和收付汇核销制的执行，根据中国人民银行令（1996 年 1 号）《结汇、售汇及付汇管理规定》，对暂不结汇和无须结汇的经常项目外汇收入，可以开立外汇账户，实行账户管理，以达到对不结汇收入的监管。

6.2　进口许可程序规则

6.2.1　进口许可程序的概念和分类

1. 进口许可制度的概念

进口许可制度（import licence system）是各国政府监控与管理进口贸易的重要手段之一。《进口许可程序协议》第一条"总则"中对进口许可下了定义，进口许可是指为实施进口许可证制度而需要向有关管理机构递交申请或其他文件，作为货物进入进口成员关税领土区域先决条件的行政管理程序。各国的进口许可制度规定，要求进口公司或个人只有向政府指定部门申请并取得许可后才能进口某种商品。该进口许可的书面凭证被称为进口许可证。

进口许可制度对进口国家有双重作用，在维护进口国家正当的贸易权益的同时，也会构成限制贸易的非关税壁垒，妨碍国际贸易的正常发展。所以进口许可制度一直为各国所关注。

2. 进口许可证的分类

进口许可证根据其是否与配额挂钩，可分为两种：有配额的许可证和无配额的许可证。有配额的许可证就是管理机构预先规定有关商品的进口数量和价值，然后在进口数量和价值的额度内，根据进口商的申请发给有一定配额的许可证。无配额的许可证就是没有明确贸易数量或价值额度限制的许可证。

从管理目的和严格程度上分，进口许可证可分为自动进口许可证（automatic import licence）和非自动进口许可证（non-automatic import licence）两种。自动进口许可证又称公开一般许可证（open general licence），就是对进口产品的数量和价值、进口来源没有限制的进口许可证。实际上它是一种自由进口的商品，实施进口许可证只是为了监测商品进口的数量和分布情况。非自动进口许可证又称特种进口许可证（specific licence）是指进口国家管理部门根据申请和本国情况逐笔严格审批同意后方可进口，这种许可证通常指定进口的来源国别（地区）。为了区别这两种商品，管理部门要定期公布和调整这两类商品的清单目录。

6.2.2 《进口许可程序协议》

《进口许可程序协议》由前言和八个条款构成。第一条为总则，第二条为自动进口许可，第三条为非自动进口许可，第四条为机构，第五条为通知，第六条为磋商和争端解决，第七条为审议，第八条为最后条款。

1. 进口许可程序的一般原则

《进口许可程序协议》第一条规定了实施进口许可程序的一般原则，主要有以下方面。

1）进口许可程序的实施应该保持中性，并以公平、公正的方式进行管理。

2）各成员政府应在本协议生效之前（通常在生效之前的21日之前）尽快公布国内有关进口许可程序的法规和申请所需资料的要求。公布的国内进口许可法规必须符合本协议要求。

3）申请表以及展期申请表格应尽可能地简化。在提交许可证申请时，允许申请人有合理的申请期限，若有截止期，则该期限至少应为21日。申请人的申请应只向与申请有关的一个行政管理机构提出，如有必要向一个以上的行政管理机构提出申请，则不应超过三个。

4）对于不改变单证基本条件、有微小差错的任何申请不得予以拒绝，对于明显不是有意欺骗或严重疏忽的单证或手续上的遗漏或错误，不得给予比警告严重的处罚。

5）在由于运转、散装船过程中发生的误差以及符合一般商业做法的其他小误差，而使许可证进口的货物与许可证所载价值、数量或重量有少量出入时，不应拒绝此种货物进口。

6）许可证持有者为了支付许可进口的货物所需外汇，应同不需要进口许可货物的进口商在同样的基础上获得，即取得外汇的便利和成本应该没有差异。

7）以上进口程序的实施原则与 GATT 1994 一样有安全例外。

8）本协议还规定不得要求任何成员披露会妨碍执法或违背公共利益或损害特定公私企业合法商业利益的机密信息。

2. 关于自动进口许可程序的规定

实施进口许可程序的一般原则适用于自动进口许可证程序。此外，《进口许可程序协议》针对自动进口许可还作了以下规定。

1）实施自动进口许可证程序不得使实施自动许可证的货物进口受到限制影响。

2）在没有其他合适的程序时，采用自动进口许可证是必要的。

3）实施自动进口许可证还要符合三点要求：①任何个人、公司或机构只要满足了进口方相关法律要求，均有同等资格进行申请，并获得进口许可证；②进口许可证的申请书在海关放行货物之前的任何一个工作日递交均可；③如果递交的进口许可证申请书的手续是完备的，就应该在管理可行的范围内，在收到申请后立即批准，最多不超过 10 个工作日。如果违背了上述三点，则认为自动许可程序的实施影响了贸易，也就不被规则所允许。

3. 非自动进口许可程序的规定

非自动进口许可证限制程序除适用实施许可证程序应遵循的一般原则外，还要符合下述规定。

1）除实施许可证限制所造成的影响之外，非自动进口许可证不得对进口有其他的限制或扭曲贸易的作用。

2）在对有关产品贸易有利害关系的任何成员要求下，各成员均应提供下述资料：各项限制的管理情况、近期发给的进口许可证、此种许可证在供应国之间的分配、尽可能提供进口许可证范围的产品进口统计[价值和（或）数量]。

3）用许可证方法管理配额时，应公布所实施的配额数量或价值总额、配额的终止日期及其他任何变化。对于在供应国之间分配的配额，实行限制的成员应立即将最近分配的份额，按数量或价值通知对其有兴趣的成员，并应发布公告。如果出现有必要规定配额日期提前开始的情况，应在其实施的 21 日内发布公告。

4）凡符合进口成员法律要求的个人、公司和机构，应具有申请和获取许可证的同样资格。如果许可证申请未获批准，应将其原因告知申请人；申请人有权根据进口成员的国内立法或程序进行上诉。

5）在一般情况下，收到申请应立即给予考虑，即以先来先领的方式进行管理，并且处理申请的期限不得超过 30 日；如果所有申请同时予以考虑，则处理全部申请的期限不得超过 60 日，而且该期限从申请截止之日的第 2 日开始。

6）许可证的有效期应当合理，不应短到影响货物进口的程度。除了进口必须满足短期的特殊情况之外，许可证的有效期限不应妨碍远距离的进口。

7）在实施配额管理时，不得阻碍已发放的许可证允许的进口，不应阻碍配额的充分利用；对于不在供应国之间分配的许可证所实施的配额，许可证持有人应自由地选择进口来源。在供应国之间分配的配额，应在许可证上注明国别（某国或某些国家）。

8）在分配许可证时，各成员应考虑经济数量和申请者的进口实绩。其中包括：在最近有代表性的时期内，发给申请人的许可证是否充分利用；已发许可证未充分利用的原因；对从发展中国家成员，尤其是从最不发达国家成员进口产品的进口商应给予特别考虑。

9）如因在运转、散装船过程中以及符合通常商业做法，使货物进口超过许可水平，可在未来分配许可证时作补偿性调整。

6.2.3　中国的进口许可证规定

根据 WTO 规则、《中华人民共和国对外贸易法》和《中华人民共和国货物进出口管理条例》，我国商务部、海关总署等部门发布相关法规，如《货物自动进口许可管理办法》《机电产品自动进口许可实施办法》《机电产品进口管理办法》等。

1）进口许可证签发实行分级管理原则。各发证机构必须严格按照商务部的年度《进口许可证管理货物目录》和《进口许可证管理货物分级发证目录》的规定，签发进口许可证，不得违反规定发证。全国各类进出口企业进口《进口许可证管理货物目录》中的商品，必须到《进口许可证管理货物分级发证目录》指定的发证机构申领进口许可证。

2）进口许可证管理实行"一关一证""一批一证"管理。"一关一证"指进口许可证只能在一个海关报关。一般情况下，进口许可证为"一批一证"。"一批一证"指进口许可证在有效期内一次报关使用，如要实行"非一批一证"，须同时在进口许可证备注栏内打印"非一批一证"字样。"非一批一证"指进口许可证在有效期内可多次报关使用，但最多不超过 12 次，由海关在许可证背面"海关验放签注栏"内逐批签注核减进口数量。

3）进口许可证发放必须讲求时效性。凡符合要求的申请，发证机构应当自收到申请之日起 3 个工作日内发放进口许可证，在特殊情况下，最多不超过 10 个工作日。

6.3　海关估价规则

6.3.1　海关估价的概念

海关估价（customs valuation）是指一国（地区）海关为征收从价关税，根据统一的估价原则、标准和程序以确定某一进出口货物的完税价格的过程。关税的征收标准有从价关税和从量关税，目前，大多数国家对进出口货物征收从价关税。完税价格（customs value）是海关对进出口货物计征关税的基础，关税等于关税率乘完税价格。如果关税率下降，但是同样货物的完税价格提高了，则实际的贸易可能减少。另外，有些不法商人出于逃税的目的，想方设法地低报进出口货物的价格，以减少关税的缴纳。海关估价是各国（地区）政府维护本国（地区）利益管理贸易的一种重要的行政管理措施。不同的估价原则、标准和方法都会影响完税价格的确定，并成为重要的非关税壁垒。因此，完税价格的合理确定是各国（地区）关心的共同议题。

6.3.2 《海关估价协议》

1. 海关估价的原则

《海关估价协议》明确了海关估价的基本原则，即海关应在最大限度内以货物的成交价格作为完税价格，海关估价要以符合商业惯例的简单和公正的标准作出，并普遍适用。进口货物的成交价格是海关估价的首要依据，这一估价办法最符合客观实际，有利于防止海关采用虚构或武断的价格进行估价。在无法使用成交价格的情况下，完税价格的确定应该是简单与公正的，并且应该符合商业惯例。估价程序应是普遍适用的，不该因货物的供应来源不同而不同，这一原则实际上也体现了 WTO 的非歧视原则。

2. 海关估价的具体规则

海关估价的规则构成了《海关估价协议》的中心内容。《海关估价协议》规定了依次使用的 6 种海关估定完税价格的方法：第一种，成交价格；第二种，相同货物的成交价格；第三种，类似货物的成交价格；第四种，根据相关产品实际销售价格计算而成的扣除价格；第五种，根据成本利润计算而成的计算价格；第六种，其他合理的方法。

在海关估价时，必须首先选择第一种，当前一种方法有理由认为不合适使用时，可以选择随后的一种估价方法，6 种估价方法依次选择。但在第四种和第五种两种（计算而成）估价方法中，如果进口商请求，可以在使用第四种方法之前先使用第五种方法。

（1）成交价格

成交价格（transaction value）是贸易中实际成交的价格，也就是商业发票上表明的价格。《海关估价协议》规定了海关估价的完税价格是成交价格即货物出口到进口方时实付或应付的价格（如发票价格）。

以成交价格作为海关估价的基础必须符合以下几个条件。①交易中不应该对进口货物的使用有任何限制。例如，出口商限定有关货物的安装调试服务必须由出口商提供，即为与价格有关的限制。②交易中不得附加不能转换为具体价值的条件。例如，进口商在购买待估价货物的同时不得承诺以商定的价格向出口商购买或出售其他货物。③出口方不应获得任何下一销售环节的收益，即进口商转售、处理或使用进口货物过程中不需要向出口商承担任何支付义务。④进出口双方不存在任何特殊关系，或虽存在特殊关系但成交价格未因此受到影响。经营的合伙人之间，持股 5%或以上的企业间，一方为另一方独家代理人等均为有特殊关系的人。

根据规定，需要对成交价格做一些调整才能成为完税价格。①需要加入以下成本费用：除购货佣金以外的佣金和经纪费；集装箱使用费以及包装费（含劳动力和材料的费用）；未包括在价格中的，出口商以免费或减价形式向进口商直接或间接提供的，与进口货物的使用或销售有关的物品或劳务的价格；专利费、许可费和其他知识产权费用；由于进口货物的转售、处理或使用而给出口商直接或间接地带来的收益的价值。②不可以加入的费用。《海关估价协议》规定，能够从实付或应付的价格中区分出来的下列费用和成本不得加入海关估价之中：进入进口国关境后产生的运费；进口之后产生的建设、装配、安装、维护或技术援助方面的费用；进口国的关税和国内税收。

为了确保海关拒绝成交价格的依据建立在客观的基础上，当海关对所申报价值的真实性和准确性表示怀疑时，海关当局应向进口商提供申辩机会，让其呈交更详细的必要资料，以利于海关审查有关销售的情况。同时，进口商有权要求海关以书面形式，向其解释对所申报价值的真实性和准确性怀疑的理由，并确保进口商可向高一级海关当局提出上诉，以及必要时向司法部门起诉的权利。

（2）相同货物的成交价格

相同货物（identical goods）是指与被估价货物在所有方面都相同的货物，包括物理性质、质量、原产国（地区），它是在数量上与被估价货物相同或相近的另一种已被海关估价确认的进口货物。如果不能按照成交价格取得进口货物的完税价格，进口方海关可使用与被估价货物同时或大约同时向同一进口国出口销售的相同货物的成交价格。

对使用相同商品的成交价格作为完税价格基础时，《海关估价协议》还规定：①被估价货物与有关相同货物在交易条件和交易数量方面的差异，应该以合理和准确的证据为基础对价格加以调整；②对因运输距离和方式不同导致的成本和其他费用方面的差异，也应相应调整；③当存在一种以上的相同货物成交价格时，以最低成交价格来确定。

（3）类似货物的成交价格

类似货物（similar goods）是指与被估价货物有类似的特性和组成材料，具备同样的效用并在商业上可以与被估价货物互换的货物。某货物被认定为被估价货物的类似货物，必须与被估价货物在同一国家（地区）且由同一生产商生产。只有在被估价货物的生产商没有生产过相同货物或类似货物时，才可考虑同一国家（地区）由不同生产商生产的货物。

如果无法按照前述的成交价格和相同货物成交价格方法确定完税价格，则以类似货物的成交价格作为海关确定完税价格的基础。当以类似货物的成交价格为确定完税价格基础时，与上述相同货物的成交价格一样，也需要对有关类似货物在交易条件、交易数量、运输距离和方式等方面的费用差异作出相应调整。

（4）扣除价格

扣除价格就是将相同或相似商品在进口国家出售给无连带关系的购买者的价格上，对有关费用和利润作适当扣除（deduction）而形成的价格。扣除项目包括进口商的利润、关税和国内税、进口国内发生的运输费和保险费以及在进口时产生的其他费用。如果相同或类似的进口货物没有按进口时的原样在进口国销售，而是经过加工后再在国内销售，则还应扣除加工后的增值部分，而且该相同或类似的进口货物在进口国内销售的买主，必须与进口商品的进口商没有特殊关系。该相同或相似商品的销售价格与待估价进口商品在时间上同时或大约同时。

（5）计算价格

计算价格（computed price）是在被估价货物的生产成本（如材料、制造和加工费用）基础上，加上一般费用（如运费、保险费、经营费用等）和同级别或同种类货物通常所获得的利润合计构成的海关估价。该方法的使用是以进口国易于获取的资料为基础的，因此，计算价格的取得往往需要进口国海关对被估价货物的有关账目和记录进行审查。在获取这些数据时，进口国海关不得要求或强迫境外的任何个人和生产者提供，而且对生产商所提供的资料进行境外核实时还必须得到对方政府的同意。

扣除价格和计算价格的确定都是通过有关生产经营中会计项目的构造（building up）形成的合理价格，但是实际估价会有些困难。因此，应进口商的申请，计算价格与扣除价格两种估价方法的次序可以调换，进口商有选择这两种方法次序的权利。

（6）其他合理的方法

合理的方法（reasonable means）就是根据进口国所能获得的信息尽可能合理地灵活估价的方法。如果上述 5 种估价方法都无法确定进口货物的完税价格，则在与《海关估价协议》及 GATT 1994 第七条相一致的原则前提下，可根据进口国可以获得的资料，灵活合理地确定完税价格。但是，无论如何也不得根据下列情况确定完税价格：①进口国生产的货物的售价；②两种备选价格中的较高价格；③货物在出口方国内市场的价格；④依据《海关估价协议》规定的计算价格方法以外确定的生产成本；⑤出口到第三方市场的价格；⑥海关最低限价；⑦武断或虚构的价格等。而且，当进口商要求时，进口国海关应将根据本规定确定的完税价格和确定完税价格的方法以书面形式通知进口商。

如果进口商提出申请，则进口国家主管部门应将所确定的完税价格和确定完税价格的方法以书面形式通知进口商。

6.3.3　中国的海关估价

中国的海关估价主要依据《中华人民共和国海关审定进出口货物完税价格办法》，该办法共有 7 章 55 条。

1. 进口货物完税价格

该办法规定，一般进口货物的完税价格，由海关以该货物的成交价格为基础审查确定，并且应当包括货物运抵我国境内输入地点起卸前的运输及其相关费用、保险费。进口货物的成交价格是指卖方向我国境内销售该货物时买方为进口该货物向卖方实付、应付的，并且按照有关规定调整后的价款总额，包括直接支付的价款和间接支付的价款。海关估价的方法选择与 WTO 海关估价规则完全一致。

针对特殊的加工贸易进口料件及其制成品、特定区域货物的进出入估价、租赁方式进口的货物等完税价格，海关按照规定审定完税价格。

2. 出口货物完税价格

出口货物的成交价格是指该货物出口销售时，卖方为出口该货物应当向买方直接收取和间接收取的价款总额。出口货物的完税价格由海关以该货物的成交价格为基础审查确定，并应包括货物运至我国境内输出地点装载前的运输及其相关费用、保险费，但其中包含的出口关税税额，应当扣除。

出口货物的成交价格不能确定时，完税价格由海关依次使用下列方法估定：同时或大约同时向同一国家（地区）出口的相同货物的成交价格；同时或大约同时向同一国家（地区）出口的类似货物的成交价格；根据境内生产相同或类似货物的成本、利润和一般费用（包括直接费用和间接费用）、境内发生的运输及其相关费用、保险费计算所得的价格；按照合理方法估定的价格。方法选择与 WTO 海关估价规则完全一致。

6.4 装运前检验规则

6.4.1 装运前检验概念

装运前检验（pre-shipment inspection）是指对将要出口至用户成员（user member）领土的货物质量、数量、价格条件（包括汇率和融资条件）、商品报关归类等项目进行核实的所有活动。用户成员是政府或任何政府机构签约或授权开展装运前检验活动的成员。开展装运前检验活动的主体可以是进口国政府机构或其授权的机构或独立的第三方机构，通常是专业检验机构或公司。

装运前检验与海关估价有密切的关系。有许多发展中国家往往指定专业检验公司提供检验结果清洁报告（clean report of findings）作为进口产品通关或发放支付进口产品所需外汇的条件。从有关国家的角度看，检验的目的是防止欺诈或作为加强海关行政管理的措施，保证申报的价格不被高估和低估。压低报价（under-declaration）将会减少政府的关税收入。抬高报价（over-declaration）虽然会多交关税，但是也可能为非法输出资本提供机会。出口商担心装运前检验会增加商品的成本，导致时间延迟，还担心强行核查有关项目会影响合同中的买卖关系，从而阻碍贸易。

根据法律的规定或合同的约定，检验机构在货物出口所在地对有关进口货物的数量、质量、价格、外汇兑换率、货物的海关分类等进行核实检查。装运前检验的内容不仅包括价格，还包括品质、数量、包装、货物的税则分类和有关法律法规的合法性等。装运前检验不仅是国际贸易必不可少的货物进出口检验链中重要的一环，而且成为许多国家，尤其是发展中国家管理贸易的重要措施。因此，规范装运前检验活动被纳入乌拉圭回合的谈判议程，其目的是消除装运前检验执行过程中的不必要的延迟或不平等的待遇；同时也考虑到发展中国家对装运前检验的依赖性较强，允许其在合理的社会经济目标下有充分的行动自由；并且希望能迅速、有效、公平地解决装运前检验方面的争端。

6.4.2 《装运前检验协议》

《装运前检验协议》第二条详细规定了用户成员的义务。用户成员主要是指政府或政府机构授权开展装运前检验活动的机构或公司。用户成员应该做到的主要义务如下。

1. 非歧视

《装运前检验协议》要求用户成员保证装运前检验活动在没有歧视的状态下进行，程序和标准对所有的出口商平等适用，而且所有的检验人员都按照相同的标准工作。用户成员在执行有关的法律、法规和要求时，还必须符合 GATT 1994 第三条第四款有关国民待遇的要求。

2. 检验地点

用户成员应保证所有装运前检验活动，包括签发检验报告书或不签发的通知书，均应在货物出口的关税领土内进行，如果双方同意，可以在制造该货物的关税领土内进行。

3. 标准

用户成员对数量和质量的检验，应以买卖双方的销售合同中规定的标准为准，如果合同未作规定，就要使用国际标准。

4. 透明度

用户成员必须确保装运前检验活动是以透明的方式进行的。这一义务体现在以下方面：首先，应向出口商提供一份为符合检验要求而必备的信息资料，并应出口商的要求提供确实的信息，包括进口成员方政府有关装运前检验的法律、法规资料，还包括审核价格及汇率的程序和标准，出口商的权利和相关的申诉程序；其次，应使出口商能方便地获得以上信息，装运前检验机构开设的检验办事处可作为提供信息的服务点；最后，进口成员方政府必须尽快颁发与装运前检验活动有关的法律规定，以便其他国家的政府和出口商能及时了解法律规定。

5. 商业秘密的保护

用户成员有义务对在装运前检验活动中获得的有关出口货物的商业秘密承担保密的责任，除非该秘密已经公开。用户成员保证检验实体（即用户成员的检验机构或公司）不得要求出口商提供与检验活动无关的下列商业秘密：与专利、许可证或未公开的生产工艺有关的生产方法或数据；为证明货物符合技术法规或标准的技术数据以外的未公布的技术数据；包含生产成本在内的内部定价、利润水平以及出口商与其货源供应商之间的合同内容。针对上述信息，检验实体不得另行要求提供，除非出口商为了说明一些特定情况而自愿发布。

6. 避免利益冲突

用户成员必须保证，装运前检验机构遵守该协议中关于商业秘密保护的条款，遵循相关的操作程序，以避免装运前检验机构和与其有关联的任何机构或其他机构发生争议、产生利益冲突，从而确保检验报告的客观公正。

7. 避免延误

首先，用户成员应该确保装运前检验机构在检验时避免发生不合理的延误，一旦装运前检验机构与出口商共同确定了检验日期，检验机构就应该按期进行检验，除非经双方协商重新确定时间，或因出口商原因或不可抗力因素无法实施检验。

其次，用户成员还要确保装运前检验机构在收到最后的单证和完成检验后，第5个工作日内签发清洁报告或提供不签发清洁报告的书面理由。后一种情况下，应给予出口商提交书面意见进行解释的机会。如果出口商提出申请，应在双方方便的最早日期安排复验。

再次，当出口商要求时，用户成员应保证装运前检验机构在实际进行检验之前，先根据进出口商之间签订的合同，对价格、汇率、发票等进行预先审核。只要货物符合进口单据或进口许可证的内容，用户成员必须明确，装运前检验机构根据预先审核而认可的价格或汇率均不得撤销。

最后，为了避免支付的延误，用户成员应确保装运前检验机构尽快把清洁报告交给出口商或出口商指定的代表。如果报告中出现笔误，检验机构应该尽快更正，并将更正信息送交有关方。

8. 价格审核

为了避免发票金额多开或少开及发生欺骗，用户成员必须保证在进行价格核实与比较时，装运前检验机构不得拒绝进出口双方达成的合同价格，除非按规定的核实程序能证明该价格与本条款的有关标准不符。

装运前检验机构为核实出口价格所进行的价格比较，要根据在相同或大致相同时间、竞争和可比的销售条件、商业惯例及来自同一出口成员方的相同或相似产品的一个或多个价格进行，同时根据有关因素作适当调整。

《装运前检验协议》中有关价格核实的内容与《海关估价协议》中成交价格认定的规定基本相似，从而确保了WTO各协议之间的协调一致。

9. 上诉程序

为了保证装运前检验机构所采用的程序和标准及其结论的客观性和公正性，用户成员应确保装运前检验机构建立起一套接收、考虑、答复出口商的不满与投诉的程序，以便能及时地依法处理出口商提出的各种申诉。

此外，《装运前检验协议》还规定了出口成员方的义务、解决争端的独立审查程序、通知、审议等内容。

6.5 原产地规则

6.5.1 原产地规则相关概念

进出口贸易货物的原产地是指国际贸易货物的来源地，即商品的生产地、制造地或产生实质改变的加工地。由于各国对进口货物通常按不同的原产地而给予不同的关税待遇（如最惠国税率、普通税率、贸易区贸易协定税率）或实施不同的贸易管制措施（如配额、反倾销或反补贴税、卫生检疫、禁止贸易等），因此必须确定货物的原产地，以此决定各种不同待遇及贸易管制措施的适用范围。另外，原产地的确定还关系到贸易统计的口径。

原产地标准分为完全产地产品标准和实质性改变标准两大类。完全产地产品标准是指该产品完全由一国（地区）生产，不能有任何其他国家的含量成分或加工增值。实质性改变标准是指当一产品由多个国家共同生产完成时，该产品最后发生实质性改变的国家（地区）。所谓实质性改变是指这种改变形成了一种新产品。例如，用澳大利亚的毛和美国的集成片在中国加工成玩具，则澳大利亚的毛和美国的集成片在中国加工成玩具就是发生了实质性改变，中国就是实质性改变的发生地，玩具的原产地就在中国。

实质性改变标准又进一步分为税则归类改变标准（即税目改变标准）、制造或者加工工序标准和从价百分比标准。税则归类改变标准是指产品经过加工制造成最终产品后，其税目号与原材料税目号发生了改变，则此加工地为该产品的原产地。制造或者加工工序标准是指根据产品的某些重要的加工工序的地点来确定原产地，如服装生产中缝纫工序所在地认定为服装原产地。从价百分比标准是指根据产品加工的增值比例来确定原产地，如果加工增值比例超过一定比例，则认定该产品加工地为原产地。

原产地规则（rule of origin）正是各国为了确定贸易中的货物的原产地而制定的法律法规和普遍适用的行政命令或行政措施，是执行国别差别关税和贸易政策的产物和工具。在原产地规则中，原产地标准是原产地规则的核心，它是一国或地区用以衡量某种货物为本国或地区生产或制造的标准，是签发原产地证的依据。对于进口国来说，原产地标准也正是识别货物"国籍"的依据。

美国、日本、欧盟和中国香港等国家（地区）都有自己的原产地规则，并根据自己制定的标准签发出口货物的原产地证明书和判定进口货物的原产地。各国在原产地规则上的不协调对国际贸易造成的消极影响日益突出，某些国家（地区）利用原产地规则作为限制贸易的工具，因而使原产地规则变成了一种潜在的非关税壁垒。因此，制定一个统一的、为世界上大多数国家（地区）都能接受的原产地规则就变得十分重要。

6.5.2 《原产地规则协议》

《原产地规则协议》为了协调原产地规则，规定了两个阶段的实施方案：过渡期内方案和过渡期后方案。所谓过渡期内指的是从乌拉圭回合到《原产地规则协议》第四部分"原产地规则的协调"中的协调工作方案建立之前的这一段时期。

1. 过渡期内各成员方的义务

过渡期内各成员方的义务包括以下几个方面：①透明度与公开公布；②不得成为贸易障碍；③非歧视；④原产地规则应以连贯、一致、公平和合理的方式来管理；⑤以肯定标准为依据，所谓原产地规则的肯定标准，即要求各方从正面规定那些可以给予原产地确认，而否定标准可作为对肯定标准的说明或用于个别不需要肯定标准确认的情况；⑥原产地可预先认定，应进出口商或任何有正当理由的人的要求，只要已提交必要的材料，有关成员方对货物原产地的确认，应尽快地在不迟于要求的 150 日内完成，原产地的认定，可以在有关货物进行贸易之前提出并应得到满足，而且只要事实、条件一直保持基本不变，该项确认可保持 3 年有效；⑦原产地认定的审议，如果对原产地认定的决定存在异议，任何人可通过不受原产地认定部门支配的司法、仲裁或行政管理程序对其进行审议，并可以对原认定进行修改或变更；⑧保密，对于属于机密性质的信息或在秘密的基础上为实施原产地规则而提供的信息，有关机构都应对此严格保密，未经信息提供人或政府的明确许可不得泄露，除非在司法诉讼程序时要求予以公布。

2. 过渡期后各成员方的义务

过渡期后各成员方的义务，即当所有成员方实现了《原产地规则协议》工作计划的目的、建立了协调的原产地规则后，各成员方在执行协调工作方案时必须遵守的各项义务。过渡期后各成员方的义务在《原产地规则协议》第三条中做了较具体的规定，在过渡期内各成员方的义务基础上，增加了两点义务要求：①应平等地实施原产地规则，包括涉及 GATT 1994 的各项非优惠贸易政策工具的原产地规则，如最惠国待遇、反倾销和反补贴、原产地标记以及任何歧视性的数量限制和关税配额，政府采购和贸易统计的原产地规则，都应平等地予以适用；②依照各成员方的原产地规则，某一特定产品的原产地应该是指该货物的完全生产国或地区，或者是对产品进行了最后的实质性加工的国家或地区。

6.5.3 区域贸易协定的原产地规则

原产地规则是贸易协定规定贸易商品享受协议优惠的贸易区原产地认定条款，包括原产地标准规则与原产地附加规则等。

1. 原产地标准规则

原产地标准规则主要指原产地认定标准，包括税则归类改变标准、区域价值成分标准和制造或者加工工序标准。大多数地区贸易协定，对于使用非原产材料生产产品的原产地认定，通过设置单独的"产品特定原产地规则"清单，混合使用以上三个标准来认定，见表 6.1。

表 6.1　亚洲部分贸易协定非完全获得产品原产地判定标准比较

协定	判定标准	判定标准构成		
		税则归类	价值成分	制造或者加工工序要求
新加坡-欧盟 FTA	使用非原产材料的产品经过充分加工或处理，即满足"对非原产材料进行加工后赋予产品原产地资格所需加工工序清单"	前 4 位 前 6 位	VNM≤20%~65%	矿物燃料、木材、纺织品和服装等
海合会-新加坡 FTA	使用非原产材料的产品经过充分加工或生产，即合格价值增值不少于出厂价的35%，或满足"产品特定原产地规划"	前 4 位 前 6 位	RVC≥35%	
TPP/CPTPP[①]	使用非原产材料的产品满足"产品特定原产地规则"	前 4 位 前 6 位	RVC≥30%~55%	矿物燃料、塑料、皮革、纺织品和服装等
日本-欧盟 EPA	使用非原产材料的产品满足"产品特定原产地规则"	前 2 位 前 4 位 前 6 位	RVC≥35%~70%或VNM≤35%~70%	矿物燃料、化学品、塑料、橡胶、纺织品和服装等
韩国-美国 FTA	使用非原产材料的产品满足"产品特定原产地规则"要求的税则归类改变或区域价值成分要求	前 4 位 前 6 位	RVC≥35%~55%	化学品、塑料、橡胶、纺织品和服装等
中国-韩国 FTA	使用非原产材料的产品满足"产品特定原产地规则"	前 2 位 前 4 位 前 6 位	RVC≥40%~60%	

① CPTPP 全称 Comprehensive and Progressive Agreement for Trans-Pacific Partnership，即《全面与进步跨太平洋伙伴关系协定》。

续表

协定	判定标准	判定标准构成		
		税则归类	价值成分	制造或者加工工序要求
中国-瑞士 FTA	使用非原产材料的产品经过实质性改变，即满足"产品特定原产地规则"	前 2 位 前 4 位 前 6 位	VNM≤30%～60%	咖啡、感光材料、贵金属
印度-日本 CEPA	使用非原产材料的产品合格价值成分不少于离岸价的 35%，且税则归类前 6 位发生改变，满足"产品特定原产地规则"	前 4 位 前 6 位	RVC≥35%～50%	纺织品和服装
中国-东盟 FTA	使用非原产材料的产品区域价值成分不少于离岸价的 40%且最后加工工序在成员方境内完成，或税则归类前 4 位发生改变，满足"产品特定原产地规则"	前 2 位 前 4 位 前 6 位	RVC≥40%	纺织品和服装等；最后加工工序要求
RCEP	使用非原产材料的产品满足"产品特定原产地规则"	前 2 位 前 4 位 前 6 位	RVC≥40%	化学反应

（1）税则归类改变标准

TPP/CPTPP 和韩国-美国 FTA 涉及前 4 位和前 6 位税号，而日本-欧盟经济伙伴协定（Economic Partnership Agreement，EPA）、中国-韩国 FTA、中国-瑞士 FTA、RCEP 还涉及前 2 位税号，要求更加严格。

（2）区域价值成分标准

区域价值成分（regional value content，RVC）标准，即以自贸协定成员价值成分的累计成分为标准。TPP/CPTPP 的最低要求是 30%，日本-欧盟 EPA 和韩国-美国 FTA 是 35%，而中国-韩国 FTA 和 RCEP 的最低要求则是 40%。

（3）制造或者加工工序标准

TPP/CPTPP 和韩国-美国 FTA 单独设置纺织品和服装原产地章节，采用"从纱认定"原则，要求使用成员方纱线与织物的纺织品和服装才能够享受优惠税率，即从原料到加工制作都必须在成员方境内进行。

（4）混合使用标准

新加坡-欧盟 FTA 设置"对非原产材料进行加工后赋予产品原产地资格所需加工工序清单"，包括税则归类前 4 位或前 6 位发生改变、非原产材料价值（value of non originating materials，VNM）不超过出厂价的 20%～65%以及对纺织品和服装、木材、矿物燃料等产品的加工工序要求。海合会-新加坡 FTA 要求使用非原产材料的产品，其区域价值成分不少于出厂价的 35%，仅有 10 种产品要求税则归类改变。

2. 原产地附加规则

原产地附加规则包括累积规则、微量规则、成套货物等。

（1）累积规则

累积规则是指一成员方的原产货物在另一成员方用于生产时，可视为原产于后一成员方，与后一成员方的原产成分累计计算。新加坡-欧盟 FTA、海合会-新加坡 FTA、韩国-美国 FTA、中国-韩国 FTA、中国-瑞士 FTA、印度-日本 CEPA、中国-东盟 FTA 和 RCEP 等协定均采用双边累积规则，见表 6.2。其中，中国-瑞士 FTA 和印度-日本 CEPA 还有最后加工工序要求。韩国-美国 FTA 除双边累积规则外，还适用生产商累积规则，即允许成员方一家或多家生产商参与区域价值成分累计计算。新加坡-欧盟 FTA 除双边累积规则外，还适用对角累积规则，即在符合一定条件的前提下，东盟国家的原产材料可视为原产于成员方，与成员方的原产成分累计计算。TPP/CPTPP 和日本-欧盟 EPA 采用的是完全累积规则，即在确定产品的原产地时，区域内所有生产商的生产活动均可累计在一起，对非原产材料的加工即使无法使其获得原产地资格，也可以计入最终产品的原产成分中。总体来看，对角累积规则和完全累积规则在一定程度上放宽了原产地标准，有利于促进区域内生产与贸易。

表 6.2　亚洲部分自由贸易协定原产地附加规则比较

协定	附加规则		
	累积规则	微量规则	成套货物
新加坡-欧盟 FTA	双边累积、对角累积	10%	15%
海合会-新加坡 FTA	双边累积	10%	
TPP/CPTPP	完全累积	10%	10%
日本-欧盟 EPA	完全累积	10%	15%
韩国-美国 FTA	双边累积、生产商累积	10%	15%
中国-韩国 FTA	双边累积	10%	15%
中国-瑞士 FTA	双边累积（最后加工工序要求）	10%	
印度-日本 CEPA	双边累积（最后加工工序要求）	7%、10%	
中国-东盟 FTA	双边累积	10%	
RCEP	双边累积	10%	

资料来源：根据各协定文本整理。

（2）微量规则

微量规则是指未发生规定税则归类改变的全部非原产材料价值不超过产品价值或重量的一定微量比例，则可被视为原产货物。亚洲的自由贸易协定一般采用 10% 的微量标准；印度-日本 CEPA 要求动植物油和食品等产品的非原产材料不超过产品价值的 7%，纺织品和服装产品的非原产材料不超过产品重量的 7%。

（3）成套货物

成套货物是指成套货物中全部非原产货物价值不超过该套货物价值的一定比例，则该套货物仍为原产货物。如新加坡-欧盟 FTA、日本-欧盟 EPA、韩国-美国 FTA、中国-韩国 FTA 等协定普遍采用 15% 的标准，即成套货物中全部非原产货物价值不超过该套货物价值的 15%，则该套货物仍为原产货物。TPP/CPTPP 的这一标准为 10%，要求更加严格。

6.5.4　中国的原产地法规

随着我国对外贸易和经济合作事业的发展，原产地规则在我国越来越重要。我国目前的原产地规则依据主要是《中华人民共和国进出口货物原产地条例》（以下简称《进出口货物原产地条例》），2005 年 1 月 1 日起实行。《进出口货物原产地条例》与 WTO 的《原产地规则协议》一致。

《进出口货物原产地条例》适用于实施最惠国待遇、反倾销和反补贴、保障措施、原产地标记管理、国别数量限制、关税配额等非优惠性贸易措施以及进行政府采购、贸易统计等活动对进出口货物原产地的确定。

《进出口货物原产地条例》规定，进口货物的收货人在办理进口货物的海关申报手续时，应当依照本条例规定的原产地确定标准如实申报进口货物的原产地；同一批货物的原产地不同的，应当分别申报原产地。海关在审核确定进口货物原产地时，可以要求进口货物的收货人提交该进口货物的原产地证书，并予以审核；必要时，可以请求该货物出口国（地区）的有关机构对该货物的原产地进行核查。

中国原产地证是证明我国出口货物生产和制造在中国的证明文件，是出口产品进入国际贸易领域的"经济国籍"和"护照"。我国目前所签发的原产地证已成为国际贸易中的一个重要环节，货物进口国据此对进口货物给予不同的关税待遇和决定限制与否。

出口货物发货人可以向海关、中国国际贸易促进委员会及其地方分会（以下简称"签证机构"）申请领取出口货物原产地证书。出口货物发货人申请领取出口货物原产地证书，应当在签证机构办理注册登记手续，按照规定如实申报出口货物的原产地，并向签证机构提供签发出口货物原产地证书所需的资料。

我国的原产地标准统一了进口货物和出口货物原产地的确定规则，把"完全获得标准"和"实质性改变标准"作为判定进出口货物原产地的标准。规定"实质性改变标准"以税则归类改变为基本标准，税则归类改变不能反映实质性改变的，以从价百分比、制造或者加工工序等为补充标准，具体规则由海关总署会同商务部制定。在此基础上出台了《关于非优惠原产地规则中实质性改变标准的规定》，对"实质性改变"的 3 类具体标准——税则归类改变、制造或者加工工序和从价百分比进行了解释，并给出了从价百分比标准的数值（超过 30%）和计算公式，其附件《适用制造或者加工工序及从价百分比标准的货物清单》对具体税目下的产品的实质性改变标准作出了具体的规定，使《进出口货物原产地条例》更具有实际操作性。具体来说，《适用制造或者加工工序及从价百分比标准的货物清单》中规定的"实质性改变标准"分为 4 种：一是只规定使用特定的原料制成，没有规定增值百分比，如"雪茄烟及卷烟"项目的实质性改变规定为"由烟草制成"；二是只规定制造或者加工工序，没有规定增值百分比，如"毛皮制的衣服、衣着附件及其他物品"项目规定"裁剪、缝制"；三是规定了使用特定原材料或者满足从价百分比（即增值百分比），但是增值百分比只是作为一个备选项，如"新的充气橡胶轮胎"项目规定"由橡胶板、片、条材料制成；或满足从价百分比标准"；四是规定了特定的工序并且必须满足增值百分比，如"计算器"项目规定"焊接、装配，并满足从价百分比标准"，这类标准相对比较严格。

6.6　政府采购规则

在当今世界市场上，各国的政府及其代理机构是各种货物的最大买主，其采购额每年已达到数万亿美元,然而许多国家政府和代理在采购中,通过优先、优惠价格和采购条件,给本国的供应商以优惠待遇。这种优惠待遇的获得通常以国内立法强行规定和封闭式招标的做法进行,进而影响国际贸易的非歧视待遇。

6.6.1 政府采购与世界贸易组织协议

政府采购是指政府或其代理人作为消费者为其本身消费而不是为商业转售所进行的采购行为。《中华人民共和国政府采购法》指出,政府采购是指各级国家机关、事业单位和团体组织,使用财政性资金采购依法制定的集中采购目录以内的或者采购限额标准以上的货物、工程和服务的行为。

《政府采购协议》(Agreement on Government Procurement,GPA)是 WTO 协定附件四中现有的 3 个诸边协议之一,1994 年 4 月 15 日订于马拉喀什,2012 年做了修改,GPA 2012 代替了 GPA 1994。《政府采购协议》的目标是促进成员方开放政府采购市场,扩大国际贸易。GPA 由 WTO 成员自愿签署,截至 2021 年 11 月,有美国、欧盟等 21 个参加方、共 48 个国家(地区)成员签署了协议。《政府采购协议》涉及的市场规模估计超过每年 17 万亿美元。

6.6.2 《政府采购协议》

《政府采购协议》的宗旨是确认政府在一定采购金额的基础上,实现贸易自由化。

1. 适用范围

《政府采购协议》对适用范围做了如下规定。

(1)采购实体

清单中列出的政府采购实体包括 3 类,分别是中央政府采购实体、地方政府采购实体、其他采购实体(如供水、供电等公用设施单位)。只有列入清单的采购实体才受《政府采购协议》的约束。

(2)采购对象和采购合同

《政府采购协议》规定的采购对象是货物和服务(包括工程服务和非工程服务)。除了该协议规定的例外,政府进行的所有货物采购都应纳入约束范围,服务采购的具体范围由签署方在清单中列明。《政府采购协议》规定的采购合同,包括购买、租赁、租购、有期权的购买和没有期权的购买等方式。

(3)采购限额

当政府采购的金额达到《政府采购协议》规定的最低限额,或达到成员方经谈判达成的最低限额时,有关采购活动才受该协议的约束。中央政府采购实体购买货物和非工程服务的最低限额是 13 万特别提款权,购买工程服务的最低限额是 15 万特别提款权。地方政府采购实体和其他采购实体的最低限额,由各签署方根据自身情况分别作出承诺。为了防止某些缔约方逃避此限额规定而将采购分散开来,该协议明确规定,不应当为使合同价值低于最低限额而将采购需要分开来,如果需要为一种产品或同类产品的单项采购签订一个以上的合同或分成几个部分签订合同,那么在首次合同以后 12 个月内这些分合同的价值应为本协议适用的基础。

2. 实行贸易自由化的原则和措施

《政府采购协议》对政府采购的金额、机构做了规定，予以确认，并规定对超过最低限额的政府采购应实行贸易自由化措施，以保证公正、及时、有效地履行政府采购的国际规定。为此协议规定如下：①缔约方之间实行国民待遇和非歧视性待遇；②不得在技术要求上故意设置障碍；③缔约方保证其实体的投标程序符合规定；④保持透明度；⑤各缔约方还应收集并向政府采购委员会提交有关年度购买的统计资料，无论哪种情况，各缔约方向任何其他方所提供的机密资料如有碍法律实施或不符合公共利益，妨碍公营或私营企业合法的商业利益，或有损于供应者的正当竞争，则未经提供该资料缔约方正式授权，不得泄密。

3. 给发展中国家的差别待遇与例外

《政府采购协议》为了给发展中国家提供特殊的差别待遇，做了如下规定：①发达国家在拟定采购实体名单时，应尽可能列入购买与发展中国家有利害关系的产品的实体；②发展中国家可同参加《政府采购协议》谈判的其他国家商谈，共同确定将其实体名单中的某些实体或产品排除适用国民待遇规则；③发达国家向发展中国家提供在政府采购方面需要的一切技术援助；④发达国家应单独或联合建立信息中心，以满足发展中国家所需要的资料；⑤对最不发达国家给予特殊待遇。

6.6.3　中国的承诺和政府采购法规

1. 关于政府采购协议的承诺

中国的承诺主要体现在中国加入工作组报告书中第 337～341 条。中国代表表示：①中国已经制定并正在完善采购法规；②中国有意成为 GPA 的参加方，中央和地方各级所有政府实体，以及公共实体，将以透明的方式从事其采购，并按照最惠国待遇的原则，向所有外国供应商提供参与采购的平等机会；③中国自加入 WTO 之日起，成为《政府采购协议》的观察员，并于 2007 年 12 月 28 日向 WTO 秘书处提交了申请书和初步出价清单，正式启动了加入 GPA 谈判，截至 2022 年 11 月谈判仍未完成，中国仍未正式加入 GPA。加入 GPA 谈判涉及市场开放范围和国内法律调整两个方面。其中，政府采购市场开放范围由各参加方以出价清单的形式，通过谈判确定。出价清单包括 5 个附件和 1 份总备注。其中，附件一至三是采购实体开放清单，分别载明承诺开放的中央采购实体、次中央采购实体、其他采购实体及各自开放项目的门槛价；附件四和五是采购项目开放清单，分别载明各采购实体开放的服务项目和工程项目；总备注列明了执行 GPA 规则的例外情形。

2. 中国的政府采购和法规

目前，我国政府采购事业发展迅猛，政府采购市场潜力巨大，政府采购制度建设的内容非常广泛。2020 年，全国政府采购规模为 36 970.6 亿元，占全国财政支出和 GDP 的比例分别为 10.2% 和 3.6%。我国的政府采购制度在规范政府采购行为、提高财政资金使用效益、抑制腐败等方面发挥了一定的积极作用。

为了促进我国的政府采购制度，财政部于 1998 年 4 月颁布了《政府采购管理暂行办法》。2002 年 6 月 29 日第九届全国人大常委会第二十八次会议通过《中华人民共和国政府采购法》，2003 年 1 月正式生效，并于 2014 年修正。《中华人民共和国政府采购法》详细规定了政府采购应采用的方式及其程序，采购当事人的责任、权利和义务，以及政府采购的司法审查等。2015 年 1 月又发布《中华人民共和国政府采购法实施条例》（国务院令第 658 号），2015 年 3 月 1 日生效。

《中华人民共和国政府采购法》规定，政府采购应当遵循公开透明原则、公平竞争原则、公正原则和诚实信用原则。任何单位和个人不得采用任何方式，阻挠和限制供应商自由进入本地区和本行业的政府采购市场。

政府采购实行集中采购和分散采购相结合。集中采购，是指采购人将列入集中采购目录的项目委托集中采购机构代理采购或者进行部门集中采购的行为。分散采购，是指采购人将采购限额标准以上的未列入集中采购目录的项目自行采购或者委托采购代理机构代理采购的行为。

集中采购的范围由省级以上人民政府公布的集中采购目录确定。属于中央预算的政府采购项目，其集中采购目录由国务院确定并公布；属于地方预算的政府采购项目，其集中采购目录由省、自治区、直辖市人民政府或者其授权的机构确定并公布。纳入集中采购目录的政府采购项目，应当实行集中采购。

《中华人民共和国政府采购法实施条例》对采购当事人（含采购人、采购代理机构、供应商）、政府采购方式、采购程序（含招标文件、招标时间、评标）、采购合同、质疑与投诉、监督检查、法律责任等做了详细规定。

6.7 贸易便利化规则

6.7.1 《贸易便利化协定》

2014 年 11 月，WTO 总理事会通过了《修正〈马拉喀什建立世界贸易组织协定〉议定书》（以下简称《议定书》），将 2013 年 12 月 WTO 第 9 届部长级会议通过的《贸易便利化协定》作为附件纳入《马拉喀什建立世界贸易组织协定》。《贸易便利化协定》将在 2/3 WTO 成员（108 个成员）接受《议定书》后生效。2017 年 2 月 22 日，卢旺达、阿曼、乍得和约旦等 4 个成员向 WTO 递交了《贸易便利化协定》的批准文件，至此，批准《贸易便利化协定》的成员已达 112 个，超过协议生效的 2/3 门槛。2015 年 9 月 4 日，中国政府作出接受《议定书》的决定，成为第 16 个接受《议定书》的成员。《贸易便利化协定》是中国加入 WTO 后参与并达成的首个多边货物贸易协议。

《贸易便利化协定》共有 3 个部分 24 条。第一部分明确了便利化的内容，第二部分为给予发展中国家成员和最不发达国家成员的特殊和差别待遇条款，第三部分为机构安排和最终条款。其中，第一部分在进口、出口、过境过程中的 12 个方面明确提出了便利化要求。

1. 信息的公布与可获得性

每一成员应以非歧视和易获取的方式（含互联网、咨询点、通知等方式）迅速公布下列信息：进口-出口和过境程序（包括港口、机场和其他入境点的程序）及需要的表格和单证、关税和国内税费、海关目录归类和估价规定、原产地规则规定、限制与禁止、惩罚规定、申诉、有关贸易协定、配额管理等信息。所有相关信息都需要公开透明，便利政府、贸易商和其他利益方知晓。

2. 评论机会、生效前信息及磋商

每一成员应在可行的范围内并以与其国内法律和法律体系相一致的方式，向贸易商及其他利益相关方提供机会和适当时限对于相关法律法规评论机会；法律法规在生效前尽早公布或使相关信息可公开获得，以便贸易商和其他利益相关方能够知晓；每一成员应酌情规定边境机构与贸易商或其他利害关系方之间进行定期磋商。

3. 预裁定

预裁定指一成员在货物进出口前向申请人提供的在货物进出口时关于货物税则归类及原产地等事项的书面决定。鼓励各成员制定对于贸易商申请预裁定的要求、时限、有效期等相关规定。

4. 上诉或审查程序

任何人有权针对某级机关所做的行政决定向上级机关作出申诉（包含行政申诉、司法申诉或审查）。

5. 增强公正性、非歧视性及透明度的其他措施

1）为保护成员领土内的人类、动物或植物的生命或健康，成员可以加强监管或检查，但是其通知或指南的发布、终止或中止必须适用以下纪律：根据风险评估酌情发布；适用的入境地点；情形不复存在或变化后的情形可以以具有较低贸易限制作用的方式处理；酌情以非歧视和易获取的方式，迅速公布终止或中止声明，或通知出口成员或进口商。

2）如申报进口货物因海关或任何其他主管机关检查而予以扣留，则该成员应迅速通知承运商或进口商。

3）在样品的首次检验为不利结果的情况下，一成员应请求可给予第二次检验的机会，并向进口商提供可以进行二次检验的实验室的名称和地址等信息。

6. 关于对进出口征收或与处罚相关的规费和费用的纪律

1）海关业务的规费和费用：应该限定在提供服务的近似成本之内，是针对与办理海关业务密切相关的服务而收取。

2）处罚纪律："处罚"是指一成员的海关针对违反其海关法律、法规或程序性要求而作出的处罚。处罚仅针对其法律所规定的违法行为责任人，应根据案件的事实和情节实施，并应与违反程度和严重性相符；应向被处罚人提供书面说明，列明违法性质和据

以规定处罚金额或幅度所适用的法律、法规或程序；如当事人在海关发现其违法行为前自愿向海关披露其违法（含程序性要求）行为，则该成员在确定对其处罚时，可以考虑该情节减轻处罚。

7. 货物放行与结关

（1）抵达前业务办理

每一成员都应采用或设立程序，允许提交包括舱单在内的进口单证和其他必要信息，以便在货物抵达前开始办理业务，以期在货物抵达后加快放行。每一成员应酌情规定以电子单证提交，以便在货物抵达前处理此类单证。

（2）电子支付

每一成员应在可行的限度内，采用或设立程序，允许选择以电子方式支付海关对进口和出口收取的关税、国内税、规费及费用。

（3）将货物放行与关税、国内税、规费及费用的最终确定相分离

每一成员应采用或设立程序，规定如关税、国内税、规费及费用的最终确定不能及时作出，则可在最终确定作出前放行货物，条件是所有其他管理要求均符合。作为此种放行的条件，一成员可要求支付在货物抵达前或抵达时确定的关税、国内税、规费及费用，对尚未确定的任何数额以保证金、押金等形式或其法律法规规定的另一适当形式提供担保；或以保证金、押金等形式或其法律法规规定的另一种形式提供担保。此类担保不得高于该成员所要求的担保所涵盖货物最终应支付的关税、国内税、规费及费用的金额。

（4）风险管理

每一成员应尽可能采用或设立为海关监管目的的风险管理制度。在设计和运用风险管理时应避免任意或不合理的歧视或形成对国际贸易的变相限制。应将海关监管及在可能的限度内将其他相关边境监管集中在高风险货物上，对低风险货物加快放行。作为其风险管理的一部分，一成员还可随机选择货物进行此类监管。每一成员应将通过选择性标准进行的风险评估作为风险管理的依据。此类选择性标准可特别包括协调制度编码、货物性质与描述、原产国（地区）、货物装运国（地区）、货值、贸易商守法记录以及运输工具类型。

（5）后续稽查

为加快货物放行，每一成员应采用或设立后续稽查以保证海关及其他相关法律法规得以遵守。每一成员应以风险为基础选择一当事人或货物进行后续稽查，可包括适当的选择标准。每一成员应以透明的方式进行后续稽查。如果该当事人参与稽查且已得出结果，则该成员应立即将稽查结论、当事人的权利和义务以及作出结论的理由告知被稽查人。在后续稽查中获得的信息可用于进一步的行政或司法程序。各成员在可行的情况下，应在实施风险管理时使用后续稽查结论。

（6）确定和公布平均放行时间

鼓励各成员定期并以一致的方式测算和公布其货物平均放行时间，使用特别包括世界海关组织（World Customs Organization，WCO）《世界海关组织放行时间研究》等工具。鼓励各成员与委员会分享其在测算平均放行时间方面的经验，包括所使用的方法、发现的瓶颈问题及对效率产生的任何影响。

（7）对经认证的经营者的贸易便利化措施

给予满足特定标准的经营者（以下称经认证的经营者）提供与进口、出口或过境手续相关的额外的贸易便利化措施，或者一成员可通过所有经营者均可获得的海关程序提供此类贸易便利化措施，而无须制定单独计划。

成为经认证的经营者的特定标准应与遵守一成员的法律、法规或程序所列要求或未遵守的风险相关，包括：①遵守海关和其他相关法律、法规的适当记录；②允许进行必要内部控制的记录管理系统；③财务偿付能力，在适当时，包括提供足够的担保/保证；供应链安全。

此类标准不得设计或实施从而在适用相同条件的经营者之间给予或造成任意或不合理的歧视；且在可能的限度内，限制中小企业的参与。

经认定的经营者可以获得的贸易便利化措施应至少包括以下措施中的 3 条措施：①酌情降低单证和数据要求；②酌情降低实际检查和审查比例；③酌情加快放行时间；④延迟支付关税、国内税、规费和费用；⑤使用总担保或减少担保；⑥在特定时间内对所有进口或出口进行一次性海关申报；⑦在经认证的经营者的场所或经海关批准的另外地点办理货物结关。

（8）快运货物

每一成员应采用或设立程序，在维持海关监管的同时，应申请人申请，至少允许快速放行通过航空货运设施入境的货物。

（9）易腐货物

为防止易腐货物可避免的损失或变质，在满足所有法规要求的前提下，每一成员应规定易腐货物在可能的最短时间内予以放行，以及在适当的例外情况下，在海关和其他相关主管机关工作时间之外予以放行。

每一成员安排或允许一进口商安排在易腐货物放行前予以正确储藏。应进口商请求，在可行并符合国内法律的情况下，该成员应规定在此类储藏设施中予以放行的任何必要程序。如易腐货物的放行受到严重延迟，应书面请求，进口成员应尽可能提供关于延迟原因的信函。

8．边境机构合作

每一成员应保证其负责边境管制和货物进口、出口及过境程序的主管机关和机构相互合作并协调行动，以便利贸易。每一成员应在可能和可行的范围内，与拥有共同边界的其他成员根据共同议定的条款进行合作，以期协调跨境程序，从而便利跨境贸易。此类合作和协调可包括：①工作日和工作时间的协调；②程序和手续的协调；③共用设施的建设与共享；④联合监管；⑤一站式边境监管站的设立。

9．受海关监管的进境货物的移动

每一成员应在可行的范围内，并在所有管理要求得到满足的前提下，允许进口货物在其领土内在海关的监管下进行移动，从入境地海关移至予以放行或结关的其领土内另一海关。

10. 与进口、出口和过境相关的手续

1）手续和单证要求：减少和简化进口、出口和过境的单证要求，将复杂度降到最低。每一成员应酌情努力接受单证的纸质或电子副本。

2）不得要求将提交出口成员海关的出口报关单正本或副本作为进口的一项要求。

3）鼓励各成员使用或部分使用相关国际标准作为其手续和程序的依据。

4）各成员应努力建立或设立单一窗口，使贸易商能够通过一单一接入点向参与的主管机关或机构提交货物进口、出口或过境的单证和（或）数据要求。待主管机关或机构审查单证和（或）数据后，审查结果应通过该单一窗口及时通知申请人。

5）成员不得要求使用与税则归类和海关估价有关的装运前检验。

6）在不影响一些成员目前对报关代理维持特殊作用的重要政策关注的前提下，自本协定生效时起，各成员不得要求强制使用报关代理。

7）每一成员应在其全部领土内对货物放行和结关适用共同海关程序和统一单证要求。

8）若拟进境货物因未能满足卫生或植物卫生法规或技术法规而被一成员主管机关拒绝，则该成员应在遵守和符合其法律法规的前提下，允许进口商将退运货物重新托运或退运至出口商或出口商指定的另一人。

9）货物暂准进口、复出口、进境和出境加工的便利化手续。每一成员应允许该货物运入其关税区，并有条件全部或部分免于支付进口关税和国内税。每一成员应允许货物进境和出境加工。允许出境加工的货物可依照该成员有效法律法规全部或部分免除进口关税和国内税后复进口。

11. 过境自由

与过境运输有关的任何法规或程序尽可能减少贸易限制的程度。收取的运输费用或过境费只能与所提供服务的成本相当。不能采取过境运输的任何自愿限制措施（与 WTO 规则相一致的现行或未来国内法规、双边或多边安排除外）。鼓励为过境运输提供实际分开的基础设施（如通道、泊位及类似设施）。为确定货物和保证符合过境要求的相关手续、单证要求和海关监管的复杂程度不得超过必要的限度。一旦货物进入过境程序并获准自一成员领土内始发地启运，即不必支付任何海关费用或受到不必要的延迟或限制，直至其在该成员领土内的目的地结束过境过程。不得对过境货物适用《技术性贸易壁垒协议》范围内的技术法规和合格评定程序。一旦过境运输抵达该成员领土内出境地点海关，如符合过境要求，则该海关应立即结束过境操作。

12. 海关合作

对于成员方之间，海关合作做了以下 12 个方面的具体规定：①促进守法和合作的措施；②信息交换；③核实；④请求；⑤保护和机密性；⑥信息的提供；⑦对请求的迟复或拒绝；⑧对等；⑨行政负担；⑩限制；⑪未经授权的使用或披露；⑫双边和区域协定。

6.7.2 区域全面经济伙伴关系协定贸易便利化条款

RCEP 的第四章"海关程序和贸易便利化"共 21 条和 1 个附件，详细规定了海关程序及贸易便利化规则，适用于缔约方之间的货物贸易以及出入缔约方之间的运输工具。该章内容的重点在于要求缔约方简化海关程序、提高通关效率，为缔约方的贸易主体提供更高程度的便利，但并不减损缔约方海关对进出口实施适度监管的权利。该章基本承袭了 WTO《贸易便利化协定》的内容，个别条款的开放程度以及给予贸易主体的便利化程度高于《贸易便利化协定》，包括：对税则归类、原产地以及海关估价的预裁定；为符合特定条件的经营者（授权经营者）提供与进出口、过境手续和程序有关的便利措施；用于海关监管和通关后审核的风险管理方法等。具体内容如下。

1. 优化通关程序

1）鼓励不采用装运前检验，以卫生和植物卫生为目的的装运前检验除外。

2）设立抵达前处理程序，允许提交货物进口所需的文件和其他信息，以便在货物抵达前开始处理，从而加快货物放行。

3）简化海关程序，加快货物放行。对货物检查以合理和必要为限，对快运货物、易腐货物等争取实现货物抵达后 6 小时内放行，推动了果蔬和肉、蛋、奶制品等生鲜产品的快速通关和贸易增长。

4）通过适当选择性标准进行风险评估，将监管集中于高风险货物，加快低风险货物的放行。选择性标准包括协调制度编码、货物性质和描述、原产国、货物启运国、货值、贸易商合规记录以及运输工具类型等。

2. 提升服务保障能力

1）规定预裁定措施，对实施预裁定的原则、范围、流程以及效力等做了详细规定，提高了海关程序的管理能力。

2）应用信息技术，加速货物放行。使用可以加速货物放行的海关程序的信息技术，包括在货物运抵前提交数据以及用于风险目标管理的电子或自动化系统，便于海关对海关程序的电子化管理。

3. 优化企业管理

1）信用管理：RCEP 向经认证的经营者提供与进口、出口或过境手续和程序相关的额外的贸易便利化措施。相比目前中国签订的 AEO（authorized economic operation，经认证的经营者）互认国，RCEP 缔约方覆盖了更多未互认主体，统一了认证标准和优惠措施的基本框架。

2）稽查管理：设立透明的后续稽查程序，以风险为基础选择一当事人或货物进行后续稽查，保证海关及其他相关法律和法规得到遵守。作为贸易便利的后续保障，稽查能够约束行为人的守法情况，在贸易便利化的同时维护贸易秩序。

6.7.3　经济合作与发展组织贸易便利化指数与中国的贸易便利化水平

贸易便利化指数（trade facilitation indicators，TFI）是经济合作与发展组织（Organization for Economic Cooperation and Development，OECD）设计的衡量主要经济体贸易便利化水平的指标体系。比较分析各国 TFI 水平及变化，有助于各国改进边境程序，提高贸易便利化水平。TFI 指标值从 0 到 2，最高分为 2 分，对应最好的表现。TFI 整个指标体系分为 3 个方面，共 11 个指标，具体包括信息公开（information availability）、贸易界参与度（involvement of the trade community）、预审核（advance rulings）、上诉程序（appeal procedures）、规费（fees and charges）、文档要求（formalities – documents）、自动化要求（formalities – automation）、程序要求（formalities – procedures）、边境外部机构合作（external co-operation）、边境内部机构合作（internal co-operation）、治理与公正（governance and impartiality）。①

根据 OECD 贸易便利化指数数据，2019 年贸易便利化指数水平最高的 10 个经济体分别为中国香港、荷兰、韩国、英国、瑞典、美国、挪威、芬兰、德国、日本。中国贸易便利化水平达到 1.561，排名第 44，与 2017 年（便利化水平 1.356，排名第 54）相比，便利化水平提高了 0.205，排名提高 10 位。

根据对 11 个指标的对比分析，中国接近领先样本（指标值接近 2）的指标有 6 个：贸易界参与度、预审核、上诉程序、规费、自动化要求、治理与公正等。2019 年比 2017 年改进明显的指标有贸易界参与度、预审核、上诉程序、规费、文档要求、自动化要求、程序要求、治理和公正等，其他方面相对稳定。

与亚太经合组织经济体的贸易便利化水平相比，中国在贸易界参与度、预审核、上诉程序、规费四个指标上处于领先水平，差距大的指标有边境外部机构合作、文档要求、信息公开、边境内部机构合作等。在 OECD 贸易便利化网站上还可以做更广泛的最近年度贸易便利化调查数据与国际比较分析。

本 章 小 结

1. 保护措施与规则有经济措施、行政管理措施、技术措施、投资措施、知识产权保护措施以及专门针对行业部门的规则。WTO 的行政管理措施协议主要包括《进口许可程序协议》《海关估价协议》《装运前检验协议》《原产地规则协议》《政府采购协议》《贸易便利化协定》等。

2. 对外贸易的行政管理就是依托国家行政权力对对外贸易活动实施的管理。行政管理有统一性、强制性、速效性和规范性等特点。目前各国对外贸易的行政管理主要有经营主体资格管理、对外贸易秩序管理、进出口商品许可管理、技术性的商品检验检疫与认证管理、外汇结算与税务管理、海关管理等。《中华人民共和国对外贸易法》是我国行政机关管理对外贸易的基本法律。

3. 进口许可证是指为实施进口许可制度而需要向有关管理机构递交申请或其他文件，作为货物进入进口成员关税领土区域先决条件的行政管理程序。进口许可证可分为自动进口许可证和非自动进口许可证两种。管理部门要定期公布和调整这两类商品的清单目录。

4. 海关估价是指一国（地区）海关为征收从价关税，根据统一的估价原则、标准和程序以确定某一进出口货物的完税价格的过程。完税价格是海关对进出口货物计征关税的基础，关税等于关税率乘完税价格。WTO《海关估价协议》规定了依次使用的 6 种

---

① 相关指标解释和数据应用详见 OECD 贸易便利化指数网站 http://www.oecd.org/trade/facilitation/indicators.htm。

海关估定完税价格的方法：成交价格、相同货物的成交价格、类似货物的成交价格、根据相关产品实际销售价格计算而成的扣除价格、根据成本利润计算而成的计算价格、其他合理的方法。

5. 中国的海关估价与 WTO 协议一致，除规定一般进口货物的完税价格估价规则之外，还规定了特殊的加工贸易进口料件及其制成品估价、特定区域货物的进出入估价、租赁方式进口货物的估价方法、出口货物的完税价格估定等。

6. 装运前检验是指对将要出口至用户成员领土的货物质量、数量、价格条件（包括汇率和融资条件）、商品报关归类等项目进行核实的所有活动。装运前检验的内容包括价格、品质、数量、包装、货物的税则分类和有关法律法规的合法性等。装运前检验成为许多国家管理贸易的重要措施。《装运前检验协议》详细规定了用户成员的义务。

7. 原产地规则是各国为了确定贸易中的货物的原产地而制定的法律法规和普遍适用的行政命令或行政措施，是执行国别差别关税和贸易政策的产物和工具。进出口贸易货物的原产地是国际贸易货物的来源地，即商品的生产地、制造地或产生实质改变的加工地。原产地标准分为完全产地产品标准和实质性改变标准两大类。完全产地产品标准是指该产品完全由一国生产，不能有任何其他国家的含量成分或加工增值。实质性改变标准又进一步分为税则归类改变标准、制造或者加工工序标准和从价百分比标准。

8. 政府采购是指政府或其代理人作为消费者为其本身消费而不是为商业转售所进行的采购行为。《政府采购协议》是 WTO 诸边协议之一，规定成员政府在一定采购金额基础上，应实现贸易自由化。中国政府已承诺在加入 WTO 两年后开始进行加入《政府采购协议》的谈判，中国于 2002 年公布了自己的政府采购法。

9.《贸易便利化协定》是中国加入 WTO 后参与并达成的首个多边货物贸易协议。该协定于 2017 年 2 月 22 日生效，在进口、出口、过境过程中的 12 个方面明确提出了便利化要求。协定给予发展中国家成员和最不发达国家成员特殊和差别待遇。

10. 目前量化贸易便利化水平的指标很多，具有权威代表性的指数有 OECD 的贸易便利化指数（TFI），其一级指标有 11 个。2019 年中国贸易便利化水平排名第 44 位，比 2017 年提高 10 位。通过 TFI 数据的比较有助于各国寻找差距，提高贸易便利化水平。

思 考 题

1. 贸易保护的主要行政措施有哪些？简述我国执行外贸行政管理的主要机构。
2. 简述进口许可的概念和分类。
3. WTO 进口许可协议主要有哪些条款？
4. 简述《海关估价协议》规定的 6 种估价方法。
5. 什么是装运前检验？装运前检验有哪些内容？
6. 什么是原产地、原产地标准、原产地规则？
7. 简述 WTO《政府采购协议》的性质和中国的承诺。
8. 简述 WTO《贸易便利化协定》贸易便利化的主要内容、OECD 贸易便利化指标体系的主要指标以及中国贸易便利化的水平。

第四篇
公平贸易规则

第7章 倾销原理与反倾销规则

📖 **本章要点**

倾销在国际贸易历史上由来已久。倾销是一种价格歧视，属于不正当竞争行为。它扰乱了国际市场秩序，对进口国的相关产业造成了损害或威胁，因此遭到各国立法的抵制和惩罚。同时，反倾销是常用的三大贸易补救措施之一，被许多国家所采用。但是乱用反倾销同样是一种贸易壁垒，需要国际规则的约束。本章 7.1 节介绍倾销原理，包括倾销的概念、类型、影响和条件；7.2 节介绍反倾销规则，包括条件认定规则和程序规则、反倾销的措施；7.3 节介绍中国面对的倾销与反倾销案例分析。

7.1 倾销原理

7.1.1 倾销的概念与类型

1. 倾销的概念

根据《反倾销协议》第 2 条第 1 款规定，如果一项产品从一国出口到另一国的出口价格低于其正常价值或公平价值的价格，则该行为被视为倾销。

例如，20 世纪 80 年代，日本对美国电视机市场发动了猛烈的攻势。日本出口商在美国深入了解市场要求之后，同当地商人建立联系，然后把大量装满彩电的集装箱运抵美国，藏进了当地的仓库。这样，即使美国人醒悟过来也已不可能用封闭边境或增加进口税等方法来阻挡了。当仓库全部装满后，日本商人便以比在日本国内销售价格低得多的价格在美国销售这些彩电。在短短 18 个月中，日本商人占有的彩电市场份额就从 14% 急剧上升到 50%，而美国电视机制造厂商的产品只能积压在仓库里，这些厂商很快亏本。接着日本商人便以低价买下了许多已疲惫不堪的美国公司，如松下公司获得了摩托罗拉公司的电视机生产权，三洋公司吞并了盖维克电器公司等。

2. 倾销的类型

在现实的国际贸易中，商品倾销由于实施目的、时间、方式和手段等的不同，可以分为不同的类型。根据倾销持续时间的长短，商品倾销可分为偶发性倾销、间歇性倾销和持续性倾销。

（1）偶发性倾销

偶发性倾销又称短期倾销，通常是生产商为防止商品积压而危及国内价格结构，在短期内向海外市场大量低价抛售该商品。这种倾销对进口国同类产业的"损害"是暂时的，进口国消费者则可以从低价中获得好处。债权企业获得破产企业的抵押品也会出现偶发性倾销。

（2）间歇性倾销

间歇性倾销又称掠夺性倾销，是指某一商品生产商为了在海外市场上取得垄断地位而以低于国内市场价格或边际生产成本的价格向外抛售商品，将竞争对手逐出市场后再实行垄断高价。这类倾销被认为是一种国际营销的"苦肉计"，由于具有明显的掠夺性意图，既损害了进口国同类产业，也使进口国消费者的长期利益遭受损失，因而是各国（地区）实施反倾销措施的主要对象。对于季节性产品或周期产品，因过了热销季节（如服装）、即将过保质期（农产品、食品、保健品）等也会出现间歇性倾销。

（3）持续性倾销

持续性倾销又称长期倾销，是指某一商品生产商一方面为了实现规模经济效益而进行大规模生产，另一方面为维持国内价格结构而将部分产品长期低价向海外市场销售。这类倾销与规模经济相结合，导致生产成本在一定时期内不断下降，因此进口国消费者从长期降价中获得的好处是不断累积的，但同时对进口国同类产业造成的损害也是显著的。

7.1.2　倾销的经济学原理

倾销是一种不正当的商业行为，其动机可能是为了占领市场，击败进口国或其他国家的竞争对手，从而达到垄断市场等长远的战略目标；也可能是企业为了有效利用财务资金，减少库存积压；或者是利用国外市场需求价格弹性大，适合低价策略以扩大出口，进而获得企业利润的最大化。

不同类型的倾销有不同的原因。企业进行持续性倾销是为了利用国内外市场的需求弹性差异，是实现利润最大化的国际营销策略。通常而言，国际市场的替代品比较多，外国消费者的选择余地大，因而对某一产品的依赖性较小。产品在国外市场的需求价格弹性较大，企业会采取薄利多销的策略，由于国内市场的相对垄断性，产品在国内市场的需求价格弹性较小，企业往往采取低产量高价格策略。

根据经济学原理，企业利润最大化的定价原则是边际成本等于边际收益。由于国内市场与国外市场的需求价格弹性不同，两个市场的需求曲线斜率不同，因此两个市场的边际收益曲线也不同。由于两个市场的产品都是国内生产企业所生产的，因此它们的边际成本是一样的，由此导致两个市场的最优定价出现差异。进行持续性倾销，即使倾销价格低于平均成本，倾销企业也有利润产生（表7.1）。

表 7.1　彩电倾销的效益分析

指标	无倾销	有倾销
国内价格与销量	300 元，100 台	300 元，100 台
国外价格与销量	0，0	250 元，50 台
销售收入	30 000 元	42 500 元
可变生产成本（200 元/台）	20 000 元	30 000 元
固定生产成本（10 000 元）	10 000 元	10 000 元
利润	0	2 500 元
平均成本	300 元/台	267 元/台
结论	无倾销，无利润	低价倾销，有利润

注：表中的基础数据来自编者假设。

假设日本彩电在美国倾销，在日本市场销售价格为 300 元/台，可以卖出 100 台，如果在美国市场也按照 300 元/台销售，则销量为零，而如果在美国市场按照 250 元/台的低价销售，则可以销售 50 台。很显然，日本企业在美国市场实施了倾销。再假设日本企业的固定生产成本为 10 000 元，可变生产成本为 200 元/台。通过计算可知，日本企业如果不在美国倾销，则利润为零，而如果实施低价（甚至低于成本）倾销，则反而有利润 2 500 元。具体分析见表 7.1。

7.1.3　倾销的影响

倾销的影响是广泛而复杂的，不仅对进口国，而且对出口国和第三国的生产者和消费者都具有深远的影响。

1. 对出口国的影响

从出口国方面看，实施商品倾销的企业，初期目的主要是开拓、占领海外市场，扩大海外市场份额，为后期获取巨大的利益创造条件。本时期由于倾销可能遭受部分利益损失，该损失可由倾销企业在国内市场获取的垄断利润，或在占领国外市场后实行垄断高价所得利润予以补偿，后者将使在国内外市场均处于垄断地位的倾销企业通过"双高"价格获取丰厚利润。对于本国其他企业而言，那些为避开倾销企业的国内垄断而一直在国外努力开拓市场的同类型竞争企业很可能受到排挤，甚至可能失去已占有的国外市场；而那些与倾销商品互补的国内生产企业，如果能跟着倾销企业在国外开拓市场，则很可能获得抢占市场的先机。倾销对出口国消费者的影响较为复杂，可分为两种情况：如果实施倾销的产品能以递减的边际成本生产，且倾销企业愿意将倾销的利益扩散到本国消费者，则出口国国内消费的商品价格会因此有一定幅度下降，消费者将从中受益；如果倾销产品以递增的边际成本生产，则企业为弥补倾销而遭受的损失，可能提高该产品在国内市场的售价，将损失转嫁给本国消费者。

2. 对进口国的影响

从进口国方面看，如果发生偶发性倾销，消费者无疑是低价倾销的受益者，而国内竞争性企业却可能受到不十分明显的损害，但这些影响毕竟是短期的，很快就会恢复原状。如果是持续性倾销，进口国的相关竞争部门和企业一般需作出根本性调整，不过这种调整的目标是较明确的。持续性倾销对进口国消费者的影响具有两面性：一方面，消费者可以从持续性倾销所带来的价格长期下降和本国企业迫于竞争而提高效率中获益；另一方面，进口国企业的产品和结构调整不可避免地会引起额外费用的支出增加，并可能带来严重失业，这些都必然会使消费者（同时也是劳动提供者）的利益遭受损失。然而，对进口国影响最大、最具破坏性的是短期的掠夺性倾销。由于进口商品的低价倾销，直接竞争的进口国同类产品的生产企业可能被剥夺其原有的市场份额，由此产生的损失将大大超过消费者从低价进口商品中所获得的好处；非直接竞争的进口国生产企业也会因消费者转向购买低价倾销的进口商品而失去部分市场。如果是利用进口投入品进行生产的国内企业，在接受低价倾销的错误价格信号后很可能盲目扩大生产，而一旦出口商停止低价倾销，提高其出口产品价格，已扩大规模的进口国企业将难以继续维持经营规模，这不仅会使进口国企业蒙受巨大损失，也会因资源配置错误而造成进口国国民经济的巨大浪费。

3. 对第三国的影响

倾销对第三国的影响主要是同类产品的生产企业。由于低价倾销，进口国消费者转而购买倾销产品，第三国同类产品的出口企业不得不退出在进口国市场的竞争。第三国的出口下降将通过其投入产出机制扩散到其他经济部门，最终会影响和阻碍第三国国民经济的正常发展。

7.1.4 倾销的条件

国际贸易中的倾销是在国内外市场上实施差别的定价策略，需要依赖以下市场条件。

1）出口国市场与进口国市场对某一产品的价格需求弹性不同。出口国国内市场对商品的价格需求弹性较小，对该商品的需求量不会因价格的提高或降低而受太大的影响；相反，进口国市场对商品的价格需求弹性较大，商品需求量对价格变动的反应非常敏感。这样，在国外市场实行低价销售，就能较大幅度地增加商品的销售量，拓展市场空间。

2）出口国生产厂商在国内具有垄断地位，能利用需求量对价格反应缺乏弹性来维持国内市场垄断高价，获取垄断利润。

3）各国市场相互独立与相互分割。各国市场之间由于存在关税、非关税壁垒以及高昂的运输成本等主客观因素的障碍，能够阻止倾销到进口国的商品因国际上的价格差异而回流到出口国，从而使得倾销商在不同国家的市场上实行价格歧视成为可能。

7.2 《反倾销协议》

7.2.1 世界贸易组织反倾销的条件认定规则

所谓反倾销是指对倾销行为进行抵制的政府行为。GATT 1994 第 6 条明确规定进口国政府对一项进口商品采取反倾销措施，必须同时满足 3 个条件：①倾销的存在，即该商品的出口价格低于正常价值；②损害的存在，即这种低价销售对进口国的相关产业造成了实质性损害或实质性损害的威胁，或实质性阻碍了该国内某一相关产业的建立；③倾销与损害之间存在因果关系。成员方实施反倾销措施无须考虑 GATT 第 1 条 "最惠国待遇" 的承诺，但必须在实施前确定存在倾销，对本国产业存在损害，并且证实倾销与损害之间有因果关系。对此，《反倾销协议》作出了详细的规定。

1. 倾销的确定

《反倾销协议》规定，如果在正常贸易过程中，一项出口产品的出口价格低于在出口国国内市场消费相似产品的可比价格，那么这项产品就属于倾销产品。故比较出口产品的正常价值与出口价格是确定倾销行为的基础，而倾销的确定又是反倾销措施的首要条件之一。

（1）正常价值的确定

一般而言，正常价值是指在正常贸易过程中，被指控倾销的产品在出口国国内市场上销售的可比价格。国内销售价格是确定正常价值的最基本和最首要的办法，但是，在实际操作中确定国内售价并不容易，需要注意如下两个问题。

1）要确定在出口国国内市场的销售是不是正常贸易。判断的主要依据是看该种产品在出口国国内市场的销售价格是否低于单位成本。如果在一定期间内（通常为 1 年，最短不少于 6 个月），大量该商品的销售价格低于包括单位生产成本（固定的和可变的）、管理费用、销售费用和一般费用在内的单位成本，则很可能被认为不属于正常贸易。这里所谓的"销售价格低于单位成本"是指该产品的加权平均销售价格低于加权平均单位成本，或者低于单位成本的销售量占用来确定正常价值的交易量的 20%或 20%以上。此时，反倾销调查当局可以认为这两种低于成本的销售使生产商不可能在合理期间内收回成本，因而可以在确定正常价值时忽略这部分交易。然而，如果产品的销售价格低于销售时对应的单位成本，但高于在调查期间内加权平均的单位成本，则应视为可以在合理期间内收回成本，不能被忽略。

2）要考察被调查产品在出口国国内市场的销量，看它是否足以使国内售价适合与出口价格作比较。

根据《反倾销协议》第 2 条第 2 款的规定，确定正常价值有以下 3 种方法。其中，方法一是最主要、最常用的方法，只有在方法一由于特殊情况不能使用时，才能使用另外两种方法。

方法一：如果出口国国内有该产品的销售价格，并且产品的销售用于国内消费，则该销售价格即是正常价值。但当存在下述情况时，出口国国内虽有该产品的销售，其销售价格却不能作为确定正常价值的依据：①在出口国国内市场的销售太少，按《反倾销协议》的注解，如果该产品在出口国国内市场的销售量低于向进口成员销售的 5%，将不足以用于确定正常价值；②在出口国国内市场上同类产品的销售价格低于每单位生产成本加上行政管理费、销售费用和一般费用，即低于成本。这种销售不是在正常贸易过程中进行的，因而不能作为确定正常价值的依据。

方法二：以产品出口到第三国市场销售的价格作为正常价值。由于实践中可能存在许多除出口国与进口国之外的第三国，因而就存在一个选择哪一个国家作为第三国的问题。选择第三国的标准如下：①向第三国出口的产品应是向进口成员出口产品的相同或类似产品；②产品在第三国的销售也用于其国内消费；③向第三国出口该产品的数量不得小于向进口成员出口数量的 5%；④在第三国的销售不存在低于成本销售的非正常贸易情况。

方法三：以结构价格作为确定正常价值的依据。所谓结构价格是指产品原产地国的生产成本加上合理数额的管理费、销售费用、一般费用和利润。这里的生产成本费用应根据受调查的出口商或生产商存有的记录计算，这些记录应符合出口国普遍接受的会计原则，合理反映与生产有关的成本以及有关产品的销售。反倾销调查当局应考虑全部现有的成本适当分配的证据，该分配应是在历史上一直被出口商或生产商所使用的。管理费、销售费用、一般费用和利润的计算，应以与生产有关的实际数据以及出口商或生产商在正常贸易过程中相关产品的销售为根据。

（2）出口价格的确定

出口价格是指在正常贸易过程中，外国生产商向进口国进口商出售产品的交易价格。具体到每一笔交易，出口价格的确定取决于交易双方使用的价格术语，不同的价格术语代表不同的价格条件。根据《反倾销协议》第 2 条第 3 款的规定，如果不存在出口价格，如易货贸易，或由于出口商与进口商或第三方存在某种特殊关系，如联营或补偿协议而使出口价格不可靠时，可以采用结构出口价格。确定出口价格的方法有两种。

方法一：以出口产品首次转售给无特殊关系的独立购买人的价格来推定该产品的出口价格。

方法二：转售时产品状况与进口时不同，反倾销调查当局可在合理的基础上确定该产品的出口价格。

（3）正常价值与出口价格的比较

确定了正常价值和出口价格后，将两者进行公平比较是为了确定进口产品是否存在倾销和倾销的幅度。由于通常情况下正常价值与出口价格是两个不同国家市场的销售价格，正常价值一般不包括出口所必需的税费等，但出口价格则包括出口税费，因此在对二者进行比较之前，首先需要对两个价格进行适当的调整，以消除由于进出口市场的产品差别或销售条件差异带来的影响。对于任何影响价格比较的因素，如销售条件、赋税、数量、物理性能等方面的差异，应该视具体情况作出适当的补偿。根据《反倾销协议》第 2 条第 4 款的规定，对二者的比较应体现公平合理的原则，公平比较的基本前提是使进行比较的两个价格处于同一贸易水平，应尽可能在出厂价的基础上进行比较，并对运输费、保险费等一些因素予以考虑和调整，同时应尽可能就同一时期的销售进行比较。为了保证价格的可比性以及比较的公平性和透明度，《反倾销协议》特别规定在正常价值和结构出口价格比较的情况下，应对首次向独立买主转售进口产品过程中产生的包括关税和税收在内的成本费用以及利润作出补偿。如果因此影响了价格的可比性，反倾销调查当局应在与结构出口价格相应的贸易水平上确定正常价值，或者对任何影响价值可比性的因素作出适当的补偿。《反倾销协议》对进行比较可能涉及的调整、补偿和货币兑换做了规定，并且要求反倾销调查当局必须将调整、补偿和货币兑换等保证公平比较的必备资料通报给有关当事人，而且不能强求当事人承担不合理的举证责任。在对正常价值和出口价格进行比较时，涉及以下 3 个问题。

1）货币兑换。在比较中需要进行货币兑换时，该兑换应按销售日（通常指购买订单、订单确认或发票的日期）使用的外汇汇率确定。假如在期货市场上出售的外币与有关的出口销售有直接联系，则应使用期货销售的外汇汇率确定。《反倾销协议》规定反倾销调查当局应忽略汇率波动，并且至少给予出口商 60 天时间来调整其出口价格。

2）比较的方式。第一，在加权平均正常价值与全部可比的出口交易的加权平均价格之间进行比较；第二，正常价值与每项交易的出口价格进行比较；第三，加权平均正常价值与单独出口交易的价格进行比较。通常情况下应采用第一种方式进行比较。

3）如果产品不是直接从原产地国进口，而是通过一个中间国向进口成员出口，则该产品从出口国向进口成员销售的价格既可以与出口国的可比价格进行比较，也可以与原产地国的价格进行比较。例如，在出口国国内不存在该产品的生产，也没有国内销售价格，这时的价格比较应以原产地国的国内价格为准。

（4）确定倾销幅度和征收反倾销税

如果确定了的倾销符合征收反倾销税的条件，进口成员方当局可以对除已经接受了价格承诺外的所有有关产品，在无歧视基础上征收不超过倾销幅度的反倾销税。反倾销税往往是在追溯以往或者预期的基础上先进行估算，再计算应付税额的准确数额。《反倾销协议》设计了两种机制来保证反倾销税不超过倾销幅度，各国可依据本国征税的程序来选择适用的机制。无论采用哪种机制，《反倾销协议》都要求有关当局应该在当事人提出确定反倾销税最终估算数额的要求后，尽快作出最终裁决（一般在 12 个月内，最长不超过 18 个月）。对于实际已支付税款超出终裁确定的倾销幅度的那部分金额，应该归还给被征收反倾销税的进口商。当局应该在最终裁定后或进口商提出退款要求后 12 个月内作出退款决定，并且应在 90 日内支付退款。

《反倾销协议》规定在征收反倾销税时，反倾销调查当局应分别裁定每个出口商的倾销幅度。但是，这在实际上往往行不通。因此《反倾销协议》允许反倾销调查当局进行抽样，限制受调查的出口商、进口商或生产商的数目，并且以这些受调查的出口商和生产商的加权平均倾销幅度，作为对未受调查的出口商或生产商征收反倾销税的基本依据。然而，反倾销调查当局在计算加权平均倾销幅度时，应该忽略零倾销幅度、最小倾销幅度以及根据仅有证据而不是根据整个调查所确定的倾销幅度，而且，必须对在调查过程中提供了必要资料的出口商或生产商分别裁定倾销幅度。

此外，如果在调查期间没有出口被调查产品的出口商或生产商计划向征收反倾销税的成员方出口，并能提供证据证明它们与被征税的涉案出口商或生产商没有任何关系，进口国当局应迅速对其进行复审，以确定它们的个别倾销幅度。在审查期间，反倾销调查当局不应向这些出口商或进口商征收反倾销税，但可以要求它们提供担保，一旦复审的结果确定它们确实构成倾销，就可以向它们征收追溯到复审之日的反倾销税。

2. 产业损害的确定

（1）相似产品

在进行反倾销调查之前，必须先界定相似产品，因为相似产品的确定是决定国内产业由哪些企业构成和反倾销调查范围的基础，而且还会影响损害和倾销与损害之间因果关系的确定。《反倾销协议》将相似产品定义为那些与被调查的进口产品同样的产品，即在所有方面都与所调查的产品相似，或在缺乏这一产品时，那些虽然不能在所有方面相同，但具有和所调查产品非常近似的特征的其他产品。非常近似是指在物理性质与功能上一样或最接近的进口国其他产品，而且必须能从进口厂商的资料和数据上分辨出来。在确认国内生产的哪些产品属于相似产品前，要先对被指控倾销的进口产品作全面的检验。

（2）国内产业

根据《反倾销协议》第 4 条的规定，国内产业是指出口国国内生产相同或类似产品的生产者全体，或虽不构成全体，但构成其国内生产相同或类似产品产业的大部分生产者。如果某些国内产业生产商和受调查的出口商和进口商有关联，比如说它们是子母公司，或者自己本身就是受指控倾销产品的进口商，那么，在确定国内产业时可以将这部分厂商排除在外。

根据《反倾销协议》第 4 条第 1 款第 2 项的规定，在符合下述条件时，国内产业也可以以位于某一成员方境内的一个地区为范围构成：①该地区已形成一个相对独立的竞争市场；②该地区生产者生产的相同或类似产品的全部或绝大部分在本地区销售；③该市场的需求很大程度上不是由成员方境内其他地方的有关产品生产者供给的。

根据《反倾销协议》第 4 条第 2 款的规定，当国内产业被解释为某一地区的生产者时，就应只对该地区进行最终消费的有关产品征收反倾销税，而不能对销往其他地区的产品征收反倾销税。根据《反倾销协议》第 4 条第 3 款的规定，当两个或两个以上的国家按照 1994 年关贸总协定第 24 条第 8 款的规定已达到一体化程度，即它们具有一个单一的统一市场的性质特点时，该地区的整个产业应被视为国内产业。在这样的情况下，如果调查证实倾销商品集中进入区域内产业的市场，并且对该市场上全部或几乎全部相似产品的生产商造成了实质性的损害，即使包括设在区域外的本国生产商在内的大部分国内产业没有受到实质性的损害，反倾销调查当局也可以认定存在损害。但是，反倾销调查当局只能对进入区域内用来最终消费的产品征收反倾销税。如果该成员方的宪法不允许其以此为由向区域内的进口商品征收反倾销税，又不能仅向某些特定生产商征收反倾销税，此时，《反倾销协议》允许反倾销调查当局不受地域限制，向进口国进口的全部该种产品征收反倾销税。在征收反倾销税之前，反倾销调查当局还必须向出口商提供一个停止向该地区倾销或者承担价格承诺的机会。

（3）损害

反倾销中的损害是指因倾销的存在对某一国内产业造成了重大损害、形成重大损害的威胁或对某一产业的建立造成严重的阻碍。确定反倾销的损害有 3 种情况：①对一缔约方国内产业造成实质性损害；②对国内产业构成实质性损害的威胁；③对这种产业的建立形成实质性阻碍。

《反倾销协议》对"实质性"没有明确的定义，但它规定确定损害时必须客观地验证倾销进口的数量和倾销进口对国内市场相似产品的市场价格的冲击影响，以及倾销产品的进口对国内相似产品生产商的后续冲击。为此，根据《反倾销协议》第 3 条第 1、2 款的规定，确定损害应包括对下列 3 方面的客观审查。

1）倾销进口产品的数量是否存在大量增加的情况。进口产品数量的大量增加包括绝对数量的大量增加和相对数量的大量增加，无论存在哪一种情况，都可认定存在进口产品的大量增加。

2）倾销进口产品对价格的影响。与进口国相似产品相比，倾销进口产品是否存在大幅度削价，是否存在导致同类产品大幅度地降价销售的情况，或者是否存在在很大程度上阻碍国内同类产品价格提高的情况。

3）倾销进口产品对国内相同产品生产商造成的影响。国内产业当前和后续的冲击包括：①所有反映国内产业状况的相关经济因素，包括倾销是否造成销售、利润、产量、市场份额、生产能力、投资回报、设备利用能力等实际地或潜在地下降及下降的幅度；②影响国内价格的因素；③倾销幅度的大小；④是否实际地或潜在地影响了现金流量、存货、就业、工资率、增长率、追加投资或设备利用的能力等。

（4）累积评估

需要注意的是，上述因素的任何单个因素都不是得出肯定或否定结论的必要条件。

评估倾销是否构成实质性损害的威胁，根据《反倾销协议》第 3 条第 3 款的规定，如果受到调查的产品来自多个国家，反倾销调查当局应对所有进口产品对国内产业造成的影响进行累积评估，即对所有该产品的进口对国内产业造成的影响相加的总和进行评估。由于累积分析会增加所调查产品的数量，在涉及累积分析的案件中更有可能肯定倾销对国内产业造成了损害。因此，《反倾销协议》第 3 条第 3 款规定，如果反倾销调查当局采用累积估价的方法，必须符合下述条件。

1）来自每个国家的进口产品的倾销幅度都不是最小的，即倾销幅度不小于正常价值的 2%，而且每个国家的倾销进口数量都不能忽略不计。

2）从其中一个国家进口倾销产品的数量被确定为占进口成员国内市场上同类产品数量的 3% 以上，或者从单个国家进口产品数量不足 3%，但从几个国家进口产品数量之和超过了该进口成员同类产品进口量的 7%。

3）这些来自不同国家的进口产品之间的竞争条件基本相同，并且这些进口产品与国内同类产品之间的竞争条件也基本相同。

不能根据臆测、巧合或可能性就声称本国产业受到实质性损害的威胁，而必须基于事实证明倾销进口在可预见的、即将发生的情况下会造成实质性损害。因此，在反倾销中援引"实质性损害的威胁"要特别小心谨慎。

至于"实质性地阻碍了本国产业的新建"则很少被进口国援引，在《反倾销协议》中也没有进一步说明，因为它只适用于投资人已采取实际措施正在建立或将要建立的产业在实际建立过程中受到了倾销阻碍的情况。发生这种情形的概率很小，即使发生了，也往往难以举证，操作起来比较困难。

（5）重大损害威胁

重大损害威胁是指实际的实质性损害尚未发生，但如果倾销产品继续进口，则在不久的将来有发生实质性损害的趋势或极大的可能性。由于在作出裁定时，实质性损害并没有实际发生，因此在认定实质损害威胁时应十分慎重，否则可能会因主观判断的失误导致反倾销措施的滥用。《反倾销协议》第 3 条第 7 款规定，在确定损害威胁时，反倾销调查当局应特别考虑以下因素。

1）倾销的进口产品以极大的增长比例进入进口国国内市场，表明由此引起进口巨大增加的可能性。

2）出口商能充分自由处置迫近的大量增长的情况，表明存在倾销产品向进口成员市场出口大量增长的可能性。

3）进口产品是否会对国内价格带来重大的压抑或抑制性影响，以及可能会增加进一步进口的需求。

4）受调查产品的库存情况。

5）倾销与损害的因果关系。

如果经过调查，认定既存在倾销，也存在损害，且不能一定导致反倾销措施的实施，则还应证明倾销与损害之间的因果关系，因为有时国内相关产业的损害可能是由其他原因造成的。如果损害发生的同时也受到其他因素的影响，这种损害不能仅仅归咎于倾销。在证明倾销与国内产业损害之间存在因果关系时，应该考察所有的相关证据。《反倾销协议》没有具体说明哪些证据是有关的，只列举了一些不能归咎为倾销进口的，但可能对国内产业构成损害的因素，如以非倾销价格进口的产品数量和价格、国内需求减少或者消费模式的变化、国内外生产企业之间的竞争、限制性贸易措施、技术进步，以及国内产业的出口绩效和生产率等。因此，在具体案件中，反倾销调查当局必须拿出一套分析相关因素的方案，并且考虑其他可能造成损害的因素，以公正地确定倾销是否直接造成了损害。《反倾销协议》第 3 条第 5 款规定，反倾销调查当局必须证明倾销是造成损害的原因。证明这个因果关系的存在应当基于对所有相关证据的审查，主要考虑的因素如下。

1）倾销商品的进口数量在进口国工业遭受实质性损害时是否大量增加。

2）倾销商品是否压低了进口国相似商品的价格。

3）倾销商品对进口国内生产者的冲击。

同时，反倾销调查当局也应审查倾销以外的其他因素。

1）未以倾销价格出售的进口产品的数量和价格。

2）进口国需求的减少和消费模式的变化。

3）外国与国内生产商之间的竞争以及限制贸易竞争的行为。

4）技术的发展。

5）进口国相关产品出口的下降和生产能力的下降。

上述因素的存在将导致排除倾销与损害间的因果关系。

7.2.2 世界贸易组织反倾销的程序规则

WTO 制定反倾销程序规则的基本目标是保证反倾销程序的透明度，为当事人提供维护自身利益的机会，减少调查当局裁决的任意性。

1. 反倾销调查的启动

WTO 对反倾销调查程序强调 3 个方面：第一，申诉资格和申诉证据的充足程度，以保证不发起无意义的调查；第二，完成调查的时间限制；第三，向所有利害关系的当事人收集资料，并为他们提供合理机会和时间来阐述观点和进行辩论。

根据《反倾销协议》的规定，在一般情况下，反倾销调查是依据进口国国内的产业或产业代表的书面申诉开始的。发起反倾销调查可以有两种方式：一是由国内受到倾销影响的产业提起申请，二是由反倾销调查当局自主决定进行反倾销调查。其中前一种形式在实际中运用较多。

（1）申请人的资格

提出发起反倾销调查的申请人，必须能够代表国内相关产业。根据《反倾销协议》第 5 条第 4 款的规定，进口国当局将根据国内相似产品生产商对申诉的支持程度，来审查申请人是否拥有足以代表国内产业的资格。具体标准是：①如果支持申请的生产商的总产量占对申请表态（包括支持或反对）的国内相似产品生产商的总产量 50%以上，该申请可被视为由国内产业或代表国内产业提起的；②作为申诉方的国内相似产品生产商的产量至少占国内产业总产量的 25%，如果低于 25%，则不能立案调查。

（2）申请书的内容

《反倾销协议》强调申诉应基于确凿的事实和证据，以防止进口国国内产业任意提出指控而逃避合理竞争。国内产业或其代表提交的书面申请应简要而明确地交代倾销、产业受到的损害和倾销与损害之间的直接因果关系，以及关于所指控产品、产业、出口商、进口商等的其他资料。根据《反倾销协议》第 5 条第 2 款的规定，申请书应包括以下内容。

1）申请人的身份，包括名称、主要产品、地址、电话等表明申请人身份的基本资料。

2）对国内同类产品生产价值和数量的陈述。

3）对倾销产品的一套完整的陈述，包括该产品所属国家的名称、每一个已知的出口商或外国生产者的身份以及已知的进口该产品的进口商的名单。

4）倾销产品在原产地国或出口国国内市场上出售的价格资料和被指控产品进口数量的变化情况，或者在必要时提供该产品在进口国首次转售给独立购买人的价格资料。

在特殊情况下，没有国内产业或其代表的申请，反倾销调查当局在掌握了关于倾销、损害和因果关系的充足证据时，也可以自行发起反倾销调查。

2. 反倾销调查的终止

为了确保能及时阻止无意义的调查干扰合法贸易，《反倾销协议》规定，在以下两种情况下，反倾销调查应尽快终止。

1）在调查开始后，反倾销调查当局发现倾销或损害的证据不足。

2）反倾销调查当局确定倾销幅度是"最小的"，或者倾销产品的进口量或损害可以"忽略不计"。"最小的"是指倾销幅度不到正常价值的 2%。"可以忽略不计"是指倾销产品的进口量在进口国市场上同类产品中的比例不足 3%，多国累积时不足 7%。为了最小化调查对贸易的干扰，在一般情况下，反倾销调查从开始到结束的时间为 1 年，最长不能超过 18 个月。

3. 证据的收集规则

为了保证确定倾销、损害以及两者之间的因果关系的证据准确而且充分，根据《反倾销协议》第 6 条的规定，反倾销调查当局在调查、收集证据时应当遵循以下规则。

1）反倾销调查当局应将申请人的书面申诉材料提供给有关的出口商、出口国当局和其他索要材料的利益关系方，并在给予它们充分合理的时间和机会的前提下，要求它们向反倾销调查当局提供资料。任何一个利益关系方提供的书面证据都应尽快地提供给其他利益关系方。出口商或外国生产者在收到调查表后，应给予至少 30 日的答复时间。

2）在整个反倾销调查中，反倾销调查当局应为所有利益关系当事人提供和其利益相反的当事人协商和辩论的机会，如召开公开听证会，但不应强求各当事人与会。

3）对于当事人提供的要求保密的资料，反倾销调查当局应该保证未经提供者许可，原则上不会公开这些资料。如果当事人以有关资料的机密性为由拒绝提供完整的资料，如涉及商业秘密，反倾销调查当局可要求其以摘要形式提供该资料或提供概况，否则该资料将不能作为证据使用。对于当事人无正当理由，拒不提供资料或不愿将资料公开，也不提供摘要，甚至阻碍调查的情况，反倾销调查当局将使用可获得的最佳信息作出肯定或否定的初裁和终裁。

4）反倾销调查当局可以进行现场调查以核实由国外当事人提供的信息，但是调查前应与有关厂商达成协议，而且应通知该成员政府并取得同意。一般情况下，反倾销调查当局应该公布调查结果。

5）为了保证调查过程的透明度，反倾销调查当局应向有利害关系的当事人公开作为裁定依据的资料，并向他们提供充分的机会和足够的时间来发表他们的意见。

6）如果涉案的当事人或产品种类过多，反倾销调查当局可以进行抽样分析，以便把受调查的当事人或产品数量控制在合理的范围内，但事前应与有关当事人协商征得同意，并且尽量对每个受调查者确定各自的倾销幅度。

上面提到的"有利害关系的当事人"包括以下 3 点。

1）受调查产品的出口商、生产商、进口商或该产品的生产者、出口商或进口商的商会、同业公会。

2）出口成员政府。

3）进口成员同类产品的生产商或进口成员地域内生产同类产品的商会和同业公会。

4. 反倾销裁定

经过以上的调查，反倾销调查当局将对是否存在倾销、损害以及两者之间的因果关系作出初步裁定和最终裁定。初步裁定是反倾销调查的初步结论，如果初步裁定是肯定的，可以采取临时反倾销措施或实施价格承诺，这对防止在调查期间发生损害是非常有必要的。如果初步裁定不存在倾销和损害，则应终止反倾销调查。最终裁定是反倾销调查当局在肯定性初步裁定的基础上，继续对申请人提出的反倾销指控作进一步调查后作出的最后结论。无论最终裁定是肯定的还是否定的，都将导致反倾销调查程序的结束。一般来说，肯定性的最终裁定将导致采取反倾销措施，否定性的最终裁定将导致案件以不采取反倾销措施的形式结束。

5. 行政复审

根据《反倾销协议》第 11 条的规定，一般情况下，采取反倾销措施的期限是 5 年。在此期间，与该案有利害关系的当事人可以提出行政复审的要求。反倾销调查当局在审查当事人提供的资料后决定是否进行复审。此外，反倾销调查当局认为有必要时，也可主动发起复审。如果经复审，证明继续征收反倾销税已没有必要，则应终止征税。如果在 5 年期限届满时，复审正在进行，还未结束，则应继续征税。

6. 司法审查

《反倾销协议》第 13 条规定，各成员方在国内立法中应包括司法审查的程序，即有利害关系的当事人对最终裁决和复审决定不满的，可以通过诉讼程序请求司法审查。进行司法审查的法庭应完全独立于作出最终裁决和复审决定的反倾销调查当局。如果其认为继续征税不再合理，则应立即终止征收反倾销税。通常情况下，复审应自发起之日起 12 个月内结束，在复审期间，征税可继续进行。这一要求主要是针对一些国家无限期地征收反倾销税的做法。"日落条款"要求最终反倾销一般应该自征收之日起的 5 年内结束，除非在此之前进行的复审调查认为，该项反倾销税期满后很可能导致倾销和损害的持续发生或卷土重来。该条款不仅适用于反倾销税，也适用于价格承诺。

如果被征税的出口国中某些出口商或生产商在调查期间没有向进口国出口涉案产品，并能证明它们与反倾销案无关，则反倾销调查当局应迅速对其进行复审，确定它们的个别倾销幅度。这种审查的速度应比进口国通常评估征税的速度快。在审查期间，反倾销调查当局可以要求它们提供担保，但不应向这些出口商或进口商征收反倾销税，只有复审的结果确定它们确实构成倾销，才可向它们追溯征收自复审之日起的反倾销税。

7. 公告

《反倾销协议》第 12 条规定，反倾销调查当局决定开始进行反倾销调查程序时，应发布发起调查的公告，内容包括出口国的名称和涉及的产品、开始调查的日期、申请书中证明倾销的依据、导致损害存在的因素的概要说明和由利害关系的当事人提交其陈述的地址和时间限制。反倾销调查当局作出的最初或最终的裁决、有关接受承诺的决定和最终反倾销税终止的决定，以及行政复议结束的决定和适用追溯征税的决定等，都应予以公告。上述每项公告都应包含反倾销调查当局认为关系重大的所有问题，都应送交所有利害关系的当事人。《反倾销协议》要求公告目的是增进裁决的透明度，促使反倾销调查当局尽可能地根据事实和可靠的论证来决策。

8. 其他

除了以上的程序规定外，《反倾销协议》还考虑到了第三国和发展中国家的利益。成员方可以自己决定是否代表第三国实施反倾销措施。当反倾销措施涉及发展中国家成员时，反倾销调查当局必须对发展中国家成员的情况予以特殊的考虑。

7.2.3　世界贸易组织反倾销措施

反倾销措施包括临时措施、价格承诺和征收反倾销税。

1. 临时措施

《反倾销协议》第 7 条规定，在符合下列条件时，反倾销调查当局可以采取临时反倾销措施。

1）已开始调查，已予以公告，并已给予有利害关系的当事人提供资料和提出意见的充分机会。

2）已作出倾销存在和对国内相关产业造成损害的肯定性初步裁定。

3）反倾销调查当局认定采取临时措施对防止在调查期间继续发生损害是必需的。临时措施的种类包括：①征收临时反倾销税；②采用担保方式，支付现金或保证金。临时反倾销税和保证金的数额不得高于初步裁定确定的倾销幅度。

临时措施应从开始调查之日起的 60 日后方可采取，无论如何不应该在发起反倾销调查后的 60 日内就匆忙实施临时措施。临时措施可以采取征收临时反倾销税的形式或者收取相当于初步确定的倾销幅度的现金存款或证券作为保证金。临时措施应限制在尽可能短的时间内，一般不应超过 4 个月，应占该贸易份额很大的出口商的要求，该期限可延长为 6 个月。如果某成员方征收低于倾销幅度的反倾销税已经足以抵消倾销带来的损害，那么临时措施的有效时限一般为 6 个月，在出口商的要求下可以延长为 9 个月。

此外，采取临时反倾销措施应遵守征收固定反倾销税的其他规定。

2. 价格承诺

根据《反倾销协议》第 8 条的规定，价格承诺是指进口国调查当局与出口商或出口国政府就提高倾销产品价格或停止以倾销价格向进口国出口以便消除损害影响而达成的一种协议。其中，以提高倾销产品价格形式作出的价格承诺，其价格提高不得超过经初步裁定已确认的倾销幅度，但这种方式只能在反倾销调查当局初步裁定了存在倾销、损害和两者之间的因果关系之后才能采用。

达成价格承诺的要求可以是反倾销调查当局提出的，也可以是受调查的出口商提出的，但无论是谁首先提出，对方都没有必须接受的义务。在出口商提出价格承诺的要求时，如果反倾销调查当局认为接受价格承诺在实际上是行不通的，如存在出口商的数目过大等情况，有关当局可以不接受价格承诺，但应说明拒绝理由，并给出口商发表意见的机会。在反倾销调查当局提出价格承诺的要求时，出口商没有义务必须接受，并且其拒绝接受的行为不应影响到对案件的最终裁决结果。

在有关当局接受出口商提供的价格承诺后，进口国反倾销当局应当立即中止或终止诉讼程序，停止采取临时措施或征收反倾销税。在承诺执行期间，反倾销调查当局可要求出口商定期提供其执行承诺的有关信息资料。如果发现违反承诺的情况出现，反倾销调查当局可终止承诺协议的执行，并立即重新启动反倾销调查程序。反倾销调查当局可根据现有的证据资料立即采取临时反倾销措施，并且这时采取的临时措施可以追溯至采取措施前 90 日输入的产品，但这一追溯不适用于在违反承诺之前就已经进口的产品。

出口商有要求反倾销调查当局继续完成倾销和损害的调查的权利，如果最终发现不存在倾销、损害或两者间没有因果关系，价格承诺就自动失效。如果否定性最终裁定很大程度上是由于出口商履行了价格承诺所致，则反倾销调查当局也可要求出口商在一段合理时间内继续维持价格承诺。如果对倾销或损害作出肯定性裁决，则承诺继续有效。

3. 征收反倾销税

反倾销税是最主要的一种反倾销措施，它是在反倾销调查当局在最终裁定中作出肯定性的倾销和损害存在的结论时所征收的税项。值得注意的是，并非在所有征收条件都已满足的情况下（指存在倾销、损害以及两者之间存在因果关系），必然要征收反倾销税。根据《反倾销协议》第 9 条第 1 款的规定，在此情况下，是否征收反倾销税将由进口成员方当局自己决定。

（1）征收反倾销税的原则

征收反倾销税应遵循以下原则。

1）征收反倾销税的金额应低于或等于倾销幅度的原则。如果以较少的征税就能足以消除对国内产业造成的损害，最好征税额小于倾销幅度。为了保证征收的反倾销税不超过倾销幅度，《反倾销协议》规定：①如果反倾销税额是在追溯征收的基础上估算的，则应尽快确定应支付的最终反倾销税额，该决定通常应在提出最终估算反倾销税额的要求之日后的 12 个月内作出，无论如何不能超过 18 个月；②如果反倾销税额是在预计征收的基础上估算的，则应尽快退还超过倾销幅度的那部分已交税款，退款工作通常应在涉案进口商提出充分的退款证据和退款要求之日后的 12 个月内完成,无论如何不得超过 18 个月。在征收反倾销税时,除已接受价格承诺的产品外,应当在无歧视的基础上对构成倾销的损害的所有进口产品按适当的数额进行征税,并列明有关产品供货商的名称或有关供货国。

2)多退少不补原则。如果最终确定的反倾销税额高于临时反倾销税,则差额部分不能要求出口商补交;反之,如果最终确定的反倾销税额低于临时反倾销税,则出口商多交的部分税款应当退还,并且退款应在作出决定后 90 日内进行。

3)非歧视原则。反倾销税的征收应一视同仁,其税率不能因国别不同而有差异,除非依照《反倾销协议》存在可以忽略不计的情况或存在倾销幅度的差异。

反倾销税应自征税之日起 5 年内结束,但如果在 5 年期限到来之前的一段合理时间内提出了复审要求,则在作出复审结果之前,反倾销税应继续征收。如果复审结果表明损害已不存在或不存在重新发生损害的可能,则反倾销税的征收应当停止;如果复审结果表明损害依然存在或者停止征收反倾销税将导致倾销和损害继续发生或重新发生,则原有的反倾销税可以继续维持下去。

(2)追溯征收反倾销税的条件

一般情况下,反倾销税的征收效力发生于最终裁定作出之后。然而,在调查期间可能已经发生了损害或者出口商可能已经采取了规避反倾销税的措施,因此,《反倾销协议》规定了在特殊情况下可以追溯征收反倾销税。根据《反倾销协议》第 10 条的规定,追溯征收反倾销税的条件如下。

1)如果在作出倾销造成实质性损害的最终裁定之前没有实施临时反倾销措施,从而使倾销产品在调查期间继续对进口方境内工业造成损害,则最终确定的反倾销税可以追溯到能够适用临时措施时开始计征。

2)如果反倾销调查当局在作出初步裁定后已经采取了临时措施,那么在追溯计征反倾销税时,不再征收最终确定的反倾销税高于已付或应付的临时反倾销税的那部分金额。如果最终确定的反倾销税额低于已付或应付的临时反倾销税或支付的保证金,则其差额应予以退还或重新计算。

3)如果反倾销调查当局最终认定所进口的倾销商品有造成进口方国内工业损害的倾销历史或者进口商在知道或理应知道出口商在进行倾销,并肯定会对进口方工业造成损害的情况下,仍然进口该产品或者损害是在相当短的时期内因倾销产品的大量增加而造成的,那么,可以对那些在适用临时措施前 90 日内进入消费领域的倾销产品追溯征收反倾销税。

4)如果出口商违反价格承诺,进口方当局可以立即采取行动,利用现有证据实施临时措施。此时,可以对实施临时措施前 90 日内进口的倾销产品追溯征收反倾销税,但不可追溯到违反价格承诺之前。

7.3　中国面对的倾销与反倾销问题

自 1979 年欧共体对中国糖精实施反倾销开始,中国在倾销与反倾销问题上,经历了从应诉到申诉的过程，既有深刻的教训，也有宝贵的经验。特别是 2001 年加入 WTO 以来，我国在《中华人民共和国对外贸易法》基础上出台了一系列贸易法规。在反倾销领域，我国发布了《中华人民共和国反倾销条例》（2002 年 1 月 1 日生效，2004 年修订）和反倾销规则（包括《反倾销调查立案暂行规则》《反倾销调查抽样暂行规则》《反倾销调查信息披露暂行规则》《反倾销调查公开信息查阅暂行规则》《反倾销调查实地核查暂行规则》《反倾销价格承诺暂行规则》《反倾销新出口商复审暂行规则》《反倾销退税暂行规则》《关于反倾销产品范围调整程序的暂行规则》）。[①] 根据我国自己的法规，我们也可以对具有倾销行为的进口产品采取反倾销调查，进而保护国内产业。

7.3.1 中国产品出口遭遇反倾销的应诉现状

2001—2020 年中国贸易救济措施统计数据详见第四章中的表 4.1，2011—2020 年反倾销数据见表 7.2，中国应诉合计 677 起，占全球的 28.4%，相对规模基本相当，而中国发起反倾销调查 103 起，占全球的 4.3%，相对比例有所减少，表明了中国政府利用反倾销救济本国产业的相对减少。

表 7.2　2011—2020 年反倾销数据

项目	各年反倾销措施数量/起										
	2011 年	2012 年	2013 年	2014 年	2015 年	2016 年	2017 年	2018 年	2019 年	2020 年	合计
全球	151	200	266	230	226	291	249	204	223	344	2 384
中国发起	5	9	18	7	0	5	24	16	15	4	103
中国应诉	50	60	72	62	73	91	56	60	63	90	677

以印度对华乙酰乙酰基衍生物进行反倾销为例。2020 年 8 月 21 日，印度商工部发布公告称，应印度企业 Laxmi Organics Industries Limited（拉克西米有机实业有限公司）申请，对原产于或进口自中国的芳香族化合物或杂环化合物的乙酰乙酰基衍生物启动反倾销立案调查。调查期为 2019 年 4 月 1 日—2020 年 3 月 31 日（12 个月），损害调查期为 2016—2017 年、2017—2018 年、2018—2019 年及倾销调查期。公告称，鉴于新冠肺炎疫情的特殊情况，利益相关方应于立案之日起 30 天内以电子邮件的方式向调查机关提交相关信息。

2021 年 8 月 19 日，印度商工部发布公告称，对原产于或进口自中国的芳香族化合物或杂环化合物的乙酰乙酰基衍生物，别名芳基化物作出反倾销肯定性终裁，建议对中国的涉案产品基于到岸价格征收反倾销税，具体税率如下：生产商青岛海湾精细化工有限公司（Qingdao Haiwan Specialty Chemicals Co., Ltd.）为 24.79%、南通醋酸化工股份有限公司（Nantong Acetic Acid Chemical Co., Ltd.）为 26.64%、其他生产商为 44.90%。本案涉及印度海关编码 29242920 和 29242990 项下的产品。

有关中国出口产品应对国外反倾销案件的公告，可以通过中国贸易救济信息网查询。截至 2021 年 8 月 25 日的部分中国出口产品反倾销案件公告见表 7.3。

---

① 详见商务部网站：公平贸易法律法规汇编 http://trb.mofcom.gov.cn/article/bi/bj/。

表 7.3　中国出口产品反倾销案件公告（部分）

序号	公告时间	公告题目	案件节点公告
1	2021 年 8 月 25 日	巴基斯坦对涉中国台湾地区冷轧板卷作出反倾销初裁	2021 年 2 月 25 日原审立案，2021 年 8 月 23 日原审初裁
2	2021 年 8 月 24 日	印度对华乙酰乙酰基衍生物作出反倾销终裁	2020 年 8 月 21 日原审立案，2021 年 8 月 19 日原审终裁
3	2021 年 8 月 24 日	印度对涉华涤纶纱线作出反倾销终裁	2020 年 5 月 21 日原审立案，2021 年 8 月 19 日原审终裁
4	2021 年 8 月 20 日	阿根廷对华电动熨烫机作出第一次反倾销日落复审终裁	2014 年 5 月 16 日原审立案 2015 年 1 月 27 日原审产业损害初裁 2015 年 4 月 20 日原审初裁 2015 年 10 月 30 日原审终裁 2020 年 10 月 23 日日落/期终复审立案 2021 年 8 月 19 日日落/期终复审终裁
5	2021 年 8 月 20 日	阿根廷对华电熨斗作出第二次反倾销日落复审终裁	2007 年 4 月 20 日原审立案 2008 年 3 月 5 日原审初裁 2008 年 10 月 23 日原审终裁 2013 年 10 月 25 日日落/期终复审立案 2015 年 4 月 17 日日落/期终复审终裁 2020 年 4 月 17 日日落/期终复审立案 2021 年 8 月 19 日日落/期终复审终裁
6	2021 年 8 月 20 日	阿根廷对华汽车传动轴产品作出第二次反倾销日落复审终裁	2007 年 7 月 11 原审立案 2009 年 1 月 7 原审终裁，2014 年 1 月 13 日日落/期终复审立案 2015 年 7 月 17 日日落/期终复审终裁 2020 年 7 月 6 日日落/期终复审立案 2021 年 8 月 19 日日落/期终复审终裁
7	2021 年 8 月 17 日	墨西哥对华冷轧钢板作出第一次反倾销日落复审终裁	2014 年 4 月 24 日原审立案，2014 年 12 月 8 日原审初裁，2015 年 6 月 19 日原审终裁，2015 年 12 月 22 日反规避立案，2016 年 7 月 11 日反规避终裁，2020 年 6 月 17 日日落/期终复审立案，2021 年 8 月 16 日日落/期终复审终裁

7.3.2　中国对国外产品的反倾销

中国已逐步取消国家对进口的垄断和限制，可以预见中国开放的大门会越来越开，外国商品会以更大的数量和更快的速度进入中国。中国企业在增强竞争力的同时，更要有自我保护意识，对国外产品对国内市场的本国产品的冲击保持敏感，配合政府按照 WTO 原则对进入中国市场的倾销产品开展反倾销调查。

2001—2020 年的 20 年间，中国发起的反倾销调查 280 起，占全球 4 445 起案件的 6.3%。2011—2020 年，中国对全球发起的贸易救济案件中，反倾销 103 起，占全球反倾销 2 384 起的 4.32%，与 2001—2010 年相比，反倾销案件相对减少，表明中国反倾销措施对进口倾销行为形成了较好的抑制效果，很好地保护了中国市场的公平竞争。有关中国针对国外企业倾销行为的反倾销调查（进口调查）案件的公告，可以通过中国贸易救济信息网查询。截至 2021 年 8 月 25 日代表性的中国反倾销进口调查公告见表 7.4。

表 7.4　代表性的中国反倾销进口调查公告

序号	公告时间	公告题目	案件节点公告
1	2021 年 8 月 17 日	关于发放取向电工钢反倾销措施期终复审调查问卷的通知	2015 年 7 月 23 日原审立案，2016 年 4 月 1 日原审初裁，2016 年 7 月 23 日原审终裁，2018 年 6 月 5 日措施实施，2021 年 7 月 23 日日落/期终复审立案
2	2021 年 8 月 16 日	关于发放腈纶反倾销期终复审调查问卷的通知	2015 年 7 月 14 日原审立案，2016 年 4 月 1 日原审初裁，2016 年 7 月 13 日原审终裁，2017 年 8 月 4 日情势变迁终裁，2021 年 7 月 13 日日落/期终复审立案
3	2021 年 8 月 12 日	关于碳钢紧固件反倾销期终复审调查国内生产者抽样结果的通知	2008 年 12 月 29 日原审立案，2009 年 12 月 23 日原审初裁，2010 年 6 月 28 日原审终裁，2015 年 6 月 26 日日落/期终复审立案，2016 年 6 月 28 日日落/期终复审终裁，2016 年 9 月 20 日期中复审立案，2017 年 9 月 19 日期中复审终裁，2021 年 6 月 28 日日落/期终复审立案
4	2021 年 7 月 26 日	商务部公告 2021 年第 17 号关于对原产于美国的进口聚苯反倾销调查的延期公告	2020 年 8 月 3 日原审立案
5	2021 年 7 月 23 日	商务部公告 2021 年第 16 号关于对原产于日本、韩国和欧盟的进口取向电工钢所适用的反倾销措施发起期终复审调查的公告	2015 年 7 月 23 日原审立案，2016 年 4 月 1 日原审初裁，2016 年 7 月 23 日原审终裁，2018 年 6 月 5 日措施实施，2021 年 7 月 23 日日落/期终复审立案
6	2021 年 7 月 23 日	关于对原产于日本、韩国和土耳其的进口腈纶所适用的反倾销措施发起期终复审调查的公告	2015 年 7 月 14 日原审立案，2016 年 7 月 13 日原审终裁，2017 年 8 月 4 日情势变迁终裁，2021 年 7 月 13 日日落/期终复审立案
7	2021 年 6 月 28 日	商务部公告 2021 年第 14 号关于对原产于欧盟和英国的碳钢紧固件所适用的反倾销措施发起期终复审调查的公告	2008 年 12 月 29 日原审立案，2009 年 12 月 23 日原审初裁，2010 年 6 月 28 日原审终裁，2015 年 6 月 26 日日落/期终复审立案，2016 年 6 月 28 日日落/期终复审终裁，2016 年 9 月 20 日期中复审立案，2017 年 9 月 19 日期中复审终裁，2021 年 6 月 28 日日落/期终复审立案

2015—2021 年日本、韩国和欧盟的进口取向电工钢产品实施反倾销措施为例。

2016 年 7 月 23 日，我国商务部发布公告，决定自 2016 年 7 月 23 日起对原产于日本、韩国和欧盟的进口取向电工钢征收反倾销税，实施期限为五年。各公司税率为：日本公司 39.0%～45.7%，韩国公司 37.3%，欧盟公司 46.3%。

2018 年 6 月 5 日，商务部公告，接受株式会社 POSCO 的价格承诺申请，于 2018 年 6 月 9 日起执行，自执行之日起，中止对原产于株式会社 POSCO 的取向电工钢产品征收反倾销税。

2021 年 1 月 29 日，商务部发布公告：2020 年 12 月 31 日英国脱欧过渡期结束后，之前已对欧盟实施的贸易救济措施继续适用于欧盟和英国，实施期限不变；该日期后对欧盟新发起的贸易救济调查及复审案件，不再将英国作为欧盟成员国处理。

2021 年 5 月 20 日，商务部收到宝山钢铁股份有限公司和首钢智新迁安电磁材料有

限公司代表中国取向电工钢产业提交的反倾销措施期终复审申请书。申请人主张，如果
终止反倾销措施，原产于日本、韩国和欧盟的进口取向电工钢的倾销可能继续，对中国
产业造成的损害可能继续，请求商务部对原产于日本、韩国和欧盟的进口取向电工钢进
行期终复审调查，并维持对原产于日本、韩国和欧盟的进口取向电工钢实施的反倾销措
施。考虑到英国取向电工钢的实际状况，申请人不再对英国提起反倾销措施期终复审调
查申请。自 2021 年 7 月 23 日起，对原产于英国的进口取向电工钢适用的反倾销措施终
止实施。

　　根据《中华人民共和国反倾销条例》的有关规定，商务部对申请人资格、被调查产
品和中国同类产品有关情况、反倾销措施实施期间被调查产品进口情况、倾销继续或再
度发生的可能性、损害继续或再度发生的可能性及相关证据等进行了审查。现有证据表
明，申请人符合《中华人民共和国反倾销条例》第十一条、第十三条和第十七条关于产
业及产业代表性的规定，有资格代表中国取向电工钢产业提出申请。调查机关认为，申
请人的主张以及所提交的表面证据符合期终复审立案的要求。

　　根据《中华人民共和国反倾销条例》第四十八条的规定，商务部决定自 2021 年 7
月 23 日起，对原产于日本、韩国和欧盟的进口取向电工钢所适用的反倾销措施进行期
终复审调查，并发布公告：继续实施反倾销措施；复审调查期为 2020 年 1 月 1 日至 2020
年 12 月 31 日，产业损害调查期为 2016 年 1 月 1 日至 2020 年 12 月 31 日；强调不合作
的后果。根据《中华人民共和国反倾销条例》第二十一条的规定，商务部在进行调查时，
利害关系方应当如实反映情况，提供有关资料。利害关系方不如实反映情况、提供有关
资料的，或者没有在合理时间内提供必要信息的，或者以其他方式严重妨碍调查的，商
务部可以根据已经获得的事实和可获得的最佳信息作出裁定。详见商务部 2021 年第 16
号公告。

　　反倾销措施只是临时性的保护措施，即使终裁胜利，有效期一般也只有 5 年，应该
充分利用这一段时间进一步深化中国对外开放和加快产业调整，使国内产业更好地适应
国际、国内的竞争环境，在公平竞争中取得更好的发展。

7.3.3　有关反倾销的研究

1. 反倾销的类型

　　进口国家实施反倾销往往具有不同的动机。根据动机差异，可以将反倾销分为公平
性反倾销与保护主义反倾销，保护主义反倾销又可以根据其主动性分为报复性反倾销和
主动性反倾销。

　　（1）公平性反倾销

　　严格按照 WTO 反倾销规则实施的反倾销，就是为了阻止不公平竞争的倾销行为而
采取的反倾销，这类反倾销是为维护公平贸易而实施的。与公平性相反的反倾销称为保
护主义反倾销，但是大量反倾销打着公平贸易的合法外衣，实施的是保护主义的本质。

　　（2）报复性反倾销

　　报复性反倾销又称被动性反倾销，是为报复对方贸易伙伴国贸易保护（如反倾销）

而采取的反倾销。此类反倾销以对方伙伴国反倾销为前提，武断认为对方伙伴国的反倾销是贸易保护主义行为，由此以牙还牙。显然，报复性反倾销违背了 WTO 反倾销规则，属于乱用反倾销以达到保护主义的目的。

（3）主动性反倾销

与报复性反倾销的被动性相反，主动性反倾销是根据本国产业经济不景气与对方国家竞争性产品出口增长等情况而主动采取的保护国内产业的反倾销，往往受到国内相关产业利益集团的游说施压而实施。主动性反倾销是典型的贸易保护主义反倾销。

2. 市场经济地位影响进口国家针对中国的反倾销

2016 年 12 月，《中华人民共和国加入议定书》第 15 章（d）条款已到期，中国能否被世界有关国家承认为完全市场经济地位（market economy status）国家，成为国外针对中国出口反倾销的重要问题。截至 2020 年底，世界上至少有 80 多个经济体承认中国的市场经济地位，只有美欧部分国家拒绝承认，这些国家在针对中国产品实施反倾销措施时，可以利用第三国家价格代替中国国内价格作为正常价格，导致中国产品更容易被认定为倾销产品。因此，非市场经济地位无疑强化了某些国家针对中国产品实施反倾销贸易保护的主动性与随意性。

那么，如何识别不同类型的反倾销动机呢？可以通过引入中国反倾销变量来识别有关国家反倾销的报复性，引入两国经济景气反差指标（实施国经济增长与中国对其出口增长）来识别主动性反倾销。姜尚荣、姚利民引入市场经济地位哑变量和是否承认中国市场经济地位分组比较两种方式，分析市场经济地位对中国遭遇反倾销的影响。结果显示：市场经济地位影响对中国的反倾销，反倾销实施国经济不景气与中国出口增长及中国反倾销都将增加针对中国的反倾销。承认中国市场经济地位国家对中国的反倾销具有更强的报复性动机，而否认中国市场经济地位国家对中国反倾销显示了更强的主动性贸易保护主义动机。

本 章 小 结

1. 如果一项产品从一国出口到另一国的出口价格低于其正常价值或公平价值的价格，则该项产品被视为倾销。在现实的国际贸易中，商品倾销由于实施目的、时间、方式和手段等的不同，可以分为不同的类型。根据倾销持续时间的长短，商品倾销可分为偶发性倾销、间歇性倾销和持续性倾销。

2. 企业进行倾销的动机在于企业利用国内外市场差异寻求自身利益最大化的策略选择。企业往往是在发现低价可以取悦外国消费者的情况下才进行倾销的。在现实经济生活中，不同类型的倾销有不同的原因。偶发性倾销一般是企业出于最小化损失的理性选择，它通常是生产无计划或者是受市场不确定因素影响的结果；持续性倾销往往是为了充分利用现有生产力或扩大生产能力，以获得规模经济效益。

3. 倾销的影响是广泛而复杂的，不仅对进口国，而且对出口国和第三国的生产者和消费者都具有深远的影响。国际贸易中的倾销需要依赖以下市场条件：出口国市场与进口国市场对某一产品的价格需求弹性不同，出口国生产厂商在国内具有垄断地位，各国市场相互独立与相互分割。

4. 反倾销是指对不公平竞争行为进行抵制的政府行为，对此，《反倾销协议》作出了详细的规定。WTO 制定反倾销程序规则的基本目标是保证反倾销程序的透明度，为当事人提供维护自身利益的机会，减少反倾销调查当局裁决的任意性。

5. WTO 对反倾销调查程序强调 3 个方面：一是申诉资格和申诉证据的充足程度，以保证不发起无意义的调查；二是完成调查的时间限制；三是向所有利害关系的当事人收集资料，并为他们提供合理机会和时间来阐述观点和进行辩论。

6. 中国作为发展迅速的最大发展中国家，人均收入与生产成本水平低，中国产品的低价格极易受到其他国家的反倾销指控。全球反倾销措施接近 30%是针对中国产品的。有关中国出口产品遭遇国外反倾销的案件与数据信息，可以通过中国贸易救济网查询。

7. 随着中国全面开放水平的提高，国外产品针对中国市场的倾销也日益增加，但是中国也需要利用反倾销措施来保护本国产业，保护中国市场的公平竞争环境。有关中国针对国外企业倾销行为的反倾销调查（进口调查）案件和数据信息，可以通过中国贸易救济信息网查询。

8. 在常用的救济措施中，全球应用反倾销措施的案件最多，同时研究文献也很多。根据进口国家实施反倾销的动机，可以将反倾销分为公平性反倾销与保护主义反倾销，保护主义反倾销又可以根据其主动性分为报复性反倾销和主动性反倾销。贸易国家的国内经济贸易形势、政治因素以及市场经济地位都将影响反倾销行为。

思　考　题

1. 什么是倾销？倾销按不同标准可以划分为哪些类型？
2. 造成倾销的原因是什么？
3. 构成倾销需要具备什么条件？
4. 倾销的影响有哪些？
5. WTO 对于成员方实施反倾销措施的条件有哪些规定？
6. WTO 规定的反倾销调查的主要程序有哪些？
7. 反倾销的主要措施有哪些？
8. 反倾销的主要动机有哪些？
9. 各国遭遇反倾销的影响因素有哪些？
10. 市场经济地位如何影响针对中国的反倾销？

第8章 补贴与反补贴规则

📖 **本章要点**

补贴因多种原因而普遍存在，有些国家利用补贴和反补贴措施来保护与促进本国产业的发展，无规范的补贴与反补贴将影响国际贸易的公平竞争和可持续发展。因此，WTO 乌拉圭回合就补贴和反补贴措施达成了协议。本章 8.1 节首先介绍补贴的定义，并从经济学角度分析补贴存在的原因，以便在讨论《补贴与反补贴措施协议》前对补贴有一个基本的认识；8.2 节详细介绍补贴的专向性、形式，每种形式的确认标准和补救措施，反补贴措施的实施，以及《补贴与反补贴措施协议》与《农产品协议》《渔业补贴协议》的关系等；8.3 节归纳我国在补贴与反补贴领域的承诺，介绍与我国有关的补贴与反补贴数据与案例。

《补贴与反补贴措施协议》（Agreement on Subsidies and Countervailing Measures，SCM）在所有的 WTO 法律文本中篇幅最长、内容最详细。它直接引入了争端解决机制，是 WTO 法律体系中的重要法律文件之一，它的签署说明了各成员方对补贴及由补贴所引起的反补贴问题的重视。

反补贴措施如同反倾销措施和保障措施一样，是 WTO 允许成员方采取的有效维护公平贸易、保护本国国内产业利益的常用救济措施之一。对于我国来说，如何正确实施补贴使我国的经济朝着健康有序的方向发展，如何运用反补贴措施使我国的国内产业免于国外补贴的侵害，都成为我们必须研究的重要课题。

8.1　补贴的基本原理

补贴作为政府或公共机构支出的一种，在人们的经济生活中扮演着各种各样的角色，但补贴的出现并不是随着国家的出现而出现的，它是随着经济社会的发展而出现的。从历史的角度考察，补贴出现于第一次世界大战期间，在第二次世界大战期间增加，第二次世界大战以后逐渐流行；对我国而言，补贴工具的使用是改革开放以后的事情。

8.1.1　补贴的定义与类型

1. 补贴的定义

联合国编撰的《国民经济核算体系 2008》（SNA2008）对补贴的定义是：补贴是政府单位部门（包括非常住政府部门）根据企业的生产活动水平或企业生产、销售、进口的货物或服务的数量或价值量，对企业作出的经常性无偿支付，由常住生产者或进口商领取。如果是常住生产者，补贴的目的在于影响其生产水平、产出的销售价格或从事生产的机构单位的收益。补贴对经营业绩的影响正好与生产税相反，在此意义上，补贴相当于负生产税。可见，补贴是政府给予的无偿支付，补贴的获得者为生产者或进出口商，同时排除了给予居民消费的补贴（社会福利）以及政府为了帮助企业形成资本或补偿企业资本资产损失的补贴（资本转移）。

我国的文献经常出现财政补贴和出口补贴。财政补贴是国家根据一定时期政治经济形势的客观要求，对某些特定的产业、部门、地区、企事业单位或事项给予的特殊补助，它以减少财政收入或增加财政支出的形式表现出来。出口补贴则是一国（地区）政府为了降低出口商品的价格，加强其在国外市场上的竞争能力，在出口某种商品时给予出口商的现金补贴或财政上的优惠待遇。

我国 2002 年 1 月 1 日生效，2004 年修订的《中华人民共和国反补贴条例》定义的补贴，就是从进出口贸易角度给出的：补贴是指出口国（地区）政府或者其任何公共机构提供的并为接受者带来利益的财政资助以及任何形式的收入或者价格支持。这个定义与《补贴与反补贴措施协议》的定义一样。

当满足以下条件时，《补贴与反补贴措施协议》就认定补贴存在：在一成员领土内，存在由政府或任何公共机构提供的财政资助，或存在任何 GATT 1994 第 16 条意义上的收入或价格支持，并因以上财政资助或收入或价格支持而获得了某种利益。具体包括以下几点。

1）补贴是政府行为。政府这一概念不仅包括中央政府、各级地方政府和国有公司等公共机构，还包括政府行为干预下的私人行为，但私人行为本身并不构成补贴。

2）补贴要么是财政资助，要么就必须是 GATT 第 16 条意义上的收入或价格支持。根据《补贴与反补贴措施协议》的规定，财政资助是指以下几种情况：资金的直接转移（如赠款、贷款或投股）；潜在的资金或债务的直接转移（如贷款担保）；放弃或未征收在其他情况下应征收的政府税收（如税收抵免之类的财政鼓励）；政府提供除一般基础设施外的货物或服务，或购买货物；政府向筹资机构付款以及授权或指示私营机构提供上述资助。

3）补贴必须给接受补贴方带来某种利益。虽然《被贴与反补贴措施协议》指出了补贴必须是那些能够带来某种利益的措施，但并未就什么是利益作出直接的解释。对这一问题的缄默一方面显示出各成员方在采用商业基准还是政府费用基准这一问题上的分歧，另一方面也显示出确定补贴和由此获得补贴利益的计算的复杂性。虽然该协议的第 14 条"以接受者所获利益计算补贴的金额"为利益的确定提供了一些帮助，但这只是基于补偿这一前提条件的。

各类定义虽然出发点不同、文字表述不同，但是有共同点：①补贴是政府行为，是政府给予的支付或特殊补助；②影响接受补贴企业的经营效益，排除了对消费者的直接补贴和对企业的投资或企业资本资产损失的补助；③补贴可以理解为税收的反面——负税收，减少政府收入或增加政府支出，提高企业收益。

2. 补贴的类型

补贴通常按不同的标准可以划分为不同的类型。

（1）按给予的透明度分类

补贴按给予的透明度可分为明补和暗补。明补是指将补贴纳入国家预算管理，补贴的给付按照一定的支出程序直接支付给受补贴者。暗补则是指补贴不纳入国家预算管理，受补贴者往往并不从政府处获得直接支付，而是通过减少其对国家的交纳来节约支出。与明补相比，暗补具有一定的隐蔽性，不易被发现。

（2）按内容分类

补贴按内容可分为价格补贴、亏损补贴、出口补贴和财政补贴。

1）价格补贴是指国家因产品价格过低侵害生产者的生产积极性而对生产者给予的补贴。例如，在农业生产中，往往会因某些原因造成农产品价格过低，影响农业生产者下一季度的种植积极性，而对农业产品采取保护价收购措施，该行为就构成了对农产品的价格补贴。又如，为使农业生产者不因为生产资料价格过高而无法准备足够的某种或某些生产资料，政府所采取的限制这类生产资料价格就势必造成对这些生产资料生产经营厂商的损失，那么政府对这些损失所采取的补贴行为，就构成了价格补贴。

2）亏损补贴是指国家对企业因执行国家政策而造成的政策性亏损给予的补贴。通常国家不干预企业的正常经营行为，对企业因经营不善而造成的损失不给予补偿，但对于一些生产重要或急需产品的企业，国家也可能会给予暂时的补贴。

3）出口补贴是指一国（地区）政府为了降低出口商品的价格，加强其在国外市场上的竞争能力，在出口某种商品时给予出口商的现金补贴或财政上的优惠待遇。它往往通过直接的价格补贴或通过减免出口商品的直接税、退还间接税、提供比国内销售货物享受更优惠的运费等手段来实施。

4）财政补贴是指国家对企业的某些贷款利息，在一定时期内，给予的全额或按一定比例的补贴。这种补贴的实施，可以是直接获取政府的支付，也可以通过税前还贷等手段进行。

（3）按来源分类

补贴按来源可分为中央政府补贴和地方政府补贴。中央政府补贴是由中央财政承担支出的补贴，地方政府补贴是由地方财政承担支出的补贴。

8.1.2 补贴存在的经济学解释

自从有了国家之后，国家在多大程度上管理社会一直是思想家和后来的经济学家思考的问题。亚当•斯密的"看不见的手"的理论从 18 世纪开始直至现今仍然影响着人们对这个问题的思考。他指出，市场机制就像是看不见的手一样，会引导经济协调发展，政府不应过多干预经济生活。在这一思想的指导下，西方国家经济得到了突飞猛进的发展。与此同时，亚当•斯密的理论也被后人发展到了一个新的阶段，提出了完全竞争市场理论。但世界经济发展的历程证明，完全意义的市场机制是不存在的，需要政府通过各种手段加以协调，也证明了政府的干预并非越多越好，政府干预经济生活与市场机制之间存在一个度的问题。市场机制在以下方面的表现直接为政府干预经济、实施补贴提供了有力的经济学解释。

1. 公共产品的存在

公共产品是指在消费过程中具有非竞争性和非排他性的、满足社会成员公共需要的产品。非竞争性指的是在消费过程中一些人对某产品的消费并不会影响其他人对该产品的消费；非排他性指的是产品在消费过程中所产生的利益，不为某个人所专有，也就是说，公共产品的提供者无法将消费其产品但拒绝支付费用的消费者排除在外或该种排除成本过高，在经济上不可行。公共产品是一个与私人产品相对的概念，私人产品是指在消费者消费过程中排除了他人对该产品的消费可能性，同时在消费者不为该产品支付费用时，可以将此类消费者排除在外，即私人产品具有竞争性和排他性的特点。在这两种对立产品中，还有一种混合产品，它兼有私人产品和公共产品的属性。公共产品的上述属性决定了以获取利润为根本目的的普通厂商是不会提供公共产品的，指出了在公共产品的供给方面市场机制的失效。

2. 垄断的存在

完全市场机制有赖于大量的买主和卖主在同一市场上的存在，而现实的情况却是竞争发展到一定阶段就会产生垄断（只有一个买主或卖主）或寡头（存在少数几个买主或卖主）。垄断和寡头为了实现自身利益最大化，往往会作出损害消费者利益、不利于资源配置优化的行为。

3. 外部效应的存在

外部效应指的是产品在生产或消费过程中给生产者或消费者以外的他人带来的影响。外部效应可以根据给他人带来好的影响和坏的影响（即损害）而被分为外部效益或外部成本。也就是说，产品在生产或消费过程中，他人不需要支付任何费用就可以享受产品在生产或消费过程中带来的好处；或者说在外部成本方面，他人也无法因为产品在生产或消费过程中对其造成损害而得到任何补偿。因此，外部效应的存在就会导致生产（消费）过多或生产（消费）过少局面的存在，引起资源配置效率损失。

4. 信息失灵的存在

与完全市场机制发生作用的假设不同的是，在现实生活中，人们不可能占有有关产品的充分信息，人们生产和消费行为的进行都是根据其掌握的信息来进行的。无论对生产者还是对消费者来说，不能掌握充分的信息，都势必要么导致过度的生产或消费，要么引起生产或消费的不足，这些都使得资源配置遭受损失。

5. 收入分配不公的存在

市场机制要求收入分配按照个人占有的生产资料的数量和质量来获取相应的收入的办法进行，但个人在这些方面的占有却是千差万别的，因此，在市场机制下，人们的收入差距可能会因此而拉得很大，而这却与社会所能接受的公平目标相抵触，甚至可能引发严重的社会问题。

8.1.3 补贴的经济影响

补贴对国民经济生产和生活往往有正、负两方面的影响。

1. 补贴对国民经济的正面影响

补贴对国民经济的正面影响包括 3 个方面：首先，补贴的存在使得一国政府可以对国民收入进行再分配，达到分配公平的目的；其次，可以通过补贴行为调节和协调国民经济结构，如对国内某些产业尤其是幼稚产业的补贴可以直接促成该产业的成长和发展；最后，可以通过补贴鼓励技术创新，弥补新技术的外溢对企业收益的负面影响。

2. 补贴对国民经济的负面影响

补贴对国民经济的负面影响包括 3 个方面：首先，扭曲市场价格信号，使得生产者不按市场规律生产市场需要的产品，造成资源不必要的浪费；其次，不利于企业间的公平竞争，得到补贴的企业更有竞争力；最后，可能造成一些企业钻补贴政策的空子，从而使企业把精力集中在寻租上，而不是专心于加强生产经营管理、提高生产经营效率。

补贴存在利弊，在国际竞争中，各国补贴政策的差异导致国际竞争的不公平，由此反补贴成为各国弥补不公平竞争的重要手段。但是滥用反补贴同样导致国际贸易的不公平竞争，由此，国际贸易规则体系需要补贴与反补贴的规则协议。

8.2　《补贴与反补贴措施协议》

自 GATT 1947 开始，国际社会开始约束补贴与反补贴措施。GATT 1947 的第 6 条、第 16 条和第 23 条首先就该问题进行了规定。随后，1979 年 GATT 东京回合在这三条的基础上达成了《关于解释和使用 GATT 第 6 条、第 16 条和第 23 条的协议》，通常称为《补贴与反补贴守则》，虽然较 GATT 1947 的有关条文有了较大的发展，但由于它是一个仅有 20 多个成员参加的诸边协议，因此它的作用有限。乌拉圭回合针对日益复杂的补贴与反补贴措施，在《补贴与反补贴守则》的基础上达成了《补贴与反补贴措施协议》，为补贴与反补贴制定了详细的规定。

《补贴与反补贴措施协议》分为 11 个部分、32 个条款和 7 个附件。协议从定义补贴和专向性入手，把补贴分为禁止性补贴、可诉补贴和不可诉补贴，并对每一类补贴规定了相应的确认手段和补救措施，而后又规定了反补贴措施实施的前提条件和如何采取有关措施防止别国补贴措施造成的损害，最后对发展中国家和转型经济国家以及成员方现有的补贴计划作出了特别的规定。

8.2.1 补贴的专向性

《补贴与反补贴措施协议》认为在符合补贴定义的基础上，如果能够证明补贴具有专向性，则必须受制于该协议规定的纪律，而非专向性的补贴则可以普遍采用，不会被认为对贸易产生扭曲作用，因此也不需要受到约束。

《补贴与反补贴措施协议》第 2 条是这样具体认定补贴专向性的：

1）如果授予机关或其运作所依据的立法将补贴的获得明确限于某些企业，则此种补贴具有专向性。

2）如果授予机关或授予机关运作所依据的立法确定了获得补贴的资格及金额的标准或条件，且此类资格的获得是自动的，此类标准和条件得到严格遵守并清楚地写在法律、法规或有关官方文件中以备核实，则不存在专向性。

3）如果根据上面两个条件表现为非专向性，但存在有限数量的某些企业得到该补贴、某些企业主要使用该种补贴、给予某些企业不成比例的大量补贴以及授予机关在给出补贴行使了决定权，则仍然认为补贴存在专向性。

4）限于授予机关管辖范围内指定地理区域的给予某些企业的补贴也是专向性的，但对有资格的各级政府采取的确定的或改变普遍适用税率的行动不得被视为具有专向性。

5）属于《补贴与反补贴措施协议》第 3 条规定范围的补贴都是具有专向性的。

在确定补贴的专向性时，仅满足上面的条件还不足够，还需要提供肯定的证据证明。

8.2.2　补贴的形式

《补贴与反补贴措施协议》根据补贴和补贴专向性的定义，把补贴分为 3 种，即禁止性补贴、可诉补贴和不可诉补贴，并按照交通信号灯的概念把上述 3 种补贴分别称为红色补贴、黄色补贴和绿色补贴。

1. 禁止性补贴

根据《补贴与反补贴措施协议》，禁止性补贴，也就是红色补贴，指的是一国（地区）既不得给予也不得维持的补贴。这种补贴分为两类：其一，出口补贴（export subsidies），即根据法律或实际上视出口实绩为唯一或多种条件之一而给予的补贴；其二，进口替代补贴（import substitution subsidies），即那些视使用国产货物而非进口货物的情况为唯一或多种条件之一而给予的补贴。

《补贴与反补贴措施协议》特别注重对出口补贴的限制，认为该种补贴严重干扰了国际贸易秩序的正常进行。《补贴与反补贴措施协议》的附件 1 对出口补贴作出了详细的例示但是不局限于这些例示，具体例示如下。

1）政府视出口实绩对某一公司或产业提供的直接补贴。

2）货币留成计划或其他类似鼓励出口计划。

3）涉及出口奖励的货币留存方案或任何类似做法。

4）由政府或其代理机构直接或间接通过政府授权的方案提供在生产出口货物中使用的进口或国产产品或服务，条件或条款优于其出口商在世界市场中商业上可获得的条款或条件。

5）对企业已付或应付的与出口有关的直接税或社会福利费用给予减免或递延，其中直接税包括对工资、利润、利息、租金、专利使用费、其他形式的收入形式以及对不动产征收的税费。

6）在计算直接税的征税基础时，对于与出口产品或出口实绩相关的税收基础的扣除超过给予供国内消费的生产的税收基础扣除。

7）对间接税的减免，给予出口产品的生产和分销的间接税减免超过了给予供国内消费的同类产品的生产和分销的减免。间接税是指销售税、货物税、增值税、特许税、印花税、存货和设备税、边境税以及除直接税和进口费用外的所有税。

8）用于出口产品的生产或服务的前期累计间接税的免除或延期，超过用于国内消费的同类产品的生产或服务的前期累计间接税的免除或延期。

9）对出口产品生产中消耗的进口费用的免除或退税，超过对进口投入的免除或投入。

10）政府（或由政府控制或授权的专门机构）对出口产品提供的出口信贷担保或保险计划，其利率不足以弥补长期营业成本和计划亏损。

11）政府（或政府控制或授权的专门机构）给予出口信贷，利率低于其实际应付的利息。

12）构成 GATT 第 16 条意义上的出口补贴的官方账户收取的任何其他费用。

2. 可诉补贴

可诉补贴，在实践中又被称作黄色补贴，指的是成员方使用了在一定程度上允许使用的、不被禁止的，但在实施过程中却可能给其他成员方造成不利影响，并因此可能被其他成员方起诉或征收反补贴税的补贴。至于什么程度的影响为不利影响，《补贴与反补贴措施协议》第 5 条明确指出属于下述条件的即为存在不利影响：

1）损害另一成员方的国内产业。

2）根据 GATT 1994 获得的直接或间接利益减损或丧失。

3）严重侵害另一成员方的利益。

对可诉补贴的确定涉及国内产业、利益丧失或减损以及严重侵害等概念。按照《补贴与反补贴措施协议》第 5 条脚注的说明，国内产业的意义与该协议第五部分给出的定义相同，因此对国内产业的说明在 8.2.3 节阐述。利益的丧失和减损这一概念在 GATT 中有很长的历史，具体是指一成员方认为作为另一成员方满足 GATT 规定及承诺的结果，其本应获得的改善市场准入机会等贸易利益却因另一成员方提供诸如补贴这类措施而受到削弱。

严重侵害这一概念与 GATT 1994 第 16 条第 1 款使用的意义相同，并包括严重侵害威胁。《补贴与反补贴措施协议》第 6 条第 3 款指出，存在以下情况之一，便可认为存在严重侵害：①取代或阻碍另一成员方同类产品进入提供补贴的成员方的市场；②替代或阻碍另一成员方同类产品进入第三国市场；③在同一市场上，与另一成员方同类产品价格相比，其价格严重降低或造成严重的价格抑制、压低或大量销售损失；④与以往 3 年的平均市场份额相比，提供补贴国家的某一初级产品的市场份额增加。

但是，如果存在以下情况，则不产生根据《补贴与反补贴措施协议》第 6 条第 3 款确定的严重侵害，即严重侵害的例外：①如果对出口的禁止或限制来自起诉的成员方；②对有关产品实行垄断贸易或国营贸易的进口方政府由于非商业的原因，决定将其进口从起诉成员方转移到另一个或多个国家；③因自然灾害、罢工、运输中断或其他不可抗力引起的对起诉成员方生产、质量、数量或价格的影响；④存在限制来自起诉成员方出口的安排；⑤起诉成员方自愿减少可供出口的产品；⑥达不到进口成员方的标准或其他管理要求。

对于上述第 6 条第 3 款的第③项和第④项分别指出的出口的替代或阻碍和价格降

低,《补贴与反补贴措施协议》分别给出了补充和进一步的定义。对第③项提出的出口的替代或阻碍的补充如下: 在遵守严重侵害例外规定的条件下,应该包括那些已经被证明存在相对市场份额发生变化的任何情况,且此类变化不利于那些未接受补贴的同类产品。其中,相对市场份额变化包括: 补贴产品市场份额增加;补贴产品的市场份额不变,但在不存在该补贴时,本应降低;补贴产品市场份额降低的速度低于不存在该补贴的情况。同样,对于第④项提出的价格降低,《补贴与反补贴措施协议》指出: 价格降低应包括通过对供应同一市场的补贴产品与未受补贴产品的价格比较所表明的此类价格降低存在的任何情况;比较应在同一贸易水平和可比的时间进行,同时考虑影响价格可比性的其他因素,但如果直接比较不可行,那么可以通过出口单价证实价格是否降低。

虽然《补贴与反补贴措施协议》给出了严重侵害的识别方法,并给出了严重侵害的例外,但由于证明补贴对贸易的不利影响在多数情况下较为困难,因此,《补贴与反补贴措施协议》第 6 条第 1 款规定,存在下列情况,就应视为第 5 条意义上的严重侵害: ①对某一产品的从价补贴的总额超过 5%,其中从价补贴的结算按照附件 4 的规定进行,并排除民用航空器的适用;②弥补某一产业的经营亏损;③弥补某一企业的经营亏损,且对此类经营亏损的弥补不是为了为企业长期发展提供时间,也不是为了避免严重的社会问题而提供的一次性补贴;④直接债务免除或授予补贴以帮助偿还债务。同时,《补贴与反补贴措施协议》第 6 条第 2 款规定允许提供补贴的成员方证明所涉补贴未产生第 6 条第 3 款列明的情况,若能够证明则可以认定不存在严重侵害。该条款实际上将举证责任转移到了实施补贴的成员方,即只要存在第 6 条第 1 款中描述的任意一种情况,就需要由给予补贴的成员方证明未对其他成员方产生第 6 条第 3 款中认定的严重侵害影响。

3. 不可诉补贴

不可诉补贴,在实践中又被称作绿色补贴,是指成员方使用了不会招致其他成员方反补贴起诉的补贴行为。根据《补贴与反补贴措施协议》第 8 条的规定,不可诉补贴分为两类: 第一类是指那些不属于第 2 条专向性补贴的补贴;第二类是指符合一定条件的对基础研发、贫困地区和环境措施的专向性补贴,其具体条件如下。

1) 对基础研发的补贴可以给予从事科研活动的公司,也可以给予高等教育机构或研究机构与公司签约进行的研发活动,其金额可以达到工业研究成本的 75% 或竞争前开发活动成本的 50%,但援助的范围只限于: 人事成本(雇用的研究人员、技术人员和其他辅助人员);专门和永久用于研究活动的仪器、设备、土地和建筑物成本;专门用于研究活动的咨询和等效服务的费用以及因研究活动而直接发生的其他费用等。

2) 对贫困地区的援助应按照地区整体发展计划进行,这些地区必须是一个有明确界限的毗连地理区域——具有可确定的经济或行政特征,必须能够按照法律、法规或其他官方文件中确定的标准被确定为贫困地区,这些标准是指: 以人均收入或家庭收入或人均国民生产总值计算,该地区的相应数据值低于该成员方有关地区水平的 85%;以失业率计算,该地区的失业率相当于该成员方有关地区平均水平的 110%。

3) 对环境的补贴措施,要求必须是为了促进现有的设施符合法律和(或)法规规定的新的环境要求而提供的,并同时因这些要求而产生更多的对公司的约束或财政负担,另外还要满足以下全部条件: 资助是一次性的;资助仅为所需费用的 20%;不包括替代和实施辅助投资的费用，该费用由公司自行承担；直接与公司的计划对污染物的减少相关，并成比例，不包括任何可能的对制造成本的节省；能够采用新设备和（或）生产工艺的公司都可以获得。

8.2.3 反补贴措施

对于各成员方采取补贴措施而给其他成员方造成影响的，《补贴与反补贴措施协议》规定受影响的成员方可以采取补救措施或征收反补贴税，但同时也规定：虽然可以平行援引本协议的第二部分或第三部分的规定与第五部分的规定，但对于进口成员方内市场中某一特定补贴的影响，仅可采取一种形式的反补贴措施，即要么采取补救措施（根据《补贴与反补贴措施协议》第 4 条或第 7 条），要么在满足第五部分的前提下，征收反补贴税。

1. 补救措施

补贴的形式不同，可能给其他成员方造成的影响也会有所不同，因此，《补贴与反补贴措施协议》根据每一种不同的补贴形式规定了不同的补救措施。

（1）针对禁止性补贴——第 4 条

禁止性补贴直接扭曲国际贸易的正常进行，因此被禁止。如果一成员方有理由认为其他成员方正在给予或维持这种补贴，可以要求与另一成员方磋商，请求磋商的说明书中必须列出有关证据证明补贴的存在和性质。另一成员方在接到磋商请求后，应尽快与有关成员方进行磋商，以澄清有关情况或达成双方都同意的解决方案。但如果在磋商请求提出后的 30 日（或双方同意的一个时间段）内双方未能就有关事项达成一致同意的解决方案，那么任何参与磋商的成员方都可以将此事提交争端解决机构，由争端解决机构决定组成专家组（除非争端解决机构一致决定不组成专家组）。专家组在其成立后的 90 日内，应提交最终报告，如果所涉补贴被视为禁止性补贴，则专家组应建议立即取消该项补贴，并规定取消该项补贴的时限。专家组报告在分发给全体成员方 30 日后，由争端解决机构通过，除非涉案的某一方决定上诉或争端解决机构一致决定不通过。如果涉案的某一成员方决定上诉，上诉机构在收到有关方上诉正式通知后 30 日内作出裁决，如果要延迟，则允许在说明原因和可能延长的期限的前提下，最多延迟到 60 日，上诉机构的报告由争端解决机构通过，并由争端各方无条件接受。如果在专家组建议时限内，有关建议未得到遵守，则争端解决机构可以授权起诉方采取适当的反补贴措施。

由于禁止性补贴对国际贸易干扰严重，《补贴与反补贴措施协议》规定：除第 4 条具体规定的时限外，运用争端解决机构解决此类争端的时限应为该谅解中规定时间的一半。

（2）针对可诉补贴——第 7 条

与针对禁止性补贴的补救措施相同，只要一成员方有理由认为另一成员方给予或维持的补贴产生了第 5 条意义上的不利影响，即对另一成员方的国内产业造成了损害、引起了另一成员方的利益丧失或减损，或严重侵害了另一成员方的利益，则该成员方有权要求与另一成员方进行磋商，磋商请求上应说明所涉补贴的存在、性质以及对该成员方造成的损害、利益丧失或减损或严重侵害。另一成员方应在接到该磋商请求后 60 日（该时限可以在双方同意的基础上延长）内磋商，以澄清事实并达成双方同意的解决方案。但如果在该时限内未能达成解决方案，则所涉任何成员方都可以将争议提交至争端解决机构，以成立专家组。专家组在确定成员和职责范围的 120 日内作出裁决，并在通知全体成员方的 30 日内，由争端解决机构通过，除非争端解决机构一致决定不通过该裁决。如果专家组报告被上诉，则上诉机构应在收到上诉通知的 60 日内，最长不超过 90 日，提出上诉机构报告，该报告由争端解决机构通过，并由各争端方无条件接受，除非争端解决机构一致决定不通过该报告（时限为争端解决机构将报告分发给全体成员方的 20 日内）。专家组报告或上诉机构报告中应明确第 5 条意义的补贴造成的不利影响的存在。在争端解决机构通过专家组或上诉机构报告 6 个月内，维持或给予补贴的成员方应消除补贴的影响或撤销该补贴，如果未能做到，且未能达成补偿协议，则争端解决机构有权授予起诉成员方采取与确定存在的不利影响相当的反措施。

（3）针对不可诉补贴——第 9 条

《补贴与反补贴措施协议》允许成员方使用符合其规定的不可诉补贴，但该类补贴的实施也可能会给其他成员方造成损失。因此，《补贴与反补贴措施协议》第 9 条对不可诉补贴规定了一定的救济措施。但与禁止性补贴和可诉补贴不同的是，由不可诉补贴引起的争议在经过争议各方磋商 60 日后，如果仍未达成任何解决方案，则争议只能提交本协议的委员会，而不是提交给争端解决机构，由委员会在 120 日内审定影响是否存在。如果委员会审定此类影响存在，则建议提供补贴的成员方修改此类补贴计划，消除影响。如果该建议在 6 个月内未得到遵守，则委员会应授权提出请求的成员方采取与确定存在的不利影响相当的反措施。

2. 征收反补贴税

根据《补贴与反补贴措施协议》，反补贴税指的是为抵消对任何商品的制造、生产或出口给予的直接或间接补贴而征收的一种特别税。《补贴与反补贴措施协议》的第五部分给出了反补贴税的规定，并允许各成员方在援引第五部分的规定征收反补贴税的同时，平行援引第二部分或第三部分的规定。但是，对另一成员的补贴在该成员市场中的影响，该成员要么根据第二部分或第三部分的规定采取补救行动，要么根据第五部分的规定征收反补贴税。征收反补贴税包括以下主要内容。

（1）征收反补贴税的程序

1）反补贴税的发起和随后的调查。根据《补贴与反补贴措施协议》第 10 条的规定，反补贴税的征收必须依照该协议的规定发起和进行调查。

收到国内产业或代表国内产业提出的书面申请后，可以发起确定任何被指控的补贴的存在、程度和影响的调查。书面申请应包括以下内容：证明存在补贴（如可能，补贴的金额）、损害及补贴与损害之间的因果关系方面足够的证据；申请人的身份和申请人提供的对国内同类产品生产的数量和价值的说明；被指控的产品、所涉成员方、出口商或进口商的名单。

主管机关根据对申请的支持或反对的程度来确定申请是否由国内产业或代表国内产业提出。如果申请由相当于国内同类产品产量 50% 的生产者所支持，则申请被视为"由国内产业或代表国内产业提出"；如果表示支持的国内同类产品产量未达到国内同类产品产量的 25%，则不可以发起调查。

在特殊情况下，《补贴与反补贴措施协议》允许主管机关在具备足够的证据证明存在补贴、损害及补贴与损害之间的因果关系的情况下，在没有收到国内产业或代表国内产业的申请书时，自行发起调查。

一旦主管机关确信不存在证明补贴或损害存在的足够证据以证明继续进行是恰当的，就应终止调查。其中补贴不足从价金额的 1%时，即微量补贴或补贴进口产品数量（实际或潜在的）或损害可以忽略不计时，调查应终止。调查应在发起后 1 年内结束，最长不超过 18 个月。另外，调查的开展不得影响通关程序。

2）证据。调查当局应通知反补贴税调查中的利害关系成员方和所有利害关系方，给它们充分的机会（30 日或应要求并在可能的情况下给予的延长期限内）提供与所涉调查有关的书面证据。对于机密性资料，调查机构有义务保密。在所涉成员和公司同意后，调查机关可以进入其他成员领土调查；如果所涉成员或公司不同意，或未在合理时间内提供必要的信息，或严重阻碍调查，则调查机关可以仅根据可获得的事实作出裁定。调查机关在正式裁定前，应将有关决定的依据的基本事实通知利害关系成员方和所有利害关系方，并让它们有足够的时间进行辩护。

3）磋商。发起调查的申请一经接受，就应该在发起调查之前，首先邀请其产品可能被调查的有关成员方进行磋商，以澄清有关事项，达成解决方案。在整个调查期间，此类磋商机会仍应提供。

（2）有关概念的确定

在确定补贴金额时，往往会涉及补贴金额、损害和国内产业等概念，只有确定了它们各自的明确范围和原则后，反补贴税的征收才有可能。

1）补贴金额的确定。《补贴与反补贴措施协议》规定，就第五部分而言，调查机关在计算补贴所赋予接受方的利益时使用的方法应在其国内立法或实施细则中明确规定，并与下列原则一致：①政府提供股本不得视为授予利益，除非该投资决定与该成员领土内私营投资者的通常做法（包括提供风险资金）不一致；②政府提供贷款不得视为授予利益，除非接受贷款的公司支付的金额与实际从市场上获得的可比商业贷款支付的金额不同，其差额为利益；③政府提供的贷款担保不视为利益的授予，除非获得担保的公司的支付与无政府担保的可比商业贷款的支付不同，此间的不同为利益；④政府提供货物或购买货物不得视为利益授予，除非提供所得低于适当的报酬或购买所付高于适当的报酬，其中报酬是否适当以所涉货物或服务的购买方或提供方的现行市场情况（包括价格、质量、可获性、适销性、运输和其他购销条件）来确定。

2）损害的确定。对损害的确定是征收反补贴税的基础，只有在证明补贴存在，并对国内产业造成损害的情况下，才可以确定征收反补贴税。所以，如何确定损害就成为一个十分关键的问题。

《补贴与反补贴措施协议》第 15 条就征收反补贴税时如何确定损害作出了比较具体的规定。该条款指出：对损害的确定必须基于肯定性证据，并客观地审查享受补贴进口产品的数量和享受补贴的进口产品对国内同类产品价格的影响，以及这些进口产品对国内同类产品生产者的影响。其中，在审查享受补贴的进口产品的数量时，主管机关应该考虑享受补贴的进口产品数量是绝对增加或相对于进口成员的消费或生产增加；在审查享受补贴的进口产品对价格的影响时，主管机关应该考虑与进口方同类进口产品相比较，享受补贴的产品的价格是否因此降低，或此种影响是否在很大程度上影响或压制了价格的上升；在考察同类产品对国内生产者的影响时，应考虑所有与影响企业状况有关的经济因素和指标，包括在产量、销售、市场份额、利润、生产力、投资回报或设备利用率等方面实际的或潜在的下降，影响国内价格的因素，对现金流量、存货、就业、工资、增长、筹措资金或投资能力的实际或潜在的影响，就农业而言，是否增加了政府支持计划的负担。

当一项反补贴税调查涉及一个以上的国家（地区）的某一产品时，主管机关只有在确定以下两个因素后，方可累计此类进口的影响：来自每一国家（地区）进口补贴的金额大于微量水平，即从价金额的 1%（发展中国家 2%），且进口量无法忽略不计；根据进口产品之间的竞争条件和进口产品与国内产品之间的竞争条件，进口的影响的累计评估是恰当的。

此外，《补贴与反补贴措施协议》还要求，必须能够证明补贴的存在与损害之间的因果关系。因果关系的确定应基于所有摆在主管机关面前的相关证据。同时要求主管机关考虑其他因素对国内产业造成的损害，并区分这两种损害。

损害威胁的确定必须基于事实，而非推测、指控或可能性，并特别考虑以下因素：补贴的性质和对贸易的影响；受补贴产品在国内市场的大幅度的增长表明进口大量增长的可能性；出口商能自由处置的生产能力的大幅度增长表明进口大量增长的可能性；进口产品是否对国内价格有重大压制或是否增加进口需求；受调查产品的库存情况。当考虑众多因素，并得出结论——更多的受补贴出口产品是迫近的，且除非采取保护行动，否则将发生实质性损害时，就可以确定损害威胁的存在。

3）国内产业的确定。通常情况下，国内产业是指国内同类产品生产者全体或构成生产国内同类产品总产量的主要部分的国内生产者，但是如果生产者与出口商或进口商有关联，或它们本身是被控诉享受补贴的同类产品的进口商，则国内产业一词不包括它们。

但是，当一成员方领土可以分为两个或两个以上的竞争市场时，在一定条件下，每一市场中的生产者可以被视为一个独立的产业。条件是：市场上的生产者在该市场上销售全部或几乎全部所涉的产品，且该市场中的需求不是由成员方领土内其他地方的生产者所提供的。在这种情况下，如果确认存在对这一市场的国内产业造成损害，即使该成员方该产业的主要部分未受到影响，仍可以但只能对该地区所涉补贴产品征收反补贴税。

如果两个或两个以上的国家（地区）达到了 GATT 1994 第 24 条第 8 款（1）项的要求，即达到了单一统一市场的一体化水平，则全部一体化地区的产业被视为国内产业。

（3）具体措施

1）临时措施。如果已经按照有关要求发起调查、作出公告并给予利害关系成员和关系方充分的提出意见和信息的机会，已初步确定存在补贴及补贴使国内产业受到损害，且有关的主管机关判断有必要防止在调查期间造成进一步的损害，那么可以实施临时反补贴税，其形式可以是现金保证金或保函，其金额相当于初步确定的补贴额。该措施自发起调查后 60 日后才可实施，且实施的期限不能超过 4 个月。临时措施最终的结果如何，即是否收取该笔反补贴税，取决于最终裁定的结果。

如果最终作出的决定是存在损害，而非损害威胁或实质阻碍一产业的建立，则对于最终反补贴税高于现金保证金或保函的，差额部分不得收取；对于最终反补贴税低于现金保证金或保函的，超过的部分应退还或即刻解除保函。

如果作出的裁定是存在损害威胁或实质阻碍一产业的建立，那么最终反补贴税只能从作出该裁定之日起实施，对已经采取的临时措施，要么退还现金保证金，要么迅速解除保函。

2）反补贴税。在征收反补贴税的条件全部得到满足的情况下，即在调查后最终确定存在补贴及由此引起的损害，由进口成员方的主管机关决定是否征税以及征税的金额。在确定征税金额时，如果征收的反补贴税小于补贴的全部金额，即可以消除对国内产业的损害，就应该认为是恰当的。但无论如何，对任何进口产品征收的反补贴税不得超过认定的补贴的金额。

反补贴税的征收期限以消除补贴所造成的损害为限，最长不超过自征收反补贴税之日起 5 年。

3）追溯力。通常情况下，临时措施和征收反补贴税仅对根据《补贴与反补贴措施协议》第 17 条第 1 款和第 19 条第 1 款作出的裁决后的进口采取相应的措施。但在作出损害的最终裁定（而不是损害威胁或实质阻碍一产业建立的最终裁定），或虽已作出损害威胁的最终裁定，但如无临时措施，将会导致对补贴进口产品的影响作出损害裁定的前提下，主管机关可以追溯征收反补贴税——对实施临时措施前 90 日内的进口产品追溯征收最终的反补贴税。

4）承诺。该条款允许在出口成员方政府承诺取消、限制补贴或采取提价措施的前提下，中止或终止调查程序，不采取临时措施或征收反补贴税。但同时赋予进口成员方主管机关核实承诺的执行情况的权利，如果发现承诺未得到遵守，《补贴与反补贴措施协议》允许进口成员方的主管机关根据本协议的规定迅速采取行动，包括临时措施和追溯征收最终反补贴税，但追溯征收不得适用于违反承诺前已经入境的产品。

8.2.4 过渡期与发展中国家

WTO 各成员方承认补贴在发展中国家成员经济发展中的重要作用，《补贴与反补贴措施协议》的第八部分就发展中国家的不同情况规定了不同的特殊待遇，第九部分规定了发达国家和转型经济国家可以享有的过渡性安排。

《补贴与反补贴措施协议》允许发达国家在《WTO 协议》生效之日起 3 年内消除本协议第二部分规定的禁止性补贴，条件是：只要它们在《WTO 协议》生效后 90 日内通知委员会。

《补贴与反补贴措施协议》第八部分将发展中国家分成 3 类：其一，联合国指定为最不发达国家的 WTO 成员；其二，附件 7（b）款所列的 20 个国家，当这类国家的人均国民生产总值达到 1000 美元时，适用第三类发展中国家的待遇；其三，除上述两类国家以外的全部发展中国家成员。

关于禁止性补贴中的出口补贴，允许第一类和第二类发展中国家成员无限期使用，当然，在第二类国家的人均国民生产总值达到 1000 美元时，就应对其应用针对第三类发展中国家成员的待遇；允许第三类发展中国家成员在《WTO 协议》生效 8 年内逐步取消对出口的补贴。但当某一特定产品达到出口竞争力，即在连续 2 年中该产品的世界贸易份额达到 3.25%及以上时，第一类和第二类发展中国家成员应在 8 年内取消对该产品的出口补贴，第三类发展中国家成员应在 2 年内取消对该产品的补贴。

关于禁止性补贴中的进口替代补贴,《补贴与反补贴措施协议》允许最不发达国家 8 年的过渡期、其他发展中国家成员 5 年的过渡期。

发展中国家在《补贴与反补贴措施协议》规定的时限内采用本协议允许的补贴时,相关补贴不适用于禁止性补贴的补救措施,而需要适用可诉补贴的补救措施。

对于可诉补贴,在确定严重侵害时,《补贴与反补贴措施协议》第 6 条第 1 款不适用于发展中国家,即不能利用第 6 条第 1 款的内容推定发展中国家成员的某一补贴造成了严重侵害,而需要根据第 6 条第 3 款～第 8 款的规定以肯定证据证明严重损害的存在。同时,对不符合第 6 条第 1 款内容的由发展中国家给予或维持补贴,如果不能证明造成损害或不能证明使 GATT 1994 项下的利益丧失或减损从而取代或阻碍另一成员方的出口,则不能适用可诉补贴规定下的补救措施。

对发展中国家的其他特殊和差别待遇还包括以下两点。①当所涉产品的补贴不超过按单位计算的产品价值的 2% 时,应立即终止对发展中国家产品的反补贴税调查。对于在《WTO 协议》生效 8 年内取消出口补贴的第三类发展中国家,或对于第一类和第二类发展中国家,此比率为 3%,但此 3% 的有效期为 WTO 协议生效后的 8 年。②当补贴的进口数量不超过进口成员同类产品进口数量的 4% 时,反补贴税调查必须停止。如果来自单个发展中国家的进口份额虽然不超过 4%,但来自这些发展中国家成员的进口超过 9%,反补贴税措施可以继续使用。

对于那些正处在由计划经济向市场经济转变的国家,《补贴与反补贴措施协议》允许其在《WTO 协议》生效 7 年内,在通知的基础上,逐步取消或使其措施符合禁止性补贴的规定,同时在此期间排除了根据第 4 条(禁止性补贴的补救)采取有关措施的可能性。同样在此期间内,对于符合第 6 条第 1 款(4)项范围的可诉补贴,即有关直接债务的免除,不应用第 7 条(相应的补救措施);对于其他可诉补贴,除非证明造成损害或证明使 GATT 1994 项下的利益丧失或减损以取代或阻碍另一成员方的出口,否则不可以根据第 7 条采取补救措施。

8.2.5　《补贴与反补贴措施协议》与《农业协议》《渔业补贴协议》的关系

纵观 WTO 的全部协议,不难发现,WTO 既有对某种产品的特殊规定,如通过《农业协议》对农产品补贴进行规定,又有对影响国际贸易顺利进行的一般补贴问题的规定,如《补贴与反补贴措施协议》对补贴的规定。以这种方式作出的规定,就可能发生有关协议内容的交叉。就《农业协议》与《补贴与反补贴措施协议》而言,首先遵循《农业协议》的规定,超出《农业协议》允许的范围和条件时,可适用《补贴与反补贴措施协议》。

《渔业补贴协议》于 2022 年 6 月召开的第 12 届部长会议正式通过。渔业补贴谈判是 2001 年多哈部长会议开始的重要议题,多数成员认为有必要进一步明确 WTO 补贴规则在渔业补贴上的强制约束,以抑制对海洋渔业的过度开发。在 2017 年的布宜诺斯艾利斯部长会议上,部长们决定在下次会议上完成渔业补贴的协定谈判以达到联合国 2030 年可持续发展议程要求确定的 2020 年取消导致过度渔业开发补贴的目标。谈判主席、哥伦比亚圣地亚哥·威尔斯大使 2021 年 11 月 8 日介绍,《渔业补贴协议》草案已经完成,并将提交到 2021 年 11 月 30 日至 12 月 3 日举行的第 12 届部长会议上表决。后来,受新冠肺炎疫情影响,部长会议推迟到 2022 年 6 月举行。协议起草小组由来自具有非常不同起始立场的成员组成，小组成员经过共同努力解决了一些分歧，历经 20 多年的谈判历程，最终完成了就停止对渔业过度捕捞进行补贴的全球规则。

8.3　中国的补贴与反补贴承诺及案例

8.3.1　中国关于补贴与反补贴的承诺

中国作为 WTO 成员，除必须遵守《补贴与反补贴措施协议》外，还必须承担我国"入世"时与 WTO 成员方所达成的有关具体承诺。在《中华人民共和国加入议定书》的第 10 条中，就补贴问题，我国作出如下具体承诺。

1）中国应通知 WTO 在其领土内给予或维持的、属《补贴与反补贴措施协议》第 1 条含义内的、按具体产品划分的任何补贴，包括该协议第 3 条界定的补贴。所提供的信息应尽可能具体，并遵循该协议第 25 条所提及的关于补贴问卷的要求。

2）就实施《补贴与反补贴措施协议》第 1 条第 2 款和第 2 条而言，对国有企业提供的补贴将被视为专向性补贴，特别在国有企业是此类补贴的主要接受者或国有企业接受此类补贴的数量异常之大的情况下。

3）中国应自加入时取消属《补贴与反补贴措施协议》第 3 条范围内的所有补贴。

同时在《中华人民共和国加入议定书》的附件 5B《需要逐步取消的补贴》中，我国明确列举了 3 类必须取消的补贴措施：中央预算提供给某些亏损国有企业的补贴、以出口业绩为基础优先获得贷款和外汇、根据汽车生产的国产化率给予优惠关税税率。

《中华人民共和国加入议定书》第 10 条第 1 款要求我国必须履行通知义务，通知 WTO 包括禁止性补贴在内的符合《补贴与反补贴措施协议》第 1 条关于补贴定义的全部补贴，包括第 3 条界定的补贴并且对各种补贴的通知以具体产品为准；第 2 款明确指出就专向性补贴而言，给国有企业的补贴被视为专向性补贴；第 3 款明确规定，自加入WTO 之日起，我国取消所有的《补贴与反补贴措施协议》所认定的禁止性补贴措施。

8.3.2　中国反补贴救济措施与案例

我国利用反补贴救济措施保护本国产业，首先是在 WTO《补贴与反补贴措施协议》的基础上，制定我国自己的相关法律法规。自 2001 年加入 WTO 之后，我国相关法规日益完善，除了《中华人民共和国反补贴条例》之外，商务部发布的补贴规则有《反补贴调查立案暂行规则》、《反补贴问卷调查暂行规则》、《反补贴调查听证会暂行规则》（自 2018 年 5 月 4 日起施行《反倾销和反补贴调查听证会规则》）、《反补贴调查实地核查暂行规则》、《对外贸易壁垒调查规则》等。

根据相关数据统计，反补贴措施是多于保障措施、少于反倾销措施的三种主要救济措施之一。与我国有关的反补贴救济措施案件与信息可以通过中国贸易救济信息网查询。

1. 反补贴救济措施信息与数据

根据中国贸易救济信息网统计数据，2001—2020 年，全球反补贴救济措施 507 起，占所有救济措施的 9.36%，中国出口应诉的案件有 189 起，占全球反补贴救济措施的

37.28%，而中国发起的反补贴调查案件只有 17 起，占全球的 3.35%。2011—2020 年的数据见表 8.1，全球反补贴救济措施 381 起，中国发起了 13 起，应诉了 146 起，占全球的 38.32%。2020 年，由于新冠肺炎疫情导致全球经济贸易困境，全球反补贴救济措施案件 61 起，是近十年最多的一年，而针对中国出口的反补贴 20 起，占 32.79%，其中美国针对中国的反补贴就有 11 起。中国发起反补贴救济措施仅有 4 起，其中 3 起是针对美国产品的。由此可以推断，双边关系影响反补贴救济措施的使用频率。

表 8.1　2011—2020 年全球和中国反补贴救济措施统计

项目	各年反补贴救济措施数量										合计
	2011 年	2012 年	2013 年	2014 年	2015 年	2016 年	2017 年	2018 年	2019 年	2020 年	
全球/起	25	23	33	45	29	34	42	53	36	61	381
中国发起/起	0	2	1	0	0	1	1	3	1	4	13
中国应诉/起	9	10	14	14	9	19	13	29	9	20	146
中国应诉占比/%	36.00	43.48	42.42	31.11	31.03	55.88	30.95	54.72	25.00	32.79	38.32

2. 中国出口的反补贴应诉案件

中国出口产业优势明显，特别是在中美贸易战背景下，西方国家对中国产品发起了更多的反补贴措施。2021 年我国商务部公布的部分反补贴公告见表 8.2。

表 8.2　2021 年部分国外反补贴中国应诉公告

序号	公告时间	公告题目	案件节点公告
1	2021 年 8 月 24 日	美国对耐腐蚀钢板作出第一次反补贴日落复审终裁	2015 年 6 月 23 日原审立案，2015 年 7 月 16 日原审产业损害初裁，2015 年 11 月 3 日原审初裁，2016 年 5 月 25 日原审终裁，2016 年 6 月 24 日原审产业损害终裁，2016 年 11 月 14 日反规避立案，2017 年 12 月 11 日反规避初裁，2018 年 5 月 23 日反规避终裁，2021 年 6 月 1 日日落/期终复审立案，2021 年 8 月 19 日日落/终复审终裁，2022 年 7 月 13 日日落/期终复审产业损害终裁
2	2021 年 8 月 20 日	美国作出无缝碳钢和合金钢标准管、管线管和压力管第二次双反日落复审产业损害终裁	2009 年 10 月 14 日原审立案，2009 年 10 月 30 日原审产业损害初裁，2010 年 4 月 24 日原审初裁，2010 年 9 月 13 日原审终裁，2010 年 10 月 15 日原审产业损害终裁，2010 年 11 月 10 日修改终裁结果，2016 年 1 月 4 日日落/期复审立案，2016 年 2 月 11 日日落/期复审终裁，2016 年 2 月 19 日日落/期复审产业损害终裁，2021 年 2 月 1 日日落/期终复审立案，2021 年 6 月 7 日日落/期复审终裁，2021 年 8 月 19 日日落/期终复审产业损害终裁
3	2021 年 8 月 13 日	加拿大对涉华软垫式座椅作出双反终裁	2020 年 12 月 21 日原审立案，2021 年 5 月 5 日原审初裁，2021 年 8 月 3 日原审终裁
4	2021 年 8 月 12 日	美国作出石油管材反规避初裁	2009 年 4 月 8 日原审立案申请，2009 年 4 月 29 日原审立案，2009 年 5 月 22 日原审产业损害初裁，2009 年 11 月 5 日原审初裁，2010 年 4 月 19 日原审终裁，2010 年 5 月 3 日原审产业损害终裁，2010 年 5 月 21 日修改终裁结果，2011 年 6 月 28 日行政复审立案，2012 年 12 月 17 日行政复审终裁，2013 年 2 月 7 日行政复审立案，2013 年 6 月 28 日行政复审立案，2013 年 12 月 9 日行政复审终裁，2014 年 12 月 1 日日落/期终复审立案，2015 年 4 月 7 日日落/期终复审终裁，2015 年 4 月 28 日日落/终复审产业损害终裁，2020 年 4 月 1 日日落/期终复审立案，2020 年 7 月 29 日日落/期终复审终裁，2020 年 11 月 6 日日落/期终复审产业损害终裁，2020 年 11 月 12 日反规避立案，2021 年 8 月 10 日反规避初裁，2022 年 2 月 14 日情势变迁立案

序号	公告时间	公告题目	案件节点公告
5	2021 年 8 月 11 日	印度对华粘胶长丝纱线作出反补贴终裁	2020 年 7 月 20 日原审立案,2021 年 8 月 9 日原审终裁
6	2021 年 8 月 6 日	美国作出镁碳砖第二次双反日落复审产业损害终裁	2009 年 7 月 29 日原审立案申请,2009 年 8 月 19 日原审立案,2009 年 9 月 11 日原审产业损害初裁,2010 年 3 月 4 日原审初裁,2010 年 4 月 21 日修改初裁结果,2010 年 7 月 27 日原审终裁,2010 年 8 月 26 日原审产业损害终裁,2012 年 10 月 9 日行政复审初裁,2013 年 4 月 15 日行政复审终裁,2013 年 11 月 8 日行政复审立案,2014 年 10 月 9 日行政复审初裁,2015 年 4 月 14 日行政复审终裁,2015 年 8 月 3 日日落/期终复审立案,2015 年 11 月 9 日行政复审立案,2015 年 12 月 9 日日落/期终复审终裁,2016 年 1 月 5 日日落/期终复审产业损害终裁,2016 年 9 月 9 日行政复审初裁,2016 年 11 月 9 日行政复审立案,2019 年 11 月 12 日行政复审立案,2020 年 7 月 28 日行政复审初裁,2021 年 1 月 4 日日落/期终复审立案,2021 年 5 月 10 日日落/期终复审终裁,2021 年 8 月 3 日日落/期终复审产业损害终裁
7	2022 年 2 月 25 日	美国对带织边窄幅织带启动第二次双反日落复审产业损害终裁	2009 年 7 月 9 日原审立案申请,2009 年 7 月 30 日原审立案,2009 年 8 月 21 日原审产业损害初裁,2009 年 12 月 8 日原审初裁,2010 年 7 月 13 日原审终裁,2010 年 8 月 12 日原审产业损害终裁,2013 年 6 月 28 日行政复审立案,2014 年 6 月 25 日行政复审初裁,2014 年 12 月 29 日行政复审终裁,2015 年 8 月 3 日日落/期终复审立案,2015 年 12 月 7 日日落/期终复审终裁,2016 年 8 月 24 日日落/期终复审产业损害终裁,2021 年 8 月 2 日日落/期终复审立案,2021 年 12 月 3 日日落/期终复审终裁,2022 年 2 月 23 日日落/期终复审产业损害终裁

以美国对华耐腐蚀钢板反补贴案为例,该案例经过了原审的立案—产业损害初裁—初裁—终裁—产业损害终裁、反规避的立案—初裁—终裁、日落/期终复审的立案—终裁—产业损害终裁,共 3 个阶段 11 个环节。各段环节要点如下。

1. 原审-立案

立案/裁决时间: 2015 年 6 月 23 日

案件类型: 反补贴

被诉国/地区: 中国

申诉国/地区: 美国

倾销/损害调查期: 补贴调查期为 2014 年 1 月 1 日—2014 年 12 月 31 日

涉案产品 HS 编码: 7210.30.0030, 7210.30.0060, 7210.41.0000, 7210.49.0030, 7210.49.0091, 7210.49.0095, 7210.61.0000, 7210.69.0000, 7210.70.6030, 7210.70.6060, 7210.70.6090, 7210.90.6000, 7210.90.9000, 7212.20.0000, 7212.30.1030, 7212.30.1090, 7212.30.3000, 7212.30.5000, 72

涉案产品(中文): 耐腐蚀钢板

涉案产品(外文): Corrosion-Resistant Steel Products

所属行业: 钢铁工业

2. 原审-产业损害初裁

时间: 2015 年 7 月 16 日

结果: 肯定性

3. 原审-初裁

时间：2015 年 11 月 3 日

结果：在反补贴裁决中，税率具体如下：江苏烨辉（中国）科技材料有限公司［Yieh Phui (China) Technomaterial Co., Ltd］，26.26%；鞍钢集团香港有限公司（Angang Group Hong Kong Co., Ltd.），235.66%；宝山钢铁股份有限公司（Baoshan Iron & Steel Co., Ltd），235.66%；邯郸钢铁集团（Handan Iron & Steel Group）、河北钢铁集团（Hebei Iron & Steel Group）、唐山钢铁集团（Tangshan Iron and Steel Group Co., Ltd），235.66%；常熟科弘材料科技有限公司（Changshu Everbright Material Technology Co.Ltd.），235.66%；其他，26.26%。

4. 原审-终裁

时间：2016 年 5 月 25 日

结果：江苏烨辉（中国）科技材料有限公司的补贴率为 39.05%；鞍钢集团香港有限公司、宝山钢铁股份有限公司等 6 家企业的补贴率为 241.07%；其他企业的补贴率为 39.05%。

5. 原审-产业损害终裁

时间：2016 年 6 月 24 日

结果：肯定性

6. 反规避-立案

时间：2016 年 11 月 14 日

7. 反规避-初裁

时间：2017 年 12 月 11 日

8. 反规避-终裁

时间：2018 年 5 月 23 日

结果：裁定原产于越南的耐腐蚀钢产品使用了中国生产的热轧、冷轧碳钢板[carbon hot-rolled steel (HRS) or cold-rolled steel (CRS)flat products]，存在规避行为，美国商务部决定将原产于越南的耐腐蚀钢板纳入双反征税范围。

9. 日落/期终复审-立案

时间：2021 年 6 月 1 日

10. 日落/期终复审-终裁

时间：2021 年 8 月 19 日

结果：裁定若取消本案的反补贴税，将导致中国涉案产品的补贴以 39.05%～241.07% 的补贴率继续或再度发生。

11. 日落/期终复审产业损害-终裁

时间：2022 年 7 月 13 日

结果：本案现行反倾销和反补贴措施继续有效。[①]

3. 中国反补贴的进口调查案件

采取补贴措施的原因有很多方面，仅仅为了提高产业的国际竞争力将会存在不公平

---

① 详见中国贸易救济信息网 http://cacs.mofcom.gov.cn/cacscms/articleDetail/ckys? articleId=173771&id=53d8a9ed81fb52 3b0182104fd2380133。

的竞争。符合 WTO《补贴与反补贴措施协议》的措施是可以使用的保护措施，中国也可以合理利用补贴与反补贴措施来保护本国产业的公平竞争。按照规则，反补贴必须公开透明，中国实施反补贴措施的有关信息可以在中国贸易救济信息网查询。表 8.3 汇集了 2020—2022 年中国针对原产于其他国家的进口产品的反补贴措施公告（部分）。

表 8.3 2020—2022 年近期中国反补贴进口调查案件公告（部分）

序号	公告时间	公告题目	案件节点公告
1	2021 年 8 月 27 日	关于原产于美国的进口相关乙二醇和丙二醇的单烷基醚反补贴调查的延期公告	2020 年 9 月 14 日原审立案，2021 年 9 月 18 日原审初裁，2022 年 1 月 10 日原审终裁
2	2022 年 1 月 6 日	关于对原产于美国的进口聚苯醚反补贴调查最终裁定的公告	2020 年 8 月 14 日原审立案，2021 年 10 月 14 日原审初裁，2022 年 1 月 6 日原审终裁
3	2021 年 3 月 26 日	关于对原产于澳大利亚的进口相关葡萄酒反补贴调查最终裁定的公告	2020 年 8 月 31 日原审立案，2020 年 12 月 10 日原审初裁，2021 年 3 月 26 日原审终裁，2023 年 11 月 30 日情势变迁立案
4	2020 年 11 月 17 日	关于原产于美国的进口正丙醇反补贴调查最终裁定的公告	2019 年 7 月 29 日原审立案，2020 年 9 月 4 日原审初裁，2020 年 11 月 17 日原审终裁
5	2020 年 11 月 10 日	关于发放聚氯乙烯反补贴案相关调查问卷的通知	2020 年 10 月 14 日原审立案，2021 年 9 月 23 日无措施结案

以原产于美国的进口正丙醇反补贴案为例。2019 年 7 月 29 日，商务部（以下称调查机关）发布 2019 年第 35 号公告，决定对原产于美国的进口正丙醇进行反补贴立案调查。2020 年 9 月 4 日，调查机关发布第 33 号公告，初步认定原产于美国的正丙醇存在补贴，国内正丙醇产业受到实质损害，并且补贴与实质损害之间存在因果关系。2020 年 11 月 17 日，调查机关发布第 47 号公告，即终裁公告。

终裁结果： 调查机关最终认定，原产于美国的进口正丙醇存在补贴，国内正丙醇产业受到实质损害，而且补贴与实质损害之间存在因果关系。

征收反补贴税： 对原产于美国的进口正丙醇（税则号 29051210）征收反补贴税。对各公司征收的反补贴税税率如下：①陶氏化学公司（The Dow Chemical Company），37.7%；②OQ 化学公司（OQ Chemicals Corporation）[在初裁中名称为欧季公司（OXEA Corporation）]，34.2%；③其他美国公司（All Others），37.7%。

征收反补贴税的方法： 自 2020 年 11 月 18 日起，进口经营者在进口原产于美国的正丙醇时，应向中华人民共和国海关缴纳相应的反补贴税。反补贴税以海关审定的完税价格从价计征，计征公式为：反补贴税税额=海关完税价格×反补贴税税率。进口环节增值税以海关审定的完税价格加上关税和反补贴税作为计税价格从价计征。

反补贴税的追溯征收： 对自 2020 年 9 月 9 日起至 2020 年 11 月 17 日有关进口经营者依初裁公告向中华人民共和国海关所提供的临时反补贴税保证金，按终裁所确定的征收反补贴税的商品范围和反补贴税税率计征并转化为反补贴税，并按相应的增值税税率计征进口环节增值税。对在此期间有关进口经营者所提供的保证金超出反补贴税和与之相应的进口环节增值税的部分，海关予以退还，少征部分则不再征收。对实施临时反补贴措施之前进口的原产于美国的正丙醇产品不再追溯征收反补贴税。

征收反补贴税的期限： 对原产于美国的进口正丙醇征收反补贴税，实施期限自 2020

年 11 月 18 日起 5 年。

　　复审：在征收反补贴税期间，有关利害关系方可根据《中华人民共和国反补贴条例》的相关规定，向调查机关申请复审。

　　行政复议和行政诉讼：对本案最终裁定及征收反补贴税的决定不服的，根据《中华人民共和国反补贴条例》第五十二条的相关规定，可以依法申请行政复议，也可以依法向人民法院提起诉讼。

本 章 小 结

　　1. 公共产品、垄断、外部效应、信息失灵和收入分配不公的存在使得补贴这一行为得以存在。乌拉圭回合针对日益复杂的补贴与反补贴措施，在东京回合《补贴与反补贴守则》的基础上达成了《补贴与反补贴措施协议》，为补贴与反补贴措施制定了详细的规定。《补贴与反补贴措施协议》包括 11 个部分，共 32 个条款和 7 个附件。

　　2. 当满足以下条件时，《补贴与反补贴措施协议》就认定补贴存在：在一成员领土内，存在由政府或任何公共机构提供的财政资助或存在任何 GATT 1994 第 16 条意义上的收入或价格支持，并因以上财政资助或收入或价格支持而获得了某种利益。《补贴与反补贴措施协议》认为在符合补贴的定义的基础上，如果证明补贴具有专向性，则必须受制于本协议规定的纪律，而非专向性的补贴则可以普遍采用，不被认为对贸易产生扭曲作用，因此不需要受到约束。

　　3. 《补贴与反补贴措施协议》根据补贴和补贴专向性的定义，把补贴分为 3 种，即禁止性补贴、可诉补贴和不可诉补贴，并按照交通信号灯的概念把上述 3 种补贴分别称为红色补贴、黄色补贴和绿色补贴。

　　4. 禁止性补贴，也就是红色补贴，指的是一国（地区）既不得给予也不得维持的补贴。这种补贴分为两类：其一，出口补贴，即根据法律或实际上视出口实绩为唯一或多种条件之一而给予的补贴；其二，进口替代补贴，即那些视使用国产货物而非进口货物的情况为唯一或多种条件之一而给予的补贴。《补贴与反补贴措施协议》的附件 1 对出口补贴给出了详细的例示。

　　5. 可诉补贴，在实践中又被称作黄色补贴，指的是成员方使用了在一定程度上允许使用的、不被禁止的，但在实施过程中却可能给其他成员方造成不利影响，并因此可能被其他成员方起诉或征收反补贴税的补贴。至于何为不利影响，《补贴与反补贴措施协议》第 5 条明确指出，属于下述条件的即为存在不利影响：①损害另一成员方的国内产业；②根据 GATT 1994 获得的直接或间接利益减损或丧失；③严重侵害另一成员方的利益。

　　6. 不可诉补贴，在实践中又被称作绿色补贴，是指成员方使用了不会招致其他成员方反补贴起诉的补贴的行为。不可诉补贴也分为两类：一类是不属于第 2 条专向性补贴的补贴；另一类是符合一定条件的对基础研发、贫困地区和环境措施的专向性补贴。

　　7. 补贴的形式不同，可能给其他成员方造成的影响也有所不同，因此，《补贴与反补贴措施协议》对每一种形式的补贴规定了不同的补救措施。反补贴税指的是为抵消对任何商品的制造、生产或出口给予的直接或间接补贴而征收的一种特别税。反补贴措施的实施需要经过反补贴税的发起、调查、磋商等过程。反补贴的具体措施包括临时措施、反补贴税、追溯力、承诺。

8.《补贴与反补贴措施协议》规定了发展中国家和转型经济国家的特殊待遇，以及可以享有的过渡性安排。当《农业协议》与《补贴与反补贴措施协议》发生交叉时，首先遵循《农业协议》的规定；当超出《农业协议》允许的范围和条件时，可适用《补贴与反补贴措施协议》。

9. 中国有关反补贴的法规规章有《中华人民共和国反补贴条例》，以及商务部发布的《反补贴调查立案暂行规则》、《反补贴问卷调查暂行规则》、《反补贴调查听证会暂行规则》（自 2018 年 5 月 4 日起施行《反倾销和反补贴调查听证会规则》）、《反补贴调查实地核查暂行规则》等。

10. 与中国有关的补贴反补贴案件包括我国出口企业对国外反补贴措施的应诉和我国对进口产品补贴的调查。有关补贴与反补贴案件和数据可以通过商务部的中国贸易救济信息网查询。

思 考 题

1. 补贴的定义有哪些？
2. 补贴存在的经济学原因是什么？
3. 如何确定补贴的专向性？
4.《补贴与反补贴措施协议》把补贴分为哪几种形式？每种形式的确认标准和补救措施分别是什么？
5. 反补贴税如何征收？可以采取哪些手段？
6. 我国"入世"时就补贴与反补贴问题有哪些具体的承诺？
7. 如何查询最新的中国贸易救济案件？

第五篇
新型贸易壁垒规则

第9章 技术性措施与贸易壁垒

📖 **本章要点**

技术和技术性措施与贸易有着密切的联系。WTO 的 TBT 协议和 SPS 协议是规范技术性措施与贸易关系的重要协议。本章 9.1 节介绍技术、技术进步与国际贸易的关系，技术壁垒的概念、类型、兴起原因和特点等，9.2 节介绍 TBT 协议，9.3 节介绍 SPS 协议和我国的承诺与有关法规，9.4 节介绍技术壁垒的影响、案例和相关量化研究。

9.1 技术与技术壁垒

9.1.1 技术、技术进步与国际贸易

1. 技术与技术进步

技术是把投入转化为产出的具体生产流程以及实施这种转化的知识和技能的总和。技术既有物质属性又有文化属性，作为技术组成部分的社会规范对技术是一种指导，即由社会规范来指导技术实施。就物质层面而言，技术是科学原理的应用，但是就技术的应用而言，技术在很大程度上受到自然条件、资源状况、利用方向和社会与文化的制约。技术由 7 个要素构成（6M1I 模式），即原材料（materials）（包括自然资源）、工具及机械设备（machines）、管理（management）（技术管理和管理技术）、对技术和技术产品的需求（market）、技术工人及技术人员（manpower）、资金（money）、信息（information）。

作为社会性的技术，技术的发展是社会规范、技术供给和技术需求三者共同作用的结果。技术供给论认为技术发展是由科学发现的技术发明推动的，技术发明来自创新，研究开发是创新的主要来源，而技术创新的动力之源正是技术梦想。技术梦想是技术专家工作的一种乐趣，不受功利眼光的支配。技术的社会规范是指关于技术的制度和政策，它是激励和影响技术进步的重要因素。

技术进步就是投入产出比的提高。技术创新是技术进步的源泉。技术创新是经济学家在研究经济发展规律中总结提炼出来的概念。熊彼特将创新定义为，把一种没有用过的生产要素的新组合引入生产体系，这种新组合包括引入新的产品或改进产品质量，采用新的生产方法、新的工艺过程，开辟新的市场，开拓并利用新的原材料或半制成品，实现新的组织方法。技术创新就是应用创新的知识和新技术、新工艺，采用新的生产方式和经营管理模式，提高产品质量，开发生产新产品，提供新的服务，占据市场并实现市场价值。

在人类社会的发展进程中，先进技术取代落后技术，都是由科学技术的进步或突破引起的。近代以来，科学技术在推动生产力发展方面发挥的巨大作用更加明显，先后经历了 3 次重大的历史性突破。第一次是 18 世纪 60 年代从英国开始的科技革命。这次科

技革命导致了以蒸汽机和自动纺织机为代表的工业革命，开始了从工场手工业到机器大生产的变革，极大地提高了社会生产力。世界从此掀开了新的一页，生产成为世界的生产，市场成为世界的市场。第二次是19世纪70年代开始的科技革命。电力的广泛应用以及电信业的迅速发展，使工业化与电气化结合在一起，极大地解放了生产力，促进了经济的发展。第三次是第二次世界大战以后开始的新技术革命。原子能技术、计算机技术和航天技术的突破性发展，推动社会生产力取得了前所未有的进步。在当今世界，科学技术的进步日新月异，以信息科技与生命科技为代表的科学技术突飞猛进，知识经济迅速兴起，以知识创新、技术创新、人才和高新技术产业为核心的综合国力竞争日益激烈。这些重大而深刻的变化，给世界经济和人类社会经济的发展带来了极大的推动力。

2. 技术进步与产业发展

现代科学技术决定着社会的发展方向。现代科技每前进一步，都会引起社会的深刻变革，科学技术已越来越成为人类社会发展的重要基础和标志。

20世纪80年代以来，世界经济发展的新情况证实，现代科学技术已成为影响经济增长的决定因素，科技进步对经济增长的贡献已明显超过资本和劳动的作用，这主要表现在3个方面。一是产业高级化。20世纪60年代以来，高技术产业、研究与设计业、金融保险业、文化教育业、商业与服务业等第三产业逐渐占据主导地位，特别是高科技产业的崛起和发展，有力地证明了科学技术成为社会发展和进步的主要标志。二是产品科技含量高密度化。20世纪80年代以来，物化在产品、商品中的科技含量达到高度密集的程度。统计资料表明，第二次世界大战后产品科技含量每隔10年约增长10倍。三是科技应用于生产的周期大为缩短。在19世纪，电动机从发明到应用共用了60多年，电话用了50多年，无线电通信用了30多年，20世纪以来，这种间隔大为缩短，雷达和电视机从发明到应用用了十几年，激光器仅用了1年时间，电子计算机技术变革的速度更是日新月异。

高科技及其产业的崛起和发展是先进生产力的重要标志。高科技及其产业是经济发展的火车头，它能促进劳动生产率大幅度提高。高科技领域的每一次突破，都会带动一大批新产业的建立，它的发展也深刻改变了传统产业的技术面貌。

3. 技术进步与国际贸易

目前，技术进步，尤其是高新技术发展已受到世界各国的普遍重视。新技术，从经济发展来讲是生产力，从军事角度来讲是威慑力，从政治上来讲是影响力，从社会发展而论是推动力。因此，高新技术发展的水平已成为衡量一个国家综合国力的主要因素，成为一个国家发达与否的重要标志。

经济全球化使世界各国经济相互依存的程度越来越大，贸易越来越活跃，技术进步对企业在国际竞争中的作用越来越明显，企业越先拥有世界先进技术，其在国际竞争中越处于有利地位。科学技术在世界经济贸易中占据越来越重要的作用。在国际贸易激烈竞争中，先进科学技术发挥着越来越重大的作用。拥有先进的科学技术，就能提高生产效率，降低生产成本，在国际贸易中有较强的竞争力。受经济利益驱动，国际贸易中的各国不断加大科研投入，改进产品，降低生产成本，增加产品的竞争力。技术进步与国际贸易的关系越来越密切，相互依存度越来越高，发展到现在，掌握先进技术的国家人为制造技术壁垒，在国际贸易中起到限制别国产品进入本国的目的，保护本国厂商的利益。这就是我们所说的贸易技术壁垒。

贸易技术壁垒的兴起与现代科学技术的发展密切相关。贸易技术壁垒是倾向贸易保护主义的国家在采用关税壁垒和其他非关税壁垒遭到禁止或者谴责后所采取的手段。

9.1.2　技术壁垒概述

1. 技术壁垒的概念

技术壁垒是指进口国家针对有关产品或消费品的某些特性所制定的技术标准、技术法规以及检验商品合格与否的评定程序而形成的一种贸易障碍。它是一国以维护国家安全、保障人类健康、保护生态环境、防止欺诈行为、保障产品质量等为由，采取的一些技术性措施，也是 21 世纪影响国际贸易发展最重要的措施。

技术法规（technical regulations）、技术标准（technical standards）、合格评定程序（conformity assessment procedures）是因技术、经济、社会发展的需要而产生的，产生之后又极大地推动了国际贸易的发展。技术法规、技术标准形成贸易壁垒是历史发展的产物。应该明确，技术法规、技术标准并不是从产生之日起就以贸易障碍的形式出现的。相反，它是适应国际贸易的需要而产生的，并对国际贸易的发展作出过巨大贡献。

有些技术法规、技术标准规定的措施本身并非有意设置贸易障碍。然而，产品的技术标准一旦确立，就成为产品进入市场的必要条件之一，不符合技术标准的产品就不能进入市场，形成一道抵制商品进口的障碍。而且，由于历史、文化、科技等方面的原因，各国各地区对同类产品有不同要求，要使产品自由地在国际市场上流动，就必须对这些差异作出反应。在这种情况下，如果一国针对进口产品，有意将技术规定或措施复杂化，并经常进行更改，甚至制定内外有别的双重标准，使进口商品难以符合这些规定的要求，这些规定就会成为严重的贸易障碍。在国际贸易实践中，随着关税壁垒的大幅度降低，很多国家借用技术法规、技术标准或合格评定程序等措施，实现贸易保护的目的。特别是一些发达国家，更是利用其科技上的优势，通过技术法规、技术标准的制定与实施，通过商品检验与认证工作，对商品进口实行限制。技术壁垒违背了 GATT 或 WTO 以关税作为唯一合法贸易保护手段、确保各成员产品公平竞争的基本原则。

技术性贸易壁垒从其涉及的范围来看，可以分为狭义和广义两大类。狭义的技术性贸易壁垒主要表现形式为对工业品、农产品等制成品的技术性要求，如技术法规，技术标准，认证和认可制度，检验方法和检验项目，对商品包装和标签的规定，对商品品种、规格、花色、款式、材质和其他外观要求以及计量单位制等标准。广义的技术性贸易壁垒则从对产品本身的技术要求扩展到对产品生产过程或产品使用或进口预期结果的技术性约束，如绿色壁垒、动植物卫生检疫壁垒、信息技术壁垒等。

2. 技术壁垒的类型

技术壁垒扭曲了技术法规、技术标准的本来面目，使原本有利于国际贸易发展的规定变成限制进口的有效手段。根据 TBT 协议的概念定义，技术壁垒的主要类型有技术标准、技术法规、合格评定程序。

（1）复杂多变的技术标准

技术标准是指经公认机构批准供通用或重复使用的、非强制执行的关于产品特性或相关工艺和生产方法的规则或指南，可包括有关专门术语、符号、包装、标志或标签要求。一些国家对进出口商品规定了极为严格和烦琐的技术标准，既有产品标准，也有通用技术语言标准、试验检测方法标准和安全卫生标准；既有工业制成品、农产品标准，也有原材料、半成品、外购件标准；既有产品质量、性能标准，也有产品包装、存储和运输标准；还有工艺标准等。这些标准总是随着快速提高的技术水平而不断变化，因此其不确定性很大，往往使出口国、出口商难以应对和适应。

（2）名目繁多的技术法规

技术法规与技术标准相互联系又有区别。技术法规是指强制执行的有关产品特性或相关工艺和生产方法的规定，主要包括国家制定的有关法律和法规，政府部门颁布的有关命令、决定、条例以及有关技术法规、指南、准则、专门术语、符号、包装、标志或标签要求。它所包含的内容涉及劳动安全、环境保护、卫生与保健、交通规则、无线电干扰、节约能源与材料等。目前，美、日、德、法等发达的工业国颁布的技术法规种类繁多，涉及面广。技术法规不像技术标准那样可以互相协商，技术法规一经颁布即强制执行，故其在国际贸易中构成了比技术标准更难逾越的技术壁垒。

技术法规中的很大一部分是烦琐苛刻的商品包装和标签规定。一些国家对商品的包装和标签也作了苛刻烦琐的规定，要求进口商品必须符合这些规定，否则不准进口或禁止其在市场上销售。例如，美国等国禁止利用干草、稻草、谷糠等为包装材料。在某些情况下，这些包装材料只有在提供消毒证明的条件下才允许使用。英联邦的许多国家要求提供包装材料的产地证明。德国和法国则禁止进口外形尺寸与本国不同的食品罐头。标签是附在商品或包装容器上的说明和图样，其内容一般包括制造者、产品名称、商标、成分、品质特点、使用方法、包装数量、贮藏及应注意的事项警告标示以及其他广告性图案、文字等。标签可以采用纸条或其他材料制品的形式，也可以将说明和图样直接印在包装容器或商品上。许多国家为了保护消费者的利益，向消费者提供产品质量和使用方法的信息，对商品标签作了严格的规定。例如，进入美国市场的电器产品必须获得"UL"标志；加拿大对于进口食品和食用消费品规定必须以法文和英文标明品名，并在商品的明显地方标明商品的重要性、名称和外国生产者或加拿大进口商的名称和住址；澳大利亚进口各种服装，规定商标上必须注明原料成分，标明适合穿着者的年龄、身材，以及洗涤方法和生产国别等。据统计，目前已有 50 多个国家（地区）颁布了各自的环境标志图形。

（3）多种类型的复杂合格评定程序

合格评定程序是指任何直接或间接用以确定产品是否满足技术法规或标准要求的程序和规定，主要包括抽样，检验，评估、验证和合格保证，注册、认可和批准以及上述各项程序的组合。

1）抽样。抽样又称拣样，是根据技术标准或操作规程所规定的抽样方法和抽样工具，在整批商品中随机地抽取一小部分在特性上能代表整批商品的样品，通过对该样品的检验，据此对整批商品的特性作出评定。

2）检验。根据操作规程、技术标准与法规检查、验看商品或样品。检验的内容包括商品的质量、规格、数量、重量、包装以及安全、卫生等。

3）评估、验证和合格保证。根据检验结果与有关合同或技术标准和法规对照，以评价和判断是否符合技术标准和法规要求。检验机构根据上述对商品质量的检验、判定结果，对该批产品的质量作出合格与否的承诺和保证，并对其负法律责任。

4）注册、认可和批准。有关机构根据有关单位和个人提出的申请和一系列的技术标准和法规，对申请单位和个人进行严格的考核，考核合格后给予登记注册、认可和批准。

认可是指权威机构依据程序确认某一机构或个人具有从事特定任务或工作的能力，主要包括产品认证机构认可、质量和管理体系认证机构认可、实验室认可、审核机构认可、审核员或评审员的资格认可、培训机构注册等。

认证是指由授权机构出具证明，一般由第三方对某一事物、行为或活动的本质或特征，经对当事人提交的文件或实物审核后出具证明，通常被称为"第三方认证"。认证可以分为产品认证和体系认证。产品认证主要是证明产品是否符合技术标准或法规，包括产品的安全认证和合格认证等。由于产品的安全性直接关系到消费者的生命或健康，所以产品的安全认证为强制认证。体系认证是确认生产或管理体系是否符合相关法规或标准。目前，通用的国际体系认证有国际标准化组织（International Organization for Standardization，ISO）发布的 ISO 9000 质量管理体系认证、ISO 14000 环境管理体系认证、ISO 26000 社会责任体系认证。行业体系认证有 QS 9000 汽车行业质量管理体系认证、TL 9000 电信产品质量体系认证和 OHSAS 18001 职业安全卫生管理体系认证等。

在国际贸易中，不仅技术标准与法规能构成贸易的技术壁垒，而且各国认证制度的差异也能构成贸易障碍。国际贸易对产品认证、实验室认证、企业质量保证体系的认证以及环境管理系列标准的认证等十分重视，有些国家限制没有经过认证的商品进入本国市场，有认证的商品则可以享受免检的待遇，特别是经过国际上有权威的认证机构认证的商品，这些商品大多信誉好、销路大、售价高。未经认证的商品，即使其质量具有较高水平，也很难进入国际市场，即使进入国际市场，也只能低价销售，得不到购买者的信任。因此，体系认证的审核注册成为近年来影响国际贸易的一个重要问题。

3. 技术壁垒兴起的原因

技术性措施形成贸易壁垒也是历史发展的产物，是倾向贸易保护主义的国家在采用关税壁垒和其他非关税壁垒遭到禁止或者谴责后所采取的手段。

1）多边贸易自由化进程是技术壁垒贸易保护产生的历史原因。WTO 的基本原则之一是关税保护和关税减让，它要求成员方只能通过关税来保护本国产品，而不应采取其他限制进口的措施，还要求各成员之间应通过关税减让的谈判逐步降低关税。GATT 多边贸易体制的自由化谈判的进程已经经历了八轮多边会谈，从谈判的结果来看，这一原则得到了有效的遵守，成效明显。各成员的平均关税大幅度降低，目前发达国家成员与发展中国家成员的平均关税分别仅为 3% 和 10% 以下。但是，随着关税的大幅度降低，一些国家为了限制他国产品进口，保护本国利益，又出现了形式多样的非关税措施。在非关税措施中，如果采用直接的数量限制等手段来保护本国市场，不仅会受到舆论的谴责，而且会受到其他成员的报复。因此近年来，贸易保护主义转而寻求一种更高明的替代措施，以技术法规、技术标准、合格评定程序为主要表现形式的技术壁垒措施就受到前所未有的关注。技术壁垒正是在这一背景下产生并大行其道的。

2）科学技术飞速发展的不平衡性是技术壁垒贸易保护产生的客观基础。技术贸易以及技术密集型商品或者技术相对含量较高的商品在国际贸易中占有的份额越来越大，国际贸易中涉及的各种技术问题变得更加广泛和复杂，与之相关的贸易摩擦也大大增多，因此把技术标准或法规用作阻止外国商品进入本国市场的措施就被一些国家（地区）广泛地利用。各国科学技术发展的不平衡，为技术性贸易壁垒的产生奠定了客观基础。

3）生活水平和生活质量的提高是技术壁垒贸易保护得以盛行的内在合法动因。随着人们生活水平和生活质量的不断提高，各国消费者对商品和服务的选择性增强，对商品和服务质量的要求越来越高，对商品款式变化更敏感，对卫生、安全及环境指标的要求更加严格，随之而产生的一系列技术标准和法规越来越广泛，这使得技术壁垒问题更加突出，目前盛行的绿色壁垒就能说明这一点。

4. 技术壁垒的特点

技术壁垒形成发展中的历史性和客观性使技术壁垒贸易保护有以下特点，使之成为新的贸易保护主义的最主要的手段。

（1）技术政策和要求的差异性

由于科学技术日新月异，各国技术水平参差不齐，各国技术政策差异明显，因此各国制定的技术标准越来越高、技术法规越来越严格，技术壁垒也随之更加苛刻，层出不穷。随着国际市场上竞争的加剧，一些国家特别是发达国家往往有意识地利用技术标准作为竞争的手段，把技术标准的差别作为贸易保护的措施，特别是更广泛地利用安全、卫生标准作为限制进口的武器。

（2）技术政策名义上的合法性

技术壁垒往往披上合法的外衣，借 WTO 的 TBT 协议中的若干规定，打着保护人类健康或安全、保护动植物的生命和健康或保护生态和环境的旗号，行保护贸易之实，转移人们的视线。

（3）内容上的广泛性

贸易技术壁垒名目繁多，不仅涉及初级产品，而且涉及各种中间产品、制成品；不仅涉及有形商品，而且涉及金融、信息等无形贸易产品；不仅涉及商品的开发、生产、加工过程，而且涉及包装、销售、消费等过程。具体包括复杂多变的技术标准、名目繁多的技术法规、多种类型的复杂合格评定程序等。

（4）对发展中国家的不公平性

在国际技术贸易市场上，目前发达国家处于垄断地位，发达国家在保护本国消费者利益的名义下，通过立法手段，制定严格的强制性的技术标准限制外国商品进口。由于这些标准主要是根据发达国家现有的生产技术水平制定的，对发展中国家而言，往往是难以达到的。这些貌似公正实则不公的标准，势必使发展中国家的商品被排斥在发达国家市场之外。

技术壁垒的这些特点，使其更容易成为关税和直接的非关税壁垒的"替身"，成为贸易保护主义的最好武器。

9.2 《技术性贸易壁垒协议》

9.2.1 《技术性贸易壁垒协议》框架

TBT 协议是 WTO 达成的一系列多边协议之一，是各成员必须遵守的国际规则。

TBT 协议共有 15 条，外加前言和 3 个附件。

前言规定了 TBT 协议的 3 点指导思想：一是技术法规、技术标准和合格评定程序等技术措施不能对国际贸易形成障碍；二是各成员可以用这些技术措施保护国家安全、防止欺诈、保护人类和动植物的生命健康、保护环境；三是发达国家对发展中国家在制定技术措施方面给予技术支持。第 1 条为总则。

TBT 协议的第 2～9 条对不同级别所实施的 3 类活动作了相似的规定：第一类是技术法规的制定、采用和实施；第二类是技术标准的制定、采用和实施；第三类是确认和认可技术法规和标准。不同级别包括中央政府、地方政府和非政府机构。

TBT 协议的第 10～12 条分别规定了技术法规、技术标准和合格评定程序的信息、技术援助和发展中国家的差别待遇。第 13、14 条规定了技术性贸易壁垒委员会、磋商和争端等内容。第 15 条对条款的保留、协议的审议和附件做了说明。3 个附件分别规定了相关术语，技术专家小组，关于制定、采用、实施标准的良好行为规范。

9.2.2 贸易中的技术壁垒措施实施的一般原则

TBT 协议规定实施技术性措施的原则有必要性原则，最少贸易限制原则，非歧视原则，统一协调、等效和相互承认原则，透明度原则，发展中国家差别待遇原则。

1. 必要性规则

成员方只能采取为实现合法目标所必需的技术性措施。如果成员方采取的技术性措施对其他成员的贸易产生重大影响，经其他成员的请求，该成员应说明所采取措施的必要性。

2. 最少贸易限制原则

各成员有权制定自己的技术法规、技术标准和合格评定程序（以下简称"技术性措施"），但不应超出合法目标的范围，应尽可能减少对贸易的障碍。成员方只能采取为实现合法目标所必需的技术性措施，即在考虑由于合法目标不能实现可能导致的风险后，采取的技术性措施对贸易的限制，不应超过为实现合法目标所必需的限度。在评估风险时，应考虑相关因素，特别是可获得的科学和技术信息、有关的加工技术或产品的预期最终用途。如果计划实现的目标已经不存在或由于环境、目标的改变，各成员可转用其他对贸易产生较少限制的措施，则应取消原来实施的技术性措施。

3. 非歧视原则

非歧视原则包括最惠国待遇原则和国民待遇原则两部分。最惠国待遇原则是指给予一成员产品的待遇将不低于给予任何其他成员同类产品的待遇，保证不同成员享有平等的竞争机会。国民待遇原则是指给予任一成员产品的待遇将不低于给予本国同类产品的待遇，使出口成员的产品和进口成员的同类产品享有平等竞争机会。技术壁垒的非歧视原则就是在技术性措施方面，不能有国内与国外差异和国别待遇差异。

4. 统一协调、等效和相互承认原则

通过技术性措施的协调一致，抑制或消除技术性贸易壁垒，采纳国际标准是协调技术性措施最简便、最有效的办法。TBT 协议鼓励成员为协调技术性措施而作出努力，以减少成员间的技术性措施差异对贸易造成的障碍。

成员方应积极考虑接受其他成员方的技术性措施作为等效措施，只要这些措施能够充分实现同一合法的目标。TBT 协议鼓励成员之间通过谈判，达成合格评定相互承认协议。鼓励各成员开展相互认证，相互承认商品原产国的检验和合格评定结果，以避免重复检验和避免重复认证、认可，提高贸易效率，降低贸易成本，减轻出口商和生产企业的负担，促进国际贸易的发展。

5. 透明度原则

各成员应采取必要措施使其他成员及时了解其与贸易有关的技术性措施的制定、采纳和实施的情况。必要措施包括通报、咨询和出版公开刊物等手段。

6. 发展中国家差别待遇原则

发展中国家在制定和实施技术性措施方面可能会遇到特殊困难，因此，对发展中国家差别待遇是 TBT 协议签署的一个基础。

9.2.3 《技术性贸易壁垒协议》的主要内容

TBT 协议的主要内容包括适用范围，制定、采用和实施技术性措施应遵守的规则，合格评定程序规则，通知、评议、咨询、管理机构和争端解决，对发展中国家成员的特殊和差别待遇规划，制定、采用和实施标准的良好行为规范等。

1. 适用范围

TBT 协议总则规定，TBT 协议适用于所有产品，包括工业品和农产品。政府采购实体制定的采购规则不受本协议的约束。另外，TBT 协议未涉及动植物卫生检疫措施，有关问题由《实施动植物卫生检疫措施的协议》（Agreement on the Application of Sanitary and Phytosanitary Measures，SPS 协议）进行规范。

2. 制定、采用和实施技术性措施应遵守的规则

TBT 协议分别对中央政府、地方政府和非政府机构在制定、采用和实施技术性措施时的规则做了规定，要求各成员在制定、采用和实施技术法规、技术标准时遵守协议规定的一般原则，如必要性原则，最少贸易限制原则，非歧视原则，统一协调、等效和相互承认原则，透明度原则，发展中国家差别待遇原则。

如果有关国际标准已经存在或即将拟就，成员方应采用这些标准或其中的相关部分

作为技术法规的基础，除非由于气候、地理、基本技术问题等原因，成员方采用这些标准或其中的相关部分无法达到合法的目标时，本身可自行设立。

如果成员方拟采取的技术性措施与国际标准有实质性的不一致，并对其他成员的贸易产生影响，成员方应迅速公布已采用的所有的技术性措施，并在公布和生效之间留出宽限期，以便有关生产者和贸易商适应其要求。应通过 WTO 秘书处告知其他成员方，为他们留出准备书面意见的合理时间。该成员方应考虑其他成员方提出的书面意见，如果有成员提出要求，则应与其进行讨论，并考虑讨论结果。

成员方中央政府应采取合理措施，确保地方政府及非政府机构制定、采用与实施的技术法规符合 TBT 协议的有关规定。

3. 合格评定程序规则

TBT 协议分别对中央政府、地方政府和非政府机构在合格评定程序的制定、采用和实施方面作了规定。成员方中央政府应采取合理措施，确保地方政府及非政府机构制定、采用与实施的合格评定程序符合 TBT 协议的有关规定。TBT 协议要求各成员在尽可能广泛的基础上协调合格评定程序。只要能确保符合自身的技术法规或标准，成员方应采用国际标准化机构已经发布或即将拟就的有关指南或建议，作为合格评定程序的基础。只要可行，成员方应共同建立国际合格评定体系，并加入该体系或参与国际或区域合格评定体系，遵守协议的规定。

4. 通知、评议、咨询、管理机构和争端解决

（1）通知和评议

为确保成员方制定、采用和实施技术法规或合格评定程序具有透明度，TBT 协议规定，如果成员方拟采用的技术法规或合格评定程序不存在相关的国际标准或与有关国际标准中的技术内容不一致，且可能对其他成员方的贸易产生重大影响，该成员方应履行通知义务。通知的内容包括：采取措施的目的和理由以及所涉及的产品；通知的时间应该在该措施没有被批准之前，且可以进行修改的规定期限之内；通知的渠道是通过技术性贸易壁垒委员会向其他成员方通报。该成员方还应该在规定的出版物上发布有关公告，使有关利害方了解制定的某项技术法规或合格评定程序。

成员方应该无歧视地给予其他成员方合理时间（一般至少 60 日），以便对技术法规和合格评定程序提出书面意见。对其他成员提出的意见，该成员应该给予充分考虑。如果涉及人类安全、健康、环境保护、国家安全等方面的紧急情况，该成员可以省略一些步骤，发出紧急通知。

按照中国 WTO/TBT-SPS 通报咨询网数据，1995 年 1 月 1 日—2021 年 9 月 10 日，所有成员有 375 836 项 TBT 通报，其中美国 4 087 项、中国 1 700 项、欧盟 1 594 项、韩国 1 098 项、日本 828 项。2020 年，全球通报了 3 141 项，其中美国 363 项、中国 127 项、欧盟 99 项、韩国 71 项、日本 54 项。

（2）咨询

成员方应该设立技术性贸易壁垒咨询点。能够回答其他成员和其他成员中利害关系方提出的所有合理询问，并提供中央或地方机构和非政府机构所采取的任何技术性措施

等资料。应该明确公布各咨询点的职责范围、地点等信息,使有关成员及其利害关系方便利地得到技术性措施的信息资料。

(3) 管理机构和争端解决

WTO 设立技术性贸易壁垒委员会,负责管理 TBT 协议的执行。该委员会由全体成员代表组成,每年至少召开一次会议,为各成员提供机会就有关事项进行磋商。该委员会还可以设立工作组或其他适当机构,以履行委员会指定的职责。

WTO 争端解决规则适用于技术性贸易壁垒的争端解决。争端解决专家组可自行或应当事方的请求设立技术专家小组,就技术性问题提供协助。

关于技术专家小组,TBT 协议在附件 2 中做了规定。技术专家小组受专家组管辖,参加技术专家小组的人员应是非争端各方的专家,并在所涉领域具有专业名望和经验。技术专家小组可以要求有关成员提供其认为必要的信息。争端各方可以获得提供给技术专家小组的所有非机密性的信息。技术专家小组应向有关成员提供报告草案以征求意见,最终报告在提交技术专家小组的同时也应分发给有关成员。

5. 对发展中国家成员的特殊和差别待遇规则

成员方不应期望发展中国家成员采用不适合其发展、财政和贸易需要的国际标准,作为发展中国家成员制定技术性措施的依据。即使存在国际标准、指南或建议,发展中国家成员仍可按照特定的技术和社会经济条件采用某些技术性措施,以保护与其发展需要相适应的本国技术、生产方法和工艺。

成员方应采取措施,确保国际标准化机构制定对发展中国家成员有特殊利益的产品的国际标准。鼓励发达国家成员对发展中国家成员在制定和实施技术性措施方面提供技术援助。

技术性贸易壁垒委员会在接到发展中国家成员的请求时,应就其承担的全部或部分义务给予特定的、有时限的特例,在这方面应特别考虑最不发达国家成员的特殊问题。

6. 制定、采用和实施标准的良好行为规范

TBT 协议的附件 3 对标准化机构的行为作了特别规范。标准化机构包括 WTO 一成员领土内的任何标准化机构、一个或多个成员的任何政府性区域标准化机构、一个或多个成员位于其他成员的任何非政府区域标准化机构。

标准化机构在标准的制定中应该遵守 TBT 协议规定的一般原则。标准化机构在制定、采用和实施标准化活动中,应遵守国民待遇原则,制定的标准在实施效果上不给贸易制造不必要的障碍,尽量采用国际标准,应该通过一成员的代表团参与国际标准化活动,避免标准的重复或重叠。制定标准时应以产品的性能而不是产品的设计为基础。标准化机构应该至少每 6 个月公布一次工作计划和有关信息,在采用一标准前应至少给予 60 日时间供 WTO 成员有关利害关系方就标准草案提出意见,应该尽可能考虑收到的意见并给予答复,标准一经采用应立即公布。对于有关交涉和争议应给予充分的磋商机会和解决任何投诉的客观努力。

9.3　《实施动植物卫生检疫措施的协议》

为了保护各国人类、动物或植物的生命和健康，并对贸易的负面影响尽可能降到最小，WTO 各成员方达成了 SPS 协议。该协议要求各国的检疫措施应遵守对贸易的影响最小化原则、一致性原则、可行性原则、例外原则、透明度原则等，使进口成员公正、客观、科学地实施动植物卫生检疫措施，以解决出口成员进入市场的权利和进口成员维持特定的健康和安全标准的权利之间的冲突，实现对贸易的影响降到最低限度。

9.3.1　《实施动植物卫生检疫措施的协议》的背景和框架

1. 实施 SPS 协议的背景

检疫一般是指根据国家法律法规对有关生物及其产品和其他相关物品实施科学检验鉴定与处理，以防止有害生物在国内蔓延和国际传播的一项强制性行政措施。检疫可以看作是一种特殊的技术性保护措施。

对出入境动植物、动植物产品依法实施检疫是因为在自然界中，动植物病、虫、杂草有一定的地区性，它们中许多可以随人为调运动植物和动植物产品而传播蔓延。这些病、虫、杂草传入新地区后可能因气候环境条件适应而迅速繁衍或蔓延，并造成严重危害，给人类带来巨大损失。因此，各国都十分重视出入境动植物、动植物产品的检疫工作，并逐步产生了相应的国际组织和协议，如国际植物保护组织（International Plant Protection Convention，IPPC）、国际兽疫局（Office International des Epizooties，OIE）。GATT 1947 就指出各国可以为保护人类及动植物的生命或健康采取一定的措施[GATT 1947 第 20 条（b）项条款]。各成员在国际货物贸易交流中实施动植物及其产品检疫措施，一方面保障了成员领土内的人类、动物、植物免受外来病虫害的威胁，但另一方面也给国际自由贸易的发展制造了阻碍。GATT 和 TBT 协议对动植物卫生检疫措施的约束力还不够，要求也不具体，为此，在乌拉圭回合谈判中，许多国家提议并制定了针对动植物检疫的 SPS 协议的国际多边协定，它对动植物检疫提出了比 GATT 和 TBT 协议更为具体和严格的要求。

2. SPS 协议的框架

SPS 协议有 14 条 42 款及 3 个附件。14 条分别是总则，基本权利和义务，协调一致，等效，风险评估和适当的动植物卫生保护水平的确定，适应地区条件（包括适应病虫害非疫区和低度流行区的条件），透明度，控制、检查和批准程序，技术援助，特殊和差别待遇，磋商和争端解决，管理，实施，最后条款。3 个附件分别是定义，动植物卫生检疫法规的透明度，控制、检查和批准程序。

9.3.2　《实施动植物卫生检疫措施的协议》的主要内容

1. 基本原则

SPS 协议规定各成员在科学的风险评估基础上采取适当的动植物卫生保护水平时，

应遵守以下基本原则。

（1）对贸易的影响最小化原则

各成员应考虑将对贸易的消极影响降到最低限度的目标。

（2）一致性原则

运用动植物卫生检疫措施的目的是防止对人类、动物或植物的生命和健康造成风险，防范目的与实施手段在程度和水平上应该一致。每一成员应避免其认为适当的保护水平在不同的情况下存在任意或不合理的差异，如果此类差异造成对国际贸易的歧视或变相限制，各成员应在动植物卫生检疫措施委员会中进行合作，以推动本规定的实际实施；委员会在制定准则时应考虑所有有关因素，包括人们自愿承受人身健康风险的例外特性等。

（3）可行性原则

在制定或维持动植物卫生检疫措施以实现适当的动植物卫生检疫保护水平时，各成员应保证此类措施对贸易的限制不超过为达到适当的动植物卫生检疫保护水平所要求的限度，同时考虑其技术和经济可行性。

（4）例外原则

在有关科学证据不充分的情况下，一成员可根据可获得的有关信息，包括来自有关国际组织以及其他成员实施的或临时采用的动植物卫生检疫措施的信息。在此种情况下，各成员应寻求更加客观的进行风险评估所必需的额外信息并在合理期限内据此审议动植物卫生检疫措施。

（5）透明度原则

如果一成员有理由认为另一成员采用或维持的特定动植物卫生检疫措施正在限制或可能限制其产品进口，且该措施不是根据有关的国家标准、准则或建议制定的，或不存在此类标准、准则或建议，则可要求实施该措施的成员说明理由。新措施的实施要事先公布。

2. 各成员的基本权利与义务

SPS 协议第 2 条规定了各成员的基本权利和义务。只要与 SPS 协议的规定不相抵触，各成员有权为保护人类、动物或植物的生命和健康采取所必需的动植物卫生检疫措施。这表示只要一成员采用的保护措施符合 SPS 协议的规定，尽管这些措施对其他成员的进出口贸易产生了一定的不利影响，受影响的成员仍不得视该行为违反了相关 WTO 规则。

SPS 协议限定了一成员在行使权利时应承担以下义务。

1）各成员应保证任何动植物卫生检疫措施仅在为保护人类、动物或植物的生命和健康所必需的限度内实施，并根据科学原理，若无充分的科学证据则不再维持。

2）各成员应保护其动植物卫生检疫措施不在情形相同或相似的成员之间，包括在成员自己领土和其他成员的领土之间构成任意或不合理的歧视。

3）动植物卫生检疫措施的实施不得构成对国际贸易的变相限制。

4）若某成员所采取的措施符合 SPS 协议的有关条款，则该成员的措施被视为符合该成员根据 GATT 1994 有关适用动植物卫生检疫措施的规定所承担的义务，特别是第 20 条 b 款的规定。

3．协调一致和等效

（1）协调一致

为了尽可能在广泛的基础上协调动植物卫生检疫措施，各成员的动植物卫生检疫措施应根据现有的国际标准、准则或建议制定。若某成员的动植物卫生检疫措施符合国际标准、准则或建议，则该措施被视为为保护人类、动物或植物的生命和健康所必需的措施，并被视为与 SPS 协议和 GATT 1994 的有关规定相一致。

如果存在科学理由，则各成员可采用或维持比根据有关国际标准、准则或建议制定的措施所可能达到的保护水平更高的动植物卫生检疫措施。尽管有以上规定，但是所产生的动植物卫生保护水平与根据国际标准、准则或建议制定的措施所实现的保护水平不同的措施，均不得与 SPS 协议中的任何其他规定相抵触。

各成员应在力所能及的范围内充分参与有关国际组织及其附属机构，特别是国际营养标准委员会、国际兽疫组织以及在《国际植物保护公约》范围内运作的有关国际和区域组织，以促进在这些组织中制定和定期审议有关动植物卫生检疫措施所有方面的标准、准则和建议。同时，动植物卫生检疫措施委员会应制定相应程序，以监控国际协调进程，并在这方面与有关国际组织共同努力。

（2）等效

若出口成员客观地向进口成员证明其动植物卫生检疫措施达到进口成员适当的动植物卫生检疫保护水平，则各成员应将其他成员的措施作为等效措施予以接受，即使这些措施不同于进口成员自己的措施或不同于从事相同产品贸易的其他成员适用的措施。为此，根据请求，应给予进口成员进行检查、检验及磋商等相关程序的合理机会。各成员通常签订双边协议用以相互认可对方的检疫措施。目前，我国已与阿尔巴尼亚、罗马尼亚、朝鲜、匈牙利、加拿大、荷兰、新西兰、乌拉圭东岸共和国、智利共和国、保加利亚、波兰、俄罗斯、巴西、泰国等国家签订了双边植物检疫、保护协定或备忘录，以促进此类贸易的顺利进行。

4．风险评估和适当保护水平的确定

风险评估是根据可能适用的动植物卫生检疫措施评价虫害或病害在进口成员领土内传入、定居或传播的可能性及评价相关潜在的生物学后果和经济后果；或评价食品、饮料或饲料中存在的添加剂、污染物、毒素或致病有机体对人类或动物的健康所产生的潜在不利影响。

SPS 协议规定，各成员实施动植物卫生检疫措施应以有关情况的风险评估为基础，同时考虑有关国际组织制定的风险评估技术。在进行风险评估时，各成员应考虑可获得的科学证据、有关工序和生产方法、有关检查抽样和检验方法、特定病害或虫害的流行、病虫害非疫区的存在、有关生态和环境条件以及检疫或其他处理方法。而且各成员在评估对动物或植物的生命和健康构成的风险并确定为实现适当的动植物卫生保护水平以防止此类风险所采取的措施时，还需考虑下列有关经济因素：有关虫害或病害的传入、定居或传播造成生产或销售损失的潜在损害；在进口成员领土内控制或根除病虫害的费用以及采用替代方法控制风险的相对成本效益。

5. 实施措施的适应区域条件

适应区域主要是指适应病虫害非疫区和病虫害低度流行区。病虫害非疫区是指由主管机关确认的未发生特定虫害或病害的地区，无论是一成员的全部或部分地区，还是几个成员的全部或部分地区。病虫害低度流行区是指由主管机关确认的特定虫害或病害发生水平低，且已采取有效监测、控制或根除措施的地区，该地区可以是一成员的全部或部分地区，也可以是几个成员的全部或部分地区。

为进一步明确实施动植物卫生检疫措施的地理范围，SPS 协议要求各成员应保证其动植物卫生检疫措施适应产品的产地和目的地的动植物卫生特点，无论该地区是一成员的全部或部分地区，或几个成员的全部或部分地区。在评估一地区的动植物卫生检疫特点时，各成员应特别考虑特定病害或虫害的流行程度、是否存在根除或控制计划以及有关国际组织可能制定的适当标准或准则。

各成员应特别认识到病虫害非疫区和病虫害低度流行区的概念，对这些地区的确定应考虑地理、生态系统、流行病监测以及动植物卫生检疫的有效性等因素。但是，SPS 协议进一步规定，声明其领土内的地区属病虫害非疫区或病虫害低度流行区的出口成员，应提供必要的证据，以便向进口成员客观地证明此类地区有可能继续属病虫害非疫区或病虫害低度流行区。为此，根据请求，应使进口成员有进行检查、检验及其他有关程序的合理机会。

9.3.3 中国关于动植物卫生检疫措施的承诺和法规

1. 中国关于动植物卫生检疫措施的承诺

《中华人民共和国加入议定书》第 14 条指明中国应在加入后 30 日内，向 WTO 通知其所有有关动植物卫生检疫措施的法律、法规及其他措施，包括产品范围及相关国际标准、准则和建议。《中国加入工作组报告书》就有关动植物卫生检疫措施作出了进一步的说明与承诺：①中国将自加入之日起完全遵守 SPS 协议，并保证其所有与动植物卫生检疫措施有关的法律、法规、法令、要求和程序符合 SPS 协议；②根据 SPS 协议的规定，中国将仅在保护人类和动植物的生命或健康所必需的限度内实施动植物卫生检疫措施；③目前中国绝大部分动植物卫生检疫措施是基于国际标准、准则和建议的；④依照 SPS 协议，中国将保证如无充分的科学依据，不维持动植物卫生检疫措施；⑤中国将不会以作为对贸易的变相限制的方式实施动植物卫生检疫措施；⑥中国已建立了一个 SPS 通知机构和一个 SPS 咨询点，并将通知 SPS 委员会，相关动植物卫生检疫措施已在《中国对外经济贸易文告》等出版物上公布，信息也可从中国 SPS 通知机构或 SPS 咨询点收集。

2. 中国关于动植物卫生检疫措施的法规

目前我国的出入境动植物卫生检疫工作由海关总署及地方海关有关动植物检疫部门与机构承担，其法律依据为《中华人民共和国进出境动植物检疫法》（1991 年 10 月发布，2009 年修正）和《中华人民共和国进出境动植物检疫法实施条例》（1996 年 12

月发布）。为履行我国加入 WTO 承诺、有效实施 SPS 协议，有关部门加快了法制、机构等建设，使我国进出境动植物检疫政策更加科学化、透明化，如成立中国进出境动植物检疫风险分析委员会，设立动植物卫生检疫措施咨询点，加快质检法律法规的清理过程，2001 年全系统共清理规章规范性文件 4 万余件，修改 1 200 余件，废止 3 600 余件，提出了落实我国加入 WTO 承诺涉及质检系统的对策框架和建议。目前海关总署下设动植物检疫、卫生检疫以及商品检验等司局，具体执行动植物与卫生检疫监督管理。

3. 中国 WTO/TBT-SPS 通报咨询网

根据 WTO 有关透明度要求，确保中国法规、标准与合格评定程序制定与实施的透明化，我国专门设立了中国 WTO/TBT 与 WTO/SPS 咨询点（国家通报咨询中心）。机构设在海关总署国际检验检疫标准与法规研究中心，负责解答 WTO 各成员提出的有关我国 TBT、SPS 措施的问题，代表中国政府机构、行业协会、企业和个人向其他 WTO 成员进行咨询，开展技术法规、检验检疫标准研究，接收 WTO 发来的其他成员的 TBT 通报。

咨询程序包括：①签收；②通知咨询者；③咨询答复；④发送和接收；⑤备案。

咨询答复一般要求在 10 个工作日之内，否则告知原因。对于涉及几个部门的咨询问题，由有关各部门提供答复内容，经咨询点汇总后答复。对于专业性极强的问题，由国家通报咨询中心成立专家组协助答复。对于内容比较重大的咨询问题，答复内容需要在商务部备案。

中国 WTO/TBT-SPS 通报咨询网（www.tbt-sps.gov.cn）是我国官方技术壁垒、动植物检验检疫措施通报咨询网，包括新闻资讯、TBT-SPS 通报、通报评议、通报咨询、咨询点报告、企业之窗等栏目。

9.4　技术壁垒的经济影响分析

9.4.1　技术壁垒对贸易影响的一般分析

技术壁垒形式繁多，涉及面广，牵连到各国的内外经济政策，因而也就直接或间接地影响着国际贸易的发展，其对世界贸易的影响主要表现在 3 个方面：一是技术壁垒对国际贸易增长速度的制约；二是如果某一类商品的进出口受到较多的技术壁垒限制，该商品在国际贸易中的地位就会上升；三是技术壁垒在一定程度上影响着国际贸易的地理方位，影响着不同国家间、集团间的贸易摩擦和冲突。技术壁垒对进口国有关产业有一定的保护作用，已成为各国（尤其是发达国家）限制进口的重要手段。

从总进口量分析，假定考虑成本因素或假定进口产品具有成本比较优势，则进口国的技术标准和法规要求的水平与进口国的进口数量呈反比例关系，而出口国的技术标准和法规要求的水平与进口国的进口数量呈正比例关系。

从静态角度分析，技术壁垒具有直接控制进口数量的作用。在一定时期，出口国和进口国的技术标准和法规要求的水平是一致的，如果两国的技术标准和法规要求的水平不一致，就会形成阻碍贸易的技术壁垒。如果所有进口产品都能够满足进口国技术标准和法规的规定，这时技术标准和法规就未能起到阻碍产品进口的作用，则不应称其为技术壁垒。因此，对于落后国家而言，无法使用技术壁垒进行贸易保护。从静态的角度考察，技术壁垒的实施就是制定标准与法规，并据此对进口产品进行检查。在壁垒未形成或尚未实施前，进口可自由进行，这时技术壁垒的作用是零。壁垒一旦形成并且实施，技术壁垒就会对进口产品产生明显的数量控制作用。

从动态角度分析，技术壁垒具有通过影响成本间接影响数量的作用。出口企业为了达到进口国的高技术标准要求，必然会增加投入，力求达到新的高标准要求，这无疑会促使出口企业增加成本、提高出口价格，从而影响出口国产品在进口国的价格竞争力，进而限制贸易。因此，技术壁垒具有价格控制作用。一旦出口国的产品跨越了进口国的技术壁垒，从理论上说壁垒的数量控制作用将不复存在，此时壁垒对进口产品的作用体现为价格影响。这种跨越技术壁垒的技术投入导致较高成本和较高价格，促使出口企业在竞争方式上由价格竞争转向产品差异化竞争，由此必然推动企业技术进步。从这个意义上说，技术壁垒对出口国的产业发展有两面性。

9.4.2 技术壁垒对中国产业发展影响的两面性

目前，美国、日本、欧盟发达经济体是我国主要的贸易伙伴。据统计，包括经中国香港的转口贸易在内，我国出口商品近 75%销往美国、日本、欧盟等国家（地区），而这三大经济体也是实施贸易技术壁垒的积极倡导者，绝大多数贸易技术壁垒措施发源于这三大经济体。产品出口的地理方向决定了我国将不得不直面贸易技术壁垒的威胁。

我国科技水平落后于发达国家，由此导致我国出口产品的技术含量与质量水平较低。随着全球产品质量水平和档次的不断提高，我国出口产品的技术性门槛也随之提高。我国作为发展中国家，与西方发达国家相比，总体经济水平、技术水平、标准水平还比较落后，但是与其他一些发展中国家相比仍有一定的比较优势。因此，技术壁垒对我国产业的影响具有两面性。

1. 出口企业中技术壁垒的两面性

一方面，发达国家的技术壁垒，尤其是一些歧视性的技术壁垒严重影响了我国企业产品出口，尤其是我国近期出口增长迅速的产品更是遭到发达国家的提高标准限制。技术壁垒成为阻挡企业出口的贸易壁垒，我们应努力消除或跨越出口贸易的技术壁垒。

另一方面，经过多年的发展，我国在一些产业和产品上通过国际竞争发展很快，在发达国家进口中（与发达国家相比具有比较成本优势），与发展中国家相比在技术上具有比较优势。尤其是有些国际竞争意识强的企业，注重企业技术更新和标准的国际化，甚至有些企业的企业标准不仅高于国家标准，还高于国际标准，成为新的国际标准的领导者。对于这些企业而言，技术壁垒成为其开拓市场、扩大出口的有力的竞争武器。技术壁垒不是企业出口贸易的壁垒，而是成为阻挡竞争对手进入市场的技术壁垒和竞争手段。后一点还未引起我国大多数企业的重视，从某种意义上分析，后一点对我国企业发展更重要。

2. 进口企业中技术壁垒的两面性

一方面，严格遵守我国技术标准、技术法规和合格评定程序要求，可以将达不到我国要求的产品挡在我国国门外，从而保护我国的消费者利益和进口竞争产业利益。近年来，在动植物和食品的进口方面，我国开始重视这些方面的工作，但是对于其他产品（如汽车、家电），消费者受到损害而无法得到满意解决的案例时有报道。

另一方面，符合我国技术要求，甚至高于我国技术要求的产品的进口，将替代我国企业产品，这既将大大提高消费者的消费水平，又将促使我国企业不再满足于现状，学会在竞争中不断提升企业自身技术水平和竞争力。

过度地滥用技术壁垒对进口国家而言会导致国内资源的低效率使用和浪费，在保护低效率企业的同时，损害了优胜劣汰的市场竞争规则。

9.4.3　技术壁垒的案例和量化研究

1. 温州打火机企业面对欧盟 CR 法案

我国是打火机的生产和出口大国，产品出口包括欧盟、美国在内的 30 多个国家（地区）。温州是世界最大的打火机生产基地。据温州烟具行业协会介绍，巅峰时期温州打火机生产企业有 3 000 多家，年产打火机 8 亿多只，占世界市场份额的 70%、国内市场的 95%。但是面对不断变化的技术壁垒影响，我国的打火机产业不断集中，厂家数量也不断减少，2011 年只剩 500 余家。[①]

1994 年，美国对温州打火机实行 CR 法规（Child Resistance Law），这一规定使有着低成本、低价位的温州打火机一直较难进入美国市场。经过 1994 年打火机危机后，温州的打火机厂商在技术研发、增强服务意识上有了更多的改进。

就在我国刚刚加入 WTO 不久，欧盟有关方面宣布将通过一项《产品安全条例》（简称 CR 法案）。该法案规定：凡是进口价格在 2 欧元以下的打火机，必须有防止儿童开启的安全保险装置。但具有安全装置的专利都已经被欧美发达国家垄断，留给中国企业的技术突破空间很小。这意味着温州生产的价格在 2 欧元以下、装有燃料的玩具型打火机将无法进入欧盟市场，这给我国的打火机出口制造了巨大的障碍。

当时世界公认的有防止儿童开启装置的打火机安全锁有 9 种，常用的有 5 种，这些技术已全部在国外获得专利。为减轻生产成本，方便企业产品顺利出口，当时温州市科技部门经过多方的技术标准采集，确定金属外壳打火机"防止儿童开启装置"开发项目，并向全国公开招标，标价为 30 万元。凡在境内注册，具有独立法人资格且具备承担招标项目相应研发能力的企事业单位，均可投标。在国内众多打火机企业止步于欧美技术壁垒前时，厦门一家打火机贸易企业与宁波的打火机制造公司一道通过自主创新，研制出了带 CR 装置的打火机，突破了欧美的技术壁垒。

一波未平一波又起，欧盟 2003 年底又宣布，CR 法案暂不生效，但从 2004 年开始，对进入欧盟市场的打火机、点火枪等危险品执行 ISO 9994—2002 标准，内容包括充气

---

① 温州打火机遭遇"豪华"陷阱 欧盟又出新 CR 法案[EB/OL].（2011-04-19）[2022-11-25]. http://wzszsh.wenzhou.gov.cn/art/2011/4/19/art_1229457173_22144.html.

测试、跌落测试、升温测试、内压测试、循环燃烧时间测试等十多项指标。此标准与 ISO 9994—1955 的最大区别在于，温度试验要求在 65℃烘烤箱内无异常（原标准为 55℃），火焰最高点控制在 12mm（原标准为 15mm）。这意味着打火机的耐温材料及控制技术需改进，产品成本要提高。温州市打火机企业多数已经按照 ISO 9994—2002 标准生产。

2006 年 2 月，欧盟新 CR 法案正式通过并生效。在新 CR 法案中，除了以 2 欧元为界限增加儿童安全锁的条款外，还增加了"豪华打火机"新条文：不适用 CR 标准的打火机，其使用寿命在 5 年以上，具备产品保证书，质保两年，打火机装置可以维修，保证非易损件在质保期过后发生损耗无法连续使用时，能得到更换和维修；销售 5 年寿命豪华打火机，必须在欧盟设立维修点。当然，欧盟新标准对提升整个打火机产业水平也有积极作用，逼迫中国企业必须不断加大技术投入，提高技术水平。

2. 新疆棉事件与社会责任壁垒

社会责任标准与劳工标准常常成为西方发达国家打压中国快速崛起的工具。新疆棉事件就是一个典型案例。

（1）新疆棉事件

棉花良好发展协会（Better Cotton Initiative，BCI）于 2020 年 10 月 21 日发表声明，宣称"中国新疆存在侵犯人权和强迫劳动的风险"，决定暂停在新疆发放 BCI 棉花许可证，并依据"强迫劳动"报告抹黑新疆棉花。BCI 成员企业被要求不使用具有"强迫劳动"的新疆棉作为原料。2021 年 3 月 24 日，瑞士服装品牌 H&M 集团发布拒绝使用新疆棉的声明。随后耐克、彪马、优衣库等各大品牌也纷纷遵循 BCI 倡议，声称拒绝使用新疆棉，并要求其合作供应商也不允许使用。这引起中国网友的不满，各路明星表态停止与这些品牌的代言合作，有些媒体甚至呼吁中国消费者抵制购买这些品牌的商品。据 2021 年 4 月 15 日的相关报道，BCI 官网下架"抵制新疆棉花"声明。

事实上，随着中国经济的发展和科技与法治化水平的不断提高，中国的生产方式和劳动条件得到了极大改善。新疆棉的大规模生产普遍使用机械化生产工具，靠人力手工采摘棉花的传统方式日益减少。新疆存在侵犯人权和强迫劳动的风险的声明是西方国家无底线污名化新疆、打压中国经济的一种手段。

（2）社会责任标准

社会责任标准（Social Accountability 8000，SA 8000）是由 11 个国家的 20 个大型商业机构、非政府组织、工会、人权及儿童组织、学术团体、会计师事务所及认证机构组成的社会责任国际组织（Social Accountability International，SAI）于 1997 年根据《国际劳工组织公约》《世界人权宣言》《联合国儿童权利公约》《联合国消除一切形式歧视妇女行为公约》的核心劳工权益制定而成，主要内容包括童工、强迫劳工、安全卫生、结社自由和集体谈判权、歧视、惩罚性措施、工作时间、工资报酬和管理体系等 9 个要素。SA 8000 标准是全球第一个可用于第三方认证的社会责任国际标准，旨在通过有道德的采购活动改善全球劳工的工作和发展条件，最终达到企业发展与全球劳工条件改善协调发展的目标。

以劳工标准为基础的 SA 8000 是技术壁垒的一个表现形式，它以加强社会责任管理为名，通过管理体系认证，把人权问题与贸易结合起来，最后达到改善全球劳工工作条件或贸易保护主义的目的。发达国家推行 SA 8000 类似标准已难以阻挡。自 SA 8000 诞生以来，SA 8000 在欧美等发达国家中已进入广泛认知时期。美国政府对 SA 8000 表示了极大的支持，并要求与美国签订合同的供应公司尽可能达到 SA 8000 的要求。

SA 8000 摆在我国出口厂商面前，企业社会责任已经越来越多地出现在许多跨国公司订单的附加条件中。据 SAI 网站数据统计，1998—2020 年共发放 48 423 份证书，其中后 10 年发放 36 968 份，占 76.3%。2021 年前三季度，新发证书 681 份，再审证书 432 份，涉及 55 个国家、57 个行业的 4 760 家工厂，83%以上是 500 人以下的工厂。按照国家分布统计，在截至 2021 年一季度的有效 4 729 份证书中，获证最多的国家分别是意大利（2 080 份）、印度（1 239 份）、中国（788 份）、越南（139 份），按行业分主要有制造业中的纺织、服装、皮革、鞋类（1 458 份），基础设施建设（365 份），其他服务（210 份），景区建设和服务（202 份），房地产（160 份）。

对于出口企业而言，实施社会责任标准认证，增加认证和改善条件的成本，可以提高一个企业对现存的和潜在的劳动者的吸引力，提高企业的社会声誉和公信力，但更重要的是影响出口企业的竞争战略，成本战略受到严峻挑战。企业、社会和人的共同协调发展是企业核心竞争力的重要源泉。

（3）社会责任的国际标准与中国标准

2010 年 11 月 1 日，国际标准化组织发布了《社会责任指南》（ISO 26000），规定了 7 项核心原则：担责、透明、良好道德行为、尊重利益相关方的关切、尊重法治、尊重国际行为规范、尊重人权。

2014 年 6 月 17 日，由中国企业评价协会联合清华大学社会科学学院创新起草的《中国企业社会责任评价准则》发布。该评价准则包含法律道德等 10 个一级评价指标、遵守法律法规等 63 个二级和三级评价指标。2015 年，中国国家质量技术监督总局、国家标准化管理委员会正式批准发布了以 "36000" 数字为系列的三项国家标准，即《社会责任指南》（GB/T 36000—2015）、《社会责任报告编写指南》（GB/T 36001—2015）和《社会责任绩效分类指引》（GB/T 36002—2015）。近年来，随着中国经济的飞速发展，企业越来越认识到企业社会责任的重要性，越来越多的企业发布企业社会责任报告。

3. 关于 TBT 技术壁垒的量化实证研究

关于技术壁垒的研究主要是技术壁垒对一国经济贸易的影响，由于技术壁垒量化的难度较大，实证研究相对较少。借鉴博拉等（Bora，2002）非关税壁垒量化的研究，目前常用的技术壁垒量化指标主要有以下 2 个。

（1）技术壁垒影响的金额覆盖率

技术壁垒影响的金额覆盖率（coverage ratio）的计算公式为

$$CR_j = \frac{\sum_i D_i V_i}{\sum_i V_i}$$

式中，i——j 大类产品中受技术壁垒影响的产品；

D_i——哑变量，如果 i 类产品受到技术壁垒的影响，则为 1，否则为 0；

V_i——i 类产品的中国进口总额。

（2）技术壁垒影响的品种覆盖率

技术壁垒影响的品种覆盖率（frequency index）的计算公式为

$$FI_j = \frac{\sum_i D_i M_i}{\sum_i M_i}$$

式中，i——j 大类产品中受技术壁垒影响的产品；

D_i——哑变量，如果 i 类产品受到技术壁垒的影响，则为 1，否则为 0；

M_i——i 产品进口哑变量，有进口为 1，无进口为 0。

鲍和邱（Bao and Qiu，2012）用 1998—2006 年的中国数据研究了技术壁垒是促进贸易还是阻碍贸易。研究发现，用品种覆盖率指标，技术壁垒降低进口 0.8%，用金额覆盖率指标，则没有显著的负影响。如果聚焦于 1998—2001 年的数据，则技术壁垒会促进贸易，1 单位技术壁垒将提高 0.2% 的进口额。研究得出，中国技术壁垒对农产品起阻碍作用，但是对制造业产品具有促进效果。

他们实证研究的回归模型是基于常用引力模型的改进，具有借鉴意义，其模型为

$$\log IM_{jt}^k = a_0 + a_1 \log GDP_t + a_2 \log GDP_{jt} + a_3 \log Dist_j + a_4 Contig_j$$
$$+ a_5 Comlang_j + a_6 \log Tariff_t^k + a_7 TBT_t^k + a_8 L_t^k + a_9 Q_t^k + \varepsilon$$

式中，IM_{jt}^k——中国 t 年从 j 国进口 k 产品的进口值；

GDP_t——中国在 t 年的 GDP；

GDP_{jt}——j 国在 t 年的 GDP；

$Dist_j$——中国与 j 国的地理距离；

$Contig_j$——中国与 j 国是不是邻国的哑变量；

$Comlang_j$——中国与 j 国石油有共同语言的哑变量；

$Tariff_t^k$——中国对 k 产品 t 年的平均优惠关税；

TBT_t^k——t 年 k 产品的技术壁垒影响的金额覆盖率或品种覆盖率；

L_t^k——中国 t 年 k 产品进口许可措施的金额覆盖率或品种覆盖率；

Q_t^k——中国 t 年 k 产品进口配额措施的金额覆盖率或品种覆盖率。

本 章 小 结

1. 技术是把投入转化为产出的具体生产流程以及实施这种转化的知识和技能的总和。技术进步就是投入产出比的提高。技术创新是技术进步的源泉。技术进步决定了贸易国家的竞争地位。贸易技术壁垒的兴起与现代科学技术的发展密切相关，是倾向贸易保护主义的国家采取贸易保护的手段。

2. 技术壁垒是指进口国家针对有关产品或消费品的某些特性所制定的技术标准、技术法规以及合格评定程序而形成的一种贸易障碍。它是一国以维护国家安全、保障人类健康、保护生态环境、防止欺诈行为、保障产品质量等为由采取的一些技术性措施。技术壁垒的主要类型有技术标准、技术法规、合格评定程序。

3. 技术标准是指经公认机构批准供通用或重复使用的、非强制执行的关于产品特性

或相关工艺和生产方法的规则或指南。技术法规是指强制执行的有关产品特性或相关工艺和生产方法的规定。合格评定程序是指任何直接或间接用以确定产品是否满足技术法规或标准要求的程序和规定，主要包括抽样，检验，评估、验证和合格保证，注册、认可和批准以及上述各项程序的组合。

4. TBT 协议的一般原则有必要性原则，最少贸易限制原则，非歧视原则，统一协调、等效和相互承认原则，透明度原则，发展中国家差别待遇原则。

5. 为确保成员方制定、采用和实施技术法规或合格评定程序具有透明度，成员应该设立技术性贸易壁垒咨询点。WTO 设立技术性贸易壁垒委员会，负责管理 TBT 协议的执行。WTO 争端解决规则适用于技术性贸易壁垒的争端解决。争端解决专家组可自行或应当事方的请求，设立技术专家小组，就技术性问题提供协助。

6. 检疫一般是指根据国家法律法规对有关生物及其产品和其他相关物品实施科学检验鉴定与处理，以防止有害生物在国内蔓延和国际传播的一项强制性行政措施。它是一种特殊的技术性保护措施。SPS 协议要求各国的检疫措施应遵守对贸易的影响最小化原则、一致性原则、可行性原则、例外原则、透明度原则，使进口成员公正、客观、科学地实施动植物卫生检疫措施，以解决出口成员进入市场的权利和进口成员维持特定的健康和安全标准的权利之间的冲突，实现对贸易的影响降到最低限度。

7. 进口成员的技术标准和法规要求的水平与进口成员的进口数量呈反比例关系，而出口成员的技术标准和法规要求的水平与进口成员的进口数量呈正比例关系。技术壁垒具有数量控制和价格控制作用。技术壁垒对我国产业的影响具有两面性。技术壁垒对出口产业而言具有技术进步和产业升级效果。

8. 温州打火机突破 CR 法案案例说明，技术壁垒具有限制贸易的作用，但是也能促进出口企业的技术进步和技术创新。SA 8000 是一种新的技术壁垒，同样具有积极的一面。技术壁垒的不断出现是对出口企业一味追求成本优势的一种反映。新疆棉事件说明，社会责任标准常常是西方发达国家阻挡发展中国家追赶的工具。

思 考 题

1. 技术进步对国家的对外贸易有何影响？
2. 简述技术壁垒的概念、类型、特点和形成原因。
3. TBT 协议的意义和一般原则是什么？
4. 实施 SPS 协议的意义有哪些？
5. 论述技术壁垒对贸易和产业发展影响的两面性。
6. 上网搜索关于技术性措施的最新信息，并分析其影响。
7. 为什么社会责任标准会成为发达国家打压中国的工具？

第 10 章　知识产权保护与贸易壁垒

📖 **本章要点**

在知识经济时代，知识产权在国际贸易中的地位日益突出，知识产权保护已成为当今世界开放经济中贸易协定的重要组成部分。盗版和冒牌货交易造成国际贸易领域内的不公平竞争，而各国采取不同的知识产权保护措施又可能形成新的非关税壁垒，从而引发贸易争端，因此，知识产权保护问题也越来越受到关注。本章 10.1 节简要介绍知识产权的概念、特征、保护原理；10.2 节重点介绍 TRIPS 协议中确定的保护知识产权的原则以及该协议的主要内容等；10.3 节介绍典型区域贸易协定的知识产权保护和我国的知识产权保护；10.4 节简要介绍美国 337 条款与中国案例，以及关于知识产权保护的经济效应研究。

10.1　知识产权概述

10.1.1　知识产权的概念

知识产权（intellectual property）是对智力成果的创造者或者工商标记的所有人依法享有的权利的统称。在我国台湾地区，知识产权被称为智慧财产权。

根据世界知识产权组织（World Intellectual Property Organization，WIPO）公约第 2 条的规定，知识产权包括下列各项有关权利：①文学、艺术和科学作品；②表演艺术家的表演以及唱片和广播节目；③人类一切活动领域的发明；④科学发现；⑤工业品外观设计；⑥商标、服务标记以及商业名称和标志；⑦制止不正当竞争；⑧在工业、科学、文学或艺术领域内由于智力创造活动而产生的一切其他权利。

按照 TRIPS 协议的规定，知识产权包括著作权和相关权利、商标、地理标志、工业品外观设计、集成电路布图设计（拓扑图），以及未披露信息，这是广义的知识产权的概念。狭义的知识产权仅包括专利权、商标权和著作权，其中传统上的专利权和商标权又被合称为工业产权。

10.1.2　知识产权的特征

1. 无形性

知识产权的客体是智力创造性成果，它不具有物质形态，不占据一定的空间，可以同时为多个主体所使用，在一定条件下也不会因多个主体的使用而使该项知识财产自身遭受损耗或者灭失，这就是知识产权的无形性。这个特点将知识产权与有形财产相区别。无形性说明知识产权保护的不是某一个物体本身，而是蕴含在其中的思想创作。

2. 某些知识产权具有财产权和人身权的双重性

某些知识产权如著作权，其财产权属性主要体现在所有人享有的独占权或者排他权以及许可他人使用而获得报酬的权利，其所有人可以通过自己独家实施获得收益，也可以通过有偿许可他人实施获得收益，还可以像有形财产那样进行买卖或抵押；其人身权属性主要是署名权等。当然，也有的知识产权具有单一的属性。例如，发现权只具有名誉权属性，不具有财产权属性；商业秘密只具有财产权属性，不具有人身权属性。专利权、商标权主要体现为财产权，其人身权的属性是什么就颇有争议。

3. 专有性

由于智力成果具有可以同时被多个主体所使用的特点，因此，大多数的知识产权是法律授予的一种独占权，具有排他性，未经其权利人许可，任何单位或个人不得使用，否则就构成侵权，应承担相应的法律责任。

4. 地域性

知识产权具有严格的地域性特点，即各国主管机关依照其本国法律授予的知识产权，只能在其本国领域内受法律保护。例如，国家知识产权局授予的专利权或核准的商标专用权，只能在中国领域内受保护，在其他国家则不予保护。外国人在我国领域外使用国家知识产权局授权的发明专利，不侵犯我国专利权，所以，我国公民、法人完成的发明创造要想在外国受保护，必须在外国申请专利，这是《保护工业产权巴黎公约》（简称《巴黎公约》）规定的原则之一。著作权虽然自动产生，但它也受地域限制，我国法律对外国人的作品并不是都给予保护，只是因为我国加入了《保护文学和艺术作品伯尔尼公约》（简称《伯尔尼公约》）和《世界版权公约》等国际公约，履行这两个国际公约规定的义务，保护这些公约成员国的国民作品；公约的其他成员国也按照公约规定，对我国公民和法人的作品给予保护。还有按照两国的双边协定，相互给予对方国民的作品保护。

5. 时间性

知识产权都有法定的保护期限，一旦保护期限届满，权利即自行终止，成为社会公众可以自由使用的知识。至于期限的长短，依各国的法律而定。例如，我国发明专利的保护期为 20 年，实用新型专利权和外观设计专利权的期限为 10 年，均自专利申请之日起计算；我国公民的作品著作权的保护期为作者终生及其死亡后 50 年。这两个权利期限届满后，该发明和作品即成为公有领域财产。我国商标权的保护期限自核准注册之日起 10 年，但可以在期限届满前 6 个月内申请续展注册，每次续展注册的有效期为 10 年，续展的次数不限。由此可见，商标权的期限有其特殊性，商标权人可以根据需要无限地续展权利期限，如果逾期不办理续展注册，其商标权也将终止。商业秘密受法律保护的期限是不确定的，该秘密一旦为公众所知悉，即成为公众可以自由使用的知识。

10.1.3　知识产权保护原理

保护知识产权有利于调动人们从事科技研究和文艺创作的积极性；能够为知识产权

人和企业带来巨大的经济效益，增强经济实力；有利于促进对外贸易，引进外商和外资投资；能够增加世界福利。但是知识产权保护并不是越严格越好，专利保护期限太长将长期形成垄断，也会不利于世界的科技创新与福利的提高。

1. 知识产权保护与创新

有很多经济学家研究了知识产权与创新发展的关系。知识产权保护允许成功的创新者独享基于他们创新产生的消费者剩余，这既是他们创新成果的回报，又为他们进一步投入研发提供了动力，因此，知识产权保护是促进创新发展的好制度。但是，过度的知识产权保护会阻碍新知识的扩散，给予发明者过多的知识产权保护会限制新思想的传播，导致永久的垄断，竞争者被阻止进入，成功的创新者会减少进一步发展和开拓技术的动力。因此，较强的知识产权保护也有社会成本，包括寻租行为、R&D（research and development，研究与开发）投资上的重复浪费、执行保护的司法成本等。知识产权保护的水平决定了创新的收益与成本，当成本超过收益时，这时的保护水平是低效率的。

知识产权保护促进创新，对于创新要素丰裕的发达国家而言没有争议，但是对于发展中国家的创新作用又如何？Chen 和 Puttitanun[①]的研究显示，较强的知识产权保护对发展中国家的创新有积极的作用，它通过减少创新成果被模仿复制的风险，使进口部门竞争减少，收益升高，从而鼓励当地企业创新。理论模型认为，一国的国内创新增长与它的知识产权保护水平和经济发展水平有关，而且一国的知识产权保护水平会使经济先增后降。他们运用 64 个发展中国家 1997—2000 年的面板数据进行了实证检验。知识产权用 GPI（Ginarte Park index，吉纳特-帕克指数）衡量，而创新用发展中国家在美国的专利数衡量，实证结果也证实了知识产权和一国发展水平之间的 V 形曲线关系。较强的知识产权保护水平会促进创新，考虑到知识产权和经济发展水平间的相互关系，在经济发展水平高的国家，知识产权保护对创新的促进作用较强。但是，过度的知识产权保护形成过强的垄断，不利于科技传播和创新发展。

2. 知识产权保护与全球福利

一国的知识产权保护有利于该国的创新与经济发展，但是可能有损于全球的福利。假如知识产权制度是由一个全球的权力机构设定和执行的，其保护强度应该基于全球福利考虑。但是，知识产权是由国家政府授予的，只在该国的司法管辖范围内有效。因此，一个国家的知识产权制度主要考虑满足该国最大的利益，不同国家对于社会福利和创新之间的权衡结果也是不同的。因此，拥有较多创新要素的发达国家，倾向选择较强的知识产权保护，目的是促进创新的活动。但是，大多数发展中国家会选择较弱的知识产权保护。贸易协定的知识产权保护需要兼顾所有成员的发展水平。以影响到全人类命运的食品、药品为例，相关产品的严格知识产权保护不利于低收入国家人民的生存与发展。例如，面对全球性的新冠疫情，新冠疫苗的专利保护显然破坏了疫苗的公共产品属性，难以形成全球大规模的推广。

① CHEN Y, PUTTITANUN T, 2005. Intellectual Property Rights and Innovation in Developing Countries[J]. Journal of Development Economics, 78: 474-493.

10.2　《与贸易有关的知识产权协议》

10.2.1　《与贸易有关的知识产权协议》的目标与原则

TRIPS 协议于 1995 年随 WTO 的成立而生效，2017 年有修改。TRIPS 协议包括 7 个部分：第一部分规定了总则和基本原则；第二部分规定了关于知识产权的可获得性、范围和使用的最低标准；第三部分对知识产权执法作了规定；第四部分规定了权利的获得和维持；第五、六、七部分是关于争端的防止和解决、过渡条款、机构安排、最终条款、附件和附录。

1. TRIPS 协议的目标

TRIPS 协议的序言部分明确了缔结该协议的目标是减少对国际贸易的扭曲和阻碍，促进对知识产权在国际范围更充分有效的保护，确保知识产权的实施及程序不会对合法贸易构成壁垒。

2. TRIPS 协议的原则

（1）国民待遇原则

国民待遇原则首先在《巴黎公约》中被提出，在 TRIPS 协议第 3 条（国民待遇）中被再次强调，即所有成员在知识产权保护方面，给予其他成员的国民待遇不应低于（not less favorable）它给予其本国国民的待遇。

根据 TRIPS 协议的规定，凡是符合《巴黎公约》、《伯尔尼公约》、《罗马公约》和《关于集成电路知识产权的华盛顿条约》（简称《华盛顿条约》）所列明的保护标准项下的自然人或者法人，是以上 4 个公约的成员的国民或 WTO 的成员国民，就应该享受 TRIPS 协议的国民待遇。可见，TRIPS 协议使得知识产权保护的国民待遇扩大到了 WTO 160 多个成员的范围，大大地拓展了知识产权的保护范围。但是 TRIPS 协议同时也规定了国民待遇原则适用的限制条件，即上述 4 个公约中已经有规定例外的除外。例如，《巴黎公约》第 2 条第 3 款规定，"本联盟各成员法律……规定，凡属工业产权法律所要求的，特别声明保留的，不适用国民待遇"，这一条对于国民待遇原则的限制同样在 TRIPS 协议中有效。

（2）最惠国待遇原则

最惠国待遇原则是在 TRIPS 协议中首次把国际贸易中对有形商品的贸易原则延伸到知识产权保护领域，对知识产权的国际保护产生了深远的影响。这条原则来源于《1994 关贸总协定》第 1 条关于最惠国待遇原则，列于 TRIPS 协议第 4 条，即在知识产权保护方面，由一成员方授予任何一个其他成员方国民的任何利益、优惠或豁免均应无条件地授予所有成员方国民。

WTO 把最惠国待遇视为国际经贸关系的重要基石，而在过去的知识产权领域的国际公约中，几乎没有一个知识产权方面的国际公约指定了最惠国待遇条款。因此，WTO 的 TRIPS 协议要求在其管辖的知识产权范围内，在以往的国际公约已有的国民待遇的基础上，将重要的最惠国待遇原则纳入知识产权保护之中，这是知识产权领域国际保护的重大变化，为 WTO 成员之间实行非歧视贸易提供了重要的法律基础。

（3）透明度原则

透明度原则是在 TRIPS 协议第 63 条（争端的防止和解决：透明度）中规定的原则，即任何成员实施的有关知识产权的法律法规或者有法律效力的判例都应公开，使所有成员和权利所有人知晓，其目的是防止成员方之间出现歧视性行为，便于各方对相互保护知识产权的措施尽可能多地了解，以便加强保护。

（4）对权利合理限制原则

知识产权如同其他权利一样，是相对的，不是绝对的，应该有合理的、适当的限制。TRIPS 协议第 8 条（原则）第 2 款提出"可采取适当措施防止权利持有人滥用知识产权或采取不合理的限制贸易或对国际技术转让造成不利影响的做法"的权利限制原则。在 TRIPS 协议第 13 条（限制和例外）、第 16 条（商标：授予的权利）第 1 款、第 17 条（商标：例外）、第 26 条（工业设计：保护）第 2 款、第 30 条（授予权利的例外）中提出对版权、商标权、工业品外观设计权和发明专利权给予一定的权利限制的前提条件：一是要保证第三方的合法利益，二是不能影响合理利用，三是不能损害权利所有人的合法利益。

（5）争端解决原则

争端解决原则即确认运用于解决知识产权争端的原则，这是在 TRIPS 协议第 64 条（争端解决）中规定的。TRIPS 协议直接引入解决贸易争端的规范程序，用以解决知识产权争端，即可以利用贸易手段，甚至交叉报复手段确保知识产权保护得以实现。

10.2.2 《与贸易有关的知识产权协议》的主要内容

在 TRIPS 协议的第二部分（包括第 9~40 条的内容）规定了知识产权的效力、范围和使用的标准。

1. 著作权与邻接权的保护

著作权，又称版权，是基于文学、艺术和科学作品依法产生的权利。在各国的著作权法中，著作权的含义有狭义和广义之分。狭义的著作权仅仅指各类作品的作者享有的权利，包括人身权和财产权两方面。著作权中的人身权也称精神权利，主要是指作者通过创作表现其个人某种思想感情、个性特点的作品，从而获得名誉、人格等人身利益方面的权利。人身权的内容有 4 部分，即发表权、署名权、修改权和保护作品完整权。著作权中的财产权是著作权人因他人使用其作品而获得金钱等物质报酬的权利，按照《伯尔尼公约》的规定，财产权包括翻译权、复制权、表演权、广播权、改编权、摄制权等。TRIPS 协议还增加了一项出租权。广义的著作权还包括邻接权（neighboring rights），即艺术表演者、录音录像制品的制作者和广播电视节目的制作者依法所享有的权利。TRIPS 协议中所指"著作权"是一切经济权利（财产权和邻接权），而排除了作者发表权、修改权、保护作品完整权等精神权利（人身权）。TRIPS 协议将本包括在《伯尔尼公约》中的精神权利排除的原因主要是精神权利不属于协议所规定的与贸易有关的知识产权范围，而且一些发达国家因为本国国内著作权法中没有规定作者的精神权利而加以阻挠。

著作权的保护采用自动保护的原则，即作品一经产生，就产生著作权，无须申请产生。在著作权的国际保护中，作者享有国民待遇，无须经过任何手续，也不需要依赖其在本国受到的保护就可以要求得到保护。

根据 TRIPS 协议第 9 条（与《伯尔尼公约》的关系）第 2 款的规定，著作权保护的对象是在文学、科学、艺术领域中具有独创性的思想表达，而不包括构思、程序、操作方法或者数学概念本身。与《伯尔尼公约》相比，TRIPS 协议还将保护对象的范围扩大到了计算机程序和汇编语言。

TRIPS 协议第 12 条（保护期限）对《伯尔尼公约》作出了补充规定。最低的保护期限标准是，对于一般作品的保护期不少于作者有生之年加上死后 50 年，摄影作品及实用艺术作品在《伯尔尼公约》成员中受到保护，成员可自行立法确定保护期限，但不得少于自作品完成之后的 25 年。按 TRIPS 协议的规定，除摄影作品或者实用艺术作品外，如果作品的保护期限不是以自然人的一生作为计算的基础，则该期限从授权出版的那一年的 12 月 31 日起计算，不得少于 50 年，或者，如果自作品完成起 50 年没有授权出版，则自作品完成之年起计算 50 年。对于邻接权的保护期限，TRIPS 协议在第 14 条（对表演者、录音制品或唱片制作者、广播组织的保护）中规定，唱片表演者和制作者的保护期从录制或节目表演当年 12 月 31 日起开始计算，不得少于 50 年；对广播组织的保护是自广播开始那一年 12 月 31 日起至少 20 年。

2. 商标的保护

商标是自然人、法人和其他组织在其生产、制造、加工、拣选或者经销的商品上或者服务的提供者在其提供的服务上采用的，区别商品或者服务来源的，由文字、图形、字母、数字、三维标志和颜色组合以及上述要素的组合构成的，具有显著特征的标志。简单地说，商标就是识别商品或服务的标记。与《巴黎公约》相比，TRIPS 协议除了要求各成员遵守《巴黎公约》有关商标权保护的最低标准之外，还提出了普遍有效的商标的法律定义。TRIPS 协议第 15 条规定，任何标志或标志的组合，只要它能将某一企业的商品或服务与其他企业的商品或服务区别开，就构成一个商标。所以，TRIPS 协议中所指的商标不但包括商品商标，还包括服务商标。

保护商标主要有两个目的：一是通过鼓励消费者信任名牌来帮助商标所有人促销其产品；二是使消费者在几种可能中作出选择，借以鼓励商标所有人维护或改善产品质量。

TRIPS 协议第 16 条规定，商标所有权人应当享有独占权，以防止第三方未经其授权在相同或者相似的商品或服务的交易过程中使用相同或相似的已获商标注册的标记并使公众造成混淆。在商业活动中，由于驰名商标信誉好，市场广阔，被侵权的可能性也更大，所以 TRIPS 协议在《巴黎公约》的基础上进一步加强了对驰名商标的保护。首先，TRIPS 协议确立了认定商标是否驰名的原则，即在确定一个商标是否驰名时，成员方应考虑该商标在相关行业中的知名度。其次，TRIPS 协议将驰名商标保护扩大到了不同或类似的商品或服务，只要这类商品或服务上的商标与驰名商标相比容易引起混淆，损害了驰名商标人的利益，就应禁止注册与使用。

按照 TRIPS 协议的规定，注册商标保护期应不少于 7 年，而续展次数是没有限制的。

这与著作权和专利权的保护期限不一样。著作权和专利权的保护期有一定的具体期限，超过了这个期限，就不再享有保护，作品和专利就进入公共领域，任何人都可以无偿使用而不会构成侵权。关于商标的使用，TRIPS 协议还规定，如果是以使用的方式来维持商标注册，那么在连续 3 年不使用商标的情况下，可以注销，但是如果商标的所有权人有正当理由说明其不使用是合理的，则不可注销。正当理由一般包括不可抗力、政府禁令、政府性的其他要求等。

3. 专利的保护

专利一般是专利权的简称，专利权是指国家专利机构依法授予专利申请人在法定期限内对其发明创造享有的独占权。世界各国共同认定的专利的种类主要是发明和外观设计。《中华人民共和国专利法》规定，专利的种类是发明、实用新型和外观设计。TRIPS 协议第 27 条（可授予专利的客体）规定，专利可授予所有技术领域的任何发明，无论是产品还是方法，并提出了对于可以授予专利的客体的"三性"要求，即新颖性、创造性和实用性。所谓新颖性，按照《中华人民共和国专利法》，是指该发明或者实用新型不属于现有技术，也没有任何单位或者个人就同样的发明或者实用新型在申请日以前向国家专利行政部门提出过申请，并记载在申请日以后公布的专利申请文件或者公告的专利文件中。实践中，各国对于发明都有新颖性的要求，只不过衡量的标准有的较为严格，有的较为宽松。基于这样的立法差异，TRIPS 协议在新颖性方面没有作强制性的规定，不同的成员可以以本国法律为准，选择自己的衡量标准。这是出于尊重各国立法和尽量不给每一成员在 WTO 内部实施知识产权保护带来太大的困难而采取的维持现状的处理方式。对于创造性的规定，各国有所不同，《中华人民共和国专利法》规定，创造性是指与现有技术相比，该发明具有突出的实质性特点和显著的进步，该实用新型具有实质性特点和进步。TRIPS 协议认为创造性就是"包含发明性步骤"，等同于"非显而易见性"。对于实用性，《中华人民共和国专利法》规定，实用性是指该发明或者实用新型能够制造或者使用，并且能够产生积极效果。TRIPS 协议用的表达是"可付诸工业应用"（capable of industrial application），并认为其与"应用性"（useful）是同义词。

TRIPS 协议也规定各成员在特定情况下可以拒绝授予某项发明专利权。特定情况如下。

1）为保护公共秩序或道德，包括保护人类、动物或植物的生命和健康或避免对环境造成严重损害所必需的。

2）人类或动物的诊断、治疗和外科手术方法。

3）除微生物外的动物和植物以及生产动植物的主要的生物生产方法，非生物和微生物的生产方法除外。

关于专利权的范围，TRIPS 协议规定，若一项专利的标的是一种产品，第三方只有在获得专利权人同意的情况下才能制作、销售或进口。如果一套工艺获得专利，第三方在没有得到专利权人同意时不得使用该工艺。没有得到同意，第三方同样不能销售或进口直接由该项工艺生产的产品，即 TRIPS 协议授予专利权人的权利包括制造权、使用权、销售及进口权。专利权人对其专利享有独占权，但不能因此而控制这类专利的技术信息。TRIPS 协议第 29 条（专利申请人的条件）规定，各成员方应要求专利申请人以足够清晰和完整的方式披露其发明，使该专业的技术人员能够实施该发明。做此规定是为了使同一领域的技术人员能够据此作进一步的科研工作。

专利保护的有效期应不少于自提交申请之日起的第 20 年年终。

4. 地理标志的保护

TRIPS 协议在协调国际统一保护地理标志方面迈出了重要的一步。按照 TRIPS 协议第 22 条（地理标志的保护）的规定，地理标志是指一种标志，用于标示商品来源于某成员地域内，或来源于该地域中的某地区或某个地方，该商品的特定质量、信誉或其他特征，主要与该地理来源相关联。例如，中国的知名地理标志有金华火腿、涪陵榨菜、绍兴黄酒、西湖龙井、贵州茅台等，外国的知名地理标志有波尔多（产于法国波尔多地区的葡萄酒）、哈瓦那（种植在古巴哈瓦那地区的烟草）等。

地理标志是一种特殊种类的商业标志，基本特征有 3 点：①标明了商品或服务的真实来源（即原产地的地理位置）；②该商品或服务具有独特品质、声誉或其他特点；③该品质或特点本质上可归因于其特殊的地理来源。地理标志和商标的区别在于并不是由其所属的某个经营者独家享有专用权，而是由某一地区内经营者的代表机构进行注册和管理，凡是该地域内的经营者都可以使用。所有人和使用人的分离是地理标志特殊性决定的一种使用管理形式。地理标志表明，产品的来源地是决定其特殊品质的某一特定产地或产区。产品的品质和声誉源于该产地，这一点是十分重要的。鉴于这些产品品质取决于地理生产地，因而在此种产品及其原产地之间就存在着一种特殊的联系。

由于地理标志与产品的质量、信誉和其他的性能有本质上的联系，因此，滥用足以使人产生误解的手法就形成对地理标志的侵权。故 TRIPS 协议要求 WTO 成员应提供相应的法律措施以使利害关系人阻止下列行为：明示或暗示有关商品来源于并非真正来源地，并使公众对商品的来源误认或构成不正当竞争的行为。也就是说，保护地理标志主要是为了反对假冒和不正当竞争行为。

对于地理标志侵权行为的救济方式主要有两种：一是依照利益方的请求，对具有地理标志侵权行为的商标拒绝注册申请，对已经注册的，撤销其注册；二是由成员方主动对具有地理标志侵权行为的商标进行处理。

在各类商品中，酒类商品的品质和声誉往往与产地有重要的关系。为了打击假冒行为，TRIPS 协议还对白酒和葡萄酒的地理标志提供了更为严格的地理标志保护标准。它要求 WTO 成员提供相应的法律措施使利害关系人阻止地理标志的误用，即使该地理标志没有暗含该葡萄酒和白酒并非真正来源地。换言之，对葡萄酒和白酒来说，虽然公众没有被某地理标志欺诈或误导，但是如果葡萄酒或白酒不是来源于该地理标志所标示的地方，同样不可以使用该地理标志。例如，如果在包装上注明"具有干邑风味的白兰地"也会导致消费者联想到真正的法国干邑白兰地，有可能侵犯法国干邑地区白兰地生产商的合法利益，因此也是被禁止的。

5. 工业品外观设计的保护

工业品外观设计在《巴黎公约》中也是被保护的对象之一，但是《巴黎公约》并没有对其保护提出实质性的规定。TRIPS 协议第 25 条（工业设计：保护的要求）规定，

WTO 成员应对工业品外观设计提供保护，而想获得保护的工业品外观设计应具有新颖性和原创性，是独立创作的设计，与已知的外观设计有重大区别。这是授予工业品外观设计保护的前提条件。TRIPS 协议还强调了对纺织品设计的保护，允许成员方自行选用外观设计或者著作权来保护纺织品设计，不得提出不合理的要求来妨碍这种保护的取得。

对工业品外观设计的保护就是禁止他人在没有得到外观设计所有权人同意的情况下，为生产经营的目的制造、销售或进口该外观设计的产品，或体现了该外观设计精神的产品。

TRIPS 协议规定工业品外观设计的保护期不少于 10 年，这是对工业品外观设计的最起码的保护要求。这项规定并不排斥一些国家对外观设计规定更长的保护期。

6. 集成电路布图设计（拓扑图）的保护

按照我国于 2001 年 10 月 1 日起正式实施的《集成电路布图设计保护条例》的规定，集成电路，是指半导体集成电路，即以半导体材料为基片，将至少有一个是有源元件的两个以上元件和部分或者全部互连线路集成在基片之中或者基片之上，以执行某种电子功能的中间产品或者最终产品；集成电路布图设计（以下简称"布图设计"），是指集成电路中至少有一个是有源元件的两个以上元件和部分或者全部互连线路的三维配置，或者为制造集成电路而准备的上述三维配置。受保护的布图设计应当具有独创性，即该布图设计是创作者自己的智力劳动成果，并且在其创作时，该布图设计在布图设计创作者和集成电路制造者中不是公认的常规设计。受保护的由常规设计组成的布图设计，其组合作为整体同样应当具有独创性。

1989 年，世界知识产权组织主持通过了《华盛顿条约》，TRIPS 协议承认了其中大部分实体性条款的效力，并做了一些补充。根据 TRIPS 协议第 36 条（集成电路布图设计：保护范围）的规定，以下未经权利所有者同意而进行的行为是非法行为：①为了商业目的而进口、出售或发行受到保护的布图设计；②为了商业目的而进口、出售或发行受到保护的布图设计的集成电路；③为了商业目的而进口、出售或发行包括非法复制的布图设计集成电路的产品。

对于集成电路布图设计（拓扑图）的保护期限，TRIPS 协议的规定是：①如果成员方要求以注册作为提供保护的条件，对布图设计的保护期限不得短于自注册申请日起或者自在世界上任何地方进行首次商业性使用之日起的 10 年；②如果成员方不要求将注册作为提供保护的条件，对布图设计的保护期限不得短于自在世界上任何地方进行首次商业性使用之日起的 10 年；③尽管有上述保护，成员仍然可以规定保护期为创作完成布图设计之后的 15 年。

7. 未公开信息的保护

TRIPS 协议有关未公开信息（undisclosed information）的条款是第一次用国际公法的形式明确要求对未公开信息进行保护的条款。鉴于很多国家并没有商业秘密保护的专门法律法规，TRIPS 协议也就没有对未公开信息作出实体性的规定，而只是确立了未公开信息的概念以及合法持有者的基本权利。按照规定，未公开信息是指具有商业价值的秘密，并且信息的合法持有者采取了合理的步骤保持其秘密的性质。成员方必须阻止他人未经权利人同意，以违反诚实商业做法的方式取得和使用权利人的未公开信息。

TRIPS 协议还规定，未公开信息还包括未披露的实验数据。如果成员方要求提交通过巨大努力获得的未披露过的实验数据或其他数据，作为批准销售使用新化学成分的医药用或农用化工产品上市的条件，则应保护该数据，以防止不正当的商业使用。

10.2.3　《与贸易有关的知识产权协议》的实施和执行

TRIPS 协议对知识产权的实施作出了具体的规定，包括 5 部分内容：一般义务、民事与行政程序及救济、临时措施、有关边境措施和刑事措施。

1. 一般义务

按照 TRIPS 协议的规定，各成员方应当努力做到：①执法程序应当能够有效制止侵犯知识产权行为，应当避免对合法贸易造成障碍，防止知识产权的滥用；②执法程序应公平、公正，不应过于复杂和费用过高，也不应当规定不合理的期限或导致不必要的拖延；③处理案件的决定最好采用书面形式，说明理由，作出决定只能依证据，并为当事人提供为这些证据提供陈述意见的机会；④当事人对行政决定有进行司法复审的机会；⑤不要求为知识产权执法建立一种与一般执法不同的司法制度。中国的知识产权司法保护机制应当符合上述规定的义务。

2. 民事与行政程序及救济

TRIPS 协议第 42 条规定各成员应当对知识产权持有人提供有关实施本协议涵盖的任何知识产权的民事司法程序，即对该协议所保护的任何知识产权均应当提供民事司法程序以及司法机关给予的民事救济。TRIPS 协议并不排除成员就知识产权的执法适用行政程序和刑事程序，但成员对是否采用行政程序和刑事程序有选择权。对于行政程序，TRIPS 协议第 49 条规定，如果由于行政程序对案件是非曲直的裁决而导致责令进行任何民事救济，则此类程序应符合与本节所列原则实质相当的原则，即行政程序对知识产权所进行的民事救济应当与民事程序所进行的救济适用同样的原则。并且，TRIPS 协议第 41 条第 4 项规定，诉讼当事方应有机会要求司法机关对最终行政裁定进行审查。这是世界各国对司法中立地位普遍信赖的必然结果，也是由于 TRIPS 协议承认知识产权属私权，理当优先适用民事手段进行保护。可以看出，民事程序及其救济处于知识产权保护的核心地位，其对于知识产权实施的重要性不言而喻。

3. 临时措施

诉前停止侵权行为的措施，在英美法系和大陆法系中被称为"临时性禁令"，TRIPS 协议第 50 条称为"临时措施"。虽然名称不同，但都属于对知识产权保护的执法措施。临时措施指司法当局有权下令立即停止侵权行为的财产与证据保全措施，其意义在于，防止知识产权权利人在民事程序开始之前可能受到不可挽回的损害或证据的灭失。目的在于：①制止任何将要发生的侵权；②阻止已发生的侵权进一步扩大；③保全诉讼中被指侵权的证据。若申请人在规定期限（20 个工作日或 31 日）没有起诉，司法当局可撤销临时措施。

4. 有关边境措施

TRIPS 协议中所指有关边境措施（border measures）也称海关措施或边境保护，指知识产权持有人有正当理由怀疑假冒商标或盗版的货物有可能进口，可以向司法或行政主管当局提交书面申请，要求海关当局中止放行该类货物，以免其进入自由流通渠道。

5. 刑事措施

TRIPS 协议对刑事程序的规定主要适用于故意以商业规模假冒商标或对版权进行盗版等情况。协议特别强调故意和商业规模两个因素，针对故意和商业规模的侵权行为。刑事惩罚的手段包括处以足够起威慑作用的监禁，或处以罚金，或二者并处。刑事救济的手段包括扣留、没收或者销毁侵权商品以及任何主要用于从事侵犯知识产权犯罪活动的原料和工具。

10.3 区域贸易协定与中国的知识产权保护

10.3.1 典型区域贸易协定的知识产权保护

无论是 WTO 这样的全球性贸易组织还是区域贸易协定，都把知识产权保护作为贸易协定谈判的重要内容。根据 WTO 官网区域自由贸易协定数据库信息，自 2009 年以来，所有达成的区域自由贸易协定无一例外都包含了知识产权保护的内容。

1. 欧盟知识产权保护规则

欧盟知识产权制度一体化水平较高，其中著作权保护是欧盟知识产权规则的核心，内容覆盖卫星广播及电缆广播、数据库的法律保护、精神权利保护、家庭录音录像、信息社会著作权保护、艺术作品转售权等，并统一了著作权及邻接权的保护期限。《欧洲专利公约》（2007 年修订）规定了欧洲专利的统一申请审查程序，发明人可获得在欧洲专利局或缔约国主管部门一次申请、多国指定的便利。《共同体商标条例》（2009 年修订）建立了欧盟统一商标制度，只需向欧洲内部市场协调局或成员方商标局使用一种语言、提出一次申请，即可在共同体内获得统一的商标保护。商标的许可和转让适用于优先权的规定。欧盟还有成套的原产地标记和地理标志保护制度，主要涉及烈性酒、葡萄酒、农产品和食品；对原产地标记保护适用于第三国名称，并对第三国向欧盟提出的申请或反对意见开放。欧盟签订的国际条约对成员方具有约束力，并已加入《世界知识产权组织表演和录音制品条约》、《生物多样性公约》和《保护植物新品种国际公约》等。

2. 北美自由贸易区知识产权保护规则

北美自由贸易区知识产权保护内容与 TRIPS 协议相似，不追求知识产权保护制度的区域统一，只是确定知识产权保护的最低标准，且仅限于与贸易投资措施有关的知识产权保护。其中，在《伯尔尼公约》基础上，著作权保护范围拓展到计算机程序和数据库保护，对录音制品和加密卫星信号保护期限作了补充规定。工业产权保护在《巴黎公约》

基础上，对医药、农业化工品保护作出特别规定；商标注册不以注册前的实际使用为条件。集成电路布图设计保护遵循《华盛顿条约》，不允许实施强制许可。对地理标志（不包括葡萄酒和烈性酒）和商业秘密（包括药品和化学品）保护也进行了特别规定。

北美自由贸易区知识产权保护执行并不依靠超国家机构，而是建立了专门的争端解决机制和保障程序。行政和民事救济包括公平合理的执行程序、禁令、损害赔偿等；临时措施包括证据获得、担保、赔偿等；刑事救济包括处罚条件和措施等；边境措施包括海关停止放行、赔偿、检查通知、依职权诉讼、不予进口等。

3.《跨太平洋伙伴关系协定》知识产权保护规则

2015 年 10 月 15 日，经过 20 余轮艰苦谈判，号称"21 世纪最高标准的自由贸易协定"的《跨太平洋伙伴关系协定》（Trans-Pacific Partnership Agreement，TPP 协定）达成最终文本。TPP 协定共包含 30 章内容，其中最具争议、分歧最大的知识产权议题以独立成章的形式被列出，包含 11 节和 6 个附录文件。

TPP 协定的知识产权保护条款对世界知识产权体制发展具有很强的示范作用。首先，在著作权及邻接权保护上，TPP 协定列举或原则性地规定了规避技术保护措施、侵权管理信息行为与例外限制；保护期延长为作者有生之年加死后 70 年或首次授权发布不少于 95 年，若创作完成 25 年内未授权发布，其保护期自创作完成不少于 120 年。在专利权保护上，TPP 协定对动植物、人或动物疾病诊断治疗及外科手术方法授予发明专利，只有依据保护公序良俗、保护动植物和人的生命健康、保护环境的理由才能拒绝授予专利；对于上市申请提交的产品安全及功效信息，未经提供者同意，不得在上市产品 10 年内批准其他申请人相同或类似产品的上市。在商标权保护上，TPP 协定不要求注册标识具有视觉上的感知性，也不拒绝注册仅由声音或气味组成的标识；驰名商标保护不受未注册、未纳入驰名商标目录或缺乏认知的影响；对地理标志予以商标形式的保护；对互联网域名进行保护以防止商标网络盗版。

在民事救济中，TPP 协定特别强调赔偿的震慑作用，规定至少在著作权和邻接权侵权，以及商标假冒案件中建立先行赔付制度，赔偿额应足以警示未来的侵权行为并补偿权利人的所有损失；在专利侵权案件中可判定侵权人承担其侵权行为造成损失的三倍赔偿额。刑事救济特别规定使用足以引起混淆、误判或欺骗的假冒商标标识或包装，不论是否有假冒或盗版意图，都应受到刑事处罚。边境措施规定中止放行措施适用于缔约方境内所有港，自其申请日起不低于 1 年或与版权或商标权保护期限相同；主管当局有权对进口、出口、转口或自由贸易区中涉嫌侵犯版权或商标权的货物采取主动措施。TPP 协定还特别规定了数字环境下的民事和刑事执法措施，鼓励网络服务提供商与版权人合作，阻止未经授权的版权材料的存储和传输；各缔约方国内立法可规定网络服务提供商承担版权侵权责任的例外。

4. RCEP 知识产权保护规则

RCEP 中内容最多、篇幅最长的章节就是第 11 章（知识产权），共包含 13 节、83 个条款和 2 个附件，是我国迄今已签署的自贸协定所纳入的内容最全面的知识产权章节。总体来看，RCEP 在 TRIPS 协议的基础上，全面提升了区域内知识产权整体保护水平，为本区域知识产权的保护和促进提供了平衡、包容的方案,有助于促进区域内创新合作和可持续发展。

从 RCEP 纳入的知识产权保护对象来看,第 11 章第 2~8 节分别规定了如下知识产权项目的保护规则和制度:著作权和相关权利,商标,地理标志,专利,工业设计,遗传资源、传统知识和民间文艺,不正当竞争。另外,植物新品种保护出现在专利一节之末。可见,RCEP 所涵盖的知识产权保护范畴比 TRIPS 协议更大。

从主要制度规则来看,相较于 TRIPS 协议,RCEP 增加的新规则包括各项知识产权依照国际公约统一分类标准,著作权集体管理制度,专利保护范围及例外,药品的专利期延长补偿,专利保护的正当程序,测试数据保护,传统知识等保护,反不正当竞争对标识、域名等问题的规制,电子环境下的知识产权执法,互联网服务商的责任,电子申请与公示制度,等等。

从执法规定来看,RCEP 知识产权章节体系庞杂,内容细微,RCEP 的知识产权执法部分细分为 5 小节,即一般规定、民事执法程序、刑事执法、边境措施、电子环境下的执法,对应了核心的各项执法主题。

RCEP 知识产权章节中超 TRIPS 协议规则的部分主要来源于 7 个 TPP 成员中的澳大利亚、日本、韩国的提议,尤其是日本单独提出的 RCEP 知识产权规则建议案被解密,显示出其中包括多种超 TRIPS 协议规则提议,多项被列入 RCEP 谈判各方的拟定草案文本中。例如,RCEP 知识产权一章要求成员加入的国际条约全部都是日本提出的,仅《关于为盲人、视力障碍者或其他印刷品阅读障碍者获得已出版作品提供便利的马拉喀什条约》除外。

10.3.2　中国知识产权保护

1. 中国知识产权保护国内立法

由于许多成员尤其是发展中国家成员,其国内的知识产权立法尚不完善,与 TRIPS 协议的很多规定并不相符,为了使发展中国家适应协议的要求,TRIPS 协议对这些国家特别制定了过渡期。在过渡期内这些国家应把知识产权立法与 TRIPS 协议的要求协调一致,故对于 WTO 不同类别的成员来说,TRIPS 协议生效的日期不一样。

根据 TRIPS 协议中的过渡性安排(第 65~67 条),在 WTO 成立后,美国、日本、加拿大和欧盟等发达国家和地区有一年的过渡期,于 1996 年 1 月 1 日生效。对于发展中国家和转型经济国家,过渡期为 5 年,到 2000 年 1 月 1 日生效。对于最不发达国家,享有自 1996 年 1 月 1 日起的 10 年过渡期,于 2006 年 1 月 1 日生效,这样,从 WTO 成立之日起,实际上享有 11 年的过渡期。另外,那些在食品、化工品和医药领域只对工艺不对产品提供保护的发展中国家可以推迟到 2005 年 1 月 1 日适用 TRIPS 协议的有关要求和规定。

中国无论是作为发展中国家还是作为转型经济国家,都可以享有 5 年的过渡期。然而,早在 1997 年,中国政府为了促进加入 WTO 谈判的进展,就已经宣布放弃过渡期的优惠,而且 2000 年 1 月 1 日已经过去,5 年的过渡期也毫无意义了。这实际意味着,中国在加入 WTO 开始,就必须完全执行 TRIPS 协议的要求和规定。中国主要是在两个方面全面执行该协议：一是在知识产权的立法方面，二是在知识产权的实施方面。这既包括有关的法律规定要符合 TRIPS 协议的基本原则和最低要求，也包括在实践中有效地保护和实施知识产权，包括在有关的进出口贸易中有效地保护和实施知识产权。

在知识产权的立法方面，中国于 2001 年发布了与 WTO 知识产权协议相一致的相关法规，并根据党的十八届五中全会提出的创新、协调、绿色、开放、共享的新发展理念，进一步完善知识产权立法，多次修订专利法、商标法和著作权法。党的十八大以来，我国知识产权事业发展取得显著成效，知识产权法规制度体系逐步完善，核心专利、知名品牌、精品版权、优良植物新品种、优质地理标志、高水平集成电路布图设计等高价值知识产权拥有量大幅增加，商业秘密保护不断加强，遗传资源、传统知识和民间文艺的利用水平稳步提升，知识产权保护效果、运用效益和国际影响力显著提升，全社会知识产权意识大幅提高，涌现出一批知识产权竞争力较强的市场主体。

国务院于 2021 年 9 月发布《知识产权强国建设纲要（2021—2035 年）》，提出到 2025 年，知识产权强国建设取得明显成效，知识产权保护更加严格，社会满意度达到并保持较高水平，知识产权市场价值进一步凸显，品牌竞争力大幅提升，专利密集型产业增加值占 GDP 比重达到 13%，版权产业增加值占 GDP 比重达到 7.5%，知识产权使用费年进出口总额达到 3500 亿元，每万人口高价值发明专利拥有量达到 12 件（上述指标均为预期性指标）。到 2035 年，我国知识产权综合竞争力跻身世界前列，知识产权制度系统完备，知识产权促进创新创业蓬勃发展，全社会知识产权文化自觉基本形成，全方位、多层次参与知识产权全球治理的国际合作格局基本形成，中国特色、世界水平的知识产权强国基本建成。

2. 中国自由贸易协定的知识产权保护

截至 2022 年 11 月，中国已经缔结 17 个自由贸易协定，其中包含知识产权条款的有 11 个，分别是 RCEP 以及中国与智利、毛里求斯、格鲁吉亚、秘鲁、哥斯达黎加、新西兰、冰岛、瑞士、澳大利亚、韩国等国达成的自由贸易协定。

2005 年与智利达成的首个自由贸易协定只包含 3 条关于知识产权保护的零散内容，未设置专章。其后我国又与巴基斯坦、东盟 10 国、新加坡等达成自由贸易协定，均重点关注传统的贸易自由化和投资保护事项，未涉及知识产权保护议题。2008 年，中国-新西兰自由贸易协定首次设置知识产权专章，但内容多为宽泛的软性条款或象征性声明，或重申双方在 TRIPS 等公约下的权利和义务，没有任何超越 TRIPS 协议的实质内容。其后我国又与秘鲁、哥斯达黎加、冰岛等国缔结自由贸易协定，对知识产权议题的处理方式与上述中国-新西兰自由贸易协定几乎完全相同。这些迹象表明，当时知识产权议题已经逐渐出现在我国自由贸易协定谈判议程中，但还未作出实质性的超越 TRIPS 协议的专门约定，因此知识产权条款的内容比较笼统。

中国 2013 年与瑞士、2015 年与韩国和澳大利亚缔结的三个自由贸易协定改变了上述态势。中瑞、中澳、中韩自由贸易协定不但设置有知识产权专章，而且章节体系相当丰富，覆盖了目标与原则、与现有国际公约的关系、知识产权各领域实体制度、执行措施、机构设置等各个方面；内容上新增了大量明确、具体、硬性的保护条款，并出现数量颇多的超越 TRIPS 协议保护水平或其内容为 TRIPS 协议所无的专门约定，即所谓 TRIPS-plus 条款。

这标志着我国对自由贸易协定知识产权议题的态度已开始发生明显变化。

2022 年生效的 RCEP 的第十一章（知识产权），是 RCEP 内容最多、篇幅最长的章节，也是中国已签署自由贸易协定中内容最全面的知识产权章节，涵盖著作权、商标、地理标志、专利、工业设计、遗传资源、传统知识和民间文艺等领域的保护。RCEP 对知识产权保护要求的标准比 WTO 更高，如对具有商业规模的侵权行为加强刑事程序和处罚，对数字环境下的侵权行为适用民事和刑事处罚，从而有利于区域高新技术和数字经济产业的发展。

10.4 知识产权保护相关案例与研究

10.4.1 知识产权与人类健康——巴西与美国的争端

经 WTO 争端解决案例库查询，截至 2022 年 11 月，涉及知识产权的案例有 43 个。以美国诉巴西专利侵权案（DS199）为例，该案例体现了知识产权保护规则的复杂性，以及知识产权保护与人类健康生存的冲突。2000 年 5 月美国提出申诉，5 月 30 日提出磋商，2001 年 2 月成立专家组，7 月达成磋商协议。其中关键点涉及药品生产与消费的病人生存权问题。

1996 年 5 月 14 日，巴西政府发布《工业产权法》（1997 年 5 月生效）。巴西认为美国生产的治疗艾滋病的药物价格太高，巴西病人难以承受，如果不大幅降价，巴西将不顾拥有专利权的美国企业的反应，允许巴西制药企业生产非注册药品。

2000 年 5 月 30 日，美国要求与巴西磋商，美国针对的是巴西 1996 年《工业产权法》的第 68 条，该条给予巴西制药企业以强制许可权来制造其他外国公司拥有专利的药品。美国指出，巴西违背 TRIPS 协议第 27 条第 1 款和第 28 条第 1 款，专利权的享受不受地点不同而有异，专利权未经权利人同意而使用。

巴西当时的驻 WTO 大使指出，巴西的立法完全符合 WTO 的 TRIPS 协议。按照 TRIPS 协议第 31 条，在某些特定情况下，未经专利权人许可也可以授权第三方使用。美国向 WTO 起诉巴西，没有考虑到该事件的政治影响，也没有考虑发展中国家生产药品的技术实力。巴西病人的生命依赖巴西的立法，该项立法节约了巴西政府大量的医疗保障费用，从 1997 年到 1999 年，共节约 4.22 亿美元，艾滋病的死亡率也下降了50%。面对政治、人道等各方面的压力，美国政府决定磋商解决，此案最后由美国主动撤诉告终。

10.4.2 美国的"337 条款"与中国案例

美国的"337 条款"因美国的《1930 年关税法》的第 337 节而得名，后经三次重大修订。现"337 条款"明确授权美国国际贸易委员会（United States International Trade Commission，USITC）在美国企业起诉的前提下，对进口中的不公平贸易做法进行调查和裁处。若判定违反了"337 条款"，USITC 将签发排除令（exclusion order），指示美国海关禁止该批产品的进口，其结果是特定企业的相关产品乃至全行业的相关产品都无法进入美国市场。

"337 条款"将进口中的不公平贸易做法分为一般性不公平贸易做法和有关知识产权的不公平贸易做法。一般性不公平贸易做法是指将货物进口到美国或在美国销售时使用不公平竞争方法和不公平行为，其威胁或效果足以实质损害美国的国内产业，或阻碍该产业的建立，或造成限制或垄断的行为。有关知识产权的不公平贸易做法是指进口到美国的货物侵犯了美国有效的专利权、商标权、版权或集成电路布图设计专有权等行为。但几乎所有的"337 调查"案件都涉及知识产权问题。特别需要注意的是，"337 条款"并不要求以实际损害为前提，这比世界上通常的知识产权法律要严苛得多。

"337 调查"的期限一般为 12 个月，疑难的为 18 个月，其重要程序是：美国公司向 USITC 起诉—USITC 在 30 日之内决定是否立案并通知被告—被告在送达通知之日起 20 日内提交书面答辩意见及反诉—复杂的调查听证—USITC 裁决。不服 USITC 裁决的，可以向联邦巡回上诉法院起诉。在整个调查过程中，USITC 有权签发临时性排除令。USITC 若裁决原告胜诉，可向美国公司提供有限排除令、普遍排除令和禁止令等救济措施。其中，普遍排除令最为严苛，它不仅针对被告公司的产品，还对所有公司的类似侵权产品均有效，而其他国家鲜有类似规定。实际上，各国纷纷指责美国"337 条款"违反国民待遇原则，我国也认为它是一种不合理的知识产权保护法案，客观上对进口产品构成了贸易壁垒。

根据中国贸易救济信息网数据，截至 2022 年 11 月底，美国发起的"337 调查"案件共有 1 340 起。被诉国或地区和案件数量：美国 368 起、中国 367 起、中国台湾地区 184 起、中国香港 102 起、日本 158 起、韩国 129 起、加拿大 89 起、德国 76 起、英国 48 起、墨西哥 40 起。涉及的主要行业和案件数量：电子工业 454 起，电气工业 78 起，通用设备 51 起，专用设备 50 起，其他 50 起，医药工业 46 起，文体、工美和娱乐用品 40 起，化学原料和制品 28 起，汽车 27 起，仪器仪表工业 19 起。按照立案时间统计，2018 年至 2022 年 11 月共有 249 件，2022 年已达 52 件。

在针对中国的 367 起案件中，还处于调查的案件有 65 起，终止调查的有 302 起。按照立案时间分：2022 年 18 起，2021 年 26 起，2020 年 20 起，2019 年 26 起，2018 年 19 起，1995—2017 年 258 起。

以 USITC 发布对带有计时感知虚拟填充的电子设备和半导体设备及其组件的"337 调查"为例：2022 年 4 月 28 日，美国贝尔半导体公司（Bell Semiconductor）提出申请立案，主张对美出口、在美进口和在美销售的该产品侵犯了其专利权（美国注册专利号 7007259），请求 USITC 发布有限排除令、禁止令。被诉公司有 22 家，包括中国深圳市速腾聚创科技有限公司、中国联想集团、中国台湾的科技公司，以及美国、荷兰的科技公司。6 月 7 日，USITC 投票决定立案，正式启动"337 调查"（调查编码：337-TA-1319）。7 月 25 日，USITC 发布部分终裁：对本案行政法官于 2022 年 6 月 23 日作出的初裁（No.5）不予复审，即同意铿腾设计系统公司（Cadence Design Systems, Inc.）为第三人（intervene）。8 月 30 日，USITC 发布部分终裁：对本案行政法官于 2022 年 7 月 26 日作出的初裁（No.8）不予复审，即基于申请方撤回，终止本案调查。

以视频处理设备及其组件和数字智能电视及其下游产品的"337 调查"案件为例：2021 年 11 月 24 日，美国加州圣地亚视频科技公司（DivX, LLC of San Diego, California）向 USITC 提出 337 立案调查申请，主张对美出口、在美进口和在美销售的该产品侵犯了其专利权（美国注册专利号 8832297、8472792），请求 USITC 发布有限排除令、禁止令。中国广东 TCL 惠州技术集团公司、中国广东 TCL 深圳电子控股公司、美国 TTE 技术公司、中国广东深圳 TCL 新技术公司、中国香港 TCL 公司、越南 TCL 公司等为列名被告。2022 年 1 月 31 日，USITC 投票决定正式立案启动"337 调查"（调查编码：337-TA-1297）。3 月 18 日，USITC 发布部分终裁：对本案行政法官于 2 月 25 日作出的初裁（No.9）不予复审，即允许美国亚马逊公司（Amazon.com, Inc.）成为本案利益相关的第三人。6 月 1 日，USITC 发布部分终裁：对本案行政法官于 2022 年 5 月 10 日作出的初裁（No.13）不予复审，即基于和解，终止对列名被告 TCL 及其下属企业的调查，并终止本案调查。

从裁决结果及企业应诉情况来看，中国技术密集型产品涉"337 调查"最终的裁决结果比较多样化，主要包括申请方撤诉、和解、同意令、普遍排除令、有限排除令、禁止令等。企业不应诉时，USITC 多数情况下默认申请人的申诉理由合理，被申请人存在侵权行为，一般判以普遍排除令或有限排除令，这说明"337 调查"的裁决结果与被申请人的应诉态度是否积极有着重要的关系。

10.4.3 知识产权保护水平的量化

知识产权保护水平既关系到一国国内经济发展，又是国际经济和政治领域争论的热点问题。在开放经济条件下，一国的知识产权保护水平会影响该国的创新、贸易、外商投资、技术转移和经济增长等。对这些问题的理解和实证检验、实证分析均会涉及一个重要问题——如何量化知识产权保护水平。

对知识产权保护水平进行量化自 20 世纪 90 年代以来就有不少探索，大体可分为四个类别：问卷调查法、专家评分法、立法评分法和综合评分法。问卷调查法和专家评分法不可避免地存在范围窄、评分主观等问题；立法评分法主要以各国知识产权法律为考察对象，在反映一国的知识产权保护水平时在全面性和客观性方面有一定欠缺；综合评分法兼顾客观指标和评分人主观判断等多因素结合来评分。即便如此，这些指数和评分在知识产权保护的研究以及贸易协定的知识产权谈判中仍起到了重要的作用。

从知识产权涵盖范围来看，早期为简化分析，往往用知识产权中一个类别的保护状况代表整体保护水平。例如，拉普和罗泽克（Rapp and Rozek，1990）就是以专利的保护水平来代表知识产权保护水平，吉纳特和帕克（Ginarte and Park，1997）等均采用了同样的操作手法。在他们看来，专利是能够潜在地对经济增长产生最大影响的知识产权。后来的学者对具体的量化方法进行了修正，但是依然以专利为代表作为知识产权整体。随后的研究逐渐将量化范围扩大，涵盖了专利权、商标权、著作权和商业秘密等。

从知识产权保护水平构成要件来看，要量化一国知识产权保护水平，必须考虑两大因素：一是法律条文本身是否完善，如申请程序是否简明、申请成本的高低、维护知识产权成本的高低、法律条文对侵权的执行力保证；二是法律的实际执行情况，这是实际保护程度。早期的学者已经意识到了这个问题，但因为测算困难，他们大都没有将影响知识产权实际执行效果的非法律条文因素纳入测算范围或没有将其制度化。

在知识产权保护量化测评研究中，GPI 得到了广泛的关注和引用。吉纳特和帕克把度量知识产权保护水平的指标划分为 5 个类别，每个类别又包含若干个度量指标。①保护的覆盖范围：药品、化学品、食品、动植物品种、医用器件、微生物沉淀物专利、实用新型专利。②是否为国际条约的成员：《保护工业产权巴黎公约》《专利合作条约》《保护植物新品种国际公约》。③权利丧失的保护：专利的计划许可、专利的强制许可、专利撤销。④执法措施：专利侵权的诉前禁令、专利侵权的连带责任、专利侵权人举证责任。⑤保护期限：发明专利。吉纳特和帕克规定每个度量指标各占 1 分，每个类别中各度量指标得分之和除以该类别中的度量指标个数即为该类别的得分，5 个类别得分的累加和即为量化的知识产权保护水平。但是这样的方法也只是评价了一个国家是否制定了知识产权保护的相关法律（也称静态指标），而没有考虑法律条款实施的实际效果。

后来中国学者增加了法律的执法力度（韩玉雄和李怀祖，2005）和执行效果（姚利民和饶艳，2009）。执法力度由 4 个二级指标的平均值来衡量，4 个二级指标分别是：用律师比例衡量社会法制化程度，用立法时间衡量社会法律体系的完备程度，用人均 GDP 衡量经济发展水平，用 WTO 成员方衡量国际社会的监督制衡机制。执行效果考虑了社会法制化程度、政府的执法态度、相关服务机构配备和社会知识产权保护意识。其他因素可以通过上述指标间接地反映。例如，社会的诚信状况可以用社会法制化程度来反映，法制化程度越高，法律上的漏洞越少，则理性人失信的机会成本越高，社会的诚信度越高。对以上四个执行效果指标进行测量就可以量化法律规定的保护水平被实际落实的程度。

定义"执行效果"是影响知识产权保护实际落实效果的变量，其值介于 0 到 1 之间，0 表示法律规定的知识产权保护条款完全没有落实，1 表示法律规定的知识产权保护条款被全部落实。设 $F(t)$ 表示一个国家在 t 时刻的执行效果，$\mathrm{PG}(t)$ 表示用 Ginarte-Park 方法计算出的知识产权保护水平，那么，修正后的知识产权保护水平 $\mathrm{PA}(t)$ 可表示为

$$\mathrm{PA}(t) = F(t) \times \mathrm{PG}(t)$$

10.4.4　知识产权保护的经济效应研究

知识产权保护的经济研究涉及最优的知识产权保护水平，保护水平越高越好吗？知识产权保护制度的初衷应该是鼓励创新，但是知识产权保护也有其他的经济效应，知识产权保护影响经济发展、新技术应用等。

1. 知识产权保护的有关数据

中国国家知识产权局官网提供了中国政府关于知识产权政策与数据的官方信息，其中"数据"栏目提供了"专利执法统计""统计报告查询""世界五大知识产权局年度统计报告""统计分析结果"等数据信息。

根据 2022 年 1—10 月中国各省区市专利侵权纠纷行政裁决案件统计，共有 36 406 件立案，其中，排名靠前的省市有浙江（13 016 件）、新疆生产建设兵团（7 896 件）、江苏（5 663 件）、广东（5 590 件），分别占全国的 35.8%、21.7%、15.6%、15.4%，体现了中国各地知识产权应用与保护的地区差异。

世界五大知识产权局统计报告是涵盖当今世界最大的五个知识产权局（即欧洲专利局、日本特许厅、韩国特许厅、中国国家知识产权局和美国专利商标局，以下简称"五局"）年度专利数据报告。根据 2021 年五局统计报告，2021 年度发明专利申请 290 万件，增长 4%。其中五局合计发明专利申请量 280.2 万件，中国 150.5 万件，美国 41.1 万件，

《欧洲专利权授予公约》（European Patent Convention，EPC）成员 24.8 万件，日本 38.1 万件，韩国 25.7 万件。

2. 知识产权保护的非线性关系研究

由于知识产权保护水平与经济发展水平的非线性关系，门槛回归模型是可以应用的一种方法。门槛回归分析特别适用于这种两个变量之间的关系受到第三个变量影响的情况。下面介绍 Hansen[1]（1999）的门槛回归模型。这个模型是由样本数据内生决定回归系数和门槛值，提出了模型和门槛值的显著性的检验方法。门槛可能有多个，这里介绍单一门槛模型，它可以扩展到多门槛模型。单一门槛模型为

$$LnY_{T,\,it} = \theta LnX_{it} + \beta_1 LnIPR_{it} I\,(g_i \leqslant \lambda) + \beta_2 LnIPR_{it} I(g_{it} > \lambda) + \mu_{it}$$

式中，i——地区；

$\quad t$——年份；

$\quad \theta$——相应的系数向量；

$\quad X_{it}$——一组对 Y（技术引进）有显著影响的控制变量，包括人均 GDP、R&D 投入、市场开放度；

$\quad LnY_{T,\,it}$——被解释变量（如技术引进额）；

$\quad LnIPR_{it}$——解释变量（知识产权保护水平）；

$\quad g_{it}$——门槛变量，可以依次选取人均 GDP、R&D 投入、市场开放度作为门槛变量；

$\quad \lambda$——门槛值；

$\quad \mu_{it}$——误差项；

$\quad I$——指示函数，当 $g_{it} \leqslant \lambda$ 时，$I=1$，否则 $I=0$。

这个模型主要有四个问题需要解决：①如何同时估计出门槛值 λ 和参数 β_1、β_2；②如何检验原假设 $H_0:\beta_1=\beta_2$；③如何构建门槛值 λ 的置信区间；④如何获得参数的渐进分布。

本 章 小 结

1. 知识产权是智力成果的创造者或者工商标记的所有人依法享有的权利的统称。狭义的知识产权包括专利权、商标权和著作权，其中专利权和商标权又被合称为工业产权。知识产权的特征包括无形性、某些知识产权具有财产权和人身权的双重性、专有性、地域性、时间性。

2. TRIPS 协议明确了缔结该协议的目标是：减少对国际贸易的扭曲和阻碍，促进对知识产权在国际范围更充分有效的保护，确保知识产权的实施及程序不会对合法贸易构成壁垒。TRIPS 协议的原则包括国民待遇原则、最惠国待遇原则、透明度原则、对权利合理限制原则、争端解决原则。

3. 著作权又称版权，是基于文学、艺术和科学作品依法产生的权利。著作权的保护采用自动保护的原则，即作品一经产生，就产生著作权，无须申请产生。在其国际保护

---

① HANSEN B E, 1999. Threshold Effects in Non-Dynamic Panels: Estimation, Testing, and Inference[J]. Journal of Econometrics, 93: 345-368.

中，作者享有国民待遇，无须经过任何手续，也不需要依赖其在本国受到的保护就可以要求得到保护。

4. 商标是自然人、法人和其他组织在其生产、制造、加工、拣选或者经销的商品上或者服务的提供者在其提供的服务上采用的，区别商品或者服务来源的，由文字、图形、字母、数字、三维标志和颜色组合以及上述要素的组合构成的，具有显著特征的标志。注册商标保护期应不少于 7 年，而续展次数是没有限制的。

5. 专利权是指国家专利机构依法授予专利申请人在法定期限内对其发明创造享有的独占权。专利有"三性"要求，即新颖性、创造性和实用性。专利保护的有效期应不少于自提交申请之日起的第 20 年年终。

6. 地理标志是指一种标志，用于标示商品来源于某成员地域内，或来源于该地域中的某地区或某个地方，该商品的特定质量、信誉或其他特征，主要与该地理来源相关联。

7. 未公开信息是指具有商业价值的秘密，并且信息的合法持有者采取了合理的步骤保持其秘密的性质。成员方必须阻止他人未经权利人同意，以违反诚实商业做法的方式取得和使用权利人的未公开信息。

8. 知识产权保护规则是现代高水平贸易协定的重要内容。各国知识产权保护水平存在差异，需要国际贸易协定来规范。过度的知识产权保护会阻碍创新与经济发展，美国"337条款"是最重要的知识产权贸易壁垒。各国知识产权保护水平与经济发展水平存在非线性的关系。

思 考 题

1. 知识产权的含义及法律特点是什么？
2. 专利的"三性"具体指什么？
3. 什么叫未公开信息？它具有什么特点？
4. TRIPS 协议中确立的知识产权实施和执行的具体规定是什么？
5. 为什么知识产权保护不是越严格越好？

第11章　数字贸易与跨境电商贸易规则

📖 **本章要点**

随着数字经济和数字贸易的兴起和深入发展，相关的贸易规则和制度建设也在不断发展。在国际贸易协定中，如《美墨加协定》和RCEP等，与电子商务相关的篇章也成为重要的组成部分，形成"传统贸易+数字贸易"的贸易协定。本章11.1节介绍数字经济和数字贸易的基本概念、数字贸易与传统贸易的比较和数字经济对贸易协定的影响；11.2节介绍数字贸易的"美式"规则和"欧式"规则、G7贸易部长的数字贸易原则与《数字经济伙伴关系协定》；11.3节介绍国际贸易协定中的电子商务规则，包括WTO、OECD、CPTPP的电子商务规则，世界海关组织的跨境电子商务，以及阿里巴巴的eWTP建设。

11.1　数字经济与数字贸易

11.1.1　数字经济

1998年4月15日，美国商务部公布了以《浮现中的数字经济》命名的研究报告，第一次提出了"数字经济"（digital economy）这一概念，《浮现中的数字经济》旨在分析信息这一核心资源对宏观经济和微观经济的影响和作用。后来，这样的研究报告又按年连续出了多本，这些报告均以分析信息产业、电子商务、网络经济等有关信息经济的发展为内容。

数字经济也被称为信息经济或智能经济，在《二十国集团数字经济发展与合作倡议》中，数字经济被定义为：以数字化的知识和信息为关键的生产要素，以现代信息网络为重要载体，把信息通信技术的有效使用作为效率提升和经济结构优化的重要推力的一系列经济活动。数字经济涵盖两部分：一是数字经济基础部分，包含电子信息制造业、信息通信业、软件服务业等；二是数字经济融合部分，即传统三大产业应用数字技术导致的新增产出部分，如服务外包。

对数字经济体系框架的构成由"两化"（数字产业化、产业数字化）到"三化"（数字产业化、产业数字化、数字化治理）再到"四化"（数字产业化、产业数字化、数字化治理、数据价值化），足以可见数据要素已经成为未来驱动经济高质量发展的"新引擎"和"新能源"。

中国信息通信研究院发布的《全球数字经济白皮书》显示，2020年，数字经济规模分列前三位的国家依次是美国、中国、德国，其中中国数字经济规模近5.4万亿美元，占GDP的比例达38.8%，并保持了9.6%的高增长速度，成为引领全球数字经济创新的重要发源地。

11.1.2　数字贸易的概念

OECD 从交易的本质、产品和参与的合作伙伴三个维度对数字贸易加以定义，认为只要满足以下三个条件就可以称为数字贸易：数字订购的交易、平台促成的交易和数字交付的贸易。

联合国和 WTO 等 6 个国际组织共同制定了《国际服务贸易统计手册》，将数字贸易定义为通过线上订购的交易，并分为有形商品和无形商品。

2013 年 7 月，USITC 在《美国和全球经济中的数字贸易Ⅰ》中首次提出数字贸易，即通过互联网传输实现产品和服务的商业活动，主要包括数字内容服务、社交网络服务、搜索引擎服务、其他数字服务等四大类。

2014 年 8 月，USITC 在《美国和全球经济中的数字贸易Ⅱ》中扩大数字贸易范围，强调数字贸易是由技术实现的贸易。

2017 年，美国贸易代表办公室认为，数字贸易不仅包括个人消费品在互联网上的销售以及在线服务的提供，还包括实现全球价值链的数据流、实现智能制造的服务以及无数其他平台和应用，涉及互联网基础设施及网络、云计算服务、数字内容、电子商务、工业应用及通信服务等 6 类数字产品和服务。

联合国亚洲及太平洋经济社会委员会认为，数字贸易最狭义的定义是数字化产品的贸易（如电影、电子书等数字产品的贸易，以及信息技术和远程通信服务等电子服务），较为广义的定义是使用数字技术开展业务。

中国商务部国际贸易经济合作研究院发布《全球服务贸易发展指数报告（2019）》，结合 OECD 和美国历年数字贸易报告中的观点，将数字贸易分为数字货物贸易、数字服务贸易和数据贸易三类。其中，数字货物贸易包括交易对象为数字货物的贸易和以数字方式交易的货物贸易，如跨境电子商务；数字服务贸易包括数字内容服务贸易和以数字方式提供的服务贸易（服务贸易的数字化）；数据贸易是通过跨境数据流动的贸易，如搜索引擎、通过云提供的数据服务和数据的跨境流动。

2019 年 3 月 21 日，全球化智库（Center for China and Globalization，CCG）与韩礼士基金会（Hinrich Foundation）在全球化智库北京总部联合发布《数字革命：中国如何在国内外吸引数字贸易机会》报告，其中对数字贸易的定义如下：包括生产、分配、营销、销售或交付由跨境数据流支持的国内外产品与服务。具体包括数字化产品与服务的贸易（涵盖数字化产品、数字化服务、间接数字服务）和跨境数据流中国内经济中产生的经济价值（跨境数据流包含创造经济价值的跨境数据交换，但未必与金钱交易或双方互动相关，在许多情况下，它还包括同一企业内部的数据交换）。

中国信息通信研究院发布的《数字贸易发展与影响白皮书（2019 年）》认为，数字贸易是信息通信技术发挥重要作用的贸易形式，其不仅包括基于信息通信技术开展的线上宣传、交易、结算等促成的实物商品贸易，还包括通过信息通信网络（语音和数据网络等）传输的数字服务贸易，如数据、数字产品、数字化服务等贸易。数字贸易的突出特征是贸易方式的数字化和贸易对象的数字化。贸易方式的数字化是指信息通信技术与传统贸易各个环节的融合渗透，带来贸易效率的提升和贸易成本的降低，表现为传统贸易方式的数字化升级；贸易对象的数字化是指数据和以数据形式存在的产品和服务贸易，一是研发、生产和消费等基础数据，二是图书、影音、软件等数字产品，三是通过线上提供的教育、医疗、社交媒体、云计算、人工智能等数字服务，表现为贸易内容的数字化拓展。

11.1.3　数字贸易与传统贸易的比较

根据各国对数字贸易商品范围的接受程度，数字贸易涉及的贸易品可分为3个层次：第一层次，以货物贸易为主，数字贸易等同于电子商务；第二层次，加入图书、影音、软件等常见的数字产品，涉及服务贸易领域；第三层次，加入数字赋能服务，如电信、互联网、云计算、大数据等数字经济时代的新兴产业。

可见，数字技术将对分工形态、贸易模式、贸易主体、贸易中介、交付方式、贸易对象、贸易政策等产生全方位变革，使全球贸易在经历了传统贸易、价值链贸易时代之后进入数字贸易新时代（表 11.1）。

表 11.1　传统贸易、价值链贸易、数字贸易的比较

项目		传统贸易	价值链贸易	数字贸易
分工形态		生产和消费的分离	生产环节的分割	生产、服务、消费环节的细分
贸易模式		"一国生产、全球销售"的最终产品贸易	"全球生产、全球销售"的中间品贸易；以商业存在形式为主的服务贸易	短期：传统贸易和价值链贸易的级数增长 长期："数字传输、本地生产"的新模式
贸易主体		跨国公司		中小企业和个人网络
贸易中介		传统代理商、批发商、零售商、贸易商		数字平台经济
交付方式		实物交付		实物交付+数字贸易
贸易对象	货物	最终品	中间品	形成货物+服务+投资的"一体化综合体"：制造业的服务化，传统服务业的数字化，跨境交付提供方式增强，出现新型数字服务业
	服务	GATS 中的四种服务贸易提供模式	服务作为生产工序被离岸外包	
	数据	无		出现独立与全新的数据和信息产品（生产要素）
贸易政策		市场准入型边境措施	规制融合型边境后措施	市场准入型边境措施；规制融合型边境后措施；与数据流动性、连续性、互操作性相关的新议题

资料来源：盛斌，高疆，2021. 数字贸易：一个分析框架[J]. 国际贸易问题（8）：1-18.

从全球生产布局来看，数字贸易将在短期内进一步实现生产、服务、消费的分割，加剧全球生产布局的碎片化，长期将形成"数字传输、本地生产"的新业态。一方面，运输、通信和信息成本的降低实现了国际贸易的第三次分割，生产、采购、物流、研发、消费、售后服务等各个环节空间布局的分散性进一步加大，使传统贸易和价值链贸易获得级数增长；另一方面，新型技术创新了未来商品制造和交付的形态，降低了对中间生产环节以及库存、仓储、分销、包装的需求，使"数字传输、本地生产"成为数字时代货物贸易的新模式，经济全球化将进入"超链接"时代。

从国际贸易的主体来看，数字贸易实现了由大型跨国公司向中小企业和个人网商的转变。从国际贸易模式来看，数字贸易实现了从依托传统代理商、批发商、零售商、贸易商实体向以数字化平台为中介的电子商务过渡。从国际贸易的交付模式来看，数字贸

易在传统的实物交付模式的基础上进一步创新了数字交付模式。从国际贸易的对象来看，数字贸易加速了传统货物贸易的服务化趋势，拓宽了服务产品的可贸易边界，并不断催生出新型数字服务产业。数据和信息的流动既是触发数字贸易发展的关键因素，又使其成为数字贸易的一个新产品——数据贸易。

11.1.4 数字经济对贸易协定的影响

随着数字经济和数字贸易的不断发展以及传统贸易内容、渠道、方式的日益数字化，面向货物和服务贸易的贸易协定和贸易规则已在很大程度上不适用于数字贸易，而跨越国界的全球化数字贸易却需要一个全球性的贸易规则。近年来，基于电子商务和数字贸易的贸易规则和条款也不断增加，包括对数据和信息跨境传输的知识产权保护和商业机密、个人隐私保护、电子签名、网络交易的税收原则、贸易中介的责任和义务、数据存储中心的位置等。总的来说，数字贸易的相关贸易协定的规则还处于一个不断发展和探索的阶段。

1. 现有贸易协定与数字贸易有密切联系

在现有货物贸易协定和服务贸易协定中，关于贸易的基本原则和基本理念也适用于数字经济和数字贸易，如互惠对等的非歧视原则、透明度原则、对发展中国家和中小企业的支持和帮助等。服务贸易协定、知识产权协定中的众多内容与数字贸易有着密切的联系，数字贸易中实物交付的部分，也必然要联系到现有的货物贸易协定中的原则和规定。

2. 现有贸易协定中的数字贸易章节

随着货物贸易和服务贸易的数字化的不断深入发展，现有多边贸易体制中的贸易协定无法覆盖数字贸易的相应内容，如数据的自由流动、网络安全、消费者隐私保护、数据存储设施的使用和位置、电商平台的责任和义务等。近年来，越来越多的贸易协定增加了电子商务章节，将上述内容包含进贸易协定中，形成了"传统贸易+数字贸易"的贸易协定，如 CPTPP、RCEP 和《美墨加协定》等贸易协定的电子商务章节，而有关数字贸易和电子商务的多边贸易谈判则进展缓慢。

有关电子商务或数字贸易篇章的具体内容也在不断更新变化，国与国之间的政策协调还处于不断探索和尝试的过程之中。近年来的研究通过分析不同贸易协定电子商务条款的相似度发现，不同经济体在非应邀商业电子邮件、电子签名和识别、电子合同和消费者保护等议题上已经具备一定的共识，然而在互联网开放、信息自由流动、数字产品公平待遇、中间服务提供商等议题上则存在较大的差异。

11.2 数字贸易规则

自数字贸易和电子商务诞生以来，各国以及 WTO 等国际组织就不断尝试并且制定相关的运行和管理规则，这些规则既包括规范国内数字贸易活动的标准，也包括试图规范国际数字贸易活动的线上规则，以下主要介绍美国和欧盟的数字贸易规则，以及 G7 贸易部长的数字贸易原则与《数字经济伙伴关系协定》（Digital Economy Partnership Agreement，DEPA）。

11.2.1 美国数字贸易规则

1. 美国数字贸易规则概述

根据 USITC 的定义，数字贸易是指通过有线和无线数字网络传输产品或服务，具体分为数字内容服务、社交网络服务、搜索引擎服务和其他数字服务等四大类。这是一个较为宽泛的定义，既包括国内商业服务，也涵盖国际贸易，囊括了美国在这一领域具有领先优势的大部分业态。根据美国商务部经济与统计局的统计，2011 年美国通过数字传输的数字交付服务贸易出口 3 574 亿美元、进口 2 219 亿美元，占全部美国服务出口的比重超过 60%，占货物和服务出口的 17%。从数字产品服务出口的增加值来看，其在美国出口增加值中的比重更高，占整个对外贸易的比重超过 1/3。

美国在其主导的双边贸易协定中，率先将数字贸易规则作为电子商务这一单独章节下的独立条款出现，既不放在货物贸易章节，也不放在服务贸易章节。从规则演进趋势看，大致经历了四个阶段：一是数字产品交易规则 1.0 版本，以 2001 年生效的美国-约旦特惠贸易协定为蓝本，首次以"电子商务"专章形式出现，形成了数字贸易交易规则的雏形；二是数字产品交易规则 2.0 版本，以 2003 年美智自贸协定为代表，明确了数字产品的定义、关税和非歧视待遇；三是数字产品交易规则 3.0 版本，以韩美自由贸易区协定为代表，第一次提出了数据产品交易中的跨境信息流以及互联网的访问和使用原则；四是数字产品交易规则 4.0 版本，以 TPP 协定为代表，进一步对相关规则进行了完善和细化。

TPP 协定不仅涵盖了美国主导的数字贸易规则基本条款，也实现了美国国会讨论的数字贸易法案核心内容，其规则主要包括以下方面：一是坚持因特网应保持自由开放；二是对数字产品禁收关税；三是主张通过制定一系列规则，确保贸易伙伴不会采取进一步的保护性措施，如不能将缔约方数字产品置于竞争劣势地位，不能对跨境信息流建立歧视和保护主义壁垒，禁止强迫本国公司在计算服务中采取本地化策略，禁止要求公司向本国个人转让技术、生产流程或专有信息，等等。此外，相关规则也对保护个人隐私、维护网络竞争、促进加密产品开发等方面作出了一系列规定。可以看出，这些规则几乎是为致力于维护美国在数字贸易的四大类别——内容服务、社交网络服务、搜索引擎服务和其他数字服务等领域的优势量身定做的。以内容服务为例，美国音乐产业的数字内容已占内容产业的 57%，远远高出其他经济体；在搜索引擎服务方面，谷歌作为全球最大的搜索引擎，占世界市场份额的 62%；在社交网络服务方面，2022 年全球超过 40 亿人使用社交网络，2022 年 7 月，美国著名的社交网站元宇宙（Meta）的月活跃用户达到 29.34 亿。

2. 美国《全球电子商务框架》

美国政府对电子商务与数字贸易的态度主要体现在其 1997 年颁布的《全球电子商

务框架》（Framework for Global Electronic Commerce）中。该框架确立了美国政府政策的基本原则，对美国乃至世界各国电子商务的发展产生了积极影响。《全球电子商务框架》指出：网络技术将对全球服务贸易产生深远的影响，涉及计算机软件、娱乐产品（动画片、录像、游戏和录音产品）、信息服务（数据库，在线报纸）、技术信息、产品许可、金融服务和专业服务（企业和技术咨询、会计、建筑设计、法律建议、旅游服务等）等全球贸易增长迅速的服务，美国出口前述服务超过 400 亿美元。

互联网商业拥有巨大的潜力，因此政府必须采取非管制、市场导向的态度，促进透明的和可预见的法律环境以支持全球商务活动。官方决策者应当尊重这一媒介的特性并且认识到越来越广泛的竞争和越来越多的消费者选择将成为数字市场的重要特点。

在国际商务活动中主要的关切在于合同的实施、可靠性、知识产权保护、隐私、安全等。另外，企业和互联网用户也对过度的管制、税收、传递信息类型的限制、标准、许可证要求等有所担忧。

在《全球电子商务框架》中，美国政府提出了发展电子商务的五项原则和九项政策建议。

（1）五项原则

1）私营部门必须发挥主导作用。尽管在互联网的初期发展中政府起了重要的作用，但其扩张主要是由私营部门推动的。电子商务的繁荣离不开私营部门的主导作用。创新、扩展性服务、更广泛的参与和更低的价格都离不开市场驱动型领域，而不是在个别管制的产业环境中。因此，政府应当鼓励产业的自我管理，并且支持私营部门的组织来拓展促进互联网成功运作的机制。

2）政府应该避免对电子商务的不当限制。政府应当避免向互联网上的商务活动增加新的和非必要的管制、行政程序或税收和关税。

3）为商业发展营造合适的环境。在一些领域，政府管理对于促进电子商务和保护消费者而言是必要的。在这些情况下，政府应当基于分散化的、契约式的法律模式建立一个可预测的和简单的法律环境。政府干预对于促进电子商务来说是必要的，其目的应当是保证竞争、保护知识产权和隐私、防止欺诈、促进透明、支持商业交易和促进争端解决等。

4）政府必须认清因特网的特性，即包容性和可及性。电子商务在面对现有的监管机制时会有很大的挑战，管制的必要性应当建立在普遍的共识基础之上。现有的可能阻碍电子商务发展的法律和规则应当被评估和修订或者删除以适应电子时代的需求。

5）因特网上的电子商务应该在全球范围内促进。互联网在全球市场兴起，支持网络商业活动的法律框架应当有一致的原则，包括州、国家和国际层面，这样才会给买方和卖方带来可预见性的结果。

（2）九项政策

《全球电子商务框架》提到，在国际协议中要使互联网取决于竞争和消费者选择，应当关注九方面的内容，具体可概括为财税相关、法律相关和市场准入相关三个部分。

1）财税相关。

因特网上进行交易的产品或服务，都应该是无关税的，不应该对电子商务征收新的税收。美国号召 WTO 和其他国际论坛共同宣布在互联网进行产品和服务的交易应当处于零关税的环境中。此外，美国认为不应当在电子商务上增加新的税收。互联网的商务税收应当与已经建立的国际税收原则一致，应避免不一致和双重征税的情况，同时规则应当清晰易懂。

互联网销售的税收应当遵循以下原则。

① 不扭曲和阻碍贸易。税收系统不应当在不同商业类型中产生歧视性，或者增加动力去改变交易性质或者交易地点。

② 简单透明。应当覆盖收入的绝大多数，易于实施，使记账和其他负担最小化。应当与现有的税收系统相适应。

③ 电子支付系统。在电子支付系统发展初期，迅速改变的商业和技术环境使得制定及时、合适的相关政策非常困难。因此，法规和规则不应当缺乏灵活性，不应当有高度约束性，否则会对电子商务发展造成潜在的伤害。长期来看，不能仅仅依靠市场和产业的自我管制，政府应当采取措施以保证安全和可靠的电子支付体系，以保护消费者，或者对重要的法律实施目标作出回应。

2）法律相关。

① 关于电子商务的统一商业代码。各方应当能够通过互联网按照约定的条件进行交易。为支持电子商务，美国政府应当支持国内和全球统一的商业法律框架，以识别、辅助和实施电子交易。网络买家和卖家应当主动同意在统一的法律框架下达成合约，而不是选择某个法律体系来解释其合同。因此，在网络空间的商业活动的法律基础和规范应当是简单而可预见的。在制定全球电子商务的规则时，应当遵循以下原则：各方在订立契约时应自由进入合同关系；规则应当是技术中性的（规则不应当要求或假定某一特定技术）和前瞻性的（即规则不应当阻碍未来技术的使用和发展）；只有必要的时候或者在支持使用电子技术上有显著期待时，现有规则才会被修订，新规则才会被使用；这一过程应当对高技术商业领域和线下商业领域同样适用。

② 关于知识产权保护。有关国际协议已经建立了对于版权、专利和商标的清晰而有效的保护，因此有必要防止盗版和欺诈。这不仅需要技术上的实现，也需要有效的法律框架，同时增加有关信息时代知识产权的公众教育。

③ 关于隐私。隐私原则认为，在个人信息在线获得和使用方面，需要区分三种价值：信息隐私、信息完整性和信息质量。首先，个人对获取和使用其信息时的隐私应当有一个合理的预期；其次，个人信息不能被不正确地改变或破坏；最后，个人信息应当被准确、及时、完整及相关地应用于其本来的目的。OECD制定的《关于隐私保护和个人数据跨境流动的指南》规定，在收集、处理、存储和再次使用个人信息时，应当遵循以下原则：数据收集者应当告诉消费者哪些信息会被收集，这些信息将如何被使用；数据收集者应当向消费者提供有意义的方法以限制对个人信息的使用和再使用。

④ 关于安全。安全的全球信息基础设施包括：安全可靠的通信网络；保护信息系统的有效方法；有效的认证和电子信息保密；对互联网使用者进行训练，使其知道如何保护其系统和数据。要保护网络基础设施的安全，需要一系列的技术，包括加密、认证、密码控制和防火墙等，以及对这些技术的有效和持续使用，并且在全球范围内被可靠的密钥和安全管理基础设施所支持。

⑤ 关于电子商务通则。政府支持制定一套国际统一的贸易规范以促进电子商务。

这种规范应该鼓励政府对电子合同的认可，鼓励国际普遍接受电子签名以及其他类似授权程序的规则，促进为国际贸易活动制定可替代的争端解决机制等。

3）市场准入相关。

① 关于通信基础设施和信息技术。美国为了推动通信基础设施的建设，提出：通过私有化政府控制的通信公司来鼓励私人部门投资；通过在垄断的电话市场引入竞争来促进和保持竞争，保证通信连接的公平价格，并且向外国投资开放市场，实施反垄断措施；保证网络接入的非歧视基础，使互联网用户可以获得尽可能广泛的信息和服务；紧跟技术发展的脚步，实施独立的、鼓励竞争和灵活的监管机制。总体目标是保证在线服务能够以合理的、非歧视的条件提供给最终用户。真实的市场开放将导致更多的竞争、改善的通信基础设施、更多的客户选择、更低的价格和不断提高的服务。

② 关于内容。美国政府支持信息最大可能的跨境自由流动，同时，互联网承诺使用者有更多的机会来保护孩子，使其不接触不适合的内容。为达到这一目标，传统上用于电视的过滤技术和年龄分级制度同样适用于互联网。有关内容有以下方面需要关注：关于内容的规则，外国内容的配额，关于广告的规则，防止欺诈的规则。

③ 关于技术标准。标准在互联网的长期商业成功中至为关键，因为标准使不同企业的产品和服务整合在一起。标准也可以鼓励竞争和减少全球市场的不确定性。但是不成熟的标准也可能会被锁定在过时的技术中。有些情况下，标准也会被用于事实上的非关税壁垒，使国外企业无法进入本国市场。因此，要保证全球电子商务市场的增长，标准应当保证在以下领域的可靠性、互操作性、易用性和可伸缩性：电子支付、安全（如保密、认证、数据完整性、准入控制、不可抵赖等）、安全服务基础设施（如公共密钥认证）、视频和数据会议、高速网络技术（如异步传输模式、同步数字体系等）、数据目标和数据交换。

《全球电子商务框架》作为美国政府发展电子商务的战略性政策框架，反映了产业部门、消费群及网络界的广泛意见与要求，体现出美国政府大力促进从业者与消费者参与电子商务的战略意图。这一框架自诞生之日起，一直是美国政府电子商务发展政策的纲领性文件，美国政府电子商务工作组每年报告执行情况，提出政策调整与更新战略建议，并促进相关政策及战略的实施。

近年来，美国电子商务规则被进一步拓展到国际贸易协定当中，特别是《美墨加协定》中，在 TPP 协定中也有所体现。在《美墨加协定》中涉及数字贸易内容的章节有数字贸易章节（第 19 章）、电信章节（第 18 章）、知识产权章节（第 20 章）、投资章节（第 14 章）、跨境服务章节（第 15 章）和部门附件（第 12 章）等。在这些贸易协定中，美式规则体现在以下方面：强调不向电子传输征税、认可电子签名、对线上消费者的保护、给予线上交易非歧视待遇等、保护知识产权和个人隐私等。

11.2.2　欧盟数字贸易规则

1. 欧盟数字贸易规则概述

欧盟对于促进数字贸易有着特殊的兴趣，因为这是在欧洲发展数字单一市场的重要工具。早在 2000 年，为保障欧盟个人数据安全，欧盟就与美国签署了《安全港协议》，要求美国企业满足欧盟的《个人数据保护指令》。2013 年斯诺登事件激发了欧盟对个人隐私和国家信息安全问题的关注。2015 年 10 月 6 日，欧洲最高法院裁定美国商务部与欧盟在 2000 年签订的《安全港协议》无效，必须予以撤销。按照这一裁定，美国的大型科技公司再也不能随便把欧洲客户资料转到美国，而只能在欧洲设立数据中心，这一裁定对美国中小科技公司的影响就更大。基于企业对客户资料的需求，美国和欧盟进行了跨境数据传输方面的重新谈判。2016 年 2 月 2 日，欧盟和美国就两地公司之间传输个人数据涉及的隐私保护问题达成新的框架协议。新协议要求美国公司履行更加严格的义务来保护欧洲的个人数据，承诺关于个人数据如何处理和个人权利得到保障的稳健义务。

欧盟数字贸易规则与美国数字贸易规则的争议点主要体现在四个方面：跨境数据自由流动（个人隐私保护）、数据存储非强制本地化、源代码非强制本地化（知识产权保护）、文化例外和视听例外。

2. 欧盟数字贸易规则的发展

欧盟在数字贸易领域政策的总体特征是税负公平和清晰中性。在电子商务税收问题上，欧盟委员会在 1997 年 4 月发表了《欧洲电子商务动议》，认为修改现行税收法律和原则比开征新税和附加税更有实际意义。1997 年 7 月，在 20 多个国家参加的欧洲电信部长级会议上通过了支持电子商务的宣言。该宣言主张，官方应当尽量减少不必要的限制，帮助民间企业自主发展以促进互联网的商业竞争，扩大互联网的商业应用。这些文件初步阐明了欧盟为电子商务发展创建清晰与中性的税收环境的基本政策原则。

1998 年，欧盟开始对电子商务征收增值税，对提供网上销售和服务的供应商征收营业税。1999 年，欧盟委员会公布了网上交易的税收准则：不开征新税和附加税，努力使现行税特别是增值税更适应电子商务的发展。

2000 年 6 月，欧盟委员会颁布电子商务指令，规定通过互联网提供软件、音乐、录像等数字产品应视为提供服务而不是销售商品，和服务行业一样征收增值税。

近年来，由于数字化进程的不断加速，欧盟普遍对于数字化进程对商业环境的影响变化更加审慎，网络监管力度也有升级的趋势。2018 年 5 月 25 日，欧盟正式颁布《通用数据保护条例》，为成员国最大化利用数字经济的福利，同时最小化相关风险提供政策指导。

2020 年底，欧盟委员会正式向欧盟议会和各成员国提交了两部数字法律草案：《数字服务法案》（Digital Service Act）和《数字市场法案》（Digital Markets Act）。这也是欧盟自 2000 年以来，在数字新规上的首次重大立法，旨在进一步规范欧盟数字市场秩序。《数字服务法案》主要侧重于为公众营造更为安全的网络空间，加强网络信息平台上对非法内容传播的治理，如散布假冒伪劣产品、仇恨言论、恐怖主义内容等。《数字市场法案》则主要是为了确保企业间能展开公平竞争，确保中小型企业可以与企业巨头"看门人"一起参与市场竞争。

《数字市场法案》于 2022 年 11 月 1 日生效，《数字服务法案》于 2022 年 11 月 16 日生效。

随着电子商务在商业中的总体比重不断增加，其对原有的商业秩序和监管模式带来相应的挑战，各国的贸易政策也会不断进行更新和调整。总体来说，大多数国家对于数字贸易政策原则是在效率、包容性、公平性、安全性和隐私保护等方面的平衡和兼顾。

3. 欧盟数字贸易规则的特点

总的来说，欧盟数字贸易规则的特点体现在以下方面。

（1）充分保障个人隐私基础上的跨境数据自由流动

欧盟在隐私保护制度上最严格，出台了许多数据管理和隐私保护的法律，包括《电子私隐指示》《611/2013 监管条例》《通用数据保护条例》等。欧盟法律规定，任何公司在欧洲进行个人数据搜集和处理时都必须得到特定政府部门的认可。美国主张数据全球自由流动，欧盟则强调在保护个人隐私的前提下实现数据自由流动。欧盟坚持《通用数据保护条例》的高标准，以保护个人信息和隐私为基本权利，为保护个人隐私可以对区域内的数据获取和流动进行一定的限制，如数据保护水平的充分性证明或保障措施，包含具有约束力的公司规则、标准数据保护条款、经核准的行为守则和认证机构等。《欧盟-韩国自由贸易协定》第 7.43 条要求缔约方在个人数据传输方面遵守保护个人的基本权利和自由的承诺。日本-欧盟 EPA 对是否将数据自由流动纳入协议设置了 3 年的评估期。

（2）数据存储非强制本地化与"美式模板"诉求一致

2017 年 9 月，欧盟委员会提出非个人数据自由流动框架，规定除公共安全原因外，各缔约方不得强制要求各组织在其境内进行数据存储和处理，目的是解除数据本地化，促进欧洲数字贸易的发展。在日本-欧盟 EPA 中并无禁止数据或设备本地化的条款。

（3）软件源代码开放以国家经济利益为先

虽然软件源代码开放并非欧盟市场的强制准入条件，但欧盟曾发生过为保护经济利益要求外来企业开放源代码的案例。2004 年 3 月，欧盟委员会对微软作出反垄断裁决，同年 12 月，欧盟要求微软改变商业模式并开放部分软件源代码。2007 年，微软同意并开放原先保密的代码。

（4）文化例外和视听例外态度逐渐缓和

大多数国家存在文化例外和视听例外，即限制国外服务商提供的新闻、影视、广播等媒体内容在国内传播。美国主导的自由贸易协定在网络内容和技术选择上较为自由。欧盟长期坚持文化例外和视听例外，但其态度逐渐缓和。2008 年《欧盟-加勒比海地区自由贸易协定》允许非欧盟公司视听产业与欧盟公司享有同等待遇。

11.2.3　G7 贸易部长的数字贸易原则

2021 年 10 月 22 日，G7 贸易部长数字贸易原则（G7 Trade Ministers' Digital Trade Principles）发布，内容包括开放数字市场，可信任的数据自由流动，对员工、消费者和企业的保障措施，数字贸易系统，全球治理的公平和包容性。

1. 开放数字市场

七国集团贸易部长一致支持开放的数字市场，反对数字保护主义和数字独裁主义。数字和电信市场应该是竞争性的、透明的、公平的，并向国际贸易和投资开放。

数字贸易必须服务于人民，用来支持就业，提高生活水平，并满足工人、创新者和消费者的需求。数字贸易应支持创业精神，并赋予各种企业参与全球经济的权利，特别是女性企业家及微型、小型和中型企业。

繁荣和创新是数字经济的基石，互联网必须是开放、自由和安全的。根据 WTO 暂停征收电子传输关税的规定，电子传输，包括传输的内容应免于征收关税。支持永久禁止这种关税。

2. 可信任的数据自由流动

为了利用数字经济的机会并支持商品和服务的贸易，数据应该能够在信任的情况下自由地跨境流动，包括个人和企业的信任。

对数据本地化要求被用于保护主义和歧视性目的，以及破坏开放社会和民主价值（包括言论自由）的情况表示关切。

应该解决跨境数据流动的不合理障碍，同时继续解决隐私、数据保护、知识产权保护和安全等问题。

个人数据必须受到可执行的高标准的保护，包括在跨境传输时。在数据管理和数据保护方面加强合作。将合作探索监管方法的共同点，促进七国集团成员之间的互操作性。

非个人数据应受益于保护，包括作为知识产权的所有适用保护，如保护商业秘密。

就政府可信地获取私营部门持有的个人数据的共同原则达成共识，将有助于提供透明度和法律确定性。它将支持商业实体在各管辖区之间的数据转移，并带来积极的经济和社会影响。支持 OECD 制定这些原则的工作，认识到合法访问对保护公民和保障国家安全的重要性。

开放政府数据可以在数字贸易中发挥重要作用。在适当情况下，公共部门的数据集应以匿名、开放、可互操作和可访问的形式发布。

3. 对员工、消费者和企业的保障措施

必须为直接从事或支持数字贸易的员工提供劳动保护，提供体面的工作条件。必须采取有效措施，确保消费者在网上购买商品和服务时得到高水平的保护。企业必须有一个安全的数字贸易环境，拥有最高标准的网络安全和抵御非法或恶意活动的能力。

为确保消费者和企业能够从数字创新中获益，政府应保持有效和平衡的知识产权框架，并对商业秘密进行保护。

不应要求或胁迫企业转让技术或提供源代码或加密密钥作为市场准入的条件。同时，政府必须保留足够的灵活性来追求合法的监管目标，包括健康和安全。

4. 数字贸易系统

为了减少繁文缛节，使更多的企业能够进行贸易，政府和行业应推动贸易相关文件的数字化，包括通过解决法律、技术和商业障碍来实现纸质程序的数字化。

如果政府使用数字系统来处理进口、出口和过境货物，这些系统应促进货物在整个供应链中的流动。

应开发单一贸易窗口，以简化利益相关者与边境机构的互动。各国政府应努力围绕共同的标准来开发这些窗口，将互操作性作为一个关键目标，并符合世界海关组织的最佳实践建议。

5. 全球治理的公平和包容性

数字贸易的共同规则应在 WTO 中达成并得到维护。这些规则应有利于发展中经济体以及发达经济体的员工、消费者和企业，同时保障每个国家为合法的公共政策目标进行监管的权利。

为了以包容性的方式推动增长，应加强努力，解决国家之间和国家内部的数字鸿沟，同时考虑到低收入国家，特别是最不发达国家的具体需求。

管理数字贸易的规则应面向未来，并对创新和新兴技术作出反应，以便工人、消费者和企业能够充分利用其潜力。为协助这一进程，政府应审查证据和分析，包括来自 OECD 的证据和分析，以帮助解决数字贸易的快速发展问题。

信息和通信技术国际标准的制定应符合 WTO 技术性贸易壁垒委员会的六项原则，即透明度、公开性、公正性和共识性、有效性和相关性、一致性、发展层面。这种标准必须继续发挥重要作用，支持数字时代的开放、自由和公平环境。

11.2.4 《数字经济伙伴关系协定》

1. DEPA 概述

DEPA 由新加坡、智利、新西兰三国于 2020 年 6 月 12 日签署，并于 2020 年 12 月 28 日正式实施。中国政府于 2021 年 11 月 1 日正式提出申请加入 DEPA。

DEPA 是在数字贸易方面建立合作机制、促进不同区域之间关于数字化带来的新问题进行合作的首个协定，旨在推动端对端的无缝贸易，促进可信任的数据流动和建立数字体系的信任机制。DEPA 由 16 个主题模块构成，包括初步规定和一般定义、商业和贸易便利化、数字产品及相关问题的处理、数据问题、广泛的信任环境、商业和消费者信任、数字身份、新兴趋势和技术、创新与数字经济、中小企业合作、数字包容、联合委员会和联络点、透明度、争端解决、例外和最后条款。

2. DEPA 主要条款

DEPA 主要包括以下条款。

（1）数字身份（digital identity）

数字身份是数字经济的重要组成部分，DEPA 要求各国互认数字身份，促进数字身份方面的合作，同时确保它们的安全性。数字身份互认可以增强区域和全球的连通性，有助于促进各个体系之间的互操作性。DEPA 要求未来各国致力于有关数字身份的政策和法规、技术实施和安全标准方面的专业合作，从而为数字身份领域的跨境合作打下坚实的基础。

（2）无纸化贸易（paperless trade）

无纸化贸易条款要求缔约方提供电子版本的贸易管理文件来促进无纸化贸易，提升贸易管理程序的有效性。在大多数情况下，电子版本的贸易管理文件与纸质文件具有相同的效力。缔约方海关当局将通过连接各自国家的单一窗口并启用可互操作的跨境网络，从而履行 WTO《贸易便利化协定》项下义务。各方承诺将促进海关清关电子贸易文件（如电子原产地证明书、卫生和植物检疫证书）和 B2B（business to business，企业对企业）交易电子文件（如电子提单）的使用并实现交换。

（3）电子发票（e-invoicing）

电子发票条款要求在电子发票系统内进行合作，从而促进了 DEPA 地区跨境使用电子发票。DEPA 鼓励各国对其国内电子发票系统采用类似泛欧网上政府采购体系（pan-European public procurement on-line，PEPPOL）的国际标准。这将缩短发票处理时间并可能更快地付款，通过数字化节省成本，从而提升商业交易的效率、准确性和可靠性。

（4）金融科技和电子支付（fintech and e-payment）

支付技术正在发展，因此 DEPA 要求各国及时公布电子支付的法规，考虑国际公认的电子支付标准，从而促进透明度和公平的竞争环境。DEPA 同意促进金融科技领域公司之间的合作，促进针对商业领域的金融科技解决方案的开发，并鼓励缔约方在金融科技领域进行创业人才的合作。DEPA 允许在特殊情况下进行监管，以应对国际收支危机。

（5）数字产品（digital products）

数字产品条款基本承袭了 CPTPP 的所有内容。DEPA 确认了电子传输和电子传输内容的零关税、数字产品的非歧视原则，并承诺保障数字产品的国民待遇和最惠国待遇，从而增加了确定性，降低了风险。

（6）个人信息保护（personal information protection）

个人信息是指包括数据在内的有关已识别或可识别自然人的任何信息。各国在处理跨境电商贸易中的个人信息方面有不同的政策和法规，而 DEPA 强调个人信息保护的重要性，制定了加强保护个人信息的框架与原则，包括透明度、目的规范、使用限制、收集限制、个人参与、数据质量和问责制等。同时，DEPA 缔约方将建立机制，以促进各国保护个人信息法律之间的兼容性和互操作性。

（7）跨境数据流动（cross-border data flows）

DEPA 允许在缔约方开展业务的企业跨边界无缝地传输信息，并确保它们符合必要的法规，坚持它们现有的 CPTPP 的承诺，允许数据跨边界自由流动。

（8）政府数据公开（open government data）

DEPA 鼓励探索扩大访问和使用公开政府数据的方式，从而为企业（尤其是中小企业）创造新的机会。包括共同确定可使用开放数据集（尤其是具有全球价值的数据集）以促进技术转让，以及人才培养和部门的创新。允许所有人出于法律允许的目的自由访问、使用、修改和共享开放数据。

（9）数据创新和监管沙盒（data innovation and regulatory sandboxes）

监管沙盒是政府和行业合作的机制，根据各国国内法律在企业间分享包括个人信息在内的数据，从而支持私营部门数据创新并弥补政策差距，同时与技术和商业模式的新发展保持同步。各缔约方致力于在数据监管沙盒上进行协作，以创建安全的环境，企业可以在与政府协商后进行创新。金融科技监管沙盒使金融机构和金融科技参与者能够在可信的数据共享环境中，在明确的空间和持续时间内，尝试创新金融产品或服务，从而促进竞争和高效的开放市场。

（10）人工智能（artificial intelligence）

促进采用道德规范的"人工智能治理框架"，以各国同意为原则，人工智能应该透明、公正和可解释，并具有以人为本的价值观。各国就人工智能治理和道德原则达成共识，并构筑对跨境使用人工智能系统的信任。确保缔约方的"人工智能治理框架"在国际上保持一致，并促进各国在司法管辖区合理采用和使用人工智能技术。

（11）网络安全（cyber security）

促进安全的数字贸易以实现全球繁荣，提高计算机安全事件的响应能力，识别和减轻电子网络的恶意入侵或传播恶意代码带来的影响，促进网络安全领域的劳动力发展，并要求各国政府相互合作。

（12）数字包容性（digital inclusivity）

承认包容性在数字经济中的重要性，致力于确保所有人，包括妇女、原住民、穷人和残疾人都能参与数字经济并从中受益。通过共享最佳实践和制定促进数字参与的联合计划，改善和消除其参与数字经济的障碍，加强文化和民间联系，并促进与数字包容性相关的合作。

（13）争端解决（dispute settlement）

由于数字贸易领域争端解决的特殊性，DEPA 致力于为解决政府间的争端提供有效、公平和透明的程序。争端解决条款包括协商、调解和仲裁程序三个层次，有效缓解了数字经济领域争端解决程序的缺失。

11.3　国际贸易协定中的电子商务规则

数字贸易或电子商务的标准或者制度正在形成的过程当中，各主要国际机构如 WTO、OECD、联合国等均对电子商务有密切的关注，也制定了相应的电子商务规则。此外，在 CPTPP 和 RCEP 等协定中，也有相应的电子商务章节。我国自 2014 年起进行了跨境电子商务综合试验区建设，对跨境电子商务进行深度尝试，而阿里巴巴所推动的 eWTP 建设也对跨境电子商务形成了重要的推动力量。

11.3.1　世界贸易组织的电子商务规则

WTO 通常不使用"数字贸易"（digital trade），而使用"电子商务"（electronic commerce），其在 1998 年通过的《电子商务工作计划》中将电子商务定义为"通过电子途径实现生产、分配、营销、销售或交付商品与服务"。

1. 全球电子商务贸易宣言

电子商务的发展引起了各国际机构的关注和研究，早在 1998 年，WTO 就在第二次部长会议上发布了《全球电子商务贸易宣言》（The Declaration on Global Electronic Commerce），推动 WTO 的委员会研究全球电子商务带来的相关影响和事件，搭建相应的框架。在该宣言中，电子商务被定义为"通过电子的方式生产、分配、营销和运送商品和服务"，电子商务可以发生在企业、家庭、个人、政府或者其他公、私部门之间。在该宣言中，WTO 也认为电子商务与货物贸易、服务贸易、与贸易相关的知识产权和贸易发展委员会密切相关。这些委员会将努力研究电子商务和 WTO 现有协议之间的关系。

在当时，各国的贸易部长同意继续不对电子交易征收关税（moratorium on e-commerce）。

2. WTO 的工作内容

WTO 关于电子商务的发展和相应的关注议题主要包括公共及私人信息的保护、商业欺诈的预防、公共通信网络和服务、原产地规则、发展中国家的市场参与、版权和商标的保护和实施、中小企业特别是发展中国家中小企业的参与。同时，也关注电子商务带给发展中国家，特别是那些最不发达国家的经济发展机遇。

WTO 多年来深陷于多哈回合的各项谈判议程中，导致其在电子商务领域的进展不大。在 2015 年内罗毕部长会议上，WTO 的各成员通过了一项关于电子商务工作计划的决议（WT/MIN(15)/42—WT/L/977）。该决议包括对前述电子商务不征收关税的延续，直到 2017 年的布宜诺斯艾利斯会议再进行讨论。在 2016 到 2017 年间，WTO 有多次的相关研讨会和论坛，其中一些主题为 "发展友好的电子商务（friends of e-commerce for development）"，该论坛由阿根廷、智利、中国、哥伦比亚、哥斯达黎加、哈萨克斯坦、肯尼亚、墨西哥、摩尔多瓦、黑山、尼日利亚、巴基斯坦、斯里兰卡、乌拉圭和中等强国合作体（即墨西哥、印度尼西亚、韩国、土耳其、澳大利亚五国）等组成。议题包括有关电子商务的贸易政策、版权、电子签名和消费者保护等。

11.3.2 联合国和经济合作与发展组织的电子商务规则

1. 联合国的电子商务规则

联合国国际贸易法委员会下属的国际支付工作组在 1991 年开始负责制定世界性的《电子数据交换统一法》，以方便跨境支付。1993 年，该工作组全面审议了《电子数据交换及贸易数据通信手段有关法律方面的统一规则草案》。此外，为了解决全球电子商务所遇到的法律冲突，1996 年 12 月 16 日，联合国国际贸易法委员会第 85 次全体大会通过了《电子商务示范法》，该法是世界上第一个电子商务的统一法规，其目的是向各国提供一套国际公认的法律规则，以供各国法律部门在制定本国电子商务法律规范时参考，促进现代通信和信息存储手段的使用。

2. OECD 的电子商务规则

OECD 是较早关注数字经济的国际经济组织，成立了数字经济政策委员会（Committee for Digital Economy Policy），重点关注三个方面：电子商务的信任问题、大数据和知识经济、互联网政策与治理。电子商务的信任问题也是个人信息保护问题，只有对个人信息采取恰当的保护措施，网络消费者才能建立起对电子商务的信任。早在 1980 年，OECD 就出台了《关于隐私保护与个人数据跨境流通指引》，成为世界个人数据保护立法的蓝本，对欧盟 1995 年颁布的《个人数据保护指令》具有重要的影响意义。2007 年，OECD 通过了隐私保护法律国际执法合作的建议，得到了成员国政府的积极响应，取得了很大的进步，尤其是 2010 年隐私执法当局推出了新的国际合作网络，成效显著。2018 年 5 月 25 日，欧盟正式颁布《通用数据保护条例》。此外，在大数据和知识经济方面，OECD 一直努力推动大数据分析的创新和发展，为成员国最大化利用数字经济的福利，同时最小化相关风险提供政策指导。

11.3.3　CPTPP 的电子商务规则

1. CPTPP 概述

2018 年 12 月 30 日，CPTPP 正式生效，环太平洋区域内 11 国将逐渐取消 95% 以上的商品关税。CPTPP 是从 TPP 发展而来的，TPP 由于美国退出而从未生效。2018 年 1 月，CPTPP 作为后续协议被创建，保留了其前身条款的 2/3，美国赞成但其他签署国反对的 22 项措施被冻结。11 个签署国分别为澳大利亚、文莱、加拿大、智利、日本、马来西亚、墨西哥、新西兰、秘鲁、新加坡和越南。2019 年，CPTPP 的 11 个签署国的 GDP 总值约为 13.5 万亿美元，大约占全世界 GDP 的 13.4%。

减免关税只是 CPTPP 内容的一个方面。CPTPP 更具战略性的意图，旨在环太平洋区域取消投资、服务和数据的障碍，为零售、银行和电子商务带来机遇。以数据为例，CPTPP 将确保数据在 11 国的自由和安全的流动，为供应链和跨境销售提供保障。CPTPP 的成员国不能硬性规定公司将数据储存在境内服务器上。这样的规定将为数据驱动型企业在本国或第三国运营提供便利条件。在金融方面，越南、马来西亚等发展中经济体将给予 CPTPP 成员国众多优惠待遇。例如，成员国的银行被允许在马来西亚开设多达 16 家分支机构，非成员国的银行只能开设 8 家分支机构。

公布的 CPTPP 在原 TPP 协议的 30 项条款中，冻结了 10 项大条款中的 22 处小条款。被冻结的条款主要集中在知识产权（第 18 章）、政府采购（第 15 章）、投资（第 9 章）三部分中。在 22 处被冻结的小条款中，11 处与知识产权有关，美国倡导的将知识产权保护延长至 70 年、对新药的数据和市场保护、权利管理信息等条款遭到冻结。协定标准的降低更符合亚太经济体的贸易环境。

2. CPTPP 电子商务协议具体内容

在 CPTPP 中，有关电子商务的内容主要包括 18 个条款：①定义；②范围和总则；③海关职责；④数字产品的非歧视待遇；⑤国内电子交易框架；⑥电子认证和电子签名；⑦在线消费者保护；⑧个人信息保护；⑨无纸化贸易；⑩电子商务中的网络应用原则；⑪跨境电子信息交换；⑫网络互通费用分担；⑬计算设施的地点；⑭未经请示的电子商业信息；⑮合作；⑯网络安全合作；⑰源代码；⑱争端解决。

第 14.2 条指出，各方认识到电子商务所提供的经济增长和机会，并且认识到促进消费者的电子商务信心和避免不必要的壁垒的重要性。

第 14.3 条指出，各方不应当向电子传输征收关税，包括一方的个人向另一方的个人通过电子的方式传递内容。为了更大的确定性，上述规定不应当预先排除一方就电子传输内容而征收内容税、费或其他收费，条件是这样的税、费或其他收费与协议相一致。

第 14.4 条指出，各方不应该对另一方领土所创造、生产、出版、合约、获取佣金或者首先使之在商业条件上使用的数据产品给予差别待遇；或对另一方的电子产品的作者、表演者、生产者、开发者和所有者给予差别待遇。

第 14.7 条指出，各方认识到采取和保持透明和有效措施的重要性，以保护消费者在参与电子商务时避免欺骗或欺诈性商业活动的伤害。各方应采取或保持消费者保护法，禁止在线商业活动中的欺骗和欺诈行为，否则会对参与线上商业活动的消费者带来伤害或潜在伤害。各方认识到在跨境电子商务方面，各自的消费者保护机构和其他相关机构之间合作的必要性，以提高消费者福利。

第14.8条指出，各方认识到保护电子商务用户的个人信息的经济和社会利益，以及在提高消费者在电子商务方面的信心方面的贡献。为了这一目标，各方将采取或保持对电子商务使用者的个人信息保护的法律框架。在发展保护个人信息的法律框架中，各方应当考虑相关国际组织的原则和指导。在电子商务使用者的个人信息保护司法实践方面，各方将致力于采取非歧视的原则。各方应当发布其向电子商务使用者提供的个人信息保护内容，包括个人可以寻求救济、企业应当遵守法律要求。

第14.11条指出，各方认识到每一方都会有自己有关电子信息传递的规则要求。当这一行为是为了完成相应的业务时，各方应当允许跨境电子信息传递，包括个人信息。

第14.13条指出，各方认识到每一方可能有自己关于计算设施的规则性要求，包括保证安全和通信隐私的要求。各方不应该要求相关主体利用其领土内的计算设施，以此作为在其领土实施商业的要求。不阻止一方采取或保持与上述要求不一致的措施，以达到法律公共政策目标，条件是该措施不构成一种任意的或无理的歧视行为或伪装的贸易限制，不对计算设施的使用或位置施加限制，使其超过达到原有目标所需的范围。

根据CPTPP，各协议方都认识到电子商务带来的经济增长和机遇，认识到电子商务领域建立框架以促进消费者信心和避免不必要的使用与发展障碍的重要意义。

11.3.4 区域全面经济伙伴关系协定的电子商务规则

1. RCEP概述

RCEP由序言、20个章节、4个市场准入承诺表附件组成。RCEP整合了东盟与中国、日本、韩国、澳大利亚、新西兰多个"10+1"自由贸易协定以及中、日、韩、澳、新西兰5国之间已有的多对自由贸易伙伴关系，还在中日和日韩间建立了新的自由贸易伙伴关系。同时，RCEP还照顾到不同国家国情，给予最不发达国家特殊与差别待遇，通过规定加强经济技术合作，满足了发展中国家和最不发达国家的实际需求。

2. RCEP的电子商务协议具体内容

根据中国商务部国际司的解读，RCEP的"电子商务"一章是首次在亚太区域内达成范围全面、水平较高的诸边电子商务规则成果。RCEP第十二章"电子商务"第二条"原则和目标"明确提出缔约方认识到电子商务提供的经济增长和机会、建立框架以促进消费者对电子商务信心的重要性，以及便利电子商务发展和使用的重要性。本章的目标是：促进缔约方之间的电子商务，以及全球范围内电子商务的更广泛使用；致力于为电子商务的使用创造一个信任和有信心的环境；加强电子商务发展方面的合作。

总体而言，该章以"应当鼓励……""应当考虑……""努力接受……"等非强制性用词为主，鼓励各缔约方避免对电子交易施加不必要的监管负担，共同帮助中小企业克服使用电子商务的障碍，同时努力就促进与监管电子商务开展合作，包括推动无纸化贸易，鼓励使用可交互操作的电子认证和电子签名，加强电子商务消费者保护、线上个人信息保护以及针对非应邀商业电子信息的监管合作等。关于计算设施的位置，RCEP 认识到缔约方对于计算设施的使用或位置可能有各自的措施，但是缔约方不得将要求涉及的商业主体使用该缔约方领土内的计算设施或者将计算设施置于该缔约方领土之内，作为在该缔约方领土内进行商业行为的条件。

11.3.5　世界海关组织的跨境电子商务

1. 跨境电子商务概述

跨境电子商务（cross-border e-commerce）指的是分处于不同国家（地区）的参与主体（企业或者个人）借助互联网平台进行商品或者服务买卖的活动。跨境电子商务是国际贸易的网络化、电子化和平台化，也是国际贸易向着"互联网+外贸"的演化和转型。根据前述电子商务和数字贸易的范围，跨境电子商务是电子商务和数字贸易的内容之一，是以互联网为载体的跨境货物和服务交换，也是国际贸易网络化的具体表现。

从国际贸易的角度来看，跨境电子商务的最主要特征是交易的双方会借助互联网手段进行交易，并且在线完成询价、交易磋商、合同签订、合同履行的全过程，因此，跨境电子商务是互联网发展的必然产物，是国际生产和贸易全球化背景下的新型国际分工和国际生产协作网络中的重要内容。

一般来说，跨境电子商务应当具备以下特点：一是电子商务，即贸易双方在线完成除货物交付之外的所有流程或者大多数流程；二是跨境贸易，即交易双方分处于不同的关税区内，涉及跨境支付和跨境运输；三是跨境电子商务包括商品贸易和服务贸易，包括跨境的货物贸易、数据交换、数据传输和信息服务等内容。

2. 跨境电子商务带给海关的挑战

跨境电子商务在近年来的飞速发展给各国的海关带来了极大的压力和挑战，并且成为海关必须面对和解决的新问题，因此世界海关组织和各国海关是对跨境电子商务最为关注的机构，也是迫切需要一系列解决方案的组织体系。根据世界海关组织的界定，跨境电子商务应当具有以下特征：在线交易；跨境交易和运输；实物产品；直接指向消费者；物流对时间要求高；高频次、低价值、小件运输；参与者大多数是个人而非企业；有退款和退货的需求。

跨境电子商务对海关管理当局带来的挑战如下。

（1）贸易便利化和安全问题

保护通关速度和效率的同时保证监管；从过去的少批次、大数量转化为高频次、低价值、小件；对进口者以及供应链的信息掌握甚少带来的风险（新兴的买家、卖家和运输方）；保证数据质量（保证所获得的数据有准确性和充分性）；定义电子商务经营者在帮助政府监管过程中的作用和责任（平台责任、卖家责任的区分）。

（2）公平有效地征收税收

如何识别对最低征收额度的滥用和误用，即非法分割同一批次的商品或者降低估价金额；保证分类和原产地规则的一致性；电子商务与传统贸易的融合。例如，美国海关多年来对价值 800 美元以下的邮寄物品免征关税，这样的规定可能造成出口商对商品进行分割，导致税收流失，也会导致过高的物流成本。我国长期实施的行邮税规则对应税额在 50 元以下的实行免征，很多跨境购物者因此减少购物的数量、增加购物频次，以便获得免税，这在一定程度上导致了税收的流失和对其他渠道进口物品的不公平竞争。

（3）社会保护——避免电子商务被犯罪行为利用

各国海关不得不设立专门的单位来获取可能存在保护、调查和利用有关海关规则的破坏，如贩毒、走私、假冒商品、非法资金流动、洗钱等；加强国际合作来保证存在于境外的网站在双边法律支援下可以使调查或措施得以实施；最大限度地利用现存技术，特别是有关数据分析的技术。

3. 世界海关组织关于跨境电子商务的相关规则建设

世界海关组织在 2017 年 12 月发布了《世界海关组织关于跨境电子商务指导原则的政策决议》（Resolution of the Policy Commission of the World Customs Organization on the Guiding Principles for Cross-border E-Commerce），显示出该组织对跨境电子商务和网络交易的关注。世界海关组织认为，应当注意到跨境电子商务对贸易环境的影响，同时提供创新性的解决方案，特别是对低值小件包裹的通关效率。世界海关组织也积极协调各国海关及其他相关部门，组建了电子商务工作小组（Working Group on E-Commerce, WGEC），建设全球标准，努力平衡贸易便利化建设和安全一致等原则。

2018 年 6 月，WGEC 出版了《世界海关组织跨境电子商务标准框架》（World Customs Organization Cross Border E-Commerce Framework of Standards），阐述了对跨境电子商务提供海关支持的原则和实施标准。2019 年和 2020 年，又陆续制定了电子商务标准框架的技术细则和指导性文件，并且不断审议和更新，形成了世界海关组织的电子商务系列文件（WCO E-Commerce Package），希望这些指导性文件能够形成全球性的标准，使世界海关组织的成员可以在互信、沟通、合作和理解的基础上共同采用这些标准，对全球性的电子商务发展进行最小化的干预。

《世界海关组织跨境电子商务标准框架》倡导各国海关在跨境电子商务方面遵守以下指导性原则。

（1）电子数据和风险管理

世界海关组织致力于建立一个合法的政策标准以收集在国际供应链上相关方的数据交换，但与此同时，需要考虑数字安全、隐私、保护和竞争性法律。同时，世界海关组织希望可以收集到及时和准确的信息，这就要求各国海关使用统一的数据标准和实时的数据传送，确保数据的质量。跨境电子商务及其相关的业务模式经历着不断的创新和变化，这就要求海关也需要实时关注到交易模式、支付方式和物流体系的不断更新。此外，海关与邮政体系需要通力合作，因为有一部分跨境电子商务的商品是通过邮政系统进行运输的。

大量的、碎片化的数据使得各国的海关迫切需要开发出一套动态管理工具，能够运用和筛选相应的数据流，达到加强海关管理和控制的目的。

（2）贸易便利化和通关程序简单化

跨境电子商务为贸易便利化带来了新的挑战，海关不得不应对小规模、高频次、低价值商品的通关，同时还需要面对非常零散的小卖家、消费者、物流公司和各种代理，这些交易都是基于账号在网上进行的，传统的监管模式很难胜任，因此需要海关设计出与之相适应的通关流程，在建设单一窗口的基础上进行无纸化操作。

（3）公平而高效的征税

征税不仅要考虑税负的公平性，还要考虑各国不同的税收制度，以及不同的征税主体（销售者、平台和购买者），因此迫切需要海关建立相应的系统，以完善征税制度，确保信息的准确和税收的公平性。

（4）安全与保障

由于各成员对于安全（包括产品安全）和风险保障的多元化视角，海关应当与其他政府机构合作，以识别出跨境电子商务渠道中的高风险交易。对于威胁到社会和环境安全的一般性风险，应当形成海关之间的分享机制。

（5）合作

跨境电子商务环境的迅速发展要求加强合作，包括海关与电子商务参与方的沟通、协调和合作，也包括国际上的合作。

（6）公共意识、外展服务和能力建设

跨境电子商务的发展意味着人人可以参与国际贸易，因此需要建立机制以加强公共意识，提供相应的宣传和外展服务，对新加入的交易商进行培训和能力建设。同时，也应当通过沟通、教育和其他外展项目，使消费者理解相关的法律和规则。

（7）测量和分析

对跨境电子商务的准确测量是政策制定和商业决策的关键，同样也会为风险管理提供帮助。海关应当与相关政府部门密切合作，以在国家政策和国际统计标准框架下准确地捕捉、测量、分析和出版跨境电子商务统计数据。

（8）了解不断发展的技术

电子商务的动态化和全球化特征要求政府具有前瞻性思维，对可能出现的挑战提出相应的解决措施。海关应当与其他政府机构、私人部门和学术部门开展合作，研究创新性技术发展并且考虑有效的跨境电子商务控制和便利化措施。

4. 世界海关组织的数据库建设

世界海关组织自 2018 年开始开发一套数据模型（WCO Data Model，WCO DM），以使该数据体系协调化和标准化并在各国海关推广。WCO DM 构建了一个有清晰结构、协调、标准化的、可再利用的数据定义和电子信息数据库，以适应跨境管理机构的运作和执法需要。WCO DM 将跨境流程进行分环节、分步骤处理，在此基础上分类收集数据。WCO DM 也包含信息包，即将标准模板与特定政策、法规要求和商业流程进行链接，如报关、运输方报告、许可证和证书等。这些信息包可以使世界海关组织成员选择其中特定的符合其自身需要的监管程序，开发相应的信息包并使之成为自己的信息包（my information package，MIP），最终用于本国的海关监管。

目前，WCO DM 包含 727 个数据元素以支持不同通关流程和监管程序的数据需求。WCO DM 是一个全方位的数据体系，可以应用于进口、出口、转口、电子证明、安全项目和电子商务，因此该数据系统是与海关其他的系统相配合的。

11.3.6　阿里巴巴的 eWTP 建设

2016 年以来，阿里巴巴集团提出了世界电子贸易平台（electronic world trade platform，eWTP）倡议，呼吁顺应当前数字经济飞速发展的时代潮流，更好地帮助中小微企业发展，促进全球普惠贸易和数字经济增长，孵化互联网时代的全球化贸易新规则。2016 年 9 月，eWTP 作为 20 国集团工商界活动的一项核心政策建议，得到 20 国集团领导人的回应和支持，被写入领导人杭州峰会公报。与此同时，在全球建立 eWTP 实验区的工作也在加速推进。2017 年 3 月 22 日，首个 eWTP 试验区在马来西亚落地，双方共同建设数字自由贸易区；同年 10 月，杭州市政府与阿里巴巴达成协议，共同建设 eWTP 杭州试验区；2018 年 10 月，eWTP 试验区在非洲卢旺达开始建设；2018 年 12 月，欧洲首个 eWTP 合作项目在比利时开始建设；2019 年 6 月，义乌市政府与阿里巴巴集团签署 eWTP 战略合作协议，eWTP 全球创新中心正式落户义乌，双方希望借助全球创新中心实施 eWTP 商业化项目，建设 eWTP 服务网络，推动义乌与 eWTP 服务体系的海外站点之间的贸易模式创新和实践，形成全球适用的 eWTP 标准化规则体系；2019 年 11 月 25 日，埃塞俄比亚政府与阿里巴巴签约共建 eWTP 项目，eWTP 埃塞俄比亚项目围绕"进口出口联动、线上线下联通"目标，借助埃塞俄比亚在非洲地区的政治地位、航运优势、区域优势，将 eWTP 的数字贸易模式与义乌中国小商品城的商贸业态相融合，在埃塞俄比亚构建新型贸易方式，配备物流、通关、贸易、金融等一系列供应链设施和商业服务，构筑中国商品进入非洲市场及非洲商品进入中国市场的双向新通道。总之，eWTP 意在通过公私合作，孵化规则标准，共建数字基础设施，帮助中小企业和年轻人参与全球贸易。

根据阿里巴巴的分析，在贸易主体方面，全球中小微企业和消费者正在成为全球化的新主体和驱动力量。中小微企业和网商借助电子商务，站在与大企业同样的起跑线上，成为国际贸易的活跃参与方，进入全球价值链和国际市场。在贸易形态方面，未来国际贸易将主要通过电子商务方式进行，跨境电商零售呈爆发式增长，国际贸易呈现小单化、高频次、个性化定制的新特点。跨境电商在全球贸易中的比例快速上升，大量企业从线下贸易转为线上贸易，包括电商平台、互联网金融、智能物流、网络信用等在内的电子商务服务生态日益繁荣。在商业模式方面，国际供应链通过电子商务的在线化、数据化和网络化，正在从工业时代的生产引导消费模式向消费者需求驱动生产模式转变，数据正在成为经济社会的新能源和生产要素。在组织方式方面，越来越多的商业组织朝平台化发展，平台成为互联网时代消费、就业、创业、创新的重要基础。阿里巴巴、亚马逊、eBay 等电子商务平台，将全球海量企业和网络消费者紧密连接，形成全球网络贸易大市场。这些发展迅猛、带有颠覆性的技术和商业变革，正对全球经济社会产生巨大而深远的影响。这些变革要求政府部门、国际组织、企业以及个人都要适应数据时代的发展要求，改革和创新在经济社会中的管理、服务和参与方式，建立更加开放、自由和普惠的国际贸易政策和商业运营环境。eWTP 是一个私营部门引领、市场驱动、开放透明、多利益相关方参与的公私合作平台，旨在探讨全球数字经济和电子贸易的发展趋势、面临问题和政策建议，分享商业实践和最佳范例，孵化和创新贸易新规则和新标准，推动全球数字经济基础设施建设，共同促进全球经济社会普惠和可持续发展。

按照阿里巴巴的设想，eWTP 生态系统包括三个层次的内容（图 11.1）。

1）规则层。各利益相关方共同探讨和孵化数字时代的新规则、新标准，如与电子商务直接相关的数字关境、税收政策、数据流动、信用体系、消费者保护等。规则层的讨论内容主要来自商业层和技术层的实践，其成果和共识又会促进数字经济商业合作和新技术的创新发展。

2）商业层。各利益相关方开展与数字经济和电子商务领域的商业交流合作，建立互联网时代的新型基础设施，如电子商务平台、金融支付、物流仓储、外贸综合服务、市场营销、教育培训等。

3）技术层。共同建立以互联网、云计算、大数据、物联网、智能终端、人工智能等为基础的 eWTP 技术架构。

以上三个层次密切相关、互为依托。

图 11.1　eWTP 生态系统的三个层次示意图

资料来源：阿里研究院，世界电子贸易平台倡议（eWTP）2017 年度报告，第 3 页。

总的来说，eWTP 强调跨境电子商务的以下特征：①跨境电子商务应当由市场驱动和私营部门引领，私营部门特别是众多的中小企业和个人在其中扮演重要角色；②跨境电子商务强调开放透明的精神，各利益相关方平等参与，包括政府机构、各种企业、国际组织、民间组织、智库、专家学者、各种社群等；③跨境电子商务应当具有包容性和普惠精神，中小微企业、消费者、发展中国家的诉求应当得到更加充分的关注和满足；④跨境电子商务在全球发展不均衡，应当用"市场驱动、先行先试"的方式，快速促进电子商务服务和监管新模式、新规则和新标准的孵化、传播和发展。

本 章 小 结

1. 数字经济是以数字化的知识和信息为关键的生产要素，以现代信息网络为重要载体，把信息通信技术的有效使用作为效率提升和经济结构优化的重要推力的一系列经济活动。

2. 电子商务是指通过电子途径实现生产、分配、营销、销售或交付商品与服务。数字贸易是信息通信技术发挥重要作用的贸易形式，包括贸易内容的数字化和贸易方式的数字化。跨境电子商务是电子商务和数字贸易的内容之一，是以互联网为载体的跨境货物和服务交换，也是国际贸易网络化的具体表现。

3. 美国数字贸易规则坚持因特网应保持自由开放，对数字产品禁收关税，并且主张通过制定一系列规则，确保贸易伙伴不会采取进一步的保护性措施。欧盟数字贸易规则更加强调用户隐私保护、税负公平、知识产权保护等。《全球电子商务框架》是美国数字贸易规则的集中体现，WTO 的《全球电子商务贸易宣言》也主要体现了美国数字贸易规则的特点。

4. 跨境电子商务是指分处于不同国家（地区）的参与主体（企业或者个人）借助互联网平台进行商品或者服务买卖的活动。跨境电子商务是国际贸易的网络化、电子化和平台化，也是国际贸易向着"互联网+外贸"的演化和转型。

5. CPTPP 和 RCEP 的电子商务章节均体现出各协议方对电子商务带来的经济增长和机遇的重视，并且努力建立电子商务领域的框架，以促进消费者信心，避免不必要的障碍。

6. 世界海关组织重视电子商务的发展，努力建立共同标准、指导原则、海关清关和数据一体化工具，以面对特定高风险货物带来的挑战，同时加快电子商务货物流动。世界海关组织关注跨境电子商务的安全、效率、统计和对传统监管模式带来的冲击，其总体目标是在保证安全的前提下提高贸易便利化程度，同时确保税收和海关统计的准确性。

7. 阿里巴巴推出的 eWTP 也是一种电子商务的标准建设，意在通过公私合作，孵化规则标准，共建数字基础设施。eWTP 生态系统包括规则层、商业层、技术层三个层次，这三个层次密切相关，互为依托。

思 考 题

1. 数字贸易、跨境电子商务和电子商务有何相同点和不同点？
2. 跨境电子商务有哪些特点？
3. 美国 1997 年《全球电子商务框架》的主要原则和内容是什么？
4. 美国数字贸易规则和欧盟数字贸易规则的主要分歧点有哪些？
5. CPTPP 的电子商务章有哪些主要内容？
6. 请描述阿里巴巴的 eWTP 主要框架内容。

主要参考文献

白树强，2017. 世界贸易组织教程[M]. 2 版. 北京：北京大学出版社.

陈福利，2011. 知识产权国际强保护的最新发展：《跨太平洋伙伴关系协定》知识产权主要内容及几点思考[J]. 知识产权（6）：71-78.

程惠芳，2022. 全球高标准经贸规则与贸易便利化比较分析[M]. 北京：中国社会科学出版社.

对外经济与贸易合作部国际经贸关系司，译，2001. 世界贸易组织乌拉圭回合多边贸易谈判结果法律文本：汉英对照[M]. 北京：法律出版社.

对外贸易经济合作部世界贸易组织司，译，2002. 中国加入世界贸易组织法律文件[M]. 北京：法律出版社.

辜庆志，2008. 浅析欧共体/欧盟统一大市场[J]. 安徽科技学院学报（1）：65-68.

海闻，林德特，王新奎，2012. 国际贸易[M]. 上海：格致出版社.

韩立余，2002. 世界贸易组织（WTO）案例分析[M]. 北京：中国人民大学出版社.

韩玉雄，李怀祖，2005. 关于中国知识产权保护水平的定量分析[J]. 科学学研究，23（3）：6.

何茂春，2002. 中国入世承诺要点及政策法律的调整[M]. 北京：中国物资出版社.

黄海冬，2016. 世界贸易组织争端解决机制与中国的战略对策[M]. 北京：对外经济贸易大学出版社.

孔庆江，2021. RCEP 争端解决机制：为亚洲打造的自贸区争端解决机制[J]. 当代法学，35（2）：34-43.

林俐，张一力，2003. 试论产业国际化经营的跳跃式发展模式：温州打火机业和眼镜业的实证分析[J]. 温州论坛（1）：4.

林毅夫，2012. 新结构经济学：反思经济发展与政策的理论框架[M]. 北京：北京大学出版社.

刘彬，2016. 论中国自由贸易协定的"超 TRIPS"义务新实践[J]. 厦门大学学报（哲学社会科学版）（5）：70-79.

刘军，屠新泉，杨凤鸣，2021. 世界贸易组织概论[M]. 5 版. 北京：首都经济贸易大学出版社.

龙永图，1999. 世界贸易组织知识读本[M]. 北京：中国对外经济贸易出版社.

秦建荣，2007. WTO 与 NAFTA 争端解决机制之差异性比较研究：兼论对 CAFTA 争端解决机制的借鉴意义[J]. 广西政法管理干部学院学报，22（2）：58-61.

盛斌，2002. 中国对外贸易政策的政治经济分析[M]. 上海：上海人民出版社.

盛斌，高疆，2021. 数字贸易：一个分析框架[J]. 国际贸易问题（8）：1-18.

盛建明，1994. 反倾销国际惯例[M]. 贵阳：贵州人民出版社.

石广生，2001. 乌拉圭回合多边贸易谈判结果：法律文本[M]. 北京：人民出版社.

世界贸易组织秘书处，2000. 乌拉圭回合协议导读[M]. 索必成，胡盈之，译. 北京：法律出版社.

王辉，2010. 世贸组织与欧盟争端解决机制比较研究[J]. 学理论（27）：17-18.

王新奎，刘光溪，2001. WTO 与反倾销、反补贴争端[M]. 上海：上海人民出版社.

王一帆，2018. 关税同盟的前景与发展趋势分析：以欧盟为例[J]. 产业创新研究（11）：83-84.

吴清津，2001. WTO 反倾销规则[M]. 广州：广东人民出版社

夏伯琛，2017. WTO 与 NAFTA 争端解决机制的比较[J]. 全国商情理论研究（16）：81-82.

夏玮，2014. 从知识产权协议草案看 TPP 谈判高标准与国际规则制定[J]. 国际商务研究，35（5）：69-75.

徐梅，2021. RCEP 签署与亚太区域经济一体化前景[J]. 东北亚论坛，30（5）：56-67.

薛荣久，2016. 国际贸易[M]. 6 版. 北京：对外经济贸易大学出版社.

杨海涛，2015. 中国-东盟自贸区争端解决机制的完善[J]. 人民论坛（1）：248-250.

杨静，朱雪忠，2013. 欧盟贸易协定知识产权规范：演变、动因与趋势[J]. 商业研究（7）：165-171.

姚利民，等. 2005. WTO 概论[M]. 北京：科学出版社.

姚利民，饶艳，2009. 中国知识产权保护地区差异与技术引进的实证研究[J]. 科学学研究，27（8）：1177-1184.

余淼杰，2021. 国际贸易学：理论、政策与实证[M]. 2 版. 北京：北京大学出版社.

余敏友，褚童，2009. 欧盟贸易壁垒条例保护知识产权的法律与实践：以"美国音乐作品许可案"为例[J]. 兰州大学学报（社会科学版），37（1）：113-118.

赵恩广，2010. 论区域经济一体化争端解决机制在 WTO 框架下的并存及拓展[D]. 上海：复旦大学.

中国信息通信研究院，2019. 数字贸易发展与影响白皮书（2019 年）[EB/R]. [2022-11-25]. http://www.caict.ac.cn/kxyj/qwfb/bps/201912/P020191226585408287738.pdf.

BAO X H, QIU L D, 2012. How Do Technical Barriers to Trade Influence Trade?[J]. Review of International Economics, 20(4):691-706.

BORA, BIJIT, KUWAHARA A, LAIRD S, 2002. Quantification of Non-tariff Barriers[R]. Unitied Nations Conference of Trade and Development(UNCTAD), Policy Issues in International Trade and Commodities(UNCTAD/ITCD/TAB/19), Study Series No. 18, UNCTAD, New York.

FRANKEL J A, STEIN E, WEI S J, 1998. Continental Trading Blocs: Are They Natural or Supernatural?[G] //National Bureau of Economic Research, Inc. The Regionalization of the World Economy. Chicago: University of Chicago Press.

GINARTE J C, PARK W G, 1997. Determinants of Patent Rights: Across- National Study [J]. Research Policy, 26: 283-301.

GROSSMAN G M, HELPMAN E, 1994. Protection for Sale[J]. The American Economic Review, 84: 833-850.

HOBDAY M, 1995. Innovation in East Asia: the Challenge to Japan[M]. Cheltenham: Edward Elgar.

JU J D, LIN J Y, WANG Y, 2015. Endowment Structure, Industrial Dynamics, and Economic Growth[J]. Journal of Monetary Economics, 76: 244-263.

KRUGMAN P, 1989. Is Bilateralism Bad?[R/OL]. [2023-02-08]. https://www.nber.org/papers/w2972.

MAGEE S P, BROCK W A, YOUNG C, 1989. Black Hole Tariffs and Endogenous Policy Theory[M]. Cambridge: Cambridge University Press.

RAPP R T, ROZEK R P, 1990. Benefits and Costs of Intellectual Property Protection in Developing Countries [J]. Journal of World Trade, 24: 75-102.